ハラスメント対策全書

~職場における人権保障と活性化のために~

中野麻美 編著　金子雅臣　荒井千暁

エイデル研究所

はじめに

　2000年代に入り、「パワーハラスメント」という用語が広く用いられるようになった。その定義は、「職権などのパワーを背景にして、本来業務の適切な範囲を超えて、継続的に、人格や尊厳を侵害する言動を行い、働く環境を悪化させ、あるいは雇用不安を悪化させること」というものであるが、権力関係を背景としないいじめも含めて広く「モラルハラスメント」と表現されることもある。それだけ職場におけるいじめ問題は、労働相談のなかでも大きな割合を占めるようになった。

　超氷河期時代に女子学生が経験させられた差別的ハラスメントによる採用面接を「圧迫面接」といったが、それがいま就職活動で企業まわりをする学生たちを襲っているという。職場におけるいじめにどれだけ耐性があるかを見極めるために、これでもかという嫌がらせを受け、それに打ちのめされ、植え付けられた恐怖心や萎縮によって就職の可能性を否定されてしまう学生もいるのだという。採用面接は、使用者と働こうとするものとの力関係が鋭く影響する場面であり、その職場の状況を映し出す鏡でもある。

　「ハラスメント耐性度」を試したい職場の現状がきわめて深刻であることは言うまでもないが、それによって「働くこと」への恐怖や苦痛がトラウマとして心に定着させられてしまう被害が、どれほど、その人の人生や家族を苦しめ、社会にとって大きな損失となるのかを直視しなければならない。労働市場において圧倒的に不利な立場にある学生側からいじめを告発することを期待するのは不可能だろう。経済社会のなかに守らなければならない倫理や規範には、人間を大事にすること、「人権」の尊重が貫かれるべきであって、その点において企業の責任が重大であることを改めて痛感させられる。

　本書が、職場におけるいじめ問題にアプローチする基本的視点は、社会において追及しなければならない法的規範、社会的価値、経済社会において承認されるべき倫理の核心に普遍的人権を定着させること、それを支えるにふさわし職場や社会の人間関係とは何かというものである。政治哲学や経済倫理学の基礎を築いたジョン・ロールズやノーベル経済学賞を受賞したアマルティア・センは、すべての人々に対して「自尊」または「自尊の社会的基礎」が配

分されなければならず、人間が差別と貧困から解放されて潜在的な可能性を発揮できることが経済社会における重要な価値であることを示した。

　自分には価値があるという感覚、自分が善いと考えることや人生についての自分の意志は実行するに値するという確信を「自尊」という。すべての働き手にとって、自分の労働が公正に認められること、自分が役に立っているという確信は、より良く生きるための基盤であり、力の発揮の源泉である。差別やハラスメントは、そうした生きる力の源泉となる確信を破壊してしまう。そうしたいじめを放置することはもはや許されない。

　第1章では、このいじめが労務管理のあり方や労働のスタイルと密接にかかわりあっており、そうした構造とともに解決する視点を持つ必要を考えたものである。いじめ問題は、すでに70年代から80年代にかけて法的にも問題となり、日本の企業における思想信条・組合所属による差別的いじめ、リストラ型のいじめの民事及び刑事責任が問われてきた。2000年代以降のこれらの動きが問題にしている「いじめ」は、外形的には今日における職場のいじめとは基本的な性質を異にするかのように見え、職場におけるいじめの諸相は大きく変化してきているが、過去に争われてきたケースをひもとくと、そこには、現代の「いじめ」に通底する人間の思考や行動を規定している職場の組織と契約関係・人間関係、そして職場の文化があるに気付かされる。これらを過去の問題として切り離すのではなく、今日の課題を明らかにする礎とすることこそ求められる。とくに人間関係重視の日本型労務管理が、日本企業の世界進出とともに広がって、職場いじめの土壌をも広げたという指摘もなされていることを踏まえると、日本におけるいじめ問題と企業の労務管理の関係を分析して、どのような問題を抱えているのかを明らかにすることは重要な課題である。

　第2章は、いじめ問題が、法的にはどのような問題を提起してきたのか、司法はそれをどう解決してきたのか、とくに労働法は、こうした課題に応えることができたのかという問題を取り扱っている。最近では、パワーハラスメントについて注目すべき裁判例が出てきているが、労災補償や民事賠償責任が問題となる法的場面のみならず、ハラスメントの認定、懲戒処分、就労拒否権、休業や職場

復帰の権利など、生身の身体と心をかかえた人間がハラスメントに晒されながら生きようとするとき直面させられる諸問題を広く扱うことにした。司法判断の限界と課題を見極めておくことは、対策を講じるうえで不可欠であるが、日本の法制度が不十分であるために、生身の人間にとって必要な本当の解決が不可能になっている現状をそのままにしておいてよいというものではない。それを乗り越えるのが人間と社会の英知であり、その主体が働き手と労働組合、そして企業であることを忘れてはならない。

　第3章は、ハラスメント防止のための法理論について、司法判断の限界をふまえながら、どのような考え方にたって理論を構築することができるのかを検討した。労働契約法をはじめとしてこの間の労働立法は、職場における集団的な規律の根拠や労働契約上の権利義務関係、職場における差別と暴力の禁止と労働安全衛生対策など、「いじめ」対策には避けては通れない諸課題を解決するには課題が多すぎる。EUにおいては、いじめ概念を「差別」概念に統合させてルールの縦軸とし、安全衛生対策を横軸として、職場におけるハラスメント対策を展開する新しいステージを築いているが、そうした世界の状況をにらみながら日本における可能性は何処にあるのかを概観し、前記のようなハラスメントに遭遇した個人が直面するであろう労働生活上の諸問題について、法的解決を切り開くための課題を明らかにした。また、ハラスメント対策の基本は「予防」にある。その予防のためには、差別の根絶とストレス対策が大きく関係しているが、諸外国、とりわけ欧米においてどんな点に留意して防止対策が講じられてきているのかもできる限り紹介した。

　第4章は、職場でハラスメント問題が発生したとき、どうすればよいのか、チェックリストや労働協約案を示しながら解説したものである。労使は、職場における人間関係上の諸問題を賃金や労働時間と並んで重要な労働条件として位置づけ、職場から、差別とハラスメントを根絶する共通の戦略を持って相互に協力すべきである。競争関係のグローバル化が低コスト体質の組織作りに向かわせている現実があるが、切り刻まれパーツ化されて、精神的に人間であることを止めなければならないような労働現場から生み出されるものによって持続

的発展は望めない。企業における関心もモノから人へと転換の舵を取るべきことを、多くのハラスメントによる犠牲者が教えてくれている。チェックリストや労働協約案は、そうした当事者の心からの願いも込められたものである。

　そうはいっても、ハラスメントの根絶と問題解決のためには、労使のほか医療関係者など専門家の力を借りることも必要で、さらに検討を重ね練り上げられる必要がある。その点で、労働相談に多く携わり活躍されてきた金子雅臣さんと産業医として企業現場で豊富な経験をもつ荒井千暁さんの座談はきわめて有意義なものであった。

　本書が、職場における人権保障と活性化に役立つよう、すこしでも多くの人に手にとってもらいたい。

目次

はじめに　3

第1章 企業の組織・労務管理とハラスメント
1　職場いじめをめぐる諸相
(1)「異質」を排除する集団的いじめ　17
(2) 企業目的の実現に向けられた人事裁量権を行使したいじめ　20
(3) 公益通報といじめ　22
(4) 社員相互間のいじめ　23
(5) セクシュアルハラスメント・マタニティーハラスメント　24
(6) 社会に存在する多様な暴力と職場対策の重要性　25
2　被害と加害のメカニズム
(1) 多様な暴力の形態　27
(2) いじめによる被害　28
(3) 反暴力のための包括的な取り組み　29
(4) 加害と被害の連鎖～可視化されてこなかったもの　30
(5) いじめ=加害の構造　32
　　集団主義　32　　過酷な競争　32　　差別と力関係　33　　自己肯定感を否定しなければならない環境　33
3　差別としてのいじめ・人格権侵害としてのいじめ
(1) 二つのアプローチ　34
(2) 差別の定義　34
(3) アメリカにおけるハラスメントと法　34
　　人種的民族的な敵意に満ちた労働環境　35　　セクシュアルハラスメント　35　　犠牲的解雇　36
(4) EUの立法政策　37
(5) EU加盟国　38
4　職場における人間関係は労働条件の最も重要な柱であること　42

第2章 職場のハラスメントをめぐる裁判例
1　裁判例を検討する視点
(1) ハラスメントの定義と司法判断　46

(2)企業の安全配慮義務と防止対策　47
　　(3)争訟による波及効果　49
2　業務起因する「職場におけるハラスメント」
　　(1)日研化学事件　51
　　(2)判決の内容　52
　　　　1)業務起因性に関する一般的な判断基準　52　2)精神障害の業務起因性　53　3)自殺の業務起因性　55
　　(3)心理的負荷となる要因と業務上判断　56
　　(4)判断基準の見直し　58
3　ハラスメントの違法性をめぐる諸問題
　　(1)退職勧奨行為とハラスメント　64
　　(2)仕事配置・担務指定　70
　　(3)業務上の叱責・非難　72
　　(4)集団化した嘲笑・からかい　75
　　(5)労働者の人格権からのアプローチ　78
　　(6)セクシュアルハラスメント　83
　　　　1)名誉毀損と差別的排除の扇動　84　2)ハラスメントによる差別的排除と平等権侵害　86　3)ハラスメントが違法となる基準―身体接触　89　4)言葉によるハラスメント　94　5)集団的・継続的ハラスメント　96　6)ハラスメントに対する苦情申告とその後の不利益　97　7)継続的ハラスメントと「合意」の抗弁　100　8)ステレオタイプ　103
4　ハラスメント防止をめぐる裁判例
　　(1)企業のハラスメント防止義務　107
　　【専務の行為】108　【社長の行為】108　【会社の責任】108　【被告Aの行為】109　【被告Bの行為】110　【使用者としての責任】110　【雇用契約】111　【損害】111
　　(2)労働者側からの防止措置　114
5　損害賠償責任の範囲
　　(1)精神疾患の発病・自殺と過失相殺　117
　　　　1)労働者の性格　118　2)家族などの落ち度　119　3)労働者の発病因子　119
　　(2)経済的不利益～賃金格差相当損害金　121

6　ハラスメントと懲戒権の行使に関する裁判例
　　　【処分事由となったセクシュアルハラスメント】124　【懲戒解雇処分に至る手続き】124　【裁判の解雇の有効性に関する判断】125
　7　治療と職場復帰をめぐる裁判例
　　　(1) 復帰に際しての受診命令　132
　　　(2) 休業・復職・解雇等身分関係上の諸問題をめぐる裁判例　135

第3章 職場におけるハラスメント対策の法理

　1　ハラスメントをめぐる課題
　　　(1) ハラスメントとは何か　140
　　　(2) ハラスメント防止などの対策　141
　　　(3) 労働者がハラスメントに晒されない権利　141
　　　(4) 圧力をかけられたうえでなされた意思表示の効力　142
　　　(5) 職場復帰　143
　　　(6) 休業補償・療養補償などの生活補償　143
　　　(7) 法規制　143
　2　ハラスメントとは何か
　　　(1) 法規制の形態　144
　　　　　1) ハラスメントの禁止　144　2) 防止対策の義務づけ　145　3) 禁止と防止　147
　　　(2) 禁止されるべきハラスメント　148
　　　　　1) ハラスメントの法的本質〜法益侵害の見地から　148　2) 違法となるハラスメント　149　3) 禁止法制の可能性　151
　3　ジェンダーに基づくハラスメント
　　　(1) ジェンダー平等とハラスメント根絶の今日的な課題　151
　　　(2) 女性に対する暴力・ハラスメントの本質　152
　　　(3) 女性に対する暴力撤廃宣言　153
　　　(4) 職場におけるジェンダーに基づくハラスメントの規制　154
　　　(5) ハラスメントとの闘い　155
　　　(6) 男女雇用機会均等法　156
　4　企業におけるハラスメント予防対策
　　　(1) 予防されるべきハラスメント　158
　　　(2) 予防責任の所在〜その法的根拠　161

1)企業にハラスメントを予防する責任はあるのか　161　2)企業組織と労働契約関係　162　3)労働契約における縦の力関係と集団的関係　164　4)集団と個人の法的関係～社員相互間のいじめに企業の責任が問われる法的根拠　166
　5　防止対策の理念
　　（1）職務遂行過程における人権侵害は許さない　167
　　（2）職場いじめによる被害は深刻であり、生産性を低下させ社会的国家的損失をもたらす　168
　　（3）防止対策は人事の本命であること　168
　　（4）防止対策の対象領域　169
　6　防止対策の手法
　　（1）防止対策の方向　171
　　（2）いじめ予防対策としてのストレス予防　172
　　（3）職場における暴力・いじめ防止対策　175
　　（4）職場暴力を防止する5つのヒント　177
　　（5）モラルハラスメントの防止対策　178
　7　労働者の履行請求権・就労拒否権
　　（1）履行請求権を認めた裁判例　180
　　（2）防止措置の履行請求権をめぐる学説　182
　　（3）就労拒否権　185
　　（4）履行請求から就労拒否まで　188
第4章　ハラスメント問題を解決する
　1　ハラスメント問題に関する労使の役割
　　（1）ハラスメントは職場の権利・労働条件に関する問題であること　192
　　（2）ハラスメントと職場における差別　195
　　（3）日本型雇用慣行とハラスメントの土壌　196
　　（4）労使の課題としてのハラスメント対策　197
　　（5）ハラスメント対策の基本的な視点　198
　　　　1)労使の理解とヘゲモニー　198　2)実態にそくした効果的なルールをつくる　199　3)ハラスメントのリスクや兆候に注目する　199　4)視点の転換　200　5)ハラスメント対策のための制度　201
　　（6）労働組合の役割と責任　202
　　　　1)労働組合への期待　202　2)困難な課題　203　3)問題が顕

　　　　在化したとき　204　4）労働組合が登場すべきとき　204
　　（7）「どうしようもない会社」「どうしようもない労働組合」　205
2　予防のためのルールと取り組み
　　（1）ハラスメント対策構築の戦略　208
　　　　1）基本的なスタンスの確立　208　2）職場の実態にあった対策を
　　　　構築する　209　3）検討課題　211
　　（2）方針を徹底する～周知徹底　213
　　（3）研修による理解の定着・深化　215
　　（4）リスクを把握し解消のメカニズムを働かせる　216
3　解決のための手続きと方法
　　（1）相談窓口にアクセスする～相談できる体制　217
　　　　1）相談窓口の位置づけと役割　217　2）相談を受け付けるという
　　　　こと　217　3）広く相談を受け付けること　220
　　（2）苦情処理～意向確認・暫定措置・事実調査　222
　　（3）事実調査　222
　　（4）解決案の提示　224
　　（5）加害者に対する処分　231
4　権利回復
　　（1）権利回復に向けた基本的視点　234
　　（2）緊急避難のルール化　235
　　（3）ハラスメントによる不利益の回復　237
5　療養・休職・復職・就労請求
　　（1）基本的なスタンス　239
　　（2）私傷病か業務災害か　240
　　（3）療養補償・休業補償　240
　　（4）復職の権利　241
6　精神疾患をもつ労働者の権利（差別の禁止と働く権利）
　　（1）精神疾患による差別の禁止と日本の法制度　244
　　（2）障害者権利条約と障害を理由とする差別の禁止　246
　　（3）差別となる合理的配慮の欠如　246
　　（4）復帰と復帰後の配置の条件の見直し　247

ハラスメント防止に関する労働協約（案）　248

第5章 ハラスメントにより破壊されている職場と働く者（座談会）

Ⅰ なぜハラスメントが増えてきたか　256
◆ハラスメントはなぜ見えにくく、わかりづらいか　◆能力を切り出された部分でしか評価しない　◆パワーハラスメントに六つの型がある　◆われわれは共に被害者なのだという会社の論理　◆リストラの責任を中間管理者に押しつける

Ⅱ コミュニケーションができなくなっている要因　272
◆KYの広がりはコミュニケーション能力の異常期待　◆自他の違いを認めることが本来の企業風土　◆リアルタイムでの時間の共有を避けるという風潮　◆どうして暴力がらみになるのか　◆パソコンを壊して会社を去る　◆「助かったよ」「ありがとう」を待っている

Ⅲ 企業組織として取り組むべきこと　287
◆どうして人事部で解決できないのか　◆安全衛生委員会での取組み　◆人権と企業目的は対立しない　◆防止対策をすすめるための着眼点　◆社員との面接でわかること　◆職場ではどのような施策が有効か

Ⅳ これからの重点施策と課題　307
◆NPOの取組みに期待したい　◆良好な人間関係のもとで働く権利　◆職場環境配慮義務の確立を　◆企業の社会的責任は「投資」である

資料編

サービス業における職場暴力及びこの現象を克服する対策についての実施基準案　316
ILO発行「Code of practice on workplace violence in services sectors and measures to combat this phenomenon」）（仮訳 国際安全衛生センター）

セクシュアル・ハラスメントの防止等　332
人事院規則10−10　平成10年11月13日

「パワー・ハラスメント」を起こさないために注意すべき言動例について　344
人事院通知　平成22年1月8日

目次

事業主が職場における性的な言動に起因する問題に関して雇用管理上講ずべき措置についての指針　349
　　　　　　　　　　　厚生労働省告示第615号　平成18年10月11日

心の健康問題により休業した労働者の職場復帰支援の手引き　355
　　　　　　　　　　　厚生労働省通知第0323001号　平成21年3月23日

広島大学におけるハラスメントの防止等に関するガイドライン　384
　　　　　　　　　　　広島大学ハラスメント相談室

早稲田大学におけるハラスメントのガイドライン　402
　　　　　　　　　　　早稲田大学ハラスメント防止委員会

ハラスメント防止対策ガイドライン（2010年改訂暫定版）　408
　　　　　　　　　　　NPO法人アカデミック・ハラスメントをなくすネットワーク

ハラスメント防止対策ガイドライン解説（2010年改訂暫定版）　420
　　　　　　　　　　　NPO法人アカデミック・ハラスメントをなくすネットワーク

ハラスメント事例（2010年改訂暫定版）　442
　　　　　　　　　　　NPO法人アカデミック・ハラスメントをなくすネットワーク

ハラスメント相談窓口設置基準（2010年改訂暫定版）　448
　　　　　　　　　　　NPO法人アカデミック・ハラスメントをなくすネットワーク

ハラスメント防止委員会設置基準（2010年改訂暫定版）　452
　　　　　　　　　　　NPO法人アカデミック・ハラスメントをなくすネットワーク

ハラスメント防止ガイドライン例（2010年改訂暫定版）　456
　　　　　　　　　　　NPO法人アカデミック・ハラスメントをなくすネットワーク

ハラスメント防止宣言例（2010年改訂暫定版）　464
　　　　　　　　　　　NPO法人アカデミック・ハラスメントをなくすネットワーク

ハラスメント防止対策規程例（2010年改訂暫定版）　466
　　　　　　　　NPO法人アカデミック・ハラスメントをなくすネットワーク

セクシャルハラスメントに関する協定（例）　470
　　　　　　　　　　　　　　　　　　　　　　　　UIゼンセン同盟

パワーハラスメントに関する協定（例）472
　　　　　　　　　　　　　　　　　　　　　　　　UIゼンセン同盟

あとがき　474

第1章
企業の組織・労務管理とハラスメント

1 職場いじめをめぐる諸相

　職場におけるいじめは、古くから問題になってきた。それは、高度経済成長とともに70年代には、職場における労働者の自由と平等をめぐる問題として浮上していた。労働組合の所属や思想信条を理由とする仕事・賃金・勤務場所・職場における対人関係上の不利益、さらには監視などのプライバシー侵害は、「工場の前に憲法は立ちすくむ」という職場の無法地帯化として注目されるようになった。これらは、企業がその事業の目的を一丸となって遂行するために「異質」と考えるグループを排除する手法として告発された。

　しかし、低成長時代にはいると、企業リストラの手段として、リストラ対象として選定した労働者自身が、職場から求められていない、あるいは与えられた職務を遂行する力がないと痛感させるような取り扱いや周囲の言動による「追い出し」が問題になった。その矛先は、特定の思想信条や労働組合とは無関係であるという経営への忠誠を誓った労働者にも及んだ。そして、労働組合に加入して権利を主張し始めると、さらにそのいじめが強められたりした。異質の排除が公益通報者にも及んでいたことは、こうしたいじめを蔓延させていく職場の構造のなかでは、半ば必然的なことであった。

　そして、社会的差別の撤廃を求める動きとともに、これまで可視化されてこなかった（社会が当たり前のものとして容認し、耐えることを強いられていた）いじめが「ハラスメント」という用語とともに浮上した。セクシュアルハラスメントである。職場において、女性は古くから「性暴力」に晒されてきたが、それ自体が労働法上の問題として浮上することは長年にわたってなかった。そして職場におけるいじめは、性的言動に限らず、広くあってはならないものとして「パワーハラスメント」という概念を登場させた。「セクシュアルハラスメント」「パワーハラスメント」という概念の登場は、「言葉」が人々の思考や行動を大きく変えるきわめて重要な契機となることを思い知らされるものであった。

　しかし、それらは、新しい形態の差別やいじめではなく、古くから存在したものである。そして、職場で働く人々が、多かれ少なかれ、それを積極・消極に受け入れたりしてきたものであった。ファシズムが通り過ぎてくれることを切望しなが

らじっと耐えて順応することもまた生き延びる方法であるが、いじめの諸相は、振るわれた暴力の直接の当事者のみならず、それと向き合うことを余儀なくされた周囲の人たちを巻き込んでいたことをすでに示していた。

(1)「異質」を排除する集団的いじめ

「生殖能力を失った女性がキンさんギンさんの年齢になるまで生きるのは地球にとって無駄で罪」という石原都知事の発言に異議を唱えて訴訟を提起した原告の一人は、この発言が、高齢な女性を社会から差別的に排除する扇動的効果を痛感させられるとして、その原体験となった組合分裂劇の渦中に受けた暴力の経験を語っている。

「別組合もビラをまくんですが、その中に私たちを指して赤いゴキブリだとか赤軍だとか……そういう形でレッテル貼りをするということがあったわけですね。で、それがだんだんエスカレートしていって、言葉による暴力はすごかったんですけど、私たちの職場は霞ヶ関ビルにあったんですね。その朝ビラに対して、第2組合と管理職がある時間からぱっと寄ってきて私たちのビラ配布を妨害する。持っているビラをまけないように取り囲んで、またちょっとしたきっかけで暴力行為が始まるということで、79年、80年ですかね、非常にひどい状況が続いたのです。」

事件は傷害事件にまで発展して緊張は高まっていくのだが、普通の人々が、ある日突如として暴力をふるう集団として目の前に立ち現れ、あっという間に支配され少数派に追い詰められていく職場の恐怖を語っている。

この状況は、産業を問わず少なくない企業のなかで共通して起きたことであった。経営と対決姿勢をとる組合を敵視して排除しようとする力が、組合分裂の流れをつくり、その過程で、多様な形態の暴力が行使されたことは、周知のことである。組合役員がストーカー・セクハラ行為（当時はこのような言葉はなかった）をでっち上げられて懲戒解雇処分を受けたり、些細な仕事上のアクシデントなどの出来事を恣意的に取り上げられて責任を追及され始末書をとられたり、とても耐えられないような過酷な職場での仕事を命じられたり、それまで一緒にお菓子とお茶で休憩時間を過ごしていたのに、一人だけお菓子を配られなくなるなど存在を全く無視されることから同僚に取り囲まれて罵声を浴びせか

けたり、唾を吐きかけられたりするといったものである。

　経営側が一定のグループに対して権限を行使して不利益を加えたとき、社員は当該グループに属する社員を経営側が排除を欲していると忖度する。そのために、排除をほのめかすような言動が「排除しても構わない対象」として暴力をうむ構造を作り出していく。そうしたことは、差別に関する社会学的な研究の中で、モデリング効果等として確認されている。ナチズムによるユダヤ人虐殺もある日突然始まったのではなく、優生思想、ユダヤ人が最も劣等な民族だという排外・差別思想が打ち出され、その後、ユダヤ人に対する差別的な落書きや言動が日常化し、それらが頂点に達したときに虐殺が始まった。これら歴史の経験は、小さなものであっても、不当な差別や不利益を放置することを重ねていくと、人々の意識のなかにしっかり根付いてしまっている気付かない偏見や固定観念が土壌となって、まるでガソリンが充満したような社会状態に『たが』がはずされてしまうような何かが火種となって一気に爆発してしまうことを示している。

　普通の人々が、こうして暴力の連鎖に巻き込まれていく構図は、きわめて深刻である。ターゲットになった「排除対象」とされる集団に帰属する人々のみならず、生活のために集団から離脱したり、いじめをただ見ていることしかできなかったり、加担せざるをえなくさせて葛藤を強いられた多くの社員もまた、犠牲者といえる。

　こうした暴力による被害は、不当労働行為（支配介入・不利益取り扱い）救済命令申立事件や、地位確認請求や損害賠償請求事件、刑事告発などを通じて救済が図られてきたが、その影響が職場全体に及び、多くの労働者が意に沿わない行動を強いられたり、精神的圧力を加えられていることについては、被害として浮上させられなかった。当時の資料をひもとくと、ターゲットにされた当該集団に属さない労働者の退職も相次いで熟練が失われていることが警告されている。これは、職場における暴力が、「企業防衛」という意図するところとはまったく逆に、職場全体にダメージを与えることが示されている。

　直接的な身体的・精神的暴力の行使以外にも、隠微に労働者の行動や思想を監視・調査して不利益を加えることも問題になった。不利益は、賃金や仕事などの労働条件のみならず、職場一丸となった無視や孤立化にまで及び、労

働者の思想信条の自由や人格権＝プライバシー侵害として企業の責任が問われた。

　リーディングケースとして引用される、**関西電力事件最高裁判決**（第一小法廷、平成7年9月5日）は、現実には、企業秩序を破壊し、混乱させるなどのおそれがないにもかかわらず、会社が共産党員またはその同調者であることのみを理由として、その職制等を通じて、職場の内外で労働者を継続的に監視する態勢をとったうえ、当該労働者が極左分子であるとか、会社の経営方針に非協力的なものであるなどと、その思想を非難して、労働者との接触、交際をしないよう他の従業員に働きかけ、種々の方法を用いて労働者を職場で孤立させるなどしたこと、さらにそのなかで、退社後尾行したり、ロッカーを無断で開けて私物である『民青手帳』を写真に撮影した行為が、「自由な人間関係を形成する自由を不当に侵害する」とともに「その名誉を毀損するもの」であり、また「プライバシーを侵害するものであって同人らの人格的利益を侵害するものというべく」これら一連の行為が会社の方針に基づいて行われたというのであるから、不法行為を構成すると判断している。

　問題とされた行為・取り扱いは、思想信条に基づく差別であるが、侵害された法益は、思想信条の自由から精神的人格価値の保護に純化させられている。どのような理由によるかにかかわらず、職場におけるいじめを人格的利益を侵害するものとして許容できないとして普遍化させた意義は大きいと考えられている。この判断は、職場における対人関係をめぐる労働者の権利を確立するうえで、重要な理論的基礎を与えたといえる。

　しかし、これらのケースで取り上げられた事実にかかわる人々を広くとらえてみてみると、企業の命令によって法益侵害行為に直接間接に加担したり、沈黙を強いられた人たちの存在を忘れることはできない。そこでは、企業が「人事権」の名のもとに長時間労働や単身赴任を強いる人事管理とともに、企業の傘のもとに生活の基盤を築く以外にない労働者の心や人格まで支配してしまう、文字通りの包括的支配を痛感させる。それは、労働者の生活態度や思想傾向を「能力」として評価して人事権を行使し、まさに生殺与奪というにふさわしい従属関係が、暴力の温床となっていたことを示すものであった。

　日本型雇用管理が人間関係を重視するものであるという場合、そうした包

括的支配と不即不離の関係にあるものと捉えることができる。厳しい環境を生き抜く課題を与えられたとき、働き手は、そのミッションに向けて貢献することを正義とし、その実行には価値がありそれを使命として自らに課題を課するであろう。それが厳しいものであればあるほど、集団でそれを乗り切ろうとする。もともと仕事は一人でできるものではないから、労働とは本来的に、孤立ではなく人間相互の関係を基礎に成り立つという性質をもっている。そのために、職場において集団的なつながりが形成されることは必然であるし、それを大事にすることもまた、生産性向上には不可欠であるが、問題は、どのような集団的なつながりを大事にするのかであるはずだった。生い立ちも経験も、物事に対するとらえ方や感じ方、思想・信条もまったく異なる労働者が、企業目的の実現に向かって組織される職場において、一人で仕事ができるわけではない、みんなで仕事をするために求められる対人関係上のつながりとは何か、そして、それはいかにして法的に保護されるべきかが問われなければならなかった。

(2) 企業目的の実現に向けられた人事裁量権を行使したいじめ

　上記のいじめの手法は、そのうち、広く退職強要の手段に用いられるようにもなった。解雇権濫用法理によって使用者の解雇権に歯止めがかけられるようになると、使用者は、司法救済を求めて提訴されるリスクを回避して、労働者の同意に基づく人員削減措置を講じようとする。そのために労働者に身体的・精神的に圧力をかけて「自主退社」を促す方法として、過酷なあるいは身につけた技能や経験には到底そぐわない屈辱的な仕事・人格や能力に対する否定的な評価・無視や敵対を通じて、誇りを傷つけ、つくづくこの職場に存在することが無意味であることを心に刻みつけ、あるいは精神的に追い詰めて無力化させたりして抵抗力を削ぎ、その結果退職届を提出させようとする。

　こうした手法は1970年代から問題になってきたが、今日まで連綿と続いている。雇用多様化＝非正規雇用の増加とともに、能力主義に業績主義が接ぎ木された人事制度が広がると、「あなたの仕事は派遣のお仕事」といった、派遣労働者にも正社員にも差別的・屈辱的な評価をもとに低いグレードに追いやって、ミスを誘うような仕事に従事させたうえにさらに能力を否定する。こうした手法は、一見制度上の根拠に基づく取り扱いのように見えることや、労働者の能

力を問題したものであることから、労働者は自らを責めなければならず、精神的に打ちのめす力が強い。人は、ただでさえ自分が攻撃されたときに、自分に問題があったからではないかと苦しめられる。それが能力や業績評価の形をとって行われるのであるから、その打撃の大きさは推して知るべしである。

　ここでは退職の意思表示の無効、すなわち「自由意思」とは何かが問われる。労働者が再就職などとても困難なほどに無力化された末に自らの生存の基盤である職場を捨てる選択をなすというのは、よほど人間として耐え難いことがあってのことである。

　しかし、民法上の強迫や詐欺による取り消しや、錯誤無効など意思表示の瑕疵として構成するには、意思表示理論はあまりにハードルが高すぎる。それは「自立した個人」「対等平等な取引主体」としての労働者を観念的に想定しているからであるが、生身の身体と心をもつ自然人としての労働者は、このような場面で自立した個人として自己決定できるという状態では毛頭ない。後述するように、「準解雇」ないし「犠牲解雇」の法的概念をもって「退職」それ自体を違法無効とする法制度もあるが、日本ではそのような法理や制度は確立されていない。男女雇用機会均等法では、差別的退職強要を禁止しているので（均等法6条4号）、差別の一形態として行われたいじめによる退職の結果は違法とされる可能性が出てきた。そもそもいじめなどによる退職「強要」行為は禁止されるべきであるし、退職のような重大な決断をなすまでに精神的に無力化されるまで追い詰められない段階で、効果的な救済を受ける法的可能性が保障されなければならない。

　さらに、最近では、無謀な解雇に労働者が異議を唱えたとき、使用者は解雇を撤回して即日職場に復帰するよう命令することがある。この手法は、最近流行のやり方のようで、労働者は心身に大きなダメージを受けることがある。無謀な解雇＝戦力外通告に企業や上司に対する不信感や脅威を抱いている労働者にとって、謝罪も反省もなくただ解雇撤回と出勤命令を通告されても、まったく身動きできない。何より、解雇が無謀であればあるほど、労働者は使用者に対する信頼感を根底から奪われており、職場に安心して戻ることはできない。戻ったとしてもこれから何をされるかわからないからである。果たして職場に戻るなり、屈辱的な仕事、過酷な仕事、低い評価が待ち受けている。「これまでの仕

事はないから単純業務で賃金も減額する」という通告付きの出勤命令もある。労働者は、出勤しなければ、今度は無断欠勤、理由のない欠勤として本当に解雇になってしまう。

　前述のいじめによる退職強要もそうであるが、このような状況に直面させられた労働者に就労を拒否する権利はないのだろうか。精神的・身体的・性的暴力に継続的に晒されている労働者が「就労不可」の診断を受けて休業を申し出たとき、解雇のリスクを背負わなければならないのはきわめて不公平である。

　しかし、労働者が重大な事態に至る前に未然にこれを回避する権利は確立されていない。強い自立した個人であるためには、こうした権利の保障こそ確立されなければならないはずである。

(3) 公益通報といじめ

　内部告発をきっかけに職場いじめを継続して受けることは少なくない。これは、企業防衛のための「異質」を排除する体質と、嫌がらせによっていかようにでも労働者を黙らせることができるという包括的支配関係が醸成してきた文化風土のミックスによるものである。愛媛県警の「裏金づくり」に協力しなかった警察官を昇進試験から排除して交番勤務を転々とさせたり、ヤミカルテルを告発した労働者を長年にわたって配置・昇格において不利益に取り扱ったりしたことが問題になった。警察官が配置転換などの違法性を主張して国家賠償請求をなしたことに対し、裁判所は県に100万円の慰謝料の支払いを命じた（松山地裁、平成19年9月11日、高松高裁、平成20年9月30日）。

　労働者がヤミカルテルをメディアや公正取引委員会に告発したことによる配置や昇格昇給の待遇上の不利益取り扱いが問題になった**トナミ運輸事件**では、労働者側は雇用契約上の平等取り扱い義務、人格尊重義務、配慮義務等に違反する債務不履行ないし不法行為に基づく損害賠償請求と謝罪文の交付を求めたが、裁判所は告発内容の真実性、告発事実の真実性または真実と信じたことについての相当性の有無、告発の対象や態様などを総合的に評価し、運送業界全体を巻き込んだヤミカルテル問題であったという性格から外部に告発した方法は不当とまではいえず、労働者の内部告発行為は正当で法的保護に値し、人事権の公正な行使に対する期待が侵害されたとして慰

謝料200万円を含む1356万円余の支払を命じている（富山地裁、平成17年2月23日）。

　人事権を行使して継続的に、配置や昇進・昇格・昇給において不利益を加え続ける行為が、人事権の濫用として違法無効とされた場合であっても、濫用がなかったとすれば、受けられる配置・格付・賃金とはいかなるものであるか、そもそもそのようなポスト、昇格昇給を請求する権利はあるのか、についても問題になってきた。能力・成果主義処遇制度を採用している場合には、不利益取り扱いが違法と判断されても、権利回復が慰謝料で終わってしまうこともある。これでは不利益取り扱いはやり得ということになってしまう。

　この判決を契機として、内部・外部告発を異端視して不利益を加えるような職場の構造が不正を助長するという問題意識が高まり、公益通報者保護法が制定された。しかし、この法律は、外部に対する公益通報の範囲が狭いことや、公益通報を理由とする不利益取り扱いの禁止を定めるのみで、告発した労働者に対するいじめなどの不利益取り扱いの範囲について明確な定めがない。また、その防止と権利救済に関する具体的な手続き規定は定められおらず、労働者の権利が現実的に確保されているとは言い難い。

(4) 社員相互間のいじめ

　企業の労働者に対する人事権行使や事実上の支配関係を背景にした職場からの排除を目的とするいじめに加え、労働者相互間のいじめも問題になってきた。

　これには、権限を背景にしたもの（上司と部下）、力関係を背景としたもの（性別・人種・国籍・社会的身分などの違いから生み出される差別者・多数者と被差別者・少数者）、そうした上下関係や差別的な背景をもたないかのように見える人間相互のいじめがある。こうした関係のもとで行われるいじめも、使用者の姿勢や対処にかかっているといってよい。使用者や権限を有する幹部職員がハラスメントを容認したり、煽動するような言動を行ったとき、あるいは当該社員は望ましくないと判断していることが忖度されたような場合でさえ、集団的ないじめが発生することは、少なくないケースで確認できる。

　業務の執行につき行われたと評価できるハラスメント（上司がその権限を行

使して行った場合など)については、不法行為上の使用者責任が問われるが、事業執行性の判断には限界がある。最近では、学校におけるいじめのような職場いじめが問題になってきたが、こうした問題にどのように対処するかが問われることになる。

　そもそも事業目的の達成のために、多様な労働者を職場に配置・組織して業務に従事させる使用者としては、その所期の目的を達成して利益を得るという企業組織の本質的な要請として、従業員相互の関係を適度な距離を保って健康や人格的利益の侵害に及ばないような職場における人間関係を確保すべき責任を負担すると考えることもできる。使用者には事業目的のために労働者を適材適所に基づき配置し、あるいは就業規則を制定してその労働条件を集合的統一的に処理することが可能であるという立場から、本質的な要請として、仕事をすすめるうえで最も重要な条件のひとつである人間関係を、力の発揮を損なわないように調整する責任を負うというべきである。こうした考え方は、まだ法的に定着しているわけではないが、裁判例のなかには、前記**関西電力事件**のように職場の人間関係を被侵害利益とし、またその調整義務を認めるものがある。しかし、こうした問題に対処できる職場の組織と責任の制度化はまったく行われていない。

(5) セクシュアルハラスメント・マタニティーハラスメント

　職場において性的自由の確保は当然の人権の要請であり、セクシュアルハラスメントは、性別による不利益の一形態である。09年のILO98回総会結論『ディーセントワークの中心にある男女平等』は、「女性は出産という付加的な責任を負い、資源及びサービスへのアクセスを欠くために、社会保障の欠如、男女の賃金格差、低賃金、不十分な労働条件、セクシュアルハラスメントを含む搾取や虐待、意見表明や代表制の欠如が女性にとっての状況をさらに悪化させている」と指摘し、「セクシュアルハラスメントや他の形態のハラスメントは、男女の尊厳を損ない、男女平等を否定し、重大な意味を持つ世界共通の深刻な差別形態である。ジェンダーに基づく職場での暴力は禁止されるべきであり、その防止のための政策・計画・法令および他の適切な措置を実効すべきである。ハラスメントの差別的な特質、生産性及び健康への影響に関する男女への教育

を通じて予防する場所として、職場は適している。場合によっては、企業、産業もしくは国家レベルで団体交渉を含む社会対話を通じて取り組むべきである」としている。

　職場におけるいじめを構造的にみると、差別によって、軽視されてもかまわない、スケープゴード＝生け贄に供されてもかまわないというように、からかいや排除のターゲットになってきた人々が、最初にあるいは最も深刻な被害を被る。そして性差別は、他の人種や国籍、社会的地位、信条による差別と結びつきやすく、特に女性により深刻な形で現れる。過去争われてきたケースのなかでは、多数を握った第二組合機関誌に第一組合に所属する女性に「人格チビ・性格ブス」といって労働者の職場における人格的価値を貶め、排撃の煽動効果を狙ったとして問題となった事件があるが、この早期の段階で司法の介入を求めたことが、その後の事態を大きく変えることになった。

　強姦などの性暴力は「魂の殺人」である。性的対象とみていること、排除の対象であることが、性的からかいや性的噂話とともにメッセージとして断続的に発信されることによって、対象とされた労働者は心身の深い傷害を負う。性によるステレオタイプを解消していじめをなくさなければ、男女労働者が本来もっている力を発揮させることはできない。そうした観点からみると、ハラスメントに対する結果責任（損害賠償責任）や使用者の防止措置だけが法的手段となりうるというのでは問題がある。EU諸国で制度化されてきている就労拒否権などの保障が問われている。

(6) 社会に存在する多様な暴力と職場対策の重要性

　職場は、外部からの暴力にも晒されるようになった。日本でも、職場が無差別殺人の現場になったり、特定の個人が復讐の対象になったり、ドメスティックバイオレンスが被害者の職場と被害者の地位をターゲットにすることは常である。

　国際社会は、職場における暴力に関する問題を、たとえば「従業員がその雇用の過程から生じた状況下において、その社会の一員に虐待や脅迫、暴行などを受けるようなあらゆる事態」（英国安全衛生庁）と位置づけて、広く対策の対象としている。

　ILOが1998年に公表した職場における暴力に関する統計によると、米国で

は毎年1000人近くの労働者が仕事中に殺害され、フランスの報告では公共輸送機関職員に対する暴力発生件数は2000件を超えたとされている。イングランドおよびウェールズでは、英国犯罪調査（BCS）の過去に起こった犯罪に関する調査の結果、1997年に職場において発生した身体的暴行と脅迫事件は120万件に上ったと報告されている。職場における暴力の影響は、個人、職場、地域社会レベルにわたって否定的に作用する。ILO報告書は、それが原因で毎年300万日を超える労働日数が失われており、この時間や生産、賠償のコストは膨大な金額に達すると警告している。

　一方で被害を被った個人に与える影響も深刻で、心理的・身体的症状が労働者の社会的諸関係に悪影響を及ぼしたり性的機能不全に陥ることもあるとされる。こうした暴力から職場をどう守るかという問題は、長年にわたって関心を振り向けられることはなかった。

　暴力は、社会全般にわたって存在するが、職場における暴力対策が重視されるのは、職場が暴力に取り組むうえで「恵まれた」場所であると認識されているからだとされている。職場では、対立と対話が通常の業務の一部を形成しているものの、通常は対立よりも対話が優先され、人々は効率的で生産的な活動を職場組織を通じてどうにかまとめ上げていく。これは、他の社会的諸関係においてはなかなかありえない独特の条件であり、暴力と効率よく戦ううえで非常に堅固な基盤となり得る、とILOは職場対策の重要性を強調している。

　また、暴力によって費やさなければならない社会的コストは、職場組織の効率的運営と目的の達成にとって無視できない深刻な影響を与えていることも指摘している。いまや企業にとって、暴力的であるというレッテルを貼られることほど不都合なことはない。企業が暴力と闘う社会的な組織であり、職場における暴力を防止する政策や救済策に積極的であることは、社会的な支持を受ける不可欠の条件である。こうした観点から、職場における暴力への対応は待ったなしの課題であると認識されるようになっている。

　しかし、日本では、セクシュアルハラスメント防止に関する義務づけ規定が、「取引先」からのセクシュアルハラスメントを含めて職場におけるセクハラ防止・救済策の対象とするのみで、対象範囲は限定されている。配偶者暴力のターゲットになった職場が平穏を保つために、何らの責任もない被害者である女性

に退職を迫ったり、退職せざるを得ないようにしてしまうことは本末転倒であるが、そうした場合に暴力から職場と労働者を守るための防止と救済策はまったくといってよいほど確立されていない。このような問題は、社会全体の取り組みも求められるが、職場の安全衛生対策として、きちんと位置づけられる必要がある。

2 被害と加害のメカニズム

(1) 多様な暴力の形態

　暴力の形態は多様である。ILO2002年『職場における暴力』は、暴力の形態として、殺人・レイプ・強盗・傷害・殴打・身体的な攻撃・蹴る・噛む・げんこつで殴る・唾をはきかける・引っ掻く・締め上げる・つねる・ストーカー行為・ハラスメント（性的および人種的な嫌がらせを含む）・いじめ・集団暴行・虐待・威嚇・脅迫・村八分・不快なメッセージを残す・攻撃的な態度・無礼な身振り・仕事で使う道具や設備の妨害・敵対行動・罵る・怒鳴る・中傷・あてこすり・無視などの行為を掲げている。このように、暴力・いじめ・ハラスメントは、身体的な暴力に限らず、性的・精神的・経済的な攻撃ないし否定を広く含むものとしてとらえられている。

　精神的な暴力については、打撃や傷害が目に見えるものではないために、なかなか理解されず、司法関係者のなかでは、精神的暴力を暴力の一形態として認められないとする考え方が根強く存在する。しかし、差別的言動、人格に介入したり否定する言動、人格的評価を貶める言動（名誉毀損）、行動や心理的精神的自由を制限させたり否定したりする言動が、自尊心を傷つけるのみならず、人間から抵抗力を削いで暴力による支配を容易にすることは、よく知られている。その被害は、身体的暴力を遙かに超えて深刻であり、身体の傷は癒えても心に刻みつけられた傷は一生消えることはない。

　上記のような精神的暴力は、尊厳に対する罪として厳しく糾弾されなければならない。こうしたいじめの形態や被害についての認識を深め、またそれらの暴力が職場の内外で発生するメカニズムを検討することは、特にこれを防止しようとする場合に不可欠である。

(2)いじめによる被害

　いじめによる被害は深刻である。身体的暴力が加える傷害は、身体のみならず心にも傷害を加える（心的外傷）。強姦や強制わいせつ行為は「魂の殺人」である。小さな人格的否定の継続によって、人間は比較的短期のうちに、元気がなくなり、顔色が悪くなり、急激に仕事の能率が落ちてしまい、あるいはミスが増えてしまう。不眠や悪夢、食欲不振に襲われて、痩せがすすみ、精神的にも職場に足を向けられなくなって不自然な欠勤や遅刻が目立つようになる。感情のコントロールができなくなって自然に涙が出てしまったり、行為者や行為者と似た人、関連する仕事や場所・人物に回避的になったりして、仕事ができなくなってしまう。意欲や注意力が低下して、アクシデント（仕事上のトラブルや怪我）に見舞われたり、自尊心が低下して自罰傾向が強まっていく。そうした経過をたどりながら、うつ症状・うつ状態へと進行し、うつ病、適応障害、パニック障害などの疾病が発症して自殺にまで至るケースも少なくない。

　メンタルヘルス不全に対する適切な対処が求められるが、本人やその家族や周囲の人たちの生活の平穏と幸福感が根こそぎ奪い取られる事態にまで至ると、回復のために費やさなければならないエネルギーは想像を絶するほど膨大である。それは、個人とその周囲にいる人々の幸福と生存の基盤（個人の労働権・キャリア権・人格的自由・健康と生活・自尊と幸福）を奪い、職場の生産性を低下させ、社会的コストを高めて産業社会の基盤を崩壊させる。

　ILOなどの国際機関は、暴力によって強いられるコストを可視化することによって対策の重要性について警告を発している。前記ILO『職場における暴力』は、「暴力は、人間関係や仕事の組織、労働環境全般に即時的で、多くの場合長期間にわたる混乱を生じる。費用要因には、常習的欠勤、離職、事故、疾病、障害、死亡などから生じる直接的なコストと、機能性、業績、品質、適時の生産、競争力の低下といった間接的コストが含まれる。さらに、暴力が会社のイメージ、動機づけと係わりあい、企業に対する忠誠心、創造性、職場の環境、革新への開放性、知識の構築、学習といった「無形の要因」に及ぼすマイナスの影響に対してもますます注意が向けられるようになっている」と指摘している。

　例えば、5000人を超える病院職員を対象にしたフィンランドの調査では、いじめにあったことのある人の認定病気休暇は、いじめられなかった人に比べて

26%多い。EUのデータでも健康関連の欠勤と職場の暴力の間にはきわめて重要な相関関係が示されている。データによると、労働者全体の健康に関連する欠勤の平均値が23%であることに対し、身体的暴力にさらされた労働者の35%、いじめを受けている労働者の34%、セクハラを受けている労働者の31%が過去12カ月の間に欠勤をしていた。

また、暴力とストレス間の明白かつ重要な相関関係も立証され、ストレスのコストは年間200億ユーロに達すると算出され、米国では、ストレスのコストは年間3500億ドル、暴力だけのコストは354億ドルと見積もられている。

これらによると、病気と事故の全コストのうちストレスと暴力による割合は30%前後にも及ぶと考えられ、年間GDPの約0.5%から3.5%を占めるとさえ言われている。このように数値化され明らかになった暴力とストレスによる損失をふまえると、反暴力に向けての戦略を構築することは、最重要課題であるといってよい。

(3) 反暴力のための包括的な取り組み

ILOは、暴力に立ち向かうには包括的な取り組みが必要で、すべての問題や状況にあてはまる単一の解決方法を探すより、暴力を生むあらゆる要因を分析し、さまざまな介入戦略を採択するべきであると指摘し、職場の暴力に対し、限定的かつ一時的で、不明確な対応が余りに多すぎることを問題視している。これは日本の状況に充分あてはまるものである。

さらに、ILOは、職場における暴力は単に一時的で個人的な問題ではなく、より広範囲な社会的、経済的、組織的、文化的要因に根をおろした構造的かつ戦略的な問題であるとしている。職場暴力は、職場の機能性を損なうものであり、健全な企業の組織的発展にとって対策を講じることが絶対不可欠であって、結果ではなく原因を除去することに重点化する必要がある。この観点から、職場の暴力に対する予防的で、体系化され、目標を絞った取り組みの重要性がますます強調されるようになった。

そして、ストレスと暴力はお互いに作用し合うばかりでなく、アルコール、薬物、タバコ、HIV／AIDSをはじめとした他の健康問題とも作用し合うことも指摘されている。これらは、職場や社会で発生する職業上の事故、疾病、障害、死亡

のかなりの部分の原因となっていると思われ、これらの要因が組み合わさることによって、問題はさらに一段と悪化する。

こうした考察に基づき、ILOでは「SOLVE」と呼ばれる新しい方法論を策定している。「SOLVE」は、出現しつつある他の健康関連の危害との関係において職場における暴力の問題に取り組み、この問題の軽減は競争力があり成功する組織の健全な発展の重要部分であるとしている。

(4) 加害と被害の連鎖～可視化されてこなかったもの

日本の高度成長期から問題になってきた職場における集団的ないじめの構造に切り込むためには、上記のアプローチにもう一つのアプローチを加える必要があろう。

暴力による被害には、可視化されてきたものとそうではないものとがある。可視化されてきたものは、暴力の被害者が抵抗する自我に尊厳の回復を見出し、権利のための闘争に立ち向かうことによって明らかにされてきた。そこでは、正当性が自分にあるという確信と抵抗したという誇りに支えられた行動があるから、どんなに厳しくても、司法的介入が行われる場面においては、その状態を継続して被害を訴える可能性がある。

しかし、可視化されてこなかった側面があることに留意する必要がある。何故なら、この被害がある意味では最も深刻で、抵抗する力を削がれ、自己肯定感・自尊感情を奪われて罪悪感に苛まれているところでは、そうした状態を被害として社会共通の認識にすることは困難であるからである。

そのために、加害の本質と被害の深刻な側面に法の光が十分当てられなかった。暴力によって意に反する選択を強いられ、屈してしまったがゆえに打ちのめされ、それによって強化された支配に身動きできなくなっている人間の姿がそこにあるが、そうであるが故に深刻なトラウマをかかえ、事実を明らかにすることができないという構造（脱退工作の立証をみよ）によって放置されてきた。

これにより労働契約論は、労働者の自然人としての脆弱性と契約関係上の本質的非対称性を基礎に、人間である労働者を保護する、意思表示理論や請求権論、立証責任論を深耕する機会を失ったのかもしれない。対策の本来のあり方を探求するという点においても同様である。

職場組織における加害と被害の分水嶺に「回避のための選択」がある(例えば組合。脱退とこれに連続してよく行われる加害の消極的受容、そして積極的加担へのプロセス)。そこでは、往々にして「打ちのめされてしまった」「自我の喪失」「統合性の破壊」というように「自己決定」を成り立たせる不可欠な基盤が奪われているから、使用者側の狙う職場支配が貫徹されやすくなる。

こうした構造が被害と加害の連鎖を生み出し、継続的支配の土壌となる。そこには集団主義的支配によって包囲されることの脅威と孤立、プライバシー性の最も高い人権を侵害されることによる支配と孤立、加害への加担・屈服・屈辱を受け入れた自己に対する罪悪感や否定的評価、自己肯定感の喪失が渦巻いている。人々は、葛藤から回避するために、自分の手によって自我を喪失させ、支配と集団への同化、つまり働く機械となり、またそうなると、同化することに正当性を付与することが求められるようになる。そこでは、黒を白としてしまう精神文化と虚偽の組織化、虚偽さえ真実としてしまう職場のメカニズムが形成されていく。これらは、事実の認識・記憶化・表現というプロセスにおける人間工学上の説明が可能な逆転として理解することができる。前述したような、加害と被害の連鎖、モデリング効果を通じて、暴力が「普通の人々」によって組織化されるようになると、職場は強力な支配の道具と化してしまう。

非常に危険であるのは、そうしたことが無意識に行われ、連鎖の渦をなすことである。組合所属や思想信条による「異質」を排除する明確な方針をもたなくても、自然にそうした渦ができてしまう構造とリスクを、今の職場はかかえている。

例えば、とかく会社の方針には異議を唱えられないので、力関係上劣位にある社員や取引先に向けて感情を爆発させたり、無理難題を要求するなどして不満を解消させる傾向が強まっている。そして、事業体が危機に直面するなどひとつの方針のもとに動かなければならない状況となったときに「切り捨て」や「人格的介入」が正当化されることがある。自分いじめをしなければならない職場環境が敵対的人間関係をつくっていく。さらに、反差別・反暴力の取り組みが意識的になされていないところでは、権力への同調が生まれて集団的ないじめの温床になる。虚偽の風説が膨張させられながら「真実」として流されることなど、いとも簡単である。そこではうわさ話を聞いて黙っていることでも容認した

ことになってしまう。そうした不作為がいじめを強化することもある。ある人は企業が部門の方針を徹底させる手段として、またある人は持ちこたえられない個人の感情を充足させる手段として、情報操作や心理的介入による系統的ないじめ（人格否定）を繰り返す。こうしたことに、職場は全く、無防備の状態に置かれている。

(5) いじめ＝加害の構造

　どうしていじめが生み出されるのか。いじめ防止策は、いじめを生み出す構造があるのであれば、それを改善したり除去したりすることによって効果的なものとなる。すでに折に触れて述べたものもあるが、日本型労務管理のもとで問題になってきたいじめを分析すると、以下のような要因が指摘できる。

集団主義
　経験も思考行動様式も人的属性も異なる人間が、一つの事業の目的に向かって統合される集団において摩擦が生じるのは構造的である。そうしたところにもってきて、集団主義と企業主義的な生活態度を求める包括的な職場への統合と支配が、職場いじめをさらに必然化する要因となる。
　いじめの矛先は、使用者の意を受けた排除対象者に限られない。使用者の意思は、社員相互の関係を規定して暴力の連鎖を生じさせる（持ちこたえられなくなった怒りの爆発などにみられる）。
　日本型経営・労務管理は、社員の全人格と生活を包括的に企業の傘のもとに取り込んで、プライバシーの共有と企業目的の実現にむかって統合する手法を通して職場における人間関係を規律してきたが、そうした手法がいじめの土壌にもなることが指摘されてきた。

過酷な競争
　過酷な競争を乗り切るために有効な集団主義は、プライバシーの垣根を低くすることを求めるから（勘違いされた仲良し）、社員相互に、プライバシーへの侵入、思考行動様式の違いによる摩擦が構造的に発生する。就職した年代の若い層が新しい契約意識を身に着けて職場に参入すると、そうした問題が

浮上する。

差別と力関係

　上記の土壌のうえに職制に基づく強い上下関係や集団間に優劣の分離や力関係が形成されているところでは、劣位にあるものに対して理不尽な力の行使が行われる。身体的・性的・人格的自由を侵害する行為（セクハラ・パワーハラスメント）の矛先は、そうされても構わないと考えられる社会的に差別された集団や属性に向けられる。からかいの対象とすること、力を実感できることなど、暴力の動機付けは、ステレオタイプや差別のなかにあり、暴力が行使されることによって差別は強化される。ハラスメントは差別の一形態であると位置づけられるのも、そうしたことによる。

自己肯定感を否定しなければならない環境

　過酷な労働条件、自己肯定感が否定されるような取扱や人間関係などのストレスが暴力やいじめの要因となることは、よく指摘される。そうした要因が、最近の職場では増加し強化されている。これらは、それを乗り切らなければならないプレッシャーを緩和させる手段として、それを乗り切る人間関係上の団結を形成する手段として、また、加えられるプレッシャーによって爆発した感情のはけ口として、暴力やいじめが組織化される。

　そうした危険のある職場や条件として、①長時間過密労働、時として深夜に及ぶ残業や交代制勤務、②事故を発生させやすい危険な職場環境、③過酷なノルマ、④コミュニケーションの困難（多様化・敵対的な関係）、⑤孤立（問題解決の責任・自分しか頼りにならない）、⑥不公正な評価・処遇・取扱（過大な期待も過少な期待もストレス因子となる）、⑦上記をもたらす雇用関係の変化（雇用多様化（差別化）と常用代替）、成果主義・業績役割給などが考えられる。

　そして、リストラは優劣の力関係を増幅させる。いじめの発生リスクをかかえる職場・職業としては、医療・福祉、サービス業、教育、製造業などが挙げられている。

3 差別としてのいじめ・人格権侵害としてのいじめ

(1) 二つのアプローチ

　いじめの根絶をはかろうとするとき、生活の平穏・心身の健康・人格権保護に、差別などの人権侵害の禁止からアプローチする手法と、安全衛生の観点からアプローチする方法がある。いずれのアプローチも、職場における暴力・いじめを禁止し防止と救済のための方策を制度化することを目標においている。

(2) 差別の定義

　国際条約においては、差別の定義のなかに、直接・間接の差別のほか、一定のハラスメントを含んでいると解される。女性差別撤廃条約第1条〔女子差別の定義〕は、「この条約の適用上、「女子に対する差別」とは、性に基づく区別、排除又は制限であって、政治的、経済的、社会的、文化的、市民的その他のいかなる分野においても、女子(婚姻をしているかいないかを問わない)が男女の平等を基礎として人権及び基本的自由を認識し、享有し又は行使することを害し又は無効にする効果又は目的を有するものをいう」とし、また人種差別撤廃条約第1条〔人種差別の定義〕1項も、「この条約において、「人種差別」とは、人種、皮膚の色、世系又は民族的若しくは種族的出身に基づくあらゆる区別、排除、制限又は優先であって、政治的、経済的、社会的、文化的その他のあらゆる公的生活の分野における平等の立場での人権及び基本的自由を認識し、享有し又は行使することを妨げ又は害する目的又は効果を有するものをいう」としている。これにはハラスメントのような事実行為を含むことは明らかといえる。

(3) アメリカにおけるハラスメントと法

　アメリカにおいては、使用者により形成され、あるいは黙認された人種的・民族的な敵意に満ちた労働環境や対価型・環境型のセクシュアルハラスメントは公民権法第7編に反する差別となる。

人種的民族的な敵意に満ちた労働環境

　人種的・民族的に敵対的環境は、特定の出身の労働者がより強いレベルの指示や批判を受けたり、露骨なあるいは日常的な冗談が習慣的に言われていたり、人種的または民族的な侮辱、冗談、落書きを受けていたりする場合に問題となる。公民権法に違反する場合とは、以下のような場合である。

　第一に、通常の感覚を有する人の精神的安定に対して深刻な影響を及ぼすような反復的又は衰弱させるような出来事を証明する必要がある。偶発的な人種的侮辱や時折なされる日常的冗談が法違反になることはまれである。

　第二に、その環境により業務遂行や精神的健康状態に悪影響を受けたことを証明する必要がある。いかに不快な雰囲気であるとしても、原告がその労働環境によって害されたことを証明しない限り法違反にはならない。

　第三に、敵対的環境に対する使用者責任を立証する必要がある。経営側の人事管理に責任があると考えられる労働環境は、直接使用者の責任であるとされる。そして、敵対的環境が監督上のものでないとか、同僚によるハラスメントに起因する場合には、管理職がそのような環境を知っているか、知りうべき相当性のある場合で、効果的な休止措置を迅速に講じなかったことを立証したときには使用者の責任とされる。

　使用者は、ハラスメントの不服申立に対して速やかに調査をなし、ハラスメントを行った者と認められた者に懲罰を与えなければならない。使用者は、被害者をより良好な環境へと配置転換することでハラスメントの救済とすることはできず、使用者が合理的な救済措置をとらないことは、労働者によるハラスメントを認めたものとみなされる。

セクシュアルハラスメント

　セクシュアルハラスメントについては対価型・環境型として類型化されているが、対価型は、使用者が部下に対し、性的好意の要求に応じることを条件に経済上または職業上の利益を供与し、又はこれに応じることを拒否した部下を罰することが性差別であるとされる。性的行為を拒絶した労働者が不利益な取り扱いを受けた場合、敵対的な労働環境の形成に必要とされる不快感の程度に達している必要はなく、原告が上司の巧妙な申し出を拒絶したために有

形の利益が与えられなかったことだけで充分であるとされる。

また、「意に反する性的接近、性的行為の要求、及びその他の性的性質を有する言動」（たとえば身体をなでることやキスすることなど）は、性的に差別的な敵対的な環境を形成するとされる。落書き、公然と掲げられた性的にいかがわしい図画、それ自体が性的な性質ではなくても、一方の性に向けられたいたずらや下品な冗談も同様である。行為は、個人の労働を不合理に妨害するレベル、又は被害者と同一の性を持つ通常人の見地から見て、脅迫的、敵対的または攻撃的環境を形成するレベルである必要がある。卑猥な言葉の通常の使用、職場環境とは分離された性的活動の示唆、又はただ一度の意に反する身体的接触などは、職場環境に影響を及ぼすレベルに達していたとはいえない。また、不合理な環境とは、「意に反する」ものでなければならない。被害者が完全にいたずらや下品な冗談話に加担していたときは、違法とはならない。

そして、ハラスメントを知りあるいは知りうべき立場にあった使用者が免責を受けるためには、迅速かつ効果的な救済措置を講じなければならない。

犠牲的解雇

ハラスメントを受けて退職した被害者は、損害賠償とあわせて、地位の回復を求めることができる。労働者が、耐え難い違法な雇用上の要求から免れるために、やむなく辞職した場合は、使用者は犠牲的解雇したことになる。犠牲的解雇された被用者には、被用者の地位の回復などを求める権利がある。この場合、「通常人であれば」、退職を余儀なくされるような職場環境であれば、犠牲的解雇があったといえるとするのが判例であるが、3つの要件を証明しなければならない。

第一に使用者が違法な行為をしたこと、第二にその違法行為は通常人にとって耐え難いものであったこと（これにはかなりの深刻な状態が必要とされる。たとえば特に屈辱的もしくは継続的ハラスメント、品位を傷つけるような仕事や危険な仕事、著しい降格など）、第三に労働者の行為はその違法行為を原因とし、その対応として行われたこと、である。

(4) EUの立法政策

　EUでも明確にハラスメントを差別の一類型として位置づけている。2000年の人種民族均等指令は、2条の差別概念に関する定めをおいて、直接・間接差別のほか、3項でハラスメントに関する規定を設け、「人種的又は民族的出自に関する求められざる行為が人の尊厳を侵害し、かつ脅迫的、敵対的、冒涜的、屈辱的または攻撃的な環境を作り出す目的または効果をもって行われるとき、第1項に定める差別とみなす。本校に関し、ハラスメントの概念は、構成国の立法及び慣行に従い定めることができる」としている。

　同じく2000年の雇用平等取り扱い一般枠組み指令も、第2条の差別概念に関する定め3項において、「人の尊厳を侵害する目的または効果を有し、かつ脅迫的、敵対的、冒涜的、屈辱的または攻撃的な環境を作り出す目的または効果を有する、1条に定める理由（宗教・信条・障害・年齢又は性的嗜好）の一つに結びついた望まれない行為がおこなわれるとき、ハラスメントは本条1号の差別とみなす」とされた。さらに、2006年男女均等待遇指令も、直接差別と間接差別に加え、差別的ハラスメント及びセクシュアルハラスメントについても差別とみなす規定をおいている。

　ハラスメントについては、「人の性別に関連した望まれない行為が、人の尊厳を侵害する目的または効果を有し、かつ脅迫的、敵対的、冒涜的、屈辱的若しくは攻撃的な環境を作り出す目的又は効果を有するとき」、セクシュアルハラスメントについては、「いかなる形態であれ性的性質を有する言語的、非言語的又は身体的行為が人間の尊厳を侵害する目的または効果を有し、特に、脅迫的、敵対的、冒涜的、屈辱的若しくは攻撃的な環境を作り出す目的又は効果を有するとき」、差別とみなされる。また、ハラスメント及びセクシュアルハラスメント並びに人がかかる行為を拒否したこと又は受け入れたことに基づくあらゆる不利益待遇や、差別やハラスメントのそそのかし・指示も差別とみなされる。

　ハラスメントには差別を土壌とするものがあり、差別からの完全な保護のためにはハラスメントからの保護が求められている。しかし、現実に存在するハラスメントは、必ずしも特定の差別事由による排除等の目的ないし効果を有するものばかりではない。また、こうした行為の違法性が問題となる場面と、ハラスメントを防止することが課題となる場面とでは、ハラスメントの範囲は大きく異なって

くる。

(5) EU加盟国

　ハラスメントを差別とみなすEU指令は、各国の法改正に連動し、宗教・信条・人種・性別・性的嗜好・年齢・障害による差別概念にハラスメントを入れて禁止するようになっている。

　イギリスでは、EUの定義を一部変更して、「人の尊厳を侵害する目的または効果を有姿、あるいは脅迫的・敵対的・堕落的・侮辱的または不快な環境を作り出す目的又は効果を有する望まれない行為」という定義を定めて差別として禁止されることにした。ハラスメントの成立には、比較対象者と不利益取り扱いの存在を必要とせず、人の尊厳に対する侵害と敵対的環境の創出を要件とし、被害者とされる者の侵害行為に関する主観だけでなく客観的合理性の基準を満たすことが必要とされる。

　このように、ハラスメントを差別とみなして禁止すると同時に、イギリスでは、人格権侵害の切り口からもハラスメントに対応している。97年ハラスメント規制法が、刑事上のハラスメント罪を定めて刑事罰の対象とするほか、不法行為類型を定めて損害賠償及び差し止め命令の法的根拠を示している。これによれば、職場の内外を問わず、差別事由の有無を問わず、ハラスメントが禁止され、刑事民事の法的救済を受けることができる。

ハラスメント罪は、
(1) 何人も次の一連の行為を行ってはならない（1条）。
　①他人に対するハラスメントとなるもので、
　②他人に対するハラスメントとなることを人が知っている、または知るべきところのもの
(2) 本条の目的に関して、同じ情報を有する合理的個人が当該一連の行為が他人に対するハラスメントとなると考えるとき、一連の行為に関わる者はそれが他人に対するハラスメントとなることを知っているものとみなす（2条）というものであり、民事上の不法行為類型としてのハラスメントは、
(1) 1条違反は当該一連の行為の犠牲者である者の民事訴訟による請求の対象となる。
(2) この請求において、特にハラスメントにより引き起こされた苦悩及びハラスメントによる金銭的損失について損害賠償が命じられる。

(3)前項の場合、
　①高等法院または県裁判所は、被告がハラスメントとなる行為を行うことを制限する目的で、差し止め命令を発することができる。
　②原告は被告の逮捕令状を発行するよう申し立てることができる。
と定められている。

　フランスでは、労働法典に、セクシュアルハラスメント及びモラルハラスメントから労働者の雇用を保護し、予防のための規定を設けているが、これらのハラスメントを差別とみなすという法改正にはつながっていない。フランス刑法典は、セクシュアルハラスメント罪（人が性的好意を得ることを目的として他人にハラスメントをする行為は1年の拘禁及び1万50000ユーロの罰金に処する（222−33条）及びモラルハラスメント罪（他人の権利者もしくは尊厳を毀損し、身体的若しくは精神的健康を悪化させ、又は職業的将来を害する恐れのある労働条件の破損を目的とし、若しくはその効果を有する反復的行為により他人をハラスメントする行為は1年の拘禁及び1万5000ユーロの罰金に処する（222−333—2条））を設けて規制している。

　ドイツでは、職場におけるいじめが労働者の人格の侵害を意味することから、人格権論が唱えられ、損害賠償法、配慮義務論、従業員代表法制などと結びつけて、以下のような議論がなされてきた。

　第一に、信義則を根拠にして人格権侵害や差別行為から労働者を保護する使用者の義務が含まれると理解されている。配慮義務の不履行が存ずる場合には、損害賠償請求はもちろん、配慮義務の履行請求を認める傾向にある。こうした配慮義務から、いじめ行為に対する使用者の是正警告や懲戒権を行使する義務等も生じるか、といった議論がなされてきた。
　第二に、労務の履行拒絶権が認められてきた。使用者がいじめ等の除去を全く行わないか、あるいは充分な措置をとらない場合、いじめ被害を受けた労働者は、ドイツ民法273条によって、配慮義務違反を理由に労務給付の履行拒絶権（同時履行の抗弁権あるいは留置権）を行使できると解されている。し

かし、こうした権利を行使するためには、使用者に配慮義務違反が存在したことを証明し、また使用者が配慮義務に基づく措置を執りうる機会を提供しなければならない。

労務の履行拒絶権が有効に行使できた場合には、労働者は実際の労務提供をしていないが、賃金請求権は失わない。民法615条の文言に従って、使用者の危険領域において生じた労務の受領遅滞と解することができるからである。

第三に、いじめ現象は、明確な加害行為が存在しない場合もあり、訴訟において立証することは困難なこともあるので、立証責任の転換や立証負担の軽減の必要が議論されてきた。

第四に、使用者の権限が、契約内容上、特に問題はないが、不当な目的が存在する疑いがある場合には、公正規制の問題となる。公正規制のもとで、配転等は、第一段階で不当な動機でなされていないかが審査され、第二段階で労働者の不利益（労働者の負担の程度）と使用者の業務上の必要性を比例的に利益考量しなければならないとされている。

第五に、裁判所は、「職場におけるいじめ（Mabbing）という概念を「敵視、嫌がらせ、差別に通じる連続的あるいは相互的に発生する行為で、法秩序でカバーされない目標を助長し、全体として、人格権や名誉や健康などの保護法益を侵害するもの」と判断している。いじめに該当する行為の指標としては、加害者の動機、いじめ行為の経過、被害者の心身の健康状態などによるとし、人格権侵害の要素が強いと判断されるものについて、配転の不作為請求仮処分を認めている。

第六に、安全衛生法による規制（96年安全衛生法）がある。労働者の生計・健康の保護のみならず、「労働環境」の適正な保護を目的として掲げたEU指令に基づく国内法整備のために制定されている。労災の防止のみならず、使用者に「人間性に叶った労働の形成」を求め、技術、労働組織、その他の労働条件、社会的関係と労働環境への影響を適正に考慮した措置を執るべきことを定めている。いじめ問題に関しては、この規定に基づいて職場における人間関係に関して適切な措置を執ることが義務づけられる。

第七として、ドイツでは、いじめを受けた労働者は、従業員代表委員会に事

業所内で不利益を受けたことについて異議申し立てをすることが認められており、事業所内両当事者は、異議申し立てがなされた場合には、事態の把握や対策について協議手続きにはいることを義務づけられている。

　職場に人間関係が存する以上、社会的にはいささか不適正でも法的には許容される行為というものも多数存在する。したがって法的には、違法ないじめ行為と、許された行為との間に線引きをする作業が不可欠となるが、2006年、ドイツは、一般平等待遇法を制定し、あらゆる社会生活における「直接不利益待遇」「間接不利益待遇」「ハラスメント」「セクシュアルハラスメント」を禁止し、現に存在する不利益を防止しまたは補償するための積極的是正措置を定めた。ハラスメントなど不利益を受けたと感じた労働者は、勤務先の担当期間（上司・平等問題担当者、事業所内苦情処理機関など）に苦情を申し立てる権利が認められ、使用者は、労働者の保護のために必要な措置を執るなどの義務が課せられ、使用者がハラスメントないしセクシュアルハラスメントを止めさせない場合には、労働者には自分を守るために勤務を拒否する権利が認められる。

　不利益待遇禁止違反に該当する事実が認められれば、使用者には損害賠償義務が課せられ、労働者には原則2ヶ月以内に補償及び損害賠償を請求する権利が与えられる。さらに、労働者の権利行使に対し、報復として不利益を与えることは禁止される。

　また、労使の社会的責任として、ハラスメントを含む不利益待遇の排除の目的の実現に協力すること、事業所代表委員会ないし当該事業所を代表する労働組合が労働裁判所に提訴する権利が認められている（ただし、使用者の重大な違反がある場合に限り、被害者本人にかわって請求権を行使することはできない）。

　この立法化は、差別という社会的に非難される違法な待遇という意味で一定の価値判断を含んだ用語によらず、さらに広い範囲を示す「不利益待遇」という用語により救済の幅を拡大している。禁止されるハラスメントの定義は、人種、民族的出自、性別、宗教若しくは世界観、障害、年齢又は性的アイデンティティーの一つと関連する望まれない行為方法が、該当する者の尊厳を傷つけ、かつ威圧的・敵対的・侮辱的・屈辱的若しくは不快感を与えるような環境を生み出すことを目的とし、又はこのような作用を持つ場合には、不利益待遇となる

とされ、セクシュアルハラスメントは、望まれない性的行動及びその要求、性的意味を有する身体的接触、性的内容の発言などにポルノグラフィー表現の望まれない提示及び見えるような表示も含む。望まれない性的意味を有する行為が、該当する者の尊厳を傷つけることを目的とし、又はこのような作用を持つ場合、特に威圧的・敵対的・侮辱的・屈辱的若しくは不快感を与えるような環境が生み出される場合には、雇用関係上不利益待遇となるとされている。そして、不利益待遇を指示することも禁止される(以上、斉藤純子『ドイツにおけるEU平等指令の国内法化と一般平等待遇法の制定』(外国の立法230. 2006年11月)。

4 職場における人間関係は労働条件の最も重要な柱であること

　職業の継続を不可能とし、将来を損なう可能性のある行為を、差別とみなして規制するにしても、人格権侵害として規制するにしても、人間が社会的存在であって、人間相互の関係のなかで諸活動が営まれ、自己の存在を価値のあるものとして実感できるという、誇りや尊厳の基盤が人間相互の関係のあり方に根ざした問題であることに変わりはない。そうした基盤の破壊は、個人の心身の健康や職業生活上の可能性を否定するのみならず、企業活動の基盤そのものを損なうものであるから、法的にこれを差別とみなされるハラスメントであるか、また人格権侵害として違法性の烙印を押されるハラスメントであるかを問わず、広く防止することが求められてくる。換言すれば、防止対策は確かに最優先されるべきだが、それに意を砕けば砕くほど、職場において許容されないハラスメントの範囲は広範囲に設定することになる。

　企業は、人と財産の有機的結合体であり、職場とは企業が目的とする事業運営に向けて仕事と働き手が組織されるところである。各社員の職務は有機的に関連しあっており、個人を超えた客観的必要性に基づくものとして配分されている。しかし、経験も思考・行動様式も異なる個人の集合するところでは構造的にコミュニケーションギャップや対立が生じることになる。それを顕在化させ増強させる要因が職場にある。ここに企業が社員間の関係を良好に維持でき

るようにする責任の根拠がある。マネージメントの本質は、社員の適材適所と相互の関係調整による円滑な就業環境の整備にある。仕事は一人でできるものではない。職場における人間関係は、そうした点で労働条件・労働環境を構成する最も重要な柱である。

　職務遂行過程においてフラストレーションや自暴自棄をもたらし、自尊感情を損なうような行為や環境を排除する仕組みの構築は、事業体の存続可能性を決する重要事項である。職場において働き手に人権が保障されなければならない。それは、以下のようなことが充足されるということであろう。
①自分のしようとしていること＝仕事や職場における役割に価値があると実感できる。
②働きに対して公正に報われている。
③自分を大事にできる、同じように同僚を大事にできるつながりがある。
④現実の壁に向かってチャレンジできる。

　働き手は、職場における仕事＝人間関係＝社会関係を通じて、自分には価値があるという感覚、自分が善いと考えることや人生についての自分の意志は実行するに値するという確信を手にしてこそ幸福を追求することができる。職場をそうした活動の社会的基盤、発展可能性と結びつけたとき、労働関係からの自由のみならず、労働を通じて実現されるべき価値が損なわれたことを権利侵害として構成する可能性が生じる。ここに、労働者の仕事上の可能性やそれを支える人間関係を基礎にした職場において、差別なく人格を尊重されて就労を継続する権利が位置づけられる。

　その場合、仕事を円滑に遂行する条件としての適度な距離（プライバシーの垣根）を保った円滑な人間関係の実現こそ、労働者の集合的な組織におけるマネージメント機能そのものであり、人事本来の機能と位置づけられる。従来の配慮義務に、前記企業組織としての合目的性に照らして新たな観点から労働契約上の義務を再構成する試みがあってもよい。これは企業の現場における新たな挑戦である。そこでは、労働者の人格とプライバシーの尊重を基礎に適度な距離を保った良好な人間関係の実現を基本において、人間関係を調整する義務が、企業が負うべき労働契約上の義務として位置づけられることになる。

最近になって、パワーハラスメントについて比較的一般的に用いられている「職場において、職権などの力関係を利用して、相手の人格や尊厳を侵害する言動を繰り返し行い、精神的な苦痛を与えることにより、その人の働く環境を悪化させたり、あるいは雇用不安を与えること」(中央労働災害防止協会)、つまり、職場の権限や事実上の力関係を利用して、人としての尊厳を侵し、プライバシーと人格にかかわる権利、心身の健康、雇用関係上の権利利益を損なう行為を防止するという流れがでてきている。しかし、定義づけとこれに対する処分などの制度化が、かえって社員のモチベーションを下げたり、いじめが陰湿化して水面下に潜ってしまう問題も指摘されている。また、ハラスメントによってダメージを被った労働者が復帰を実現するためには、信頼の回復が不可欠である。それが困難である場合には、加害者への責任追及と敵対関係の増強へと向かってしまう。いじめに対する処方箋も定型化されたパターンはなく、ケースバイケースの取り組みが求められ、だからこそ専門家の関与が求められるが、そうした組織的財政的基盤が不足している企業や職場は、発展の可能性そのものを否定されるというリスクをかかえてしまう。人権を保障するプロフェッショナルな組織を構築することを目指し、現場目線で、社員一人一人の力を差別なく発揮させることが可能な職場の組織へと転換をはかるために、そうしたハンディを克服する公的サポートシステムが求められる。その場合には、人材の配置・労働環境・待遇面もあわせた改革の視点が必要であろう。そして、これまで見てきたところによれば、組織の見直しにあたっては、職場の安全衛生対策として、労働者の心身の健康保護の観点から防止対策を講ずることとあわせ、個の尊厳(人格権保護)と平等の観点から、いじめの土壌となる差別と優劣の関係を排するという、二つのアプローチを有機的に組み合わせることが求められる。

第 2 章
職場のハラスメントをめぐる裁判例

1 裁判例を検討する視点

(1) ハラスメントの定義と司法判断

　パワーハラスメントについては、「職場において、職権などの力関係を利用して、相手の人格や尊厳を侵害する言動を繰り返し行い、精神的な苦痛を与えることにより、その人の働く環境を悪化させたり、あるいは雇用不安を与えること」(中央労働災害防止協会)という概念が一般化している。これには、職場の権限や事実上の力関係を利用して、人としての尊厳を侵し、プライバシー、人格権、心身の健康、雇用関係上の権利利益を損なう行為を職場から未然に防止しようとする趣旨目的が含まれている。

　また、セクシュアルハラスメントについては、均等法11条で「職場において行われる性的な言動に対するその雇用する労働者の対応により当該労働者がその労働条件につき不利益を受け、又は当該性的な言動により当該労働者の就業環境が害されることのないよう、当該労働者からの相談に応じ、適切に対応するために必要な体制の整備その他の雇用管理上必要な措置を講じなければならない。」と定めて事業主に防止義務を課し(措置義務)ている。防止対策を講じるべきセクシュアルハラスメントの範囲について、セクシュアルハラスメント指針では、「職場において行われる性的な言動に対する労働者の対応により当該労働者がその労働条件につき不利益を受けるもの(以下「対価型セクシュアルハラスメント」という。)と、当該性的な言動により労働者の就業環境が害されるもの(以下「環境型セクシュアルハラスメント」という。)がある。」とし(2項(1))、「対価型セクシュアルハラスメント」とは、職場において行われる労働者の意に反する性的な言動に対する労働者の対応により、当該労働者が解雇、降格、減給等の不利益を受けること(2項(5))、「環境型セクシュアルハラスメント」とは、職場において行われる労働者の意に反する性的な言動により労働者の就業環境が不快なものとなったため、能力の発揮に重大な悪影響が生じる等当該労働者が就業する上で看過できない程度の支障が生じること(2項(6))と定義づけている。これは、要するに、望まない性的言動であって、労働条件について不利益を受けたり、就業環境を害するものを広く防止対策

の対象としようとするものである。

　このように、一定の概念をたてて企業が未然にハラスメントを防止しようとするのは、これによる損害が、人間の人格的尊厳や健康の権利を損なうのみならず、生産性の低下をもたらすなど、企業や社会にも経済的に莫大な損失を発生させるからである。そうした未然防止の趣旨目的をふまえてルール化をはかろうとするときには、広くハラスメントを職場からなくせるようにすることが求められる。

　裁判で問われるのは、ハラスメントによって発生した損害の結果責任であったり、労働者災害補償制度の適用の可否であったりするが、防止対策で対象とするハラスメントの範囲は、司法判断で違法とされたり、業務起因性を肯定されたりする範囲より広いことに留意しなければならない。

(2) 企業の安全配慮義務と防止対策

　企業の損害賠償責任へのアプローチは、「配慮義務」の概念をもって、なすべき対策が何であったのか教訓化するものといえる。その点で裁判例に示された注意義務＝配慮義務の具体的内容は、どのような水準の防止対策を設定すべきか社会の共通認識を形成するうえで重要である。

　しかし、民事損害賠償制度は、損害の公平な分担を旨とするものであるから、配慮義務違反が問われるレベルも賠償請求に足りる損害を発生させたことに対する範囲に限られる。心身の傷害を発症させたことに対する配慮義務は問われても、就業環境を害して力の発揮を防げられたり、従業員相互間の信頼が損なわれることまでは問われない。発生した結果から、何をなすべきであったかを総括するのは大事だが、それがどんな結果を防止する責任を問題にするものかを明確にしておかないと、「この程度であれば」とか「義務を尽くしている」など、免責の口実になりかねない。

　これまでのハラスメントをめぐる裁判例は数多く存在するが、裁判所が労働者側の請求を認める範囲に防止対策を限定するという観点では、安心して力が発揮できる職場づくりはできない。

　しかも、防止対策は、セクシュアルハラスメントのように法制化されたものであっても、もっぱら使用者の権限と責任の側面からしか規定されていない。ハラス

メントに晒され、使用者が何もしない場合に、労働者自身が被害から退避する権利が保障されてはじめて効果的な防止策の体系が完成できるが、諸外国では認められるようになっている就労拒絶権の保障はない。ハラスメントに対する妨害禁止仮処分が申し立てられたケースもあるが、決定のハードルは高く（よほど酷いストーカー行為で切迫した身の危険がある場合に限られている）、却下されている。これでは、健康を害して就労が不可能になってしまったところからしか安全対策は始まらないことになってしまう。

また精神疾患により休業した労働者のリハビリ復帰についてのガイドラインは策定されているが、一般的なもので、いじめ問題の特殊性をふまえてのものではない。職場環境の整備こそ最優先すべき復帰のための条件となるが、その場合に、誰を基準にどのような整備を行うことが求められるかについても、確立した考え方はまだない。

では、防止対策の対象となるハラスメントの定義を広くとって対策を講じようとする企業の場合、ハラスメント防止プログラムの制度的根拠は何であるのか。企業サイドからみれば「人事権」であるが、これは、労働者を組織（配置）して事業目的を達成しようとする企業が、目的にしたがって労働者を適材適所で配置したうえ、個々の労働者が力を発揮して労務提供できるようにするという点で、労働契約関係上の本来的かつ本質的な権利義務関係を構成するものと位置づけることができるのではないだろうか。

これを労働者サイドからみれば職場に配置した労働者の人格権等を保護するという企業責任に由来するということになるが、これまでの労働契約に付随するところの信義則上の「安全配慮義務」というとらえ方は、さらに積極的な裏付けのもとに、全面的な展開が求められることになろう。換言すれば、企業の人事権行使の法的根拠となる合理性判断の要素に「労働者の人格権」が浮上することになるが、それは、職場における人間関係上の諸利益が等しくだれにも職能（キャリア）形成上の人権として保障されるべきであるという意味において、労働契約の労務提供面に構造的に内在化された権利であり、それゆえに、ハラスメントを回避する労働者の選択も労働契約から本質的に要請される権利として基礎づけることが可能になる。

ハラスメントをめぐる裁判例が示している防止及び救済対策上の欠落を埋

めることができるのか、が問われることになる。

(3) 争訟による波及効果
　ハラスメントに見舞われた労働者の救済手段は、日本の制度の現状ではおのずと限定されてしまう。ハラスメントに耐えて働き続けた労働者が、結果的に健康や雇用上の地位に不利益を受けたとき、その結果責任を問うことによって、加害の不当性＝すなわち被害者側の正当性を確認し、経済的損失の回復をはかったり、健康を害して働けなくなったときには労働者災害補償保険制度の適用により生活補償を求めることになる。
　しかし、これらの取り組みが多少なりとも尊厳の回復につながったとしても、ハラスメントによる健康被害を回復するには長期にわたる治療を要することがある。失われてしまった時間や対人関係も、取り戻せない。そして、ハラスメントが訴訟で争われるとなれば、職場を巻き込んでの「真実」をかけた争いになってしまう。訴えられた側も人権侵害者としての刻印を押されるかどうかのエッジに立たされるため名誉をかけた争いとなる。
　こうした対立に巻き込まれる職場も、取り戻しようのない不信感が募って成長の力を失ってしまう。被害を被った側も、権利を主張するときには、職場の同僚たちと一緒に仕事をする環境が損なわれてしまい、結果的に仕事を失うことを覚悟しなければならないこともある。どちらが真実を述べているか、それは人権侵害であるのか、両当事者がそれぞれに正当性を主張して費やすエネルギーは膨大で、この力を、もっと直接的に職場や社会の平和と発展のために振り向けられたら、どんなによかったかと痛感させられる。
　被害が発生してからでは失うものは本当に大きすぎるのである。そして、ハラスメントが構造化された職場ではとくに、「そんな会社は見切りを付けて徹底的にあなたの正当性をかけて思う存分闘ったらいい」という被害者側の選択肢もあるだろうし、それで生産効率やサービスの質が落ちたりして潰れてしまうのも市場原理の力で、人権侵害に対処できなかった企業が淘汰されることによってより良い社会ができるという見方もあるかも知れない。しかし、そうした職場や企業でも、そこを生活の基盤に生きている働き手がいて社会を支えている。
　人権侵害による被害を食い止めるのに何をなすべきかは、職場が存続する

限り将来にわたって課題であり続ける。そして、問題が発生したとき、潰してしまうのではなく「人を活かす」ことを解決の座標軸に持ち続けなければならない。

　裁判例のなかには、被害を訴えたことを契機として起きた二次被害を問題とするものもある。職場においても、ハラスメントを解決するには、プライバシーを尊重した公平な手続きを介して権利を回復するスタンスが求められており、そうした配慮を尽くしたのかが問われるのも当然である。しかしそれは、薄氷を踏むようなきわめて困難な調整を強いられることが少なくなく、更に傷ついてしまった働き手の回復が極めて困難で、長い時間を要するのはよく知られたことである。

　そもそも、十分な被害救済システムを用意しないところでは、十分な加害防止プログラムの構築は不可能で、被害救済が不十分なところでは加害者探しと責任追及に問題解決が焦点化されてしまう。しかも、職場におけるハラスメントは、時として加害と被害の連鎖の形態をとることがあり、そのために被害が可視化されないという構造もある。職場における人間関係上の諸利益は、等しくだれにも保障されるべきであり、それは、職能（キャリア）形成上の権利を支える基盤である。ハラスメントに関する訴えが、そうした人間関係上の諸利益を更に否定することにならないようにしなければならない。

　以上の観点にたち、課題を明らかにする必要がある。行政・司法救済手続きを通じて問われたハラスメントをめぐる諸課題が、上記の問題意識に応えるものであるためには、権利救済システムを支える行政・司法関係者の「差別」やいじめに関する認識や知見がどのようなものであるかも重要である。実際、裁判所等により示される判断のなかには、生活のなかにしっかり根付いてしまった偏見や固定観念に影響された直感が「経験則」とされていたりする。事実が何であるかについてさえ、人間の心理や認識のメカニズム、行動に関する知見に照らして究明するプロセスが担保されなければ、誤った判断が導き出されてしまう。これでは被害を根絶することはできない。ケースのなかには、裁判官等法曹関係者のステレオタイプによる事実認定が争われたものもあるが、そこに示された教訓を企業内外の苦情解決手続きに活かすことは重要な課題である。

2 業務に起因する「職場におけるハラスメント」

(1) 日研化学事件

　まずは、最近の裁判所が、職場におけるハラスメント被害を業務に起因するものとして労働者の生活補償の対象とする考え方についてみてみることにする。

　日研化学事件東京地裁判決(東京地裁判、平成19年10月15日、労働判例950号5頁、労働経済判例速報1989号7頁)は、過重労働と競合しないハラスメントによって自殺に追い込まれた労働者の死が業務上であると判断したものとして注目されたケースである。

　1967年生まれで大学卒業後1990年4月に日研化学に入社し、07年4月以降名古屋支店静岡営業所で医療情報担当者(MR)として勤務していた被災者が、上司の以下の言動を受けるなかで死に至ったことが業務に起因する死亡といえるかどうかが問題になった。

　上司は、2002年4月に、被災者が配属されていた静岡2係のテコ入れを図るという社命を受けて配属された。同係は上司を含めて3名体制となったが、上司は、大声で、一方的に傍若無人な話し方をする傾向があり、営業方法等について指導するに際して、部下である男性に「存在が目障り」「お願いだから消えてくれ」「何処へ飛ばされようと、○○は仕事をしない奴だと言いふらしたる」「給料泥棒」「お前は対人恐怖症やろ」などと仕事に関して激しく罵倒したほか、被災者が身なりに無頓着で、ふけがひどかったり、喫煙による口臭がひどかったりしたことから、「お前病気と違うか」などと罵ったりした。

　被災者は、その後03年1月から3月にかけて、医師から新規患者の紹介を受けながら多忙を理由にこれを断る、患者を長時間待たせて土下座して謝罪する、医師からシンポジウムの案内を受けていない等のクレームを受けて所長が謝罪するなどのトラブルが続き、2月中旬頃からは、食欲、興味、性欲が減退し、3月7日未明には、家族や上司を名宛人とする8通の遺書を残して自殺した。

　上司は告別式において遺族に対し、ふけや喫煙による口臭がひどく、肩にふ

けがベターと付いていて、お前病気と違うかと言ったこと、営業先で医師等と意思疎通をしようとしないし、仕事ができなかったなどということを発言した。そのために男性の配偶者が04年2月20日に自殺が業務に起因するものであるとして、労災保険給付を求めたが、静岡労働基準監督署長はこの請求を認めなかった。しかし裁判所は、労働基準監督署長がなした不支給決定を取り消したというものである。

(2) 判決の内容
1) 業務起因性に関する一般的な判断基準
判決の業務起因性に関する判断基準は、以下のとおりである。

労働者の死亡等を業務上のものと認めるためには、業務と死亡との間に相当因果関係が認められることが必要である。また、労災保険制度が、労働基準法の危険責任の法理に基づく使用者の災害補償責任を担保する制度であることからすれば、上記の相当因果関係を認めるためには、当該死亡等の結果が、当該業務に内在する危険が現実化したものであると評価し得ることが必要である。

精神障害の発症については、環境由来のストレスと、個体側の反応性、脆弱性との関係で、精神的破綻が生じるかどうかが決まるという「ストレス―脆弱性」理論が、現在広く受け入れられていると認められることからすれば、業務と精神障害の発症との間の相当因果関係が認められるためには、ストレスと個体側の反応性・脆弱性を総合考慮し、業務による心理的負荷が、社会通念上、客観的にみて、精神障害を発症させる程度に過重であるといえる場合に、業務に内在又は随伴する危険が現実化したものとして、当該精神障害の業務起因性を肯定するのが相当である。

ICD－10 「精神および行動の傷害」分類

F0	症状性を含む器質性精神障害
F1	精神作用物質使用による精神および行動の障害
F2	精神分裂病、分裂病型障害および妄想性障害
F3	気分[感情]障害
F4	神経症性障害、ストレス関連障害および身体表現性障害
F5	生理的障害および身体的要因に関連した行動症候群
F6	成人の人格および行動の障害
F7	知的障害（精神遅滞）
F8	心理的発達の障害
F9	小児＜児童＞期および青年期に通常発症する行動および情緒の障害、詳細不詳の精神障害

ICD―10のF0～F4に分類される精神障害の患者が自殺を図ったときには、当該精神障害により正常な認識、行為選択能力及び抑制力が著しく阻害されていたと推定する取扱いが、医学的見地から妥当であると判断されていることが認められるから、業務により発症した上記F0～F4に分類される精神障害に罹患していると認められる者が自殺を図った場合には、原則として、当該自殺による死亡につき業務起因性を認めるのが相当である。その一方で、自殺時点において正常な認識、行為選択能力及び抑制力が著しく阻害されていなかったと認められる場合や、業務以外のストレス要因の内容等から、自殺が業務に起因する精神障害の症状の蓋然的な結果とは認め難い場合等の特段の事情が認められる場合には、業務起因性を否定するのが相当である。

以上をふまえ、裁判所は業務起因性について、以下のように判断する。

2) 精神障害の業務起因性

被災者は平成14年12月末～平成15年1月中旬の時期に精神障害を発症したと認めるのが相当であり、その後も症状が継続し、遅くとも同月中には、F32.0軽症うつ病エピソードと診断し得る状態に至ったと認めるのが相当である。被災者が遺書において上司の言動を自殺の動機として挙げていること、被災者は、上司の着任後、しばしば上司との関係が困難であることを周囲に打ち明けていたこと、被災者の個体側の要因に特段の問題が見当たらないことについて当事者間に争いがないことからして、被災者が精神障害を発症した時期までに加わった業務上の心理的負荷の原因となる出来事としては、上司の被災者に対する発言を挙げることができる。

一般に、企業等の労働者が、上司との間で意見の相違等により軋轢を生じさせる場合があることは避け難いものである。そして、評価表は、精神障害の発症の原因としての業務上の出来事の一つとして「上司とのトラブル」を挙げ、ストレス要因の平均強度をII（中程度）と評価している。上司とのトラブルに伴う心理的負荷が、企業等において一般的に生じ得る程度のものである限り、社会通念上客観的にみて精神障害を発症させる程度に過重であるとは認められないものであるが、そのトラブルの内容が、通常予定されるような範疇を超えるものである場合には、従業員に精神障害を発症させる程度に過重であると評価されるのは当然である。

被告は、上司との関係に伴う心理的負荷は、「上司とのトラブル」の平均的心理的負担の程度であるIIに止まると主張するが、以下の点に照らしていえば、Kが業務上接

したFとの関係の心理的負荷は、平均的強度を大きく上回るものであると言わなければならない。

　第一に、上司が被災者に対して発した言葉自体の内容が、過度に厳しいことである。上司の言葉は被災者の10年以上のMRのキャリアを否定し、MRとして稼働することを否定するばかりか、中には被災者の人格、存在自体を否定するものである。このような言葉が企業の中で上位で強い立場にある者から発せられることによる部下の心理的負荷は、通常の「上司とのトラブル」から想定されるものよりも更に過重なものである。

　第二に、上司の被災者に対する態度に、被災者に対する嫌悪の感情の側面があることである。上司の被災者に対する発言は、基本的には業務上の指導の必要性に基づいて行われたものと解されるが、言葉自体の内容に加え、営業活動の基本すらできておらず、身なりもだらしないという被災者に対する評価、被災者の死後に同僚や親族に対してした発言内容からも、嫌悪の感情を有していたことが認められる。上司の発言が仮に主観的には上司としての指導的な意図に基づいたものであるとしても、その発言を受ける側から見れば、上司の性格やものの言い方も相まって考えるならば、その悪感情の側面は、被災者の心理的負荷を過重させる要因であるといえる。

　第三に、上司が被災者に対し極めて直截なものの言い方をしていたと認められることである。上司の性格と他人に対する態度は、自分の思ったこと、感じたことを、特に相手方の立場や感情を配慮することなく直截に表現し、しかも大きい声で傍若無人に発言するというものであり、そこには通常想定されるような「上司とのトラブル」を大きく超える心理的負荷があるといえる。

　第四に、静岡2係の勤務形態が、上司とのトラブルを円滑に解決することが困難な環境にあることを挙げることができる。同係の勤務形態からして、KはFから受ける厳しい言葉を、心理的負荷のはけ口なく受け止めなければならなかった上、周囲の者や本件会社がKの異常に気付き難い職場環境にあったものと認められ、上司被災者に対する言動を本件会社の職制として探知、察知して、何らかの対処をした形跡を認めることはできない。このような勤務形態と管理態勢の問題も相まって、本件会社は上司による被災者の心理的負荷を阻止、軽減することができなかったと認められる。被災者の自殺後、同僚らが被災者と上司との関係に言及し、このままではまた犠牲者が出る旨述べたという事実は、被災者の受けた心理的負荷が、同種労働者にとって、判断指針が想定している「上司とのトラブル」を大きく超えていることを根拠付けている。

　以上によれば、上司の態度による被災者の心理的負荷は、人生において希に経験することもある程度に強度のものということができ、一般人を基準として、社会通念上、

客観的にみて、精神障害を発症させる程度に過重なものと評価するのが相当である。被災者は、平成14年12月末〜平成15年1月中に精神障害を発症したところ、これに先立つ平成14年秋頃から、上司の言動により社会通念上、客観的にみて精神疾患を発症させる程度に過重な心理的負荷を受けており、他に業務外の心理的負荷やKの個体側の脆弱性も認められないことからすれば、被災者は業務に内在ないし随伴する危険が現実化したものとして、上記精神障害を発症したと認めるのが相当である。

3）自殺の業務起因性

　業務に起因してICD—10のF0〜F4に分類される精神障害を発症し、それに罹患していると認められる者が自殺を図った場合には、自殺時点において正常な認識、行為選択能力及び抑制力が著しく阻害されていなかったと認められるとか、業務以外のストレス要因の内容等から自殺が業務に起因する精神障害の症状の蓋然的な結果とは認め難いなどといった特段の事情が認められない限りは、原則として、当該自殺による死亡は故意のものではないとして、業務起因性を認めるのが相当である。

　被災者は業務に起因して、ICD−10のF43,21遷延性抑うつ反応（適応障害）ないしF32,0軽うつ病エピソードという精神障害を発症したと認めることができる。そして、自殺直前に至るまで、抑うつ気分や食欲、興味・関心、性欲の低下といった症状が続いていること本件各トラブルに表れているとおり思考力、判断力の低下を示しているという各事情に照らすと、発症した精神障害が自殺までの間に治癒、寛解したものとは認められない。そして、被災者が家族と職場の上司、同僚に残した遺書の中には、うつ病エピソードの診断ガイドラインに該当する症状である抑うつ気分、易疲労性、悲観的思考、自信の喪失、罪責感と無価値感が表れていたと認めることができるから、被災者の自殺時の希死念慮も精神障害の症状の一環と見るのが自然であって、自殺が、精神障害によって正常な認識、行為選択能力及び抑制力を阻害された状態で行われたという事実を認定することができる。

　以上からすると、業務に起因してICD−10のF0〜F4に分類される精神障害を発症したKは、当該精神障害に罹患したまま、正常の認識及び行為選択能力が当該精神障害により著しく阻害されている状態で自殺に及んだと推定

されるから、被災者の自殺は、故意の自殺ではないとして、業務起因性を認めるのが相当である。

(3) 心理的負荷となる要因と業務上判断

これまでの裁判例では、被災者の脆弱性・性格傾向の評価が大きな要素となっており、「仕事熱心」「凝り性」「徹底性」「正直」「几帳面」「強い正義感・義務感」などのうつ病に対する親和的性格が、相当因果関係を否定ないし軽減すべき要因となりうるかが争われてきたが、この判決は、心理的負荷の強度を評価するについて、加害者側の諸要素を重視し、上司と被害者との関係に言及し、上司側の言動については、発言の内容（10年以上のMRとしてのキャリアを否定し、人格・存在すらも否定するものであった）、態度（嫌悪の感情）、上司の行動性向（自分の思ったこと、感じたことを、とくに相手の立場や感情を配慮することなく、直裁に表現ししかも大きい声で傍若無人に発言するというものであった）に着目している。

また、これによる心理的負荷を強める要因として、職場環境と勤務形態が孤立を強いるものであったことにも着目している。置かれた状況を誰かに理解してもらったり、問題解決のために相談することができれば辛さも軽減される。それだけでなくこうした孤立した環境は、会社として従業員間のトラブルを把握しづらい構造にあり、事態を深刻化することになった。

そうしたことを総合的に評価して、裁判所は、被災者に加えられた心理的負荷は、人生においてまれに経験することもある程度に強度のものであって、一般人を基準とした場合に社会通念上客観的にみて精神障害を発症させる程度に過重であったと評価している。

ハラスメントとなる行為を、その意味内容が人格の否定など権利侵害性を帯びているかどうか、威圧的・侮辱的な表現形態をとっているかどうかといった観点から分析することは重要である。しかし、判決が上司の行動性向を、「性格」として心理的圧迫の程度を分析する要素としていることについては注意を要する。加害者の性格傾向を類型化して評価することについては慎重であるべきであり、むしろ、客観的に表現された行動様式が社会関係上どのような性質を有するかを指摘すれば足りるはずである。人の性格をハラスメントが存在し

たことの根拠としたり、処分に際しての判断要素とすることは、問題である。
　また、裁判所がこの過重負荷について「一般人を基準」とすると判断していることは、セクハラに関する厚生労働省平成18年10月11日雇児発第1011002号も同様、さらに検討の余地がある。抽象的な一般人などこの社会に存在するというのであろうか。人間相互の関係から影響を受ける個人の傾向は非常に多様であって、身振りや言葉の使い方、性的な事柄に対する嫌悪感や違和感には大きな幅がある。また、ハラスメントは、差別の一形態であるから、「一般的基準」が社会の主流ととらえてこれを基準化すれば、社会や職場において不利な立場にあるものの権利救済とはいえなくなってしまう。この点では、**電通事件**(最高裁第二小法廷判、平成12年3月24日)が、「**企業等に雇用される労働者の性格は多様であり、ある業務に従事する特定の労働者に性格が同様の業務に従事する労働者の多様性として通常想定される範囲**」であると指摘していることに留意すべきである。
　以上のように、被害者(被災者)側であろうと、加害者側であろうと、それぞれの人柄・性格に基づく傾向的評価は、人権侵害と紙一重である。加害者の主観的意図・動機・目的(本件判決が述べるような部下に対する嫌悪の感情など)は、ハラスメントの攻撃性・一貫性・打撃性にかかる判断に影響を及ぼすことではあるが、それはあくまで行為の外形から判断すべきものである。
　また、このケースでは、人格的な屈辱的非難に及ぶ行為が繰り返し行われている。前述の中央災害防止協会によるパワーハラスメントによる定義も、反復継続性が要件とされている。上下関係やその場の環境などにもよるが、たった一回の感情の爆発であっても、向けられた発言の性質・内容・態様、発言者の立場、当事者間の信頼関係や意外性などによっては、発病(心的外傷など)の原因となりうる心理的負荷があったと判断できる場合もあることに留意すべきである。

(4) 判断基準の見直し(精神障害の業務起因性判断に関する平成21年4月6日付基発第0406001号)

厚生労働省の業務上外認定基準は、
① 対象疾病に該当する精神障害を発症している。
② 発症前おおむね6ヶ月の間に「業務による強い心理的負荷」が認められること。
③ 業務以外の心理的負荷及び個体側要因により発病したとは認められないこと。

が求められるとし、②の強度については、判断指針別表1「職場における心理的負荷評価表」で、その程度をⅢ・Ⅱ・Ⅰに分類したうえ、心理的強度Ⅲでかつ相当程度過重であること、心理的強度Ⅱでかつ特に過重であると評価されるできごとを「業務による強い心理的負荷」と評価することになっている。

厚生労働省は、この判決を受けてこれまでの強度表を以下のように見直した。

前		後	
		ひどい嫌がらせ、いじめ、又は暴行を受けた(新規)	Ⅲ
上司とのトラブルがあった	Ⅱ	上司とのトラブルがあった(変更なし)	Ⅱ
同僚とのトラブルがあった	Ⅰ	同僚とのトラブルがあった(変更なし)	Ⅰ
部下とのトラブルがあった	Ⅰ	部下とのトラブルがあった(Ⅰから引き上げ)	Ⅱ

しかし、その後の認定事例を見る限りあまり変化は感じられない。実際の労災保険給付申請手続きにおいては、心理的負荷評価表の具体的出来事で「強度Ⅲ」がなければまったくといってよいほど業務上とは認められないし、「強度Ⅱ」を多数認めても総合判断が「強」とされることにはならない。こうした傾向は、そもそも労災認定基準そのものに問題があるほか、手続き上も多くの課題を抱えていることを伺わせる。

確かに新基準は、心理的負荷評価表の具体的出来事に「ひどい嫌がらせ、いじめ、又は暴行を受けた」(ハラスメント)を「強度Ⅲ」で加えたことにおいて評価できるが、全体として現行の「判断指針」は「妥当なものである」とし、心理的負荷評価表の前記のような「追加」「変更」ですませたことは問題といえよう。

司法判断は、
① ハラスメントを独自のストレス要因として、それ単独で発症及び自殺要因として評価できること。
② 過重性判断は、出来事を分断して評価するのではなく総合的に判断すべきこと。
③ 精神疾患発症後の過重労働を評価すること。
④ 労働者のストレス耐性の多様性に配慮した基準をもってストレス強度を判断すること（前述の電通過労自殺事件最高裁判決が、被災労働者のストレス耐性が同様の業務に従事する労働者の多様性として通常想定される範囲において判断されるべきであるとしている）。

を求めているのであるから、これにそった抜本的な見直しこそが求められる。

評価表にステレオタイプないしバイアスがかかっていないかどうかを再チェックする必要もあろう。たとえば、セクシュアルハラスメントのストレス強度がⅡであって、離婚のストレス強度がⅢであるという評価は、多分に現状の性役割に規定された男性本位の判断基準であるという批判が当てはまるのではないだろうか。

また、実際の認定手続きにおいて、いじめによる心理的ストレスを評価するについても、判断者の敏感さの度合いによって左右されることは想像に難くないが、これまでの認定事例を見る限り、ハラスメントに晒されることによる苦痛を理解する能力に著しく欠けると思われる判断があまりに多すぎる。

厚労省は「個別事案について労働局に配置された3名の医師が合議制で総合評価を行う」としており、局医自身に、職場において労働者をとりまく上下関係（力関係）や人事処遇制度によるプレッシャー、これらの総体が醸し出す緊張した職場環境への理解、あるいは人間への理解さえ欠けていると思われるケースもある。ストレス耐性は「危険を察知する能力」でもあって、「弱さ」というネガティブなとらえ方しかできない硬直的な考え方が、壁を作っているのかもしれない。上下の力関係のなかで翻弄されたり、差別や暴力によって打ちのめされたりした経験をもたないものに、ストレス強度を判断させるという仕組みの歪みを解消しなければならない。そうした点で、とくにハラスメントによる心理的圧力の程度については、医師の判断のみに任せることは重大な問題である。

職場における心

出来事の類型	(1) 平均的な心理的負荷の強度				(2) 心理的負荷の強度を修正する視点
	具体的出来事	| 心理的負荷の強度 |||			修正する際の着眼事項
		Ⅰ	Ⅱ	Ⅲ	
① 事故や災害の体験	重度の病気やケガをした			☆	被災の程度、後遺障害の有無・程度、社会復帰の困難性など
	悲惨な事故や災害の体験（目撃）をした		☆		事故や被害の大きさ、恐怖感、異常性の程度など
② 仕事の失敗、過重な責任の発生など	交通事故（重大な人身事故、重大事故）を起こした			☆	事故の大きさ、加害の程度、処罰の有無など
	労働災害（重大な人身事故、重大事故）の発生に直接関与した			☆	事故の大きさ、加害の程度、処罰の有無など
	会社の経営に影響するなどの重大な仕事上のミスをした			☆	失敗の大きさ・重大性、損害等の程度、ペナルティの有無など
	会社で起きた事故（事件）について、責任を問われた		☆		事故の内容、関与・責任の程度、社会的反響の大きさ、ペナルティの有無など
	違法行為を強要された		☆		行為の内容、強要に対する諾否の自由の有無、強要の程度、社会的影響の大きさ、ペナルティの有無など
	自分の関係する仕事で多額の損失を出した		☆		損失の内容・程度、関与・責任の程度、ペナルティの有無など
	達成困難なノルマが課された		☆		ノルマの困難性、強制の程度、ペナルティの有無、達成できなかった場合の影響など
	ノルマが達成できなかった		☆		ノルマの内容、困難性・強制性・達成率の程度、ペナルティの有無、納期の変更可能性など
	新規事業の担当になった、会社の建て直しの担当になった		☆		プロジェクト内での立場、困難性の程度、能力と仕事内容のギャップの程度など
	顧客や取引先から無理な注文を受けた		☆		顧客・取引先の位置付け、要求の内容など
	顧客や取引先からクレームを受けた		☆		顧客・取引先の位置付け、会社に与えた損害の内容・程度など
	研修、会議等の参加を強要された	☆			研修・会議等の内容、業務内容と研修・会議等の内容とのギャップ、強要に対する諾否の自由の有無、強要の程度、ペナルティの有無など
	大きな説明会や公式の場での発表を強いられた	☆			説明会等の規模、業務内容と発表内容のギャップ、強要・責任の程度など
	上司が不在になることにより、その代行を任された	☆			内容、責任の程度・代行の期間、本来業務との関係など
③ 仕事の量・質の変化	仕事内容・仕事量の大きな変化を生じさせる出来事があった		☆		業務の困難度、能力・経験と仕事内容のギャップ、責任の変化の程度など
	勤務・拘束時間が長時間化する出来事が生じた		☆		勤務・拘束時間の変化の程度、困難性など
	勤務形態に変化があった	☆			交替制勤務、深夜勤務等変化の程度など
	仕事のペース、活動の変化があった	☆			変化の程度、強制性など
	職場のＯＡ化が進んだ	☆			研修の有無、強制性など

60

理的負荷評価表

(3)（1）の出来事後の状況が持続する程度を検討する視点 (「総合評価」を行う際の視点)	
出来事に伴う問題、変化への対処など	持続する状況を検討する際の着眼事項例
○仕事の量（労働時間など）の変化後の持続する状況 ・所定外労働、休日労働の増加の程度 ・仕事密度の増加の程度	①恒常的な長時間労働が出来事以後にみられた ②多忙な状況となり、所定労働時間内に仕事が処理できず、時間外労働が増えた ③休日出勤が増えた ④勤務時間中はいつも仕事に追われる状況となった ⑤その他（仕事の量（労働時間等）の変化に関すること）
○仕事の質・責任の変化後の持続する状況 ・仕事の内容・責任の変化の程度、経験、適応能力との関係など	①ミスが許されないような、かなり注意を集中する業務となった ②それまでの経験が生かされず、新たな知識、技術が求められることとなった ③深夜勤務を含む不規則な交替制勤務となった ④24時間連絡が取れるなど、すぐ仕事に就ける状態を求められるようになった ⑤以前より高度の知識や技術が求められるようになった ⑥その他（仕事の質・責任の変化後の持続する状況に関すること）
○仕事の質・責任の変化後の持続する状況 ・仕事の内容・責任の変化の程度、経験、適応能力との関係など	①仕事が孤独で単調となった ②自分で仕事の順番・やり方を決めることができなくなった ③自分の技能や知識を仕事で使うことが要求されなくなった ④その他（仕事の裁量性の欠如に関すること）
○職場の物的・人的環境の変化後の持続する状況 ・騒音、暑熱、多湿、寒冷などの変化の程度 ・対人関係・人間関係の悪化	①対人関係のトラブルが持続している ②職場内で孤立した状況になった ③職場での役割・居場所がない状況になった ④職場の雰囲気が悪くなった ⑤職場の作業環境（騒音、証明、温度、湿度、換気、臭気など）が悪くなった ⑥その他（職場の物的・人的環境の変化に関すること）

④ 身分の変化等	退職を強要された			☆	解雇または退職強要の経過など、強要の程度、代償措置の内容等など
	出向した		☆		在籍・転籍の別、出向の理由・経過、不利益の程度など
	左遷された		☆		左遷の理由、身分・職種・職制の変化の程度など
	非正規社員であるとの理由などにより、仕事上の差別、不利益取扱いを受けた		☆		差別、不利益の内容・程度など
	早期退職制度の対象となった	☆			対象者選定の合理性、代償措置の内容など
⑤ 役割・地位等の変化	転勤をした		☆		職種、職務の変化の程度、転居の有無、単身赴任の有無、海外の治安の状況など
	複数名で担当していた業務を１人で担当するようになった		☆		業務の変化の内容・程度など
	配置転換があった		☆		職種、職務の変化の程度、合理性の有無など
	自分の昇格・昇進があった	☆			職務・責任の変化の程度など
	部下が減った	☆			職場における役割・位置付けの変化、業務の変化の内容・程度など
	部下が増えた	☆			教育・指導・管理の負担の内容・程度など
	同一事業場内での所属部署が統廃合された	☆			業務の変化の内容・程度など
	担当ではない業務として非正規社員のマネージメント、教育を行った	☆			教育・指導・管理の負担の内容・程度など
⑥ 対人関係のトラブル	ひどい嫌がらせ、いじめ、または暴行を受けた			☆	嫌がらせ、いじめ、暴行の内容、程度など
	セクシュアルハラスメントを受けた		☆		セクシュアルハラスメントの内容、程度など
	上司とのトラブルがあった		☆		トラブルの内容、程度など
	部下とのトラブルがあった		☆		トラブルの内容、程度など
	同僚とのトラブルがあった	☆			トラブルの内容、程度、同僚との職務上の関係など
⑦ 対人関係の変化	理解してくれていた人の異動があった	☆			
	上司が替わった	☆			
	昇進で先を越された	☆			
	同僚の昇進・昇格があった	☆			

第2章　2 ハラスメント被害と業務起因性

○職場の支援・協力などの欠如の状況 ・訴えに対する対処、配慮の欠如の状況など ・上記の視点に関わる調査結果を踏まえ、客観的にみて問題への対処が適切になされていたかなど	①仕事のやり方の見直し改善、応援体制の確立、責任の分散など、支援・協力がなされていないなど ②職場内のトラブルに対する対処がなされていないなど ③その他（職場の支援・協力などの欠如の状況に関すること）
○その他 （1）の出来事に派生する状況が持続する程度	

総 合 評 価		
弱	中	強

63

3 ハラスメントの違法性をめぐる諸問題

　ハラスメントに関する定義を前記のようなものと一応定めるとしても、そのすべてが違法になるわけではない。これまで問題になってきた職場におけるいじめは、企業の人事権行使の形態によるもの、上司の職務権限行使の形態によるもの、労働者相互間での行為が問題になったものに分類することができる。企業人事権や上司の職務権限行使の形態によるいじめについては、嫌がらせを目的とする（正当な目的に基づかない）もの、あるいは正当な目的に基づくものであっても、行為の客観的な態様が相当性を欠くとか、通常甘受すべき程度を超えて精神的苦痛を与えるものであるときには、違法になると考えられている。

　具体的には、人事権の行使であっても、嫌がらせを目的とした仕事外しや職場からの隔離は、通常甘受すべき程度を超えて精神的苦痛を与えるものであるとして違法とされ、職場の内外で労働者を継続的に監視したり、種々の方法を用いて従業員を職場で孤立させる等の行為、配置転換等により勤労意欲を失わせ、やがて退職に追いやる意図をもってなされる行為、退職に追いやるための行為等については、それ自体がそもそも権限濫用というべきものであることから違法と判断されている。上司や同僚による行為が問題になったときには、当事者間の権限関係など力関係に留意しながら行為の目的やなされた経過、行為の態様を総合的に判断して損害賠償請求を認めるに足りる違法性があるのかどうかを判断している。

(1) 退職勧奨行為とハラスメント

　職場におけるハラスメントについては、企業が退職を強要しようとする過程で生じることが多く、事例が集積されている。執拗な退職勧奨行為については、下関商業高校事件（最高裁第一小法廷判、昭和55年7月10日、労判345－20）が、一人の原告に4万円、もう一人について5万円の慰謝料の支払を命じている。

　中央観光バス事件（大阪地裁判、昭和55年3月26日、判時968－118）では、退職させることを目的とする孤立化・職場八分・共同絶交などが問題にな

ったが、使用者及びこのような行為を幇助した管理職ひとりに対して慰謝料5万円の支払いが認められている。

エールフランス事件(千葉地裁判、平成6年1月26日)は、退職を強要するための職場における暴力等のいやがらせ行為や管理職による同一課内での担当職務の変更(本来業務から排除して統計作業に従事させた)ことが問題になったケースである。裁判所は、前者については不法行為の成立を認め、後者についても、退職勧奨に応じなかったことから、労務指揮権に名を借りて退職に追い込むという不当な動機・目的のもとに行われた仕事差別であって、仕事を通じて自己の精神的肉体的能力を発展させ、人格を発展させる重要な可能性を奪うもので、屈辱感を与え、仕事に対する誇りと名誉等の人格権を侵害すると判断し、使用者責任を認めて、230万円の賠償金の支払を命じている。

国際信販事件(東京地裁判、平成14年7月9日、労判836-104)では、解雇に至る過程で、過酷な仕事の変更・押しつけ、虚偽の風説の流布、孤立化などによって労働者に心理的負荷が加えられたことが、解雇の効力とともに問題になったが、会社の代表取締役らに対し、防止措置を講じなかったこと等を理由に183万円の損害賠償の支払いが命じられている。

使用者ないし管理職の権限行使の外形をとっていても、退職するよう心理的圧力を加えることを専ら目的として行われるものは、そもそも違法と考えるべきものである。何故なら、第一に、あくまで退職は、労働者の任意の意思に基づき行われるものであり、第二に、適材適所によって配属された労働者の協働を通じて仕事を遂行することが労働契約の本旨であることからすると、もっぱら退職させることを意図して心理的圧力をかける行為は、いかなる意味においても使用者としての権限の範囲を逸脱している、つまり法的根拠に基づかない違法な権限行使という以外にないからである。

前記**下関商業高校事件**最高裁判決は、地方公務員である市立高等学校の教員が退職勧奨に応じないことを表明し、優遇措置も打ち切られているにもかかわらず、市教育委員会の担当者が、退職するまで勧奨を続ける旨繰り返し述べて、短期間内に多数回、長時間にわたり執拗に退職を勧奨し、かつ、退職しない限り所属組合の宿直廃止、欠員補充の要求にも応じないとの態度を

示すなどした退職勧奨行為を違法とした高裁判決を支持しているが、これには2名の裁判官の反対意見が付されている。この意見から、違法性判断には何が問題となったのか見えてくる。反対意見の要旨は、以下の5点である。

① 公務員に対する退職の勧奨は、定年制の定めのない公務員について職員の高齢化による人事の停滞、公務能率の低下、人件費の膨張等を回避するため、一定年齢に達した者について行なわれるものであつて、その目的は合理性を有する。
② 被勧奨者が退職勧奨を受けるに相当な年齢に達しており、かつ、その選定が公平なものであり、また、説得のための手段・方法が社会通念上相当と認められる範囲を逸脱しない限り、任命権者が正当な業務行為としてこれを行いうるものと解すべきである。
③ 市教委は人事異動方針の一環として県教育委員会の定める退職勧奨基準年齢に準じ、高年齢者に対する退職勧奨を実施してきたものであるが、被上告人らはいずれもこれに応ぜず、拒否する態度を明確に示していたのであるから、市教委からすれば、繰り返し説得行為を行うこととしたのも当然である。
④ 退職後は講師として発令するという条件や、市教委への配置転換の提示をするなど、条件を附加又は変更して説得にあたっていたのであり、被上告人らは結局退職しなかつたことでもあるから、勧奨行為が頻繁にわたったからといつて本件退職勧奨が直ちに退職を強要したものということはできない。
⑤ 原審の認定した事実関係からは、本件退職勧奨における説得のための手段・方法が社会通念上相当と認められる範囲を逸脱したとまではいえないから、本件勧奨行為を違法とした原審の判断には、法令の解釈適用の誤り、理由不備、審理不尽の違法がある。

この反対意見は、定年制が制度化されていないところで実施された退職勧奨行為それ自体に合理性があるとし、この目的遂行のほうに合理性判断の重点を置くことから、退職勧奨行為の手段方法についても、社会的相当性にか

けると判断されるよほどの事情が認められなければ違法とはいえないという価値判断を働かせている。そのために、労働者が勧奨行為を拒否する意向を明確に表明していても、さらに繰り返し説得を行うことは合理的であって、退職を強要したものではないとし、労働者側が違法だとして訴えた退職勧奨行為の手段・方法についても、社会通念上相当な範囲を逸脱したものとは認められないとするのである。

　しかし、いかに人員削減の必要があり、また労働能力の減退などの事情があろうと、当該担当職務から労働者を除外し、人員削減の対象とするには、法令上の根拠（私人間においては労働契約上の根拠）がなければならない。また根拠がないがゆえに自らの意思によって離職を促そうというのであれば、意思表示の自由を保障することが第一義的に保障されなければならず、意思を変えないことが明らかであるのにさらに翻意するよう当該労働者に圧力を加えることは、当該労働者にとっては自らの意思決定を受け入れられないという苦痛を強いられ、結局意思を翻すまでこの圧力が加え続けられることを許容する意思決定の自由を侵害する結果を容認することになる。このように「へたばりました」というまで圧力を加え続けることを「権限行使」の適法な限度内であるとすることは、重大な問題である。

　この判断の分かれ目を示しているのが、**エフピコ事件**の地裁判決と高裁判決であった。**エフピコ事件**では、退職そのものが違法な行為の結果行われたもので賠償請求の対象に足りるものであるのかどうかが争われたものである。いわゆる準解雇ないし犠牲解雇の法理をもたない我が国の法規定のもとで、解雇無効を争われるリスクを回避して行われる手を変え品を変えた退職勧奨行為が法的にどのように判断されるべきか注目された。

　水戸地裁（下妻支部判、平成11年6月15日、労判763-7）は、退職強要に応じない労働者に草むしり等の雑用の仕事しか与えなかった行為について、逸失利益として労働者らの平均賃金6ヵ月分に慰謝料として50万円ないし100万円を認めた。損害賠償責任を認める根拠について、判決は、第一に、使用者は、労働者がその意に反して退職することがないように職場環境を整備する義務を負い、また労働者の人格権を侵害する等、違法・不当な目的・態様による人事権の行使を行わない義務を負っていると判断した。そのうえで第

二に、使用者が労働者に対して、あたかも転勤義務があるかのように誤信させて退職届を提出させたり、女性パートが担当していた日勤の業務を割り当て、退職するよう明示・黙示のプレッシャーをかけ、職場の雰囲気を放置・助長して労働者の人格・名誉を傷つけ、強圧的な言動や執拗な退職強要・嫌がらせによって労働者を退職のやむなきに追い込んだという事実を認定し、第三に、そのような行為が前記配慮義務に反し、意に反して退職させられない権利を侵害し、債務不履行ないし不法行為を構成するとした。このように、水戸地裁は、被侵害利益の中心に、「意に反して退職させられない権利」を据えて、それらが使用者の強圧的な言動や執拗な退職強要、嫌がらせ等によって侵害されたことを不法行為を構成するとした。

ところがその控訴審である東京高等裁判所は、労働者側を全面的に敗訴させた。その論理は、概ね以下の通りである（東京高裁判、平成12年5月24日、労判785-22）。ちなみに、この事件は、最高裁で、一審が算定した半額で和解が成立している。

高裁判決は、配置転換の違法性を中心に、関東工場の生産部門の分社化に伴って生じる余剰人員の雇用を維持しつつ、新製品であるPS製品の開発・製造のために本社工場に新設された生産部門への要員を確保するという人事異動の一環として計画されたものであって合理的なものであったとし、そうであれば転勤を拒否して退職を選んだ以上自由な意思に基づくものであって違法性は認められないとした。もちろん、配置転換の違法性を判断するにあたっては、人選の経過や内容が検討されているが、選定過程には格別不当な点は認められないこと、被控訴人らが勤務先を関東工場に限定して採用されたとの事実を認めるに足りないし、就業規則上も、「会社は業務上の必要があるときは転勤、長期出張を命ずることがある、この場合、社員は正当な理由なくこれを拒むことができない」旨明記されているから、被控訴人らもこれを承知した上で勤務してきたものと認められるなどから、労働者のかかえる個別事情は、それ自体転勤を拒否できる正当な理由に当たるとまでいうことができるものではない、等と判断している。

そして、会社が被控訴人らを含む10名を転勤対象者として選定した理由や

本社工場への転勤期間を明らかにしなかったことについては、転勤を命じる場合の人選は、会社がその責任と権限に基づいて決定すべきもので、その理由は人事の秘密に属し、これを対象者に明らかにしなかったからといって違法ないし不当とすることはできないし、事業が将来どのように展開するかを容易に予測できない段階にあったものと認められるから、転勤期間を未定の旨答えたことはやむを得なかったとしている。

　また、労働者が退職を余儀なくされたことについても、自己都合により退職したものと認めるほかはなく、退職を会社都合によるものと認めることもできないし、退職に至るまでの過程で人事権の違法ないし不当な行使があったとか、会社による報復や嫌がらせ行為があったという事実も認められないから、債務不履行ないし不法行為責任があるという主張は認められないとした。

　この高裁判決の前提には、退職勧奨行為が経営合理化の一環として合理的な目的の範囲にあるという判断があり、本来人員削減措置を講じたいところであるが、それを回避するために配転措置を講じたものであり、これを受け入れられない以上削減対象となってもやむを得ないという判断が働いているように思われる。しかし、そうであるとすれば、退職勧奨行為の形態が、労働者の生活実態から転勤に応じなければ退職する以外にないという二者択一を迫られるものであればなおさらのこと、解雇に準じた法的処理が検討されてしかるべきである。

　また、どちらを選択しても生活困難に見舞われる二者択一に苦しみ抜いた結果の退職であれば、自由な選択であるという高裁判決の判断は、まったく現実離れしている。このような状況にさらされた時、人間は、心身の健康な機能を損われる危険に直面する。使用者が、いろいろ手段を使って労働者から抵抗する力を削いで、労働法上の負担を全く負うことなく、労働者の責任において退職に追い込もうと狙うのであれば、そのこと自体地裁判決が述べているように、退職の自由（意思決定についての自由）を侵害するというべきである。

　労働基準法第2条（労働条件の決定）は、「労働条件は、労働者と使用者が、対等の立場において決定すべきものである」とし、また労働契約法第3条（労働契約の原則）第1項は、「労働契約は、労働者及び使用者が対等の立

場における合意に基づいて締結し、又は変更すべきものとする。」と定めているのであるが、こうした当事者の対等性の確保は「退職」に際しても保障されるべきである。これまでの裁判例では、退職強要による意思表示を、詐欺・強迫・錯誤による瑕疵として無効を宣言したケースは少ないが、契約の原則にたった法的再構成が求められる。

(2) 仕事配置・担務指定

　労働者に苦痛を強いるような業務を指示命令する行為の違法性も問われてきた。仕事は、①配置が適材適所であって、②自らの働き・行動に価値があり、その働きに公平に報われているという確信があって、困難を克服してやり遂げることができる。企業が労働者に仕事配置や担当職務に関して命令できる法的根拠は、唯一労働契約であり労働者の同意にあるとされているが、そこで約束されている労務の提供は、職場において必要とされる仕事を担い、他の労働者と協働して力を発揮することを本旨とするものであって、前記の内容が充足されることを本質的要請としている。それは、労働契約に基づく債権債務関係を構成する本来的な要素と位置づけられる。

　これを、企業の「人事権」行使の側面からみても、効率的な事業運営に資するよう労働者を組織する権限が、前記の①②の要請に反して力の発揮を得られないような方向で行使されるものであれば、もはやそうした契約の本旨を踏み外すことになってしまい、労働契約上与えられた権限の範囲を逸脱すると考えられるのではないだろうか。労働者が、自分が職場から排除されてしかるべき存在であることを思い知らされ、現実にそうした存在でしかないかのようにさらし者にされるような仕事配置や担務指定は、契約の本旨に反して違法と判断されるべきである。

　仕事配置や担務指定が違法と判断された代表的なケースは、以下の通りである。

　バンク・オブ・アメリカ・イリノイ事件(東京地裁判、平成7年12月4日、労判685-17)では、課長職であった者を総務課受付へ配置転換した銀行の措置は、勤続33年に及び課長まで経験した者をこのような職務に就かせ、やがて

退職に追いやる意図をもってなされたものであり、違法であるとして、銀行に対して慰謝料100万円の支払いが命じられている。

JR東日本（本荘保線区）事件（最高裁第二小法廷判、平成8年2月23日、労判690-12）において最高裁は、国労マーク入りのベルトの取り外し命令に応じなかった組合員に就業規則全文の書き写しを命じたことは、見せしめをかねた懲罰的目的からなされた人格権を侵害する行為であるとした第二審の判決を支持し、慰謝料20万円と弁護士費用5万円の支払いが認められている。

また、JR西日本吹田工場事件（大阪高裁判、平成15年3月27日、労判858-154）では、踏切横断におけるトラブルが原因でなされた炎天下での踏切での点検業務命令が、著しく過酷なもので使用者の裁量権を逸脱する違法なものであるとされ、上司、会社それぞれに労働者らに対する慰謝料約22万円の支払いが命じられている。

神奈川中央交通（大和営業所）事件（横浜地裁判、平成11年9月21日、労判771-32）では、乗用車との接触事故を理由に上司によってなされた炎天下での草むしり作業等の業務命令が違法であるとして、慰謝料60万円が認められている。この事件は、接触事故を起こしたためにバス運転手が下車勤務として約1ヶ月間、営業所構内の除草作業を命じられているが、下車勤務としての除草作業自体は違法といえないとしても、期限を付さないで過酷な作業である炎天下における構内除草作業だけに限って、労働者が病気になっても仕方がないとの認識のもと、終日従事させたことに着目して、労働者の人格権侵害の程度が大きく、下車勤務の目的から大きく逸脱し、恣意的懲罰の色彩が強く、安全運転をさせるための手段としては不適当で業務命令の裁量権の範囲を逸脱しているとしている。

フジシール事件（大阪地裁判、平成12年8月28日、労判793-13）では、退職勧奨を拒否した労働者に対する措置として行われた遠方の工場への配転命令が問題となったが、配転先での業務が労働者の経歴とは関連しない単純作業であったことから、嫌がらせとして発せられたものとして無効と判断されている。

ネッスル（専従者復帰）事件（神戸地裁判、平成元年4月25日、労判542-54）では、組合専従復帰後の労働者に隔離的措置が講じられ、劣悪な職

場環境での苛酷な職務が与えられたとして、労働者らそれぞれに50万円・70万円の慰謝料の支払いが認められた。

　これらの判例は、企業の権限の逸脱があったかどうかを、命じた仕事が会社の事業運営としての合目的性を有しているか、労働者の健康や人格を損なうようなものか、与えられた職務が当該労働者の力を今後に活かすよう配慮されたものか、などを判断要素にしている。

(3) 業務上の叱責・非難

　仕事上の注意指導は業務上不可欠なものであると同時にOJTの一環として重要視されるものであるが、労働者の人格にも触れることになる。パワーハラスメントをセクシュアルハラスメントと並んで防止策に組み入れようとすると、部下の指導を仕事上の役割とするポストにある労働者から、「仕事上の注意もできなくなる」「パワハラという苦情によってパワハラされる」といった懸念が表明されることもある。それは、業務上の指導には、見たくもない現実を直視するよう求めたり、苦言を呈したり、限界を乗り越えてさらに力を発揮するよう求めるなどの行為がつきもので、そうした指導が、時として労働者の人格に触れて、「苦痛」や「葛藤」を伴うことがわかっているからであろう。それらの行為と「ハラスメント」との境界は何処にあるのか、これに回答を与える必要がある。

　これまでの裁判例は、多少なりともその区別をなすのに有意義なものであろう。前述した**日研化学事件**東京地裁判決も、その示唆を与えてくれる。

　前田建設事件(松山地裁判、平成20年7月1日、労判968号37頁)は、不正経理を継続した営業所長に対する取り扱いが、叱責も含めて問題になったケースである。裁判所は、不正経理改善や工事日報を毎朝報告させること自体は正当な業務の範囲内といえるが、実現困難な架空出来高解消のための事業計画日報を設定させ、毎朝工事日報に際して他の職員からみて明らかに落ち込んだ様子を見せるまで叱責したり、業績検討会の席上「会社を辞めれば済むと思っているかもしれないが、辞めても樂にならない」などと叱責したのは、社会通念上許される業務上の指導の範疇を超えたものであると判断した。ただしこの判決では、被災者の過失相殺6割として、損害賠償額を減額している。

海上自衛隊事件(福岡高裁判、平成20年8月25日、労経速2017号3頁)では、護衛艦内での自衛官の自殺が自衛隊組織内部のいじめによるものであるとして遺族が訴えたものであるが、2ヶ月ほど前から上司から「お前は三曹だろう。三曹らしい仕事をしろ」「お前は覚えが悪いな」「バカかお前は」「三曹失格だ」などといわれていたことについて、長崎地裁佐世保支部判決(平成17年6月27日、労経速2017号49頁)が、上記発言が繰り返し行われていたとは認めがたく、厳しい指導・教育の過程で、時としてそのような発言に及ぶことがあったというに過ぎないとしていたことに対し、福岡高裁は、上記の言動自体が侮辱的で、経験が浅く、階級にたいし技能訓練度の怠りがちの一般海曹候補学生出身者であった被災者に対する術課指導等に際して述べられたものが多く、かつ閉鎖的な艦内での直属の上司である班長から継続的に行われたものであるといった状況を考慮すれば、心理的負荷を過度に蓄積させるようなものであったというべきであり、指導の域を超えるものであったとし、遺族の国に対する損害賠償責任を認めた。

　さらに、A保険会社(損害賠償)事件(東京高裁判、平成17年4月20日、労判914-82)では、「やる気がないなら会社を辞めるべき」という内容のメールを労働者の本人および職場の十数人に送信した上司の行為が、労働者の名誉感情を毀損するものであるかどうかをめぐって問題になった。東京高等裁判所は、第一審の判断を覆して上司に慰謝料5万円を支払うよう命じている。

　問題となった行為は、「1.意欲がない、やる気がないなら、会社を辞めるべきだと思います。当SCにとっても、会社にとっても損失そのものです。あなたの給料で業務職が何人雇えると思いますか。あなたの仕事なら業務職でも数倍の業績を挙げますよ。本日現在、搭傷10件処理。Cさんは17件。業務審査といい、これ以上、当SCに迷惑をかけないで下さい。2.未だに始末書と「〜〜病院」出向の報告(私病？　調査？)がありませんが、業務命令を無視したり、業務時間中に勝手に業務から離れるとどういうことになるか承知していますね。3.本日、半休を取ることを何故ユニット全員に事前に伝えないのですか。必ず伝えるように言ったはずです。我々の仕事は、チームで回っているんですよ」というメールを、当事者および職場の同僚十数名に送信したというものである。

　裁判所は、このメールを、侮辱的言辞と受け取られても仕方のない、名誉感

情をいたずらに毀損するもので、指導・叱咤激励しようとの送信目的が相当であったとしても、その表現において許容限度を超え、著しく相当性を欠くもので、不法行為を構成すると判断している。

この事件では、労働者側が、「本件メールは、上司が部下を指導したり叱咤激励するというものではなく、部下の人格を傷つけるもので、いわゆるパワーハラスメントとして違法である」と主張したが、裁判所は、表現方法において、不適切であり、控訴人の名誉を毀損するものであったとしても、その目的は、当該労働者の地位に見合った処理件数に到達するよう叱咤督促する趣旨であることがうかがえ、その目的は是認することができ、パワーハラスメントの意図があったとまでは認められないとしている。

以上のケースからいえることは、指導の形をとっていても、発した言葉が相手のキャリアや人格、職場における存在それ自体を否定するものであったり、不可能を強いるようなものであったり、行為者が相手に対して抱いていた嫌悪や否定的感情に基づくものであったり、相手の立場や感情を配慮することなくなされているような場合には、大きな心理的負荷が加えられるものとして、違法と評価されている。人を萎縮させたり、自信を喪失させたりしてその人の持つ力を発揮させるには逆効果となるような言動は、教育とも指導ともいえないものであり、言動が、そうした性質を有するものであったかどうかが境界線ということになろう。

A保険会社事件で、本件メールの送付自体が部下の人格を傷つけるパワーハラスメントとして違法であるという主張にたいし、意図目的は叱咤激励であって相当であったとしても、侮辱的言辞と受け取られても仕方のない、名誉感情をいたずらに毀損するもので、その表現において許容限度を超えて著しく相当性を欠くものであると判断していることに留意する必要がある。

業務上の指導である以上、客観的な職務・職責の遂行にキャッチアップできる職能の獲得に向けられなければならないが、そのこと自体、労働者の人格否定とは両立しない。確かに職能は労働者の人格と不可分であり、仕事をすすめるうえで必要な技能・知識・認識・論理・判断力、共感し人間関係を形成する力そのものが、労働者の人格を構成し、その獲得は、その人自身の努力をもってする以外にないものである。その力の発揮に向けて、課題を指摘したり動

機付けを強める目的のもとに、労働者の認識を問うなど人格に対して介入的になる場面も少なくない。その場合、およそ労働者の人格的自由は絶対不可侵のものであってこれへの介入は権利侵害を構成することになるという原則に立つこと、労働者の職務・職責という労務提供の基本にかかわって実施される業務上の指導や注意は、よりよい仕事を目指すものであるがゆえに違法性を否定されるものであって、一貫した人格や存在の否定、困惑・屈辱・葛藤・恐怖などにより意欲を喪失させる（それは時として仕事への希望のみならず、生きることへの希望や幸福感を喪失させる）言動は、許容されない。それが現実に労働者が精神疾患に陥ったり、自殺してしまうような事態ともなれば、容易に違法性に結びつくことになる。

(4) 集団化した嘲笑・からかい

　前述したケースのなかには、業務上の形をとりながら権限を逸脱した叱責・非難が加えられる行為に職場全体が巻き込まれているものがある。**誠昇会北本共済病院事件**（さいたま地裁判、平成16年9月25日、労判883-38）では、年長の看護師による嘲笑・からかい等のいじめによる准看護師の自殺が問題になった事件であり、裁判所は年長の准看護師に対し1000万円、病院が防止しなかったことについて500万円の慰謝料の支払を命じている。ここでは、閉鎖的な男性看護師の人間関係の中で、最も若い看護学校に入学し看護師を目指している准看護師に対し、看護学校への入学に失敗して年長准看護師として経験を積んできた年長者のいじめと、これに荷担する職場の状況がよく現れており、しかも「医療」という人の健康に寄与し、また「看護」という身体と心の有機的統合体である人間としてケアするという職業に従事する医療労働者の組織と行動が問題になっている点で注目される。

　判決が認定している主ないじめは、以下の通りである。

　年長准看護師（以下、単に「看護師」という）は、同人のために、上尾まで名物の柏餅を買いに行かせたり、深夜になって、病院で使用する特殊な電池を探しに行かせる、肩もみをさせる、家の掃除・車の洗車・長男の世話・風俗店に行く際の送迎（駐車場で待たせる）・他病院の医師の引き抜きのためにスナックに行く際の送迎、勤務時間中開店前

のパチンコ屋での順番待ちをさせる、購入したい馬券を後楽園まで購入しに行かせる、看護学校の女性を紹介するように命じて困らせる、ウーロン茶1缶を3000円で買わせる、遊びに付き合うために金銭的負担を強いたり、職員旅行に必要な飲み物等を用意させたりして8万8000円を負担させた、すでに終了している介護老人施設作りに関する署名活動をさせた、勤務時間外にガールフレンドと会おうとすると、仕事を理由に被告病院に呼び戻す、携帯電話の内容を勝手に覗くなどする行為を継続した。被害者は、平成13年秋ころになると、中学校や高校時代の友人いじめによる辛さを訴えるようになり、ガールフレンドには、恐怖心を抱いていること、逃げても追いかけてくることを話していた。

　平成13年12月15日の1泊2日の病院の旅行で、年長看護師は、被害者に好意を持っている事務職の女性と2人きりにして性的な行為をさせ、それを撮影しようと企て、太郎と女性の部屋の周りに職員が集まり、部屋の中をのぞいていたが、被害者は急性アルコール中毒で点滴を受けた後、帰宅した。この件は、上司に報告されることはなかった。被害者は、その職員旅行以降落ち込んだ。そして、平成13年12月29日には15名程度の看護師が集った忘年会において、被害者が職員旅行で無呼吸状態になったことが話題に上り、先輩らは、「あのとき死んじゃえばよかったんだよ。馬鹿」「専務にばれていたら俺たちどうなっていたか分からないよ」などと発言し、被害者が何か言うと、「うるせえよ。死ねよ」と言い返していたが、それ以降、先輩看護師は、仕事中においても何かあると「死ねよ」という言葉を使うようになった。

　平成13年12月30日には、先輩看護師は、別人の名義で「君のアフターは俺らのためにある」という電子メールを送ったほか、「殺す」という文言を含んだ電子メールを送った。

　平成14年1月12日ころ、被害者のガールフレンドがアルバイトをしていたカラオケ店を訪れ、そこで被害者がガールフレンドからプレゼントされた帽子をライターで燃やすそぶりをしたりしていじめた末、ガールフレンドの前で、職員旅行での被害者と女性職員との件を話し始め、「僕たちは酔っぱらってこいつに死ね死ねと言ってましたね。僕は今でもこいつが死ねば良かったと思ってますよ」などという他の看護師の話しに続けて年長看護師は、被害者に対し、眼鏡をかけていない目を見ると死人の目を見ているようで気分が悪いから眼鏡をかけるように言った。黙ってうつむいている被害者にたいし他の看護師は、「お前は先輩に一度命を救われているんだから、これからも先輩に尽くさなきゃいけないぞ」と話した。そのうえ、年長看護師は、被害者が席をはずしたところで、被害者がまた病院を辞めたいと言ってくるだろうと発言すると、他の看護師は、この間、「太郎が病院を辞めたいと言い出した時には、本当にやばいと思いましたよ。あいつマジで悩んでましたしね」などと言い、年長看護師は、今度病院を辞めると第三者に相談したらどう指導するかなどと話し合っていた。

ガールフレンドは、様子がおかしい被害者に、先輩たちの指導と銘打っているものは間違っている、病院を辞めることを真剣に考えようなどと話したが、その話の最中、年長看護師から、電話で、俺たちはどうやって帰ればいいんだなどと先輩を車で送迎するように強要され、ガールフレンドを待たせたまま、カラオケ店に戻って年長看護師を家まで送った。

　年長看護師らは、被害者が仕事でミスをしたとき、乱暴な言葉を使ったり、手を出したりすることがあり、年長看護師においては「バカダ。何やっているんだよ。お前がだめだから俺が苦労するんだよ」などと発言することもあった。平成14年1月18日ころ、被害者がからになった血液検査を出したことを、年長看護師は執拗に叱責し、そのことが話題になった外来会議で被害者にはやる気がない、覚える気がないなど非難した。

　被害者は、平成14年1月17日ころには、ガールフレンドに、最近、看護婦にまで見捨てられてて本当にやばいんだよなどと言って涙ぐんでおり、「もし、俺が死んだら、されていたことを全部話してくれよな」と言った。ガールフレンドが病院を辞めてしまえばよいと話したことに対しては、被害者は年長看護師が怖くてそんなことは出来ないと答えた。被害者は、平成14年1月21日、22日及び23日と被告病院に勤務し、休日である1月24日午前11時ころ、年長看護師が、物品がない等の被害者の仕事上のミスを怒る電話をかけたその日の夕方には、被害者は自宅2階で、電気コードで首を吊って自殺しているのが発見された。

　裁判所は、年長看護師の行動は、自ら又は他の男性看護師を通じて、被害者に対し、冷かし・からかい、嘲笑・悪口、他人の前で恥辱・屈辱を与える、たたくなどの暴力等の違法ないじめであり、悪ふざけや職場の先輩のちょっと度を超した言動であったと認めることは到底できないとしている。そして、いじめが執拗・長期間にわたっていること、平成13年後半からはその態様も悪質になっていたこと、平成13年12月ころから、は「死ねよ」と死を直接連想させる言葉を浴びせていること、被害者も、自分が死んだときのことを話題にしていること、更に、他に被害者が自殺を図るような原因は何ら見当たらないことに照らせば、被害者が年長看護師らのいじめを原因に自殺した、すなわち、いじめと本件自殺との間には事実的因果関係があると認めるのが相当であると判断し、年長看護師の不法行為を認めた。また、使用者である病院については、安全配慮義務違反に基づく債務不履行責任を認めている。

　職場は生存の基盤であると当時に、将来を切り開く職能形成の場でもあった

から、女性職である看護師の中で男性のみで形成される閉鎖的な集団の上下関係から離脱することはこれを否定するに等しいものであっただろう。

判決の認定によれば、いじめは、年長看護師を筆頭に、看護師が積極・消極にかかわっているが、そもそも人格的な否定が繰り返され、死を直接表現して職場には不要の存在であることを刻印される言動によって自信も誇りも削がれた状況では、物事を判断するのに必要な力を奪いとられ、いじめの坩堝と化した職場から脱出して看護師となるための新しい環境を得るという選択さえできなくなっている。いじめには、このように自己保存をはかるために必要な判断力を奪って、加害者の支配のもとに拘束してしまう威力もあることに留意すべきであり、こんないじめを受け続ける前にやめればよかったという考え方は間違っている。

このケースは、精神的ハラスメントを受けた労働者にとっては、自分を守る自己決定の可能性を奪われてしまうという側面とともに、そうしたいじめの支配の中に職場全体が巻き込まれて、加害者となっていくという深刻な事態を明らかにしている。こうしたいじめの連鎖に対しては、それが人権侵害であることを明確にして、いじめの坩堝となった人間関係に介入しなければならない。判決は使用者の安全配慮義務を根拠にして、この関係に介入していじめをやめさせるべきだとして、病院の責任を認めた。その重要性は言うまでもないが、いじめを根絶するには、直接責任追及の対象にはならなかった、職員旅行で被害者を隠れて覗き見していた職員、いじめを認識しながら何も言えなかった職員、年長看護師の気分を忖度したのであろうか同調した職員が抱えていた問題を究明することも重要である。

(5) 労働者の人格権からのアプローチ

以上のケースは、労務提供過程における労働者の人格権侵害として不法行為に基づく権利侵害を認めている。人格権とは、「生命・身体・自由・名誉のような人格と切り離すことのできない利益を内容とする権利であり、その自由な発展のために、第三者による侵害にたいし保護されなければならない諸利益の総体」(五十嵐清『人格権論』一粒社1989年)ととらえられているが、人格権概念は、所有権のように明確な限界付けや限定された意味内容を持つとはい

えないから、この概念によって保護されるべき範囲を具体的に判断するには、利益衡量の観点が必要となるとされている。

　職場における労働者の人格権・プライバシー権が意識的に論じられるようになったのは、ごく最近のことである。個人の自立意識の低さ、横並び意識の強さから生じる会社本位主義、和の強調から生じるプライバシー意識の希薄さ、全人格的評価・私生活への勧奨の当然視といった日本的労務管理のあり方、などがそうした遅れの背景にあるという指摘もなされてきたが、近年の裁判例は、そうした労働者の労務提供過程におけるプライバシーの権利を真正面から肯定するようになった。リーディングケースとして引用される、**関西電力事件**最高裁判決は前述した通りである。

　企業防衛の観点から、共産党員及びその同調者である従業員を孤立化させ、彼らに対する監視・尾行・指摘手帳の写真撮影を行ったなどの使用者の行為が不法行為に当たるかどうかについて、最高裁は、「自由な人間関係を形成する自由を不当に侵害する」とともに「その名誉を毀損するもの」であり、また「プライバシーを侵害するものであって同人らの人格的利益を侵害するものというべく」これら一連の行為が会社の方針に基づいて行われたというのであるから、不法行為を構成すると判断している。思想信条に基づく差別によって侵害された法益を、思想信条の自由から精神的人格価値の保護に純化させて、如何なる理由によるかにかかわらず、職場におけるいじめを人格的利益を侵害するものとして、職場における対人関係上の労働者の権利を確立する重要な理論的基礎を与えたものと評価できる。

　もともと、職場におけるプライバシー侵害については、従業員の思想信条や組合活動を把握するために用いた所持品検査や言動の傍受等の行為の違法性をめぐって争いになってきていた。

　西日本鉄道事件（最高裁第二小法廷判、昭和43年8月2日、民集33巻8号1603頁）は、所持品検査に伴う人権侵害の恐れを考慮し、その適用される要件として、①検査を必要とする合理的理由の存在、②検査方法と程度の妥当性、③制度としての画一的な実施、④就業規則などの明示の根拠、を掲げて違法性を論じた。この4要件については、理論的根拠に疑問があり、補充性の原則を十分に取り入れていないなどの問題点が指摘されてきていた。その

後の下級審判例は、**日立物流事件**(浦和地裁判、平成3年11月22日、労判624号78頁)が、財布が紛失したという顧客からの連絡に所持品検査が引っ越し作業員に実施されたことについて、前記最高裁判決の判断枠組みにしたがって、就業規則などの明示の根拠に欠けるとして所持品検査を違法としているが、この事件では、身体検査を含む所持品検査が、労働者の明示の同意を得ることなく実施されたという点で、問題なく違法と評価されるべきであったといえる。

また、**東京電力塩山営業所事件**(最高裁第二小法廷判、昭和63年2月5日、労判512号12頁・東京高裁判、昭和59年1月20日、労判424号14頁・甲府地裁判、昭和56年7月13日、労判367号25頁)では、最高裁は、企業内においても労働者の思想・信条等の精神的自由は十分尊重されるべきであるとしながらも、企業秘密を漏らした疑いのある労働者から事情聴取する必要性があり、調査方法には相当性に欠ける面があるものの、必要性・合理性を認めることができ、返答を強要したり不利益または利益供与の示唆をしていないこと等を理由に、調査は社会的に許容しうる限界を超えて労働者の精神的自由を侵害した違法行為には該当しないと判断している。

しかし、こうした判断は、たとえ企業秘密の漏洩への関与を問い質す目的であったとはいえ、共産党員であったか否かまで調査の必要性・合理性を認めていることについては問題である。企業秘密の漏洩への関与の有無と共産党員であるか否かがいかなる合理的関連があるというのか疑問がある。また、そうした調査が、勤務時間中に上司が一時間にもわたって質問することによって実施されたという点では、その手段方法において、労働者に心理的な圧迫を加え、半ば強制的に思想・信条の自由を侵してその返答を強いるものであって、これを合理的な範囲として違法性を否定することについてはまったく賛同できない。

岡山電気軌道事件(岡山地裁判、平成3年12月17日 労判606号50頁)では、組合活動の情報収集のため、従業員控え室に盗聴器を仕掛け、私的領域に属する場所で交わされた会話を秘密裏に傍受したことが問題になったが、裁判所はこれをプライバシーの侵害に当たるとして違法と判断している。

また、職場における労働者の自由は、服装規制や企業ぐるみ選挙活動にも及んで問題になった。裁判所は、労働者の髪の色・形、容貌・服装などは「人の

人格や自由に関する事柄」に属するとした**東谷山家事件判決**(福岡地裁小倉支部判、平成9年12月25日、労判732号53頁)は、安全や顧客との関係など業務上の必要がない以上は労働者の自己決定権が尊重されるとしている。また、朝礼で従業員が公職選挙立候補者の選挙演説を聴かされたことが問題になった**イニンテック事件**(大阪地裁判、平成11年8月20日、労判765号16頁)では、「政治的な行動、表現の自由のうちに含まれる選挙演説を聴くか否かという自己決定の自由」を侵害するとして不法行為に該当すると判断されている。

　このほか、氏名札の着用をめぐってプライバシー権侵害性の有無が問われた**東北郵政局事件**(仙台高裁判、平成9年8月29日、労判729号76頁)、**郵政省近畿郵政局事件**(大阪地裁判、平成8年7月17日、労民集47巻4号315頁・大阪高裁判、平成10年7月14日、労判715号46頁)などがあるが、ここではある事実がプライバシーとして法的に肯定されるための要件として、**宴の後事件判決**(東京地裁判、昭和39年9月28日)にならって、①公表された事実が私生活上の事実らしく受け取られるおそれのある事柄であること ②一般人の感受性を基準にして、当該私人の立場に立った場合、公表されることを欲しないであろうと認められる事柄であること ③一般人に未だ知られていない事柄であることが必要であるとし、氏名それ自体がプライバシーに該当することはできないとしている。

　この判断を、そのまま今日の職場に持ち込むことは有意義ではない。前述のように外部の暴力から社員を守らなければならない状況のなかでは、あえて氏名札を着用させることの当否が問題になろうし、そもそも、氏名権もプライバシー・人格権の一要素として法的保護が与えられるべきものであり、職務遂行上必要な制限に復することがあるにせよ(必要性・合理性が認められる場合には違法性は阻却されよう)、担当者を特定する他の方法が存在する以上、あえて当該労働者の固有名詞を一般公衆に無防備に晒すことは問題というべきである。

　以上は、労務提供行為とは切り離して保護されるべき思想信条や組合活動の状況を企業の権限を行使して把握しようとする行動が問題になったものであるが、**目黒高校事件**(東京地裁判、昭和47年3月31日、労民集23巻2号15

5頁)では、職務遂行自体にかかわる労働者の会話の録音がなされたことが問題になった。4ヶ月にわたって高校教諭の全授業を無断に録音したというものであるが、裁判所は、他にみるべき手段によることなく、同意なしに全授業を録音する行為は、その授業内容に有益な援助ないし助成をなす前提としても、適切な手段とは言い難いとして違法とされている。

また、**広沢自動車学校事件**(徳島地裁判、昭和61年11月17日、労判488号46頁)も、指導員の教育訓練のために教習車にテープレコーダーを設置することが問題になったが、裁判所は、監視による心理的圧迫を問題視し、労働者の自由な同意を得ることなく一方的に録音することは許されず、人格権の侵害に当たるとされた。録音するときには、予めその事情の説明及び十分な協議を通じて労働者の納得を得るよう努力すべきであるとされている。

労働者のプライバシー・人格的自由の侵害として違法と判断される場面は、さらに人間関係形成にも及んでいる。前述の**中央観光バス事件**(大阪地裁判、昭和55年3月26日、労判339号27頁)では、職場における労働者に対する退職強要を目的とする共同絶交が自由及び名誉を侵害する不法行為であるとされたものであるが、上司の指導により、共同絶交を誓約する勧告書を作成したうえ労働者に交付した行為が、退職を強要し、自由と名誉を侵害することを告知した違法な行為であるとされ、使用者責任が認められた。裁判所は、共同絶交により、退職を余儀なくされ、「日常生活の重要な基盤を構成する場」である職場から離脱せざるを得なくなること、自由と名誉を侵害されることを被侵害利益と捉えた。さらに、**関西電力事件**では、職場の人間関係が労働者にとって重要な人格的利益とされている。

これらの判決は、管理職らの行為が労働者の名誉を侵害することを重視し、侵害行為の態様・目的を重視するものではあるが、職場における自由な人間関係を自由に形成する権利を労働関係のなかに位置づけた。これは、労働者の思想信条、労働組合活動、選挙活動、容姿や服装、氏名権といった法益が、基本的には企業の事業及び組織運営上の必要との間で摩擦を生じさせるものであるとはいっても、企業には放っておいて欲しい、触れてはならない自由の領域に属する法益であるのに対し、仕事をするために組織された職場の人間

関係は、労働者がどのような仕事に力を発揮して職能を形成できるか、ということとあわせてより積極的な人格的利益と位置づけることができるからである。

そして、前述の仕事配置や担務指定に関連したいじめが問題になった**バンクオブアメリカイリノイ事件**（課長職を経験した労働者に対するオペレーションズテクニシャンへの降格が、精神的衝撃・失望感を与えるものであるから、業務上・組織上高度の必要性が認められるので人事権の濫用ではないが、受付業務担当への配転は、職務経験にふさわしくない、名誉・自尊心を傷つけるもので、人格権（名誉）を侵害し、退職においやる目的で行われたもので不法行為となるとされた）などをみれば、業務上の必要性・合理性からみて、職務経験や能力にふさわしい職務配置となっているかが判断の分かれ目になっているといえる。

裁判所は、長期の雇用を前提とする日本型雇用管理において、配置など人事権行使に大幅な裁量を認めてきたが、その一方で、労働者の能力開発や仕事に対する誇りが損なわれないような職務経験に適した業務につく利益が、労働者の人格権の内容となりうることを示す点は重要である。これらの裁判例においては、労働者が仕事を通じて発展する職務上の利益の重要性が考慮されているといえ、包括的な職務配置に関する権限も、こうした観点から適正に行われることが期待されているとみることができる。それは、職務の遂行に伴って、企業が本来触れてはならない労働者のプライバシー・人格的利益をどう保護するかという観点を超えて、労働契約を内容づける本来的な債権債務として、この権利利益を位置づける方向性をも示唆するものといえる。

(6) セクシュアルハラスメント

セクハラにかかわる裁判例では、使用者の職場環境保持義務と行為の人格権侵害、性的自由の侵害が問題になってきたが、事件の背景には、職場や社会における性差別や男女の分業体制・力関係があり、差別的取り扱いとしての性質を含んでいることに注目する必要がある。労働者は、与えられた職務のために労働契約上拘束される立場にあるが、業務遂行を目的とし、仕事のために配置された組織・労働者相互の関係において性的言動は、仕事とは何らの合理的関連性も有しない。労働者を性的対象とすることによって、不快感

を生じさせ、仕事や就業の継続そのものを困難にすることは、人格的諸利益の侵害と捉えることができるが、それは差別の一類型でもある。他方、人格権侵害については、性的自己決定権や職場における人間関係上の利益、名誉が問題になっている。

1) 名誉毀損と差別的排除の扇動

東京計器事件（東京地裁判、昭和60年11月27日、判時1174号34頁）は、組合分裂に端を発する争いのなかで多数組合が組合機関誌を利用して他組合の女性組合員を「人格チビ・性格ブス」と誹謗中傷したことが問題になった。

第二組合は、機関紙『しんろ』のコラム欄で、全金支部及びその組合員を「分派集団」「全金分派」「分派組合」「日共分派」「寄生虫」「仕事もせずに給料をとる扶養家族」「病的で性格が暗い精神異常者」「日共類分派目ジャマ科の害虫」などとして排除を訴え続けていたが、昭和58年2月21日の『しんろ』に女性組合員を含む54名を査問委員会にかけて除名する旨掲載したうえ、同月28日付『しんろ』において女性組合員4名について「チビ・ブス」と表現し（第一記事）、さらに3月14日付『しんろ』において、再び原告ら4名のことを「性格ブス・人格チビ」「いい年してまともな社会生活ができない輩」と表現する記事（第二記事）を掲載し、配布した。

女性組合員は、この記事の掲載・配布は、いずれもはみ出し者であって、職場から排斥されるべき存在もしくは社会生活上の欠陥者であるような印象を与え、女性であり労働者であるものの人格的価値に対する社会的評価を低下させ、名誉を毀損するものであることを根拠に、各100万円の損害賠償を支払うこと及び謝罪文の機関誌への掲載及び配布を求めた。これに対して東京地方裁判所は、被告らに対して謝罪文を機関誌に1回掲載のうえ、被告組合の組合員全員に配布することを命じたほか、原告各人に対して30万円の損害賠償金の支払を命じている。裁判所は、民法723条の名誉毀損とその違法性について、要旨、以下のように述べている。

名誉とは、人がその品性、徳行、名声、信用等の人格的価値について社会から受ける客観的評価をいい、名誉毀損とは右の如き社会的評価を低下させる行為であって、その

成否はその人の社会における位置・状況等を参酌して考慮するべきであり、特定の文書に掲載された記事の内容が人の名誉を毀損するものであるか否かは、その記事を読む者、本件では被告組合の組合員の通常の読み方を基準として判断すべきである。

　本件記事が、いずれも全金支部組合員であり、当時被告組合より査問委員会に告発された54名の内女性である原告ら4名を対象とするものであることは明らかであり、「チビ・ブス」という表現、「性格ブス」「性格が悪いこと」「人間として成長していない」「人格チビ」「いい年してまともな社会生活ができない輩」「根暗の偏執狂」という表現は、その容姿、品性、徳行、社会的ないし職場における適応性について劣っているとの印象を与えるものというべきであり、さらに「チビ・ブス」なる語は原告ら4名の人格的評価にまで向けられており、かつ侮辱的意味をもって使用されていることは明らかであって、単に流行語を記載したのみであるという被告らの主張は採用できない。組合の論争の過程において、若干の誇張や攻撃的表現を伴う議論がされたとしても、その全体の趣旨、論調が組合の正当性に関する相応の節度ある合理的主張の範囲内に止まるものである限り是認する場合もあるが、被告らの本件各記事における言辞は、もっぱら、原告らに対する低俗な人格的非難、中傷、揶揄に終始したものといわざるを得ず、明らかに右範囲を逸脱している。

　原告Aは本件各文書の配布によって多数の従業員に社会的不適格の如く流布され、廊下ですれ違いざまにチビ・ブスと言われる等の嫌がらせを度々受け、更には職場内の小集団グループから事実上排除される等いわゆる職場八分の状態に置かれ、精神的苦痛を被ったことが認められ、その他の原告も同様な事由により精神的苦痛を被ったことが推認でき、文書の内容、配布範囲、原告らの社会的地位、その他の事情を総合すれば、精神的苦痛を慰藉するには原告各自につきそれぞれ30万円の支払いが相当である。

　組合間の対立を背景としている本件では、組合所属を理由とする職場からの差別的排除としての性質も問われるべき事案であるが、機関誌上で対立する集団に属する組合員の人格的誹謗中傷は、対象労働者を職場から排除することに向けた煽動効果は充分ある。そして「人格チビ」「性格ブス」と評価し呼ぶことは、単なる侮辱＝人格権侵害であるのみならず、同じ組合所属であってもひときわ女性である原告らを差別的に排除するよう、多数であることに威力を借りて（第二組合は1500名と圧倒的多数の社員を組織し、第一組合は64名ときわめて少数であった）職場構成員を煽動するものとして評価できる。こうしたハラスメントを受けている本人とすれば、可及的速やかにその効

果を封殺しなければ平穏な就業関係の継続は不可能であり、組合機関誌をもって謝罪文の掲載・配布を命じた判決は、人格的な風評の流布による被害の回復に参考とされるべきである。

2) ハラスメントによる差別的排除と平等権侵害

福岡キュー企画事件(福岡地裁判、平成4年4月16日、労判607号6頁)は、環境型ハラスメントに関するリーディングケースとみられている。昭和60年12月からアルバイトとして入社した女性が正社員となり、被告会社の発行する雑誌の取材、執筆、編集等の仕事を任されるようになるに従い、上司である編集長が業務の重要部分にかかわれないなどから疎外感を持つようになって会社の関係者や取引先に原告の性的言動に関する噂を流したり、昭和63年3月には退職を求めたりするようになり、結局女性は上司との話合いがつかなければ退職してもらうしかないという専務の発言に退職させられることになり、これに対し編集長は3日間の自宅待機と賞与減額処分を受けるにとどまったことが問題になった。

女性は、女性であることを理由とする差別的取扱いを受け、憲法で保障された「性による差別を受けない権利」を侵害されたと訴えたことに対し裁判所は、慰謝料として150万円、弁護士費用として15万円の支払いを命じている。

裁判所の判断の要旨は、以下の通りである。

① 職場又は社外ではあるが職務に関連する場において、原告又は職場の関係者に対し、個人的な性生活や性向を窺わせる事柄について発言して、その結果、職場に居づらくさせる状況を作り出し、しかも、右状況の出現について意図していたか、又は少なくとも予見していたときには、原告の人格を損なってその感情を害し、原告にとって働きやすい職場環境のなかで働く利益を害するものであるから、民法709条の不法行為責任を負う。

② 被告の一連の行動は、一つは、被告会社の社内の関係者に原告の私生活ことに異性関係に言及してそれが乱脈であるかのようにその性向を非難する発言をして働く女性としての評価を低下させた行為、二つは、原告の異性関係者の個人名を挙げて、会社内外の関係者に噂するなどして評価を低下させた行為であって、直接原告に対してその私生活の在り方を揶揄することとあわせ、いずれも異性関係等の原告の個

人的性生活をめぐるもので、働く女性としての評価を低下させる行為であり、しかも、これらを専務に真実であるかのように報告することによって原告を会社から退職せしめる結果にまで及んでいる。原告の異性関係を中心とした私生活に関する非難等が対立関係の解決や放逐の手段ないしは方途として用いられたことに、その不法行為性を認めざるを得ない。

③　使用者は、被用者との関係において社会通念上伴う義務として、被用者が労務に服する過程で生命及び健康を害しないよう職場環境等につき配慮すべき注意義務を負うが、そのほかにも、労務遂行に関連して被用者の人格的尊敬を侵しその労務提供に重大な支障を来す事由が発生することを防ぎ、又はこれに適切に対処して、職場が被用者にとって働きやすい環境を保つよう配慮する注意義務もあると解されるところ、被用者を選任監督する立場にある者が、右注意義務を怠った場合には右の立場にある者に被用者に対する不法行為が成立することがあり、使用者も民法715条により不法行為責任を負うことがある。専務らの行為についても、職場環境を調整するよう配慮する義務を怠り、また、憲法や関係法令上雇用関係において男女を平等に取り扱うべきであるにもかかわらず、主として女性である原告の譲歩、犠牲において職場関係を調整しようとした点において不法行為性が認められるから、被告会社は、右不法行為についても、使用者責任を負うものというべきである。

④　原告は、被告編集長の原告の異性関係等私生活についての一方的理解や他の者への原告の異性関係等に関する噂の流布などから、同被告と職場内で対立し、その上で被告会社からの退職を求められ、これが原因となって結局被告会社を退職するに至ったこと、働く女性にとって異性関係や性的関係をめぐる私生活上の性向についての噂や悪評を流布されることは、その職場において異端視され、精神的負担となり、心情の不安定ひいては勤労意欲の低下をもたらし、職を失うに至るという結果を招来させるものであって、本件もこれに似た経緯にある。原告は生きがいを感じて打ち込んでいた職場を失ったこと、本件の被侵害利益が女性としての尊厳や性的平等につながる人格権に関わるものであることなどに鑑みると、その違法性の程度は軽視し得るものではなく、被った精神的苦痛は相当なものであったと窺われる。

⑤　しかし、他方、原告も、被告編集長から退職要求を受けた後、立腹して関係者に謝罪することを強く求め、時には攻撃的な行動に出るに及んだことなどが、両者の対立を激化させる一端となったことも認められ、異性関係についてその一部は原告自ら他人に話したことも認められるから、諸般の事情を考慮すれば、原告の精神的損害に対する慰謝料の額は、150万円をもって相当と認める。

このように裁判所は、上司による性的関係に関する噂の流布とこれに伴う会

社の人事措置が、「女性としての尊厳や性的平等につながる人格権を侵害し、使用者の職場環境配慮義務違反による不法行為を構成する」とした。この事件の本質は、管理職が女性労働者の低い地位や偏見を利用して職場からの差別的排除を目的として、私生活上の暴露や性的誹謗中傷を行ったこと、また使用者が職場に生じた対立やハラスメントによる混乱を、女性の譲歩や犠牲のもとに解決しようとしたこと、その結果として、女性が、平等に働き続ける権利、その有する力を平等に発揮して発展する権利を奪われたことにある。それは、まさに性差別的排除というべきものである。こうしたとらえ方が重要であるのは、女性に向けられたハラスメントが、個人的な問題に過ぎないというものではなく、また、単に人格権侵害であるというものでもなく、その背景には、職場や社会に存在する偏見と固定観念、そして構造的な差別が存在することに着目すべきだからである。そうしたトータルをとらえてはじめて、労働者の尊厳や平等を確保することが可能となるからである。

　また、セクシュアルハラスメントがふるわれる場合に、結局退職を余儀なくされて就業の機会を奪われたことが問題になるケースが少なくない。セクシュアルハラスメントが、女性の就業の継続を困難とし、そのことが女性の賃金等待遇や職能形成において圧倒的に不利益を与えることからすれば、差別的排除となるハラスメントの性質に無関心ではいられない。

　本件のように、差別的な措置を講じて退職させたケースや、このまま勤務を継続すればさらなる権利侵害に晒される高度の危険があったり、健康を害して就業の継続が不可能な結果退職を余儀なくされたようなケースについては、再就職が可能となるであろう一定期間について、雇用関係が継続していたのであれば受けられたはずの経済的利益を経済的損失として評価することが認められるべきである。また、「犠牲解雇」ないし「準解雇」の概念によって地位の回復を求められるかについても検討されるべきであろう。

　男女雇用機会均等法は、差別的退職勧奨をも禁止するに至ったが（均等法6条4号）、法律上許容されない違法な退職勧奨等の行為によって余儀なくされた雇用の終了措置も、無効とすべきではないだろうか。それは退職の意思表示の効力に関する問題もあろうが、何より、それを受理して雇用を終了させた使用者の行為を違法無効とするのは当然と考えるからである。

3）ハラスメントが違法となる基準──身体接触

　セクシュアルハラスメントは、男女雇用機会均等法によって事業主の防止義務等が定められているが、そこで定められているセクシュアルハラスメントのすべてが賠償請求の対象となる行為とされているわけではない。これまでも、裁判所は、不法行為であることを認める基準としては一般通常人を前提に、当事者の職務上の地位や関係、行為の場所、時間、行為の態様、被害者の対応等の事情を総合的に勘案して社会的相当性の範囲を超えるかどうかを検討してきた。

　しかし、違法性の篩いにかける判断作業は多分に直感に流れてバイヤスによる影響を受けやすい。とくにセクシュアルハラスメントに対する受け止め方は、社会的文化的に形成されてきた性差、ステレオタイプによって影響を受けやすいために、基準をひく作業はむずかしい。これまでも、強姦や強制わいせつ、その他の身体的接触、卑猥な会話、侮辱的な言動、性的風説の流布などが違法と判断されてきたが、社会的な許容限度を超えるものではないとして違法性を認めなかったケースも少なくない。

　代表的なものを挙げれば以下の通りである。

① 　冗談で性的な戯れ言を記載した文章を見せたり、筆下ろしといって筆先で女性の肘から手首あたりをさわったり、お加護であるといって肩を1～2回さわる行為は不法行為を構成しない（京都寺院セクハラ事件、京都地裁判　平成10年3月20日、判時1658号143頁）。
② 　海外出張中のホテルの室内で、女性が部屋にいるのに経営者がズボンを降ろして下着を露出させキャッシュベルトを取り出した行為は、女性を不快にさせ無神経な行為として非難されるべきであるが、性的不快感を与えることをさらに意図して行われたものではないから不法行為とはいえない（大阪資材販売会社事件、大阪地裁判、平成10年10月30日、労判754号29頁）。
③ 　出張で宿泊する部屋を1部屋しか用意されていないことを知った経営者が女性社員に、ここで寝ればいいと発言した（女性の抗議によってもう一部屋用意し、その後同種のことはなかった）行為は、たとえ冗談であっても女性を不快ないし不安にさせる不謹慎な行為であるが、不法行為とまでは言えない（東久商事事件、大阪地裁判、平成10年12月25日、労経速1702号6頁）。

④ 新年度の従業員全員出席の懇親会の席上、男性上司が女性社員に飲酒を勧め、二次会への参加も勧誘して腕をとってタクシーに乗車させた行為は、強引で不適切なものではあっても不法行為とはいえない（東京Ａ協同組合事件、東京地裁判、平成10年10月26日、労判756号82頁）。
⑤ 性体験についての話をするなどの性的言動は社会的相当性の程度をこえるが、男性が女性に電話で愚痴をこぼしたり女性を紹介するよう依頼したり手紙を渡して意見を求めた行為は、女性の意思に反して無理矢理行われたものとは認められないから社会的相当性の範囲にあって不法行為とはいえない（千葉設計会社事件、千葉地裁判、平成11年1月18日、労判768号87頁）。
⑥ 会社の泊まりがけの研修会で多人数で男女混浴が行われていたが、そこに1～2回程度参加したものの、殆どの場合には参加しなくてもよかったなどの事情から、混浴を強制したことは認められないとして不法行為の成立を否定した（バイオテック事件、東京地裁判、平成11年4月2日、労判772号84頁）。
⑦ ビールを飲酒したとき、「若い女性と飲むとおいしい」「今度お好み焼きを食べにいきましょう」などと発言したことは、その意図、勧誘の程度、発言内容から不法行為とは認められない（サンホーム事件、東京地裁判、平成12年4月14日、労判789号79頁）。
⑧ 上位の役職者が食事に誘った女性社員から断られたために、社内ネットワークを用いて「先日も話しましたが一度時間を割いていただき○○さんから見た当事業部の問題点を教えていただきたいと思っておりますので宜しく」とメール送信したことは、不法行為とはいえない（東京地裁判、平成13年12月3日、労判826号76頁）。

　以上の行為は、男女の現実的な力の格差や感じ方の違いをふまえると、「男性基準」による判断と言わざるを得ないものもある。違法性判断と、権利侵害行為の故意過失とを峻別し、違法性レベルにおいては、ジェンダー平等の観点から権利侵害行為の限界を画することが求められる。
　横浜建設会社事件（東京高裁判、平成9年11月20日、労判728号12頁）は、裁判所が相手方の望まない身体的接触行為が社会通念上許容される限度を超える場合には、相手方の性的自由または人格権を侵害するとして、基準を明確化し、行為の不法行為該当性を検討している。第一審は女性の訴えは事実ではないとして請求棄却の判断を下したが、高裁判決は認定を逆転させて請求を認容し、判決は確定している。違法性が問われたハラスメントは、建

設会社から出向していた上司がなした以下の行為である。
①近くを通るときに控訴人の肩をたたいたり、頭髪をなでるようになったこと。
②腰を痛めたとき腰を触ったこと。
③事務所内で2人になったとき肩を揉んだり頭髪を弄んだりしたこと。
④2人で外出したときに「今日はありがとね」と言いながら肩を抱き寄せたこと。
⑤事務所で2人になったとき後方から抱きつき、服の下に手を入れて胸や腰をさわり、口を開けさせ舌を入れようとしたり、腰を密着させて女性のズボンの上から指で下腹部を触ったりした上、その行為から逃れようとした控訴人に20分もの間執拗にこのような行為を継続したこと。
⑥3日後にこの行為を認めて謝罪したものの、それを後に否定し、その事実を出向先社長から叱責されたのちは仕事をさせないようになって退職に追い込んだこと。

また、女性は、出向先会社が上司に対する適切な処分等を行わなかったことが原因で退職せざるを得なくなった。これらの一連の行為が、性的自由、働く権利及び名誉を侵害するものとして、上司に対しては不法行為に基づく損害賠償を、出向先会社に対しては使用者責任又は会社自身の不法行為に基づく損害賠償及び謝罪広告の掲載を、出向元会社に対しては使用者責任に基づく損害賠償及び不法行為を原因とする謝罪広告の掲載をそれぞれ求めた。

東京高裁は、原告の請求を棄却した第一審判決を覆し、上司と出向先会社にたいし、275万円の賠償金の支払を命じたが、謝罪広告については認めなかった。判決は、セクシュアルハラスメントの事実認定のあり方について要旨以下のように述べている。

> 米国における強姦被害者の対処行動に関する研究によれば、脅迫を受け、又は強姦される時点において、逃げたり、声を上げることによって強姦を防ごうとする直接的な行動(身体的抵抗)をとる者は被害者のうちの一部であり、身体的又は心理的麻痺状態に陥る者、どうすれば安全に逃げられるか又は加害者をどうやって落ち着かせようかという選択可能な対応方法について考えを巡らす(認識的判断)にとどまる者、その状況から逃れるために加害者と会話を続けようとしたり、加害者の気持ちを変えるための説得をしよう(言語的戦略)とする者があると言われ、逃げたり声を上げたりすることが一般的な対応であるとは限らないと言われていること、したがって、強姦のよう

な重大な性的自由の侵害の被害者であっても、すべての者が逃げ出そうとしたり悲鳴を上げるという態様の身体的抵抗をするとは限らないこと、強制わいせつ行為の被害者についても程度の差はあれ同様に考えることができること、特に、職場における性的自由の侵害行為の場合には、職場での上下関係（上司と部下の関係）による抑圧や、同僚との友好的関係を保つための抑圧が働き、これが、被害者が必ずしも身体的抵抗という手段を採らない要因として働くことが認められる。したがって、本件において、控訴人が事務所外へ逃げたり、悲鳴を上げて助けを求めなかったからといって、直ちに本件控訴人供述の内容が不自然であると断定することはできない。

また、違法となるセクシュアルハラスメントの一般的な判断基準について以下のように判断している。

　　男性たる上司が部下の女性（相手方）に対してその望まない身体的な接触行為を行った場合において、当該行為により直ちに相手方の性的自由ないし人格権が侵害されるものとは即断し得ないが、接触行為の対象となった相手方の身体の部位、接触の態様、程度（反復性、継続性を含む）等の接触行為の外形、接触行為の目的、相手方に与えた不快感の程度、行為の場所・時刻（他人のいないような場所・時刻かなど）、勤務中の行為か否か、行為者と相手方との職務上の地位・関係の諸事情を総合的に考慮して、当該行為が相手方に対する性的意味を有する身体的な接触行為であって、社会通念上許容される限度を超えるものであると認められるときは、相手方の性的自由又は人格権に対する侵害に当たり、違法性を有すると解すべきである。

また、前記各行為の違法性判断については以下の通りとした。
　⑤は、その外形や目的に照らし、性的意味を有する身体的な接触行為であって、社会通念上許容される限度を超えるものであることは明らかであるから、優に性的自由及び人格権を侵害した不法行為といえる。
　①ないし③は、接触の対象となった部位は、肩、髪、及び腰であるところ、肩及び髪については、一概に接触が許されない部位とまではいえないものの、平成2年秋ころ以降、上司が事務所で席にいる時に繰り返し触るようになり、次第にその時間が長くなったというのであって、腰の接触行為も含め抗議はなかったものの、女性が不快感を持ち回避の行動をとっており、しかも、事務所に他の従業員がいない時に限って行われた行為であること、後に⑤のような重大なわいせつ行為に至った者による行為で

あることを考慮すると、継続的に行われた性的意味を有する身体的な接触行為というべきであり、その態様、反復性、行為の状況、両者の職務上の関係等に照らし、社会通念上許容される限度を超えていたものとして、控訴人の性的自由及び人格権を侵害した違法な行為というべきである。

①ないし③及び⑤の行為は、いずれも、勤務時間中に、部下である控訴人と上司である被控訴人とが事務所内で二人きりでいる際に、自席にいた控訴人に対し、被控訴人Cが敢えて行った行為であって、控訴人の性的自由及び人格権を侵害する一連の不法行為を構成するものと解するのが相当である。

④については、二人で飲食した後、駅に向かって歩いている時に、「今日はどうもありがとうね」と言って控訴人の肩に手を回して抱き寄せるようにしたというものであって、行為の外形上、感謝の意とともに親愛の情を表そうとしたものともみることができ、①ないし③⑤とは異質なものと認められる上、不快に感じた控訴人がさり気なく被控訴人Cの手を振りほどき、同人と別れて駅に向かったという事実の経緯に照らし、執拗な行為でもなかったとみられることから、④のみで、社会通念上許容される限度を超えるものとして控訴人に対する不法行為に当たるものと断ずることはできない。また、右の行為は、職場外における勤務時間外の行為であるという点に照らしても、前記行為と一連の行為とみることも相当ではない。

この高裁判決は、第一審のステレオタイプを非難し判断を覆して違法となるセクシュアルハラスメントの範囲を一連のものとして広くとった点において、注目される。

しかし、課題は残る。第一に、違法性の判断基準について、それが民事損害賠償制度が損害の公平な負担を旨とするものである以上、「社会的相当性」は客観的なもので個人の主観的基準ではないことは間違いないであろうが、それはいったい誰の（どんなグループに属する人の）基準によるのかという問題である。差別による違法性判断も常にこの壁に突き当たってきた。被差別集団が社会的趨勢を掌握することはありえず、差別者の意識に裏付けられた価値基準によって「社会的相当性」が判断されることになるから、とくに、差別や差別となる（あるいはそれを源にする）ハラスメントの社会的相当性＝違法性判断には、「法による正義」が前面に据えられる必要がある。もし被害者が男性であれば、職場においてこのような行為を受けることはなかったのであれば、違法と判断できるはずである。

第二に、問題となった各行為を一連のものとしてとらえて違法と判断しているが、そのうち、④を一連の行為から除外してとらえることについても疑問がある。判決は、二人で飲食した後、駅に向かって歩いている時に、「今日はどうもありがとうね」と言って控訴人の肩に手を回して抱き寄せるようにしたというもので、行為の外形上、感謝の意とともに親愛の情を表そうとしたものともみることができ、執拗な行為でもないとして①ないし③⑤とは異質なものであることを根拠にしている。行動の性的・身体的プライバシーに対する密着性の度合いに着目した結果であろう。

　第三に、上司が部下に対して行うセクシュアルハラスメントが労務の提供に重大な支障を来していたことを知った以上は、当該上司の配置転換等の労働環境の改善のための措置を講じるべきであるが、判決は、その義務が生じる場合について、当該不法行為及び右の支障に係る事実を確定できるだけの確実な証拠を有していることが前提になると判断している。この点についても、ハラスメントからの救済策として問題を投げかけている。

4）言葉によるハラスメント

　性的接触のみならず、視覚に訴えたり性的ニュアンスを示す言語を用いた性的言動も違法性を帯びることがある。

　大阪運送店事件（大阪地裁判、平成7年8月29日、判夕893号203頁）は、平成6年3月に高校を卒業して4月からA運送店に雇用された女性が、会社社長から受けた言葉によるハラスメントが問題になった。会社社長は、女性が入社間もなくすると、性的体験を尋ねるなどし、原告を食事に誘ったり、性的関係を露骨に要求した。女性が拒否しても、、社長は、「彼氏ができようが、結婚しようが、わしは何も言えへんから頼むわ」「今金あんまり持ってないから明日持ってくるから」「考えといて」「お母さんには内緒にしといてくれ」などと発言した。女性は帰宅後食事ができず、翌日は仕事を休んで診察を受け、同日以降出勤できなくなり、同年8月30日A運送店を退職した。

　裁判所は、原告の意思を無視して性的嫌がらせと言うべき言動を繰り返し、原告を困惑させて、結局退職させる結果を招いたことについて、被告が会社の代表者であり、率先して職場環境の維持改善を図るべきであるのに積極的

第2章　3　ハラスメントの違法性をめぐる諸問題

に悪化させたこと、原告は母子家庭で、高校を卒業し初めて社会人としての生活を始めたばかりの18歳で、父がかつて勤務していた関係でようやく就職できた会社であったことなどを考慮すると、一連の被告の行為は、原告の人格権の侵害といえると判断し、50万円の慰謝料の支払を命じた。この金額の算定にあたっては、女性に相当の精神的苦痛を与え、欠勤さらには退職にまで至っており、原告が初めてついたその職を失ったこと、本件の被侵害利益が女性としての尊厳に係わるものであること等諸般の事情を考慮して精神的苦痛は相当のものであるとした。

　職場において、女性を性的な対象として扱う言動が、女性に精神的苦痛を与え、その結果職能を形成するうえで不可欠な就業の継続と機会を喪失させられることは、職場におけるセクシュアルハラスメントに共通している。問題となった発言は、すべて典型的な性的言動であるが、発言が偶発的なものではなく繰り返し行われて性的関係を迫っていることや、女性が就職した背景から推察できる職場への信頼感の喪失の打撃性、女性がその結果就労不可能なほどに心身の健康を害していることが重視された結果、違法性が認められたものと考えられる。

　このケースでは、初めての就職でこのような発言により精神的打撃を加えられることが、その後の職業生活に深刻な影響を及ぼすであろうこと、しかも、他に就職することが困難であるがゆえに拒否することへの強い葛藤が生じる拘束的な関係、父親が働いていた職場であるがゆえにまさか傷つけられるようなことにはならないだろうという信頼感に対する裏切り、という点で、より強い違法性がみとめられてしかるべきであった。そして、そのようなものとしてハラスメントによる苦痛を捉えたときには、50万円の慰謝料算定の当否も問題になろう。

　大阪市立中学校事件(最高裁第二小法廷判、平成11年6月11日、労判767号18頁・大阪高裁判、平成10年12月22日、労判767号19頁)は、英語教師である女性について、身勝手で他人に仕事を振ってくる、信用できない、英語は上手にしゃべるが教師としては適性に欠けるなどと誹謗中傷したほか、性的に欲求が満たされていない、男さえいれば性的に充たされるであろうになどとして侮辱する行為が問題になった。裁判所は、第一審では50万円の慰謝料の支払いを命じ、この判決を不服として、発言の一部を否定した上、女性に対

95

する定着した評価を仲間内で述べたに過ぎず、不法行為には当たらないとする控訴に対し、30万円の慰謝料の支払が命じられている。

5）集団的・継続的ハラスメント

　侮辱的差別的呼称の連呼と性的接触の繰り返しが強い違法性を帯びる行為となることは当然である。**和歌山青果会計事件**（和歌山地判、平成10年3月11日、判時1685号143頁）は、会社の役員らが女性従業員にたいし、「おばん、くそばば」などと呼び、性器付近、胸、尻等の身体的接触、性的に露骨な表現を用いたからかい、暴行などの行為が問題になった。

　裁判所は、営業時間内に、被告会社の営業所内において、継続的に原告を「おばん、ばばあ、くそばば」などと侮蔑的な呼称で呼び、原告の尻、胸などを何回も触り、性的に露骨な表現を用いてからかい、原告に暴行を働くなどしたことは、人格権を侵害する不法行為に当たるとして110万円の慰謝料の支払を命じた。1つ1つはそれぞれ個別的に行ったものであるが、営業時間内に、営業所内において、継続的・集団的に行われたものであること、各被告の不法行為の態様が類似していて、行為の一部については他の被告らの不法行為の存在を意識しながらなされたと推認されること等を考慮すると、各不法行為は客観的に関連共同しているものと認められるとした。

　ここでは、差別的な呼称が問題になったが、行為の本質を象徴している。男性であればキャリアを重ねることが尊重されはしても決して侮辱されるものではないが、女性であるがゆえに、その年齢を重ねあるいはキャリアを重ねたことに侮辱的言辞をもって軽んじられるというものであり、ハラスメントが差別の一つの形態であることが如実に示されている。

　裁判所は、一般的にこのような言動をあえて差別と法的に評価することはないが、それは、この判決のように「人格権侵害」といえば違法性評価は足りると考えてのことであるのか、あるいは事実行為としてのハラスメントを「差別」とは認めがたいという考え方に基づくものであるのかは不明である。国際条約が採用している差別の定義は、直接・間接の法律行為としての差別を含むことはもとより、性や人種等に基づく区別、排除又は制限であってあらゆる分野において平等を基礎として人権及び基本的自由を享有し又は行使することを害する

ものを含んでいることに留意する必要がある。そして、差別が禁止され撤廃されるべきであるという法秩序のなかにおかれている以上、違法と判断されることもまた当然というべきである。

6) ハラスメントに対する苦情申告とその後の不利益

性的関係の拒絶や異議申し立てを理由として報復的ないじめ・不利益を受けることも問題になってきた。

兵庫国立病院事件(神戸地裁判、平成9年7月29日、労判726号100頁)は、上司の身体的接触や性的言動、これを拒否したことに対する報復的な仕事外しが、職場環境を悪化させ、上下関係を利用して上司の意思に従わせようとする点で性的自己決定権＝人格権を侵害すると判断されたものである。報復的措置に対する関係では国に対する賠償責任も認められている。

事件は、重度身体障害者を対象に療養看護を行う国立病院に賃金職員として採用されて病院の洗濯場に配属された女性(原告)が、洗濯長である上司から、胸を触らせるよう要求され、無理矢理胸を触られたりしたため拒否すると、上司(被告)は女性を意図的に無視し、口をきかず、仕事の指示を与えない、仕事を与えないなどした。女性は、病院の事務長補佐に改善を求め、病院(被告国)も事実確認等一定の措置を講じたが上司は嫌がらせを継続したため、上司には不法行為に基づく責任、国に対しては使用者責任又は債務不履行に基づく責任を主張して慰謝料300万円、弁護士費用40万円の支払を求めた。裁判所は、上司と国に対し、各自120万円を連帯して支払うよう命じた。

裁判所は、女性の意思を無視して性的嫌がらせ行為を繰り返し、明確な拒否行動に対しては職場の統括者である地位を利用して原告の職場環境を悪化させた行為は、異性の部下を性的行為の対象として扱い、職場での上下関係を利用して自分の意に沿わせようとする点で人格権(性的決定の自由)を著しく侵害する行為であるとした。

他方、病院の責任については、性的嫌がらせ行為については、その行為の性質上密室的な場所で行われることが多く、被害者も羞恥心等から被害の申告をためらうことが少なくないなどの事情があって、その発生の把握及び適切な対処について困難があることは否定できないが、病院の洗濯場においては

他の職場に比して男性定員内職員である洗濯長の地位の優越性が認められること、早出における乾燥室での作業等男女職員が接近し共同して作業する状況があり、職員が性的嫌がらせ行為をする機会が少なくないと考えられること、被告は従前から勤務時間中に職場の女性の体型について不適切な言動に出ることがあり、それが職場の女性間では相当程度認識されていたことなどの事情に照らすと、被告の性的嫌がらせ行為を予見することが不可能であったとまではいえないとした。

　また、病院は、被害申告を受けた後には、被告に口頭で厳重注意を行い、事務長補佐において面接のうえ反省を促し、事務長から提案を受けて毎月業務連絡会を設けるなど、一定の措置を講じてきているが、被告が性的嫌がらせ行為の存在を強く否定し、かつ、職員へのいじめの点についても弁明するなどしていることからすると、原告の訴えのみに基づいて懲戒処分等の強力な措置をとることは困難であった。しかし原告ないし原告の夫が再三にわたって性的嫌がらせ及びこれに引き続くいじめを訴えて処置を求めたのに、性的嫌がらせについては事実の確定が困難であるとして特別の措置をとらず、いじめの問題についても原告個人に向けられた不利益として直接対処せず、むしろ、洗濯場の業務全体の改善の問題として捉えた。その結果、被告の原告に対する態度には顕著な変化が見られず、原告をとりまく職場環境は平成6年11月までの間特段の改善がなかった。そうすると、被告国が被告の選任・監督について相当の注意をしたとまでは認められないとした。

　さらに、**日銀京都支店長セクハラ事件**（京都地裁判、平成13年3月22日、判時1754号125頁）では、支店長のセクハラとともに、それを告発した後の銀行の対応や職場への不信感から退職に至ったこともあわせて問題になった。女性は、京都支店長から食事に誘われた際に、手を強く握られ頬や唇にキスをし、胸を触るなどするセクハラ行為を受け（第一セクハラ）、翌日には今後の誘いを断る旨メールで返事をしたが、週2回程度、メールや内線電話で、「一緒に食事に行こう」「ちょっと今支店長室にいいですか」「今日、お昼いいでしょう」などの誘いを受けた（第二セクハラ）。銀行は支店長によるセクハラについて調査をし、被害者が原告を含め5人に及ぶことが明らかになったため、支店長を

本店人事局参事に転任させ、譴責処分をなしたうえ普通退職させた。

 しかし原告は、被告銀行の処分に失望して訴訟を起こすため同僚に協力を求めたが、同僚らは原告を避け始めたために孤立を深めることになった。また、その後も被告銀行内部にセクハラ問題について真剣に取り組もうとする姿勢が感じられなかったこと等から、被告銀行内で働き続けることの展望が持てなくなり、心身の不調もあって退職することになった。裁判所は、被告らに、676万8960円の支払を命じた。

 判決は、女性の退職と第一・二セクハラとの相当因果関係を判断するについて、女性の上司は、主観的には原告を親身に心配し、原告のために熱心に動いたと評価できるが、客観的には、その対応はセクハラ被害者に対するものとしては適切なものではなかった。これは被告銀行全体のセクハラ問題への取組み姿勢の問題であったというべきであり、被告銀行としては、Bの直訴により被告Aのセクハラ行為を把握した後、迅速に被告Aの処分にこぎつけたと評価できるが、原告から見れば、その内容は微温的でおざなりなものと受け止めざるを得ず、とりわけ被告Aが高額な退職金を受け取って天下りしたことに我慢ができない原告が、被告銀行内部の措置に限界を感じ、訴訟を視野に入れるようになると、セクハラ問題に対する問題意識が低く、これに対して組織的に支援する雰囲気が醸成されていない被告銀行の職場で、原告が孤立することも予想できる成り行きであり、原告が退職にまで追い込まれることは十分あり得る結果であると指摘している。

 そのうえで、1年分の年収である466万8960円を経済的損害として、また精神的苦痛に対する慰謝料として150万円、弁護士費用として60万円を損害として認めたうえ、民法723条にいう「名誉」とは、人がその人格的価値について社会から受ける客観的評価をいうから、本件各セクハラ行為によって原告の客観的評価が毀損したとは認められないし、人格権に基づいて謝罪文の交付及び掲示を求めることができるとしても、損害賠償のほかに謝罪文の交付及び掲示によらなければ回復し得ない損害を受けたとまでは認められないとした。

 セクシュアルハラスメントに関する苦情を申告した後にさらにいじめを受けたり、職場から白眼視されるなど人間関係上の不利益を受けて、結局退職に追

い込まれてしまったというケースは、前記以外にも**福岡キュー企画事件**や**京都呉服商事件**など多数ある。

　こうしたことが問題になってしまう背景には、**日銀京都事件**判決が述べているように、セクハラに関する問題意識が低く、組織的に被害者を支援する雰囲気が醸成されていない職場環境が影響しているが、セクシュアルハラスメントによって人間相互の信頼を根底から奪い取られてしまう被害の影響もある。どうして被害を受けた自分がこんなに苦しいのに加害者が平然と働けるのかといった思いが昂じると、使用者の対策や処分が、加害者を温存して自分を辞めさせたいのではという疑念につながってしまう。苦情申告の内容に疑問が投げかけられたりすれば、そうした思いはいっそう強くなる。

　この事件の判決が、上司が主観的には被害者のことを心配して行動しても、被害者からみればおざなりな対応だったと述べている点は、そうした被害者と職場環境や問題解決に向かおうとする周囲とのギャップに関する警告と受け止める必要がある。その結果退職を余儀なくされたことについては、その動機付けを与えた周囲の言動を違法とまではいえないにしても、セクハラと相当因果関係のある被害の一部として賠償責任の対象となることを示した点でも重要である。

7) 継続的ハラスメントと「合意」の抗弁

　何をもって「望まない」というのかは、大きな問題である。強制わいせつ行為や強姦などの典型的なセクシュアルハラスメントにおいても同様であって、「合意」の抗弁がたてられることが少なくない。ともに飲酒した末の行為やホテル・自宅の部屋のなかでの行為については、そうした抗弁がなされやすい。強姦のような性暴力被害への対処行動は各人各様であるが、抵抗しなかったことが「合意」の根拠として主張されることもある。そして、性的接触が継続しているケースではこうした抗弁がなされやすい。

　しかし、裁判所は、性暴力に関する国際的な知見にしたがって「合意」の抗弁を否定する傾向にある。

　熊本バドミントン協会事件(熊本地裁判、平成9年6月25日、判時1638号135頁)は、T電気に入社しバドミントン部に所属していた女性(原告)が、市

議会議員や県議会議員を務め、県バドミントン協会副会長、市バドミントン協会会長の職にあった男性（被告）から、性的関係を強いられ続けたことが問題になった。

　女性はバドミントン部を辞め、バドミントン部の監督が被告に強姦の事実を確認して、謝罪と見舞金を要求したが、被告は原告を告訴するなどしたため、原告は被告の脅しや嫌がらせが会社やバドミントン部に及ぶことを恐れて退職している。その後原告は、被告による強姦とその後の性関係の強要により精神的苦痛を受けたとして500万円の損害賠償を請求した。

　被告は、性的接触が繰り返し継続した事案について常に持ち出される「合意」の抗弁をもって争った。そして、①原告が強姦という衝撃的な事件の日にちを特定できないのは不自然である、②原告はバドミントンの練習を休んだことはなく、その様子に変わった点がなかった、③被告に強姦されたと主張しながら、その数日後には特に脅迫されたわけでもないのに2人だけで会っており、その後も性関係を継続している、④以上から、たとえ当初は強引な性関係であっても、これを宥恕し、ある程度まで甘受したものと評価できるとし、最初に強姦されたとする日から3年を経て本件訴えを提起していることからすると、強姦の事実はなく、被告と別れるに至ったことを逆恨みしたとしか考えられないと主張した。

　これに対して裁判所は、被告に300万円の損害賠償金の支払いを命じた。継続的な性的接触について、被害者がこれを宥恕あるいは認めていたから違法性はないとする主張を退けた根拠は、以下の通りである。

① 　強姦の被害者は、一般に、神経の高ぶった状態が続き、被害当時の記憶が無意識のうちに生々しく再生され、被害を思い出さないように感情が麻痺して現実感覚を喪失する外、自責の念を募らせ、自己評価を低下させる傾向があること、原告も強姦のショックのための心因性の健忘により記憶が断片的になっているので、被害の日にちを特定できないと考えられ、このような状態は強姦の被害者としては通例である。
② 　原告は、被害の翌日から外見的には被害を受ける前と同様の日常生活を送っていたが、これは被害の事実と直面するのを避け、ショックを和らげるための防御反応であり、強姦の被害者に共通して見られるものである。
③ 　原告は、少しでも被告が原告に愛情があって強姦したのであれば、単なる暴力的な

性の捌け口として強姦された場合よりは救いがあると考え、被告の言葉を信じようとし、被告との性関係を継続したに過ぎない。
④　性的な被害者は、恥ずかしさに加え、合意の上ではないか、落ち度があったのではないかと疑われることで、かえって自分自身が傷つくことを恐れ、自分が被害者であると認めたくないとの思いもあって、警察への届出をためらうことが多く、実際警察への届出率は低い。原告は、周囲の人に話せば、原告にも落ち度があったと非難されたり、傷物として見られることが怖かったし、被告の社会的地位から見て、被告との関係を公にすると、選手生命を奪われるかも知れないとの恐怖心があったため、被告との関係を誰にも口外しなかった。
⑤　原告は、必死に忘れようとしたが、いくら時間が経過しても忘れられず、原告を支えてくれる人々から強姦されたことは決して恥ずかしいことではないし、原告が悪かったのではないと励まされた事実を認めることができる。そこで、これらの事実をもとに判断すると、原告の言動には格別不自然、不合理な点はなく、むしろ性的な被害者の言動として十分了解が可能であり、自然なものであるということができるので、被告が指摘するような原告の言動をもって原告が被告との性関係に合意していたということはできない。
⑥　アメリカでは、ベトナム戦争帰還兵の心理的な障害や性暴力被害者の心理的な後遺症に関する研究が行われ、1980年には、アメリカ精神医学会の診断マニュアル第3版にPTSD（心的外傷後ストレス障害）が障害名として記載され、1994年に発表された同第4版では、その症状として、外傷的な出来事の再体験、外傷と関連したことの回避や感情の麻痺、持続的な覚醒亢進症状が挙げられている。アメリカの心理学者オクバーグは、強姦等の犯罪被害者については、通常のPTSDの症状に加え、自分が恥ずかしいと感じる、自責の念が生じる、無力感や卑小感が生じて自己評価が低下する、加害者に病的な憎悪を向ける、逆に加害者に愛情や感謝の念を抱く、自分が汚れてしまった感じを持つなどの症状があることを指摘している。わが国においても、特に阪神・淡路大震災の後、PTSDに対する関心が高まり、大規模な自然災害の外、強姦等の犯罪被害その他の個人の対処能力を超えるような大きな打撃を受け、トラウマ体験をしたとき、これによって引き起こされる様々な反応やこれに対する援助の問題が取り上げられ、注目されるようになったことなどの事実を認めることができ、これらの事実にかんがみると、被告の主張は採用できないというべきである。

判決は、被害者が望まない性的言動であるのか否かについて、心理学上の知見をふまえて、被害者が沈黙し、何事もなかったかのようにふるまい、被告に

よる性的接触を継続的に受け入れざるを得なかったのは何故なのかを分析している。そして、強姦から性的接触を継続した経過は、被告の社会的地位と影響力を背景として、被告の意向に逆らえば選手生命を絶たれるかもしれないと思わせる関係を通じて形成され維持されてきたものであるとし、強姦及びその後の継続する性的強要があったと判断している点で注目される。

「合意」があったことの立証責任は本来はこれを主張して責任を免れようとする被告側が負うべきであろう。往々にして「合意」があったとする根拠として持ち出されるのは、ステレオタイプな被害者像に依拠して原告はそれにあてはまらないとする要素である。被害者側とすれば、「合意」の根拠として持ち出された事実がステレオタイプに基づくものであることを主張すれば足り、加害者側が、より積極的に「合意」の存在を主張立証すべきである。

とくに、この判決が述べているように、被害者と会社との間に、加害者側に圧倒的な社会的地位や影響力の優位性があり、いわゆる支配的な関係が存在するところでは、対等な当事者間での真意に基づく「合意」は存在し得ないと考えるべきである。

これまでの伝統的な意思表示理論によれば、「意思を抑圧」される状態にあったかどうかがというレベルで「合意」の有無を判断するのかも知れないが、継続的なハラスメントについての責任が問題となった最近の裁判例は、客観的な支配従属関係が存在するところでは、合意の存在を否定する傾向にあるといえる。

8）ステレオタイプ

セクシュアルハラスメントについては、被害者に対するステレオタイプを経験則として、訴えを信用できないなどとして事実誤認を犯してしまうことがよくあった。裁判官が直感によって判断する部分が大きければ大きいほど、人間の思考を深く左右しているステレオタイプが影響するということである。とくに、性によるステレオタイプは、裁判官も例外ではなく人々の日常の思考行動様式のなかにしっかり根ざしているから、これによってセクハラの有無や違法性などの判断が左右されることは当然である。このような判断は、加害行為を、なかったものとしてしまうか、あるいは女性が合意していたとすることによって加害行為を免罪

してしまうものでもあり、事実認定におけるステレオタイプを克服することが課題となった。

　前述した**横浜建設会社事件**の第一審である横浜地裁、平成7年3月24日（判時1539号111頁、労判670号20頁）は、原告の請求を全面的に棄却している。高裁判決によって否定された認定手法は、ステレオタイプの典型であって、以下のようなものである。

① 　前から両手を原告の背中に回して原告を抱き締めたことは認めながら不法行為を構成するほどの違法性を有するものでないとした。また、被告は再三謝罪しているし、原告自身も、被告を宥恕する気持ちを窺わせる言動すら採っていることなどに照らすと、右の行為自体は、既に解決済みである。
② 　上司が、強制わいせつに比肩すべき行為を認め、謝罪後これを否定し、被告B会社代表取締役から叱責された後、原告に仕事をさせず退職に追い込んだという訴えについては、原告がそのような行為のあった後に何事もなく食事を取ったり被告と一緒におり、事務所外へ逃げたり、悲鳴を上げて助けを求めなかったことから信用できないとした。

　このような判断を控訴審判決は否定した。強制わいせつ行為が認定できないとする地裁判決の判断を否定する根拠として示されたところを繰り返しになるが紹介しておく。

　米国における強姦被害者の対処行動に関する研究によれば、脅迫を受け、又は強姦される時点において、逃げたり、声を上げることによって強姦を防ごうとする直接的な行動（身体的抵抗）をとる者は被害者のうちの一部であり、身体的又は心理的麻痺状態に陥る者、どうすれば安全に逃げられるか又は加害者をどうやって落ち着かせようかという選択可能な対応方法について考えを巡らす（認識的判断）にとどまる者、その状況から逃れるために加害者と会話を続けようとしたり、加害者の気持ちを変えるための説得をしよう（言語的戦略）とする者があると言われ、逃げたり声を上げたりすることが一般的な対応であるとは限らないと言われていること、したがって、強姦のような重大な性的自由の侵害の被害者であっても、すべての者が逃げ出そうとしたり悲鳴を上げるという態様の身体的抵抗をするとは限らないこと、強制わいせつ行為の被害者についても程度の差はあれ同様

に考えることができること、特に、職場における性的自由の侵害行為の場合には、職場での上下関係(上司と部下の関係)による抑圧や、同僚との友好的関係を保つための抑圧が働き、これが、被害者が必ずしも身体的抵抗という手段を採らない要因として働くことが認められる。したがって、本件において、控訴人が事務所外へ逃げたり、悲鳴を上げて助けを求めなかったからといって、直ちに本件控訴人供述の内容が不自然であると断定することはできない。

また地裁判決が、原告を抱きしめた行為は認めながら不法行為を構成するほどの違法性はないとした判断についても高裁判決は否定している。

このほか、**秋田県立短期大学事件**(秋田地裁判、平成9年1月28日、判時1629号121頁、労判716号106頁・仙台高裁判、平成10年12月10日)についても、事実認定におけるステレオタイプが問題になった。

事件は、短期大学助手であった女性(原告・反訴被告)が、学会出張先のホテルの自室内において教授(被告・反訴原告)から強制わいせつ行為を受けたと訴えたことに対し、教授は、原告の両肩に手をかけただけだとし、強制わいせつを否定するとともに、原告が本訴を提起したこと、強制わいせつ罪で告訴したこと、雑誌に資料を提供したこと等により、社会的信用が著しく失墜したと主張して賠償金の支払を求めて反訴提起したというものである。地裁判決は、原告(反訴被告)の強制わいせつの訴えを全面的に退け、被告(反訴原告)の名誉毀損を認めて60万円の支払いを命じたが、控訴審は一審判決を取り消して、被告(反訴原告)の反訴請求を棄却し、180万円の損害賠償金の支払いを命じている。

第一審判決の判断の骨子は、以下の通りである。

① 被告の供述よりも原告の供述の方が不自然な点がより多く見受けられる。
② 一般的に、供述証拠は、その供述者が体験した事象についての認識の程度、記銘力の強弱、記憶の劣化、混乱、欠落、勘違い等のほか、その事実を正直に供述することを不都合とする事情の存在によって、供述部分毎にその信憑性に差異がある場合もあるから、単に供述全体の優劣だけで直ちにその全てを推し量るのは相当でなく、相対立する右各供述の信用性を検討するにあたっては、供述自体の一般的な特徴や傾向にだけ頼るのではなく、他の客観的な証拠や状況をも検討し、経験則に照らし

ての合理性を考えていくべきである。
③　事件の前後の事情には、強制わいせつ行為を否定する方向での諸事情が数多く存在し、強制わいせつ行為に対する原告の対応及びその直後の言動に関する原告の供述内容には、強制わいせつ行為の被害者の言動としては、通常でない点、不自然な点が多々存在すること(強制わいせつ行為を受けたのであれば、恐怖で固まってしまうか、大声で叫んで助けを求めたり、必死で抵抗するはずであるのにしていないこと、部屋を出たのち、共に食事をしたり学会に出席するなどしていることなど)からすれば、ホテルの一室で強制わいせつ行為があったとする原告の供述より、これを否定する被告の供述の方が信用性において勝るというべきであり、被告は、ホテルの一室で原告の両肩に両手をかける行為をしたにすぎないと認めるのが相当である。

これに対して控訴審は、

　　控訴人の供述と被控訴人の供述の信用性を比較検討するとき、控訴人の供述はそれなりに信用性を具備する特徴があり、事後において事件の実在を窺わせるような間接証拠も存在すると認められ、供述が捏造あるいは作り話であるとは解し難く、むしろ控訴人の行動が心傷体験の償いを求める行動として理解することが可能であることに照らすと、証拠の優勢を吟味する観点では、控訴人の供述の方が信用性が高いといわざるを得ない。

とした。

　このような逆転の判断となった決め手には、前述の**横浜事件**控訴審判決が述べているように、性暴力に晒された被害者の行動様式は多様であって、地裁判決が述べるような被害者像は、ステレオタイプに基づくもので、それを「経験則」として判断の基礎とすることは誤りであるという立証の成功がある。これを明らかにするために、研究論文のほか、被害者は事件前後に多様な行動をとっており、被害者であればこう行動するはずであるというものではないという生の体験事実が記載された意見書が提出されている。

　差別の一形態としてのハラスメントの存否が問われる場合においては、ステレオタイプを排除した認定によらなければ救済はありえないが、その場合においても、暴力を受けた女性の現実が出発点にあることを肝に銘じることができる。

4 ハラスメント防止をめぐる裁判例

(1) 企業のハラスメント防止義務

ハラスメント防止義務は、セクシュアルハラスメントについて男女雇用機会均等法でも定められるようになっているが、裁判所は、職場におけるハラスメントに対する損害賠償請求が問われた事案において、企業の注意義務の一つとして防止義務があることを判断してきた。

前述の平成4年4月16日**キュー企画事件**福岡地裁判決は、その走りをなすものであり、職場環境への配慮義務を「労務遂行に際して被用者の人格的尊厳を侵し、その労務提供に重大な支障をきたす事由が発生することを防ぎ、又はこれに適切に対処して、職場が被用者にとって働きやすい環境を保つよう配慮する注意義務がある」としていたが、その後はさらに、**京都呉服商事件**(京都地裁判、平成9年4月17日、判タ951号214頁)、**三重事件**(津地裁判、平成9年11月5日、労判729号54頁)、**仙台事件**(平成13年3月26日、労判808号13頁)などにより、労働環境配慮義務ないし職場環境配慮義務として定着するに至っている。

京都呉服商事件(京都地裁判、平成9年4月17日、労判716号49頁)は、女性更衣室のビデオ隠し撮りと人間関係の悪化から退職に追い込まれたことを、社長・専務・会社の不法行為として訴えたケースである。

男性社員が女性更衣室の様子を盗撮しており、被告会社は平成7年6月ころこれに気付いたが、十分な措置を講じなかったことから再び盗撮が行われた。最終的に会社はビデオカメラを撤去し、この男性社員を懲戒解雇処分とした。この件以来、女性は会社の雰囲気が悪くなったと感じていたので、朝礼でその心情を吐露した。すると社長は、翌日の朝礼において辞めてもらってよいと発言し、また、専務は、女性と盗撮した男性社員が男女関係にあるかのように発言したうえ、会社で勤務を続けるのか1日考えてきてよい、又、本日はすぐ帰ってよいと発言した。そのために女性は職場の人間関係から排除されるなどいづらくなり、会社も何の措置もとらなかったことから退職を余儀なくされた。裁

判所は、専務に対して139万5945円、会社に対し214万5945円の賠償金の支払いを命じた。専務、社長、会社の行為の何が問題であったのか、判決は以下のように判断している。

【専務の行為】
　男性との性的関係を発言した部分は、原告の名誉を毀損しているから、これによって生じた原告の損害を賠償する責任を負う。また、専務は社長の親族でもあり、その発言は社員に大きな影響を与えるから、不用意な発言を差し控える義務があるし、不用意な発言をした場合には、その発言を撤回し、謝罪するなどの措置を取る義務がある。専務の発言のために、社員が原告との関わり合いを避けるような態度を取るようになり、人間関係がぎくしゃくするようになって会社に居づらい環境を作り出しながら、何の措置も取らなかったために女性は退職のやむなきに至ったのであるから、専務は原告の退職による損害賠償責任も負う。

【社長の行為】
　盗撮に関わったとか、社長と原告との間で契約関係があったという証拠はないので、社長が個人として盗撮防止義務を負うとはいえないし、盗撮が「事業の執行につき」なされたものともえいないので、社長には盗撮に関する責任はない。また、社長に原告を退職させる意図があったと認めるに足りる証拠もないから、社長個人として職場環境を整備するまでの義務を負担するものではない。

【会社の責任】
　会社には、雇用契約に付随して、原告のプライバシーが侵害されることがないように職場の環境を整える義務がある。女性更衣室で盗撮が行われていることに気付いたのであれば、真相を解明して盗撮を防止する義務があった。にもかかわらず、会社は、ビデオカメラの向きを逆にしただけで、その後何の措置も取らなかったことから再び盗撮が行われるようになったことから、会社は、債務不履行により、盗撮に気付いた以降のビデオ撮影によって生じた損害を賠償する責任を負う。会社は、盗撮発見以前の女性更衣室の壁に穴が開いていたことを認めるに足りる証拠はないから、気付く以前の盗撮には責任を負わない。穴のあいたダンボール箱が置いてあったことは、民法717条の責任を生じさせない。専務の朝礼における男性との性的関係を発言した行為について、被告会社は、民法715条に基づく賠償責任を負う。
　また、会社には雇用契約に付随して労働者がその意に反して退職することがないよう

に職場の環境を整える義務がある。専務の発言によって、社員が原告との関わり合いを避けるようになり、人間関係がぎくしゃくして原告が会社に居づらい環境になっていたのであるから、会社には、原告が退職以外に選択の余地のない状況に追い込まれることがないよう、原因となった名誉毀損発言について謝罪し、退職を求めていることを示唆する発言を撤回させるなどの措置をとるべき義務があった。にもかかわらず、会社は何の措置も取らなかったために居づらくなって退職しているから、会社は退職による損害を賠償する責任を負う。

岡山リサイクルショップ事件(岡山地裁判、平成14年11月6日、労判845号73頁)は、上司らの身体的接触を含む性的言動が、職場環境において性的不快感を与え、人格権を侵害するとされたものであるが、使用者の職場環境配慮義務違反による債務不履行責任を問題にしている。

女性(原告)は、上司である総括責任者(被告A)から、体に触れる、いやらしい言葉を言う、ベルトのファスナーを下げて下着を見せる、自分の性器のサイズを言う等のセクハラを受けた。原告が相談した被告Bは、話を聞くために原告と飲酒し、酔った原告を自宅マンションまで送り届けて部屋の中に入って猥褻行為に及んだ。

被告会社は、原告が雇用期間満了に際して仕事を続けたい意向を示したことに対して、仕事の熱意や方向性を書いた企画書の提出を待って結論を出すと伝えたが、その3日後に、原告は心身症との診断を受けて休業することとなり(被告Bの行為によるPTSDと診断された)、診断書を付して自宅療養を求めたが、被告会社は企画書が提出されないことを理由に契約の再締結はできない旨の書面を送付した。裁判所は、被告会社と被告Aについては連帯して金55万円を、被告Bについては709万6968円の賠償金の支払いを命じた。

その根拠は以下の通りである。

【被告Aの行為】

小さい店内で、勤務時間中反復継続して行われ、原告が抗議をしたり回避の行動をとったりしているにもかかわらず何度も行われたことからすれば、その態様、反復性、行為の状況、原告と被告Aの職務上の関係等に照らし、客観的に社会通念上許容される限度を超えた性的不快感を与える行為であると認められ、また、原告が一時毎日ないし一

日置きに体調不良のため通院していたことからすれば、主観的にも被告Aの行為を不快なものと感じていたことが認められることから、職場環境において原告に性的不快感を与え、原告の人格権を侵害するものとして、不法行為を構成する。
　この被告Aのセクハラ行為は、店内において、勤務時間中に行われたものであり、職務を行うにつきなされたものと認められるから、被告会社は被告Aの行為につき使用者責任を負う。

【被告Bの行為】
　猥褻行為は、原告の意思に反し、原告の性的自由を侵害する行為として、不法行為を構成することは明らかである。食事及び飲酒の後、原告のマンションに帰宅した後に行われたもので、もはや実質的に職場の延長線上のものとは認められず、被告Bが上司としての立場を利用した事情もうかがえず、同行為は、被告Bの個人的な行動であって、職務につきなされたとはいえないから、被告会社は、被告Bの行為につき使用者責任を負わない。

【使用者としての責任】
　そもそも使用者は、被用者に対し、労働契約上の付随義務として信義則上被用者にとって働きやすい職場環境を保つよう配慮すべき義務を負っており、セクハラ行為に関しては、使用者はセクハラに関する方針を明確にして、これを従業員に対して周知・啓発したり、セクハラ行為を未然に防止するための相談体制を整備したり、セクハラ行為が発生した場合には迅速な事後対応をしたりするなど、当該使用者の実情に応じて具体的な対応をすべき義務があると解すべきである。
　会社の参与は、原告から被告Aのセクハラ行為について相談を受けたことに対し、翌日社長とともに原告からの事情聴取の場を設け、その後セクシャルハラスメント聞き取り調査委員会を設置して被告Aから聞き取り調査を行い、周囲の者及び原告に対しても調査しようとしているが、会社は、セクハラに関する方針を具体的に従業員に対して周知・啓発する方策をとったり、セクハラ等に関して従業員が苦情・相談できる体制を整備したりしていたと認めることはできず、職場環境配慮義務を尽くしていたとは認められないから、被告Aの行為につき、原告に対し債務不履行責任を負う。
　被告Bの行為は、個人的な行為であって、被告会社が職場環境配慮義務を尽くし、セクハラに関する方針を具体的に従業員に周知・啓発する方策をとったり、セクハラ等に関して従業員が苦情・相談できる体制をしたりしたとしても防止できたとは認められず、被告会社の義務違反と被告Bの行為との間に相当因果関係は認められない。よって、被

告会社は、被告Bの行為につき、原告に対し、債務不履行責任を負わない。

【雇用契約】
　原告は雇用期限経過後も10日間勤務を継続していたが、期間満了後も勤務を継続していたのは従前の雇用契約の延長であって雇用契約が更新されたと認めることはできず、被告会社の再雇用の拒絶を労働基準法第19条に違反する解雇と認めることはできないから、会社は、再雇用の拒絶につき不法行為責任を負わない。

【損害】
　原告の心身症との診断は被告Bの行為によるPTSDと認められ、被告Bの行為との間には相当因果関係が認められる。原告は会社の行為に対しても強いストレスを感じていたことからすれば、治療に対するPTSDの寄与度は5割とするのが相当である。原告が勤務しなかった原因は、被告Bの行為によるPTSD並びに原告が有していた疾患及び会社に対するストレスと認められるから、原告の休業に与えたPTSDの寄与度は5割とするのが相当である。原告は、PTSDにより現在まで全く稼動することができず、今後少なくとも2年間は稼動できない状態であることが認められ、原告の現在及び将来の労働能力喪失に与えたPTSDの寄与度は5割とするのが相当である。
　被告Aの行為により原告が受けた精神的損害を慰謝するには、行為の態様、回数、継続された期間、その後の原告の態様等に鑑みれば50万円が、弁護士費用は5万円が相当であり、これを被告Aと被告会社が連帯して支払う義務がある。被告Bの行為による治療費は5万9665円、休業損害は14万3768円、逸失利益は524万3535円、慰謝料は100万円、弁護士費用は65万円とするのが相当である。

　この判決は、セクハラ相談のために飲食した帰りに強制わいせつ行為に及んだ行為について、①業務とは無関係な私的なものであるとして民法715条の使用者責任を否定したこと、②継続的な職場におけるセクハラ行為については会社固有のセクハラ防止義務を認めながらその対象からも除外したことが問題となる。行為が私的領域における偶発的なものであるという評価によるものであろうが、会社がセクシュアルハラスメントに対する毅然とした姿勢を明らかにし、相談窓口を設置して適切な対応によって被害を未然に防止する体制をとっていれば、相談としての飲食も強制わいせつ行為もありえなかったことであると考えられる。

三重県厚生病院事件(津地裁判、平成9年11月5日、労判729号54頁)は、厚生病院(被告)に勤務していた女性看護師らが、准看護師副主任であった男性(被告)から受けたハラスメントについて訴えたケースである。

病院は主に精神科を診療科目とし、原告らと被告看護師の勤務していたのは、症状の最も重い男子閉鎖病棟で、深夜勤は、原則として男女1人ずつの2人1組で行われていた。被告看護師は、以前から職場においてすれちがいざまに原告らの身体に触ったり、卑猥な言葉をかけたりし、また、深夜勤務の度に、原告らが拒否しているのに、休憩室で原告らの胸や大腿部等に触ったりした。原告らは、男性と病院を相手に不法行為に基づく使用者責任及び適切な処置を怠り、働きやすい職場環境を保つように配慮する義務(使用者が社会通念上負う職場環境義務)を怠ったことによる債務不履行責任により、被告ら各自に金330万円の損害賠償金の支払を求めて提訴した。津地方裁判所は、原告らに対し各金55万円の支払を命じた。

判決は、被告の前記行為は環境型セクシュアルハラスメントに当たり、不法行為に該当すると判断したうえ、被告看護師が被告連合会の被用者であること、被告の本件行為が勤務時間中に行われたことは争いがないとしながら、深夜勤務中の行為は、業務中、休憩室において行われたものではあっても原告らを起こしたり呼び掛けるための行為とは認められず、被告の個人的な行為であるから、業務を契機としてなされたものではなく業務との密接な関連性はなく、日常勤務中のひわいな言動についても被告の個人的な行為と認められる上、深夜勤務中の行為と相まって不法行為となるものであると考えられるので、右言動のみについて被告連合会の使用者責任を認めることはできないと判断した。

しかし、判決は、債務不履行責任については、以下のように肯定した。

使用者は被用者に対し労働契約上の付随義務として信義則上職場環境配慮義務、すなわち被用者にとって働きやすい職場環境を保つように配慮すべき義務を負っており、被告連合会も原告ら被用者に対し、同様の義務を負うものと解される。被告には従前から日常勤務中特にひわいな言動が認められたところ、被告連合会は被告に対し何も注意をしなかった。また、主任は原告Aから被告との深夜勤をやりたくないと聞きながら、

その理由を尋ねず、何ら対応策をとらず、原告Aから被告の休憩室での前記行為を聞いたにもかかわらず、直ちに婦長らに伝えようとせず、被告に注意することもしなかった。結果、同年2月1日深夜被告の原告Bに対する休憩室での前記行為が行われていたことが認められる。

　その上、1病棟の患者の性質上、深夜勤において男女1人ずつの組合わせが必要で、深夜勤務者は、巡視等の待機中、看護婦詰所内の狭い本件休憩室にいることが多く、しかも同室内で横になって休んだり仮眠する者が多いのが実情であった。

　そうすると、被告連合会は、00年0月0日以降の被告の行為について対応策をとったものの、それ以前には監視義務者らは何らの対応策をとらずに被告の行為をみのがして、同日早朝の被告の原告Bに対する行為を招いたと認められる。

　なお、被告連合会は、婦長・主任・副主任らの責任態勢を確立し、毎月定期の院内勉強会、職員の研修会等を行うなど、職員に対する指揮監督を尽くした旨主張するが、それだけでは職場環境配慮義務を尽くしたとは認められない。

　さらに、前述した誠昇会北本共済病院事件(さいたま地裁、平成16年9月25日)は、年長看護師によるいじめについて、病院のハラスメント防止義務を認めている。その内容は、

　　使用者には、雇用契約に基づき信義則上、労務を提供する過程において、労働者の生命及び身体を危険から保護するように安全配慮義務を尽くす債務、具体的には、職場の上司及び同僚からのいじめ行為を防止して、労働者の生命及び身体を危険から保護する安全配慮義務を負担していた認められるところ、いじめは従前からあって、本件被害者に対するいじめは3年近くに及んでおり、本件職員旅行の出来事や外来会議でのやり取りは雇い主である被告誠昇会も認識が可能であったことなどからすれば、病院は、いじめを認識することが可能であったにもかかわらず、これを認識していじめを防止する措置を採らなかった安全配慮義務違反の債務不履行があった。

というものである。

　以上のように裁判所は、使用者の715条に基づく使用者責任を否定するケースでも、労働契約上の付随義務として労働者が働きやすい職場環境を保つように配慮すべき義務を負っているとし、ハラスメントを知ったあともなんら対応策を取っていないことをとらえ、職場環境配慮義務を怠ったとしている。こうした職場環境配慮義務の確立は、ハラスメントの防止や事後措置において何をなすべきか、という規範を具体化し、これによってハラスメントを防止し、二次被害の防止や被害からの回復を実効あるものとするよう機能が発揮されることが求

められる。

(2) 労働者側からの防止措置

　以上は、企業側からなす防止措置についての裁判例であるが、労働者側から防止のための措置を講じることができるか、具体的には、ハラスメントの差止請求や、その一つの形態であるところの就労拒否権が認められるのかが問題になる。

　妨害禁止仮処分命令申立事件（東京地裁判、平成11年11月12日、労判81号72頁）は、機械器具などの販売、建物の賃貸、損害保険代理業務などを業とする会社で働く女性（債権者）が、会社（債務者）に対し、東京支社総務部長、営業第一部長、同部社員から受けた暴言の差し止めを求めた事件である。事件の経過は以下の通りである。

　債権者は、東京支社総務部から営業第一部に配転の話が出た際に納得できない旨申し入れをした。しかし東京支社総務部長は聞き入れようとしなかったため、債権者は営業第一部に出社した。しかしそこには席はなく、債権者は営業に必要な知識を与えられず、同部社員らから「営業なんかできるはずがない」として辞職するよう迫られた。その後債権者は社長から業務成績が劣悪という理由で解雇すること、それまでの間自宅待機することを通告されたうえ、自宅待機中に会社に呼び出されて、退職願を提出するよう執拗に迫られた。
　債権者は組合に加入し、会社に団交を申し入れたが、会社は頑なにこれを拒否し、社員Cは債権者に対し、日常的に「てめえ、ふざけんなよ」「この野郎ぶっとばすぞ」などと大声を出して債権者を威嚇したほか、管理者らは備品の管理や交通費の請求など細かな問題で債権者を取り囲んで威嚇したり、始末書を要求するなどの嫌がらせを行った。これに対し組合が抗議を申し入れると、債権者に対する誹謗・中傷はさらにひどくなり、債務者らは「社員として不適格」「ぶっ殺してやる」「精神異常者、気違い」「てめえの顔鏡で見てみろ」などの暴言を吐いた。このような暴言、威嚇は、都労委に救済申立をした後は行われなくなったが、債権者に対する嫌がらせは手を変え品を変えて執拗に繰り返された。

ある日、Cらしき人物が物陰に隠れながら債権者の方を窺っている様子であったので債権者が声をかけると、Cは「てめえ、さっさと稼いで来い、ばばあ」などと怒鳴りだし、ビニール傘を債権者の顔に突きだして威嚇し、「くそばばあ、ぶっ殺すぞ」「このばばあ、死ね、死ね」と怒鳴り続け、会社に向かって歩き出しながら債権者の首を後から掴んで引きずって行こうとした。債権者はこの暴力により頸部挫傷、頸部捻挫で加療2週間と診断された。

　債権者は、Cに対し謝罪と二度と暴力を振るわないことを求めるとともに、会社に対し事実の調査と責任ある対応、債権者の就労の安全の確保を求めた。しかし、債務者らは事実調査といいながら、債権者の言い分は聞き入れず、Cに一方的に同調し、債権者を「被害妄想」などと非難しただけであり、会社はこれ以上のことは何らしなかった。

　債権者は、債務者らの暴言、誹謗中傷、威嚇行為等が債権者の名誉、人格を侵害する違法な行為であること、Cの暴行が債権者の身体の安全を脅かす違法な行為であること、これらの行為は、債権者を営業第一部に配転させて以来会社によって行ってきた債権者に対する退職強要の一環であることは明らかであるとして、人格権又は人格権に基づく差止請求権に基づいて、債務者らによる債権者の名誉若しくは人格の侵害又は暴行についての差止めを求めた。

　裁判所は、以下の理由から申立をすべて却下している。

　決定は、最高裁昭和61年6月11日大法廷判決を引用して、生命、身体及び名誉が極めて重大な保護法益であり、これらの人格的利益を内実とする人格権が排他性を有する権利であることに鑑み、人格権が侵害され又は侵害されるおそれがある場合には侵害行為の差止めを求めることができるとし、人格権の内実をなす人格的利益が生命、身体及び名誉と同様に極めて重要な保護法益であって排他性を有する権利といえる場合には、人格権に対する侵害又は侵害のおそれがあることを理由に侵害行為の差止めを求めることができるとする。

　しかし、暴言を浴びせ罵倒し若しくは威嚇する（以下「暴言等」）ことは、一般にその人に不快感を生じさせ、その内容や態様によっては、単に不快感に留まらず、その人の自尊心を傷つけ、名誉感情を害し、その人に屈辱感、焦燥感、恐怖心などを生じさせてその人が精神的苦痛を被ることもあるが、それだけでは、それによってその人の生命又は身体

という人格的利益を侵害したとは認め難い。しかし、例えば暴言等の内容や態様から、単に人に不快感を生じさせるに留まらず、その人の自尊心を傷つけ、名誉感情を害し、その人に屈辱感、焦燥感、恐怖心などを生じさせてその人が精神的苦痛を被ることが予想されるほどのものと認められ、かつ、それらの行為が相当多数回にわたり反復継続して繰り返されている場合には、それによってその人がいわば恒常的に精神的苦痛を受け続けて精神的に疲弊するに至り、身体や精神に何らかの障害が発症することも十分考えられるのであって、既にそのような状況に至った場合又はいずれそのような状況に至ることが予想される場合には、人に向かって暴言等するという行為はその人の生命又は身体という人格的利益を侵害するものであることは明らかである。

人を追尾するなどして監視すること（以下「監視等」）は一般にその人に不快感や不安感を生じさせるが、監視の態様などによっては、単に不快感や不安感に留まらず、焦燥感や恐怖感などを生じさせてその人が精神的苦痛を被ることもあるし、プライバシーを侵害することもあるが、監視等するということだけでは、その人の生命又は身体という人格的利益を侵害するものとは認め難い。しかし、その行為がその態様などの観点から見て、その人に焦燥感や恐怖感などを生じさせて精神的苦痛を被ることが予想されるほどのものであると認められ、かつ、相当多数回にわたり反復継続して繰り返されている場合には、それによってその人が恒常的に精神的苦痛を受け続けて疲弊するに至り、身体や精神に何らかの障害が発症することも十分考えられるのであって、そのような状況に至った場合又はいずれそのような状況に至ることが予想される場合には、監視等するという行為はその人の生命又は身体という人格権を侵害するものであり、又は侵害するおそれがあるものであるということができる。

以上によれば、暴言等若しくは監視等の行為は、それによってその人が恒常的に精神的苦痛を受け続けて疲弊するに至り、身体や精神に何らかの障害が発症した場合又はいずれ身体や精神に何らかの障害が発症することが予想される場合には、人の生命又は身体という人格的利益を侵害し又は侵害するおそれがあるものということができ、人に暴行を加えるという行為は人の生命又は身体という人格的利益を侵害するものということができる。

債務者らの侵害行為が行われるに至った経緯の外、債権者の主張に係る債務者らの侵害行為の内容や態様、頻度や回数などに照らせば、仮に債務者らの退職強要が事実と認められ、債務者らの侵害行為が全て事実と認められたりしても、右の債権者の主張に係る債務者らの行為だけでは今後も債務者らの行為が反復継続され、いずれ債権者の身体や精神に何らかの障害が発症することが予想されることを認めるには足りない。したがって、仮に債務者らが債権者に向かって暴言等の行為をし、会社が社員をして債権者

に向かって暴言等し又は同月以降同社の社員その他をして債権者を監視等していたとしても、右の侵害行為が債権者の生命又は身体という人格的利益を侵害するおそれがあるものということはできない。

　このケースでは、被害者である女性は、労働組合に加入して改善を求め、さらに労働委員会にも提訴して救済を求めた後でさえ、職場の暴力を受けて頸部挫傷、頸部捻挫により加療2週間と診断される傷害を負っている。このように被害が身体に及ぶ現実になったとき、労働者が改善を求めても、使用者は被害妄想として加害者を擁護するかのような動きを見せているのであれば、労働者はきわめて危険な状況に置かれている。緊張関係もピークに達したところで、労働者は第三者機関の介入を求めて法的手続きに及んだものと推察される。
　にもかかわらずこの決定のように差止め請求が認められないとなれば、労働者は、本格的に心身の健康を崩して働けなくなるまで、罵声を浴びせかけられ監視されながら就労する義務を負うことになる。労務の履行拒絶権については、ILO155号条約や安全衛生マネージメントガイドラインにおいても確認され各国の法制度にも取り入れられてきているので、日本でも法制化に向けた具体的な議論が開始される必要がある。

5 損害賠償責任の範囲

(1) 精神疾患の発病・自殺と過失相殺

　民事損害賠償制度は、損害の公平な負担を趣旨とするものであるから、ハラスメントによって発生した損害についても被害者側の「落ち度」、「性格」その他の個人的因子が、過失相殺の事由として問題になる。身体に対する加害行為を原因とする被害者の損害賠償請求において、加害者の賠償すべき額を決定するに当たり損害を公平に分担させるという損害賠償法の理念に照らし、民法722条2項の過失相殺の規定を類推適用して、損害の発生又は拡大に寄与した被害者の性格等の心因的要因を一定の限度で斟酌することができるとされている(**最高裁第一小法廷判、昭和63年4月21日、民集42巻4号243頁**)。これが、労働関係においてどのように適用されるのかが問題になる。

1）労働者の性格

　電通事件東京高裁（平成9年9月26日判決）は、被災者のうつ病親和性ないし病前性格について一般社会では美徳とされるものではあるが、結果として、労働者の業務を増やし、その処理を遅らせ、その遂行に関する時間配分を不適切なものとし、労働者の責任ではない業務の結果についても自分の責任ではないかと思い悩む状況を生じさせるなどの面があったことを否定できないのであって、前記性格及びこれに基づく労働者の業務遂行の態様等が、うつ病り患による自殺という損害の発生及び拡大に寄与しているというべきであるから、一審被告の賠償すべき額を決定するに当たり、民法722条2項の規定を類推適用し、これらを労働者の心因的要因としてしんしゃくすべきであると判断した。

　しかし、**最高裁第二小法廷判**（平成12年3月24日、民集54巻3号1155頁）は、以下のように述べて過失相殺を否定した。

　過失相殺の趣旨は、労働者の業務の負担が過重であることを原因とする損害賠償請求においても、基本的に同様に解すべきものである。しかしながら、企業等に雇用される労働者の性格が多様のものであることはいうまでもないところ、ある業務に従事する特定の労働者の性格が同種の業務に従事する労働者の個性の多様さとして通常想定される範囲を外れるものでない限り、その性格及びこれに基づく業務遂行の態様等が業務の過重負担に起因して当該労働者に生じた損害の発生又は拡大に寄与したとしても、そのような事態は使用者として予想すべきものということができる。しかも、使用者又はこれに代わって労働者に対し業務上の指揮監督を行う者は、各労働者がその従事すべき業務に適するか否かを判断して、その配置先、遂行すべき業務の内容等を定めるのであり、その際に、各労働者の性格をも考慮することができるのである。したがって、労働者の性格が前記の範囲を外れるものでない場合には、裁判所は、業務の負担が過重であることを原因とする損害賠償請求において使用者の賠償すべき額を決定するに当たり、その性格及びこれに基づく業務遂行の態様等を、心因的要因としてしんしゃくすることはできないというべきである。

　最高裁は、このように述べて、被災者の性格は、一般の社会人の中にしばしば見られ、上司らは、被災者の性格を従事する業務との関係で積極的に評価

していたのであるから、その性格は、同種の業務に従事する労働者の個性の多様さとして通常想定される範囲を外れるものであったと認めることはできず、被災者の性格やこれに基づく業務遂行の態様等を過失相殺に斟酌することはできないとし、東京高裁の判断には、法令の解釈適用を誤った違法があるとした。

2）家族などの落ち度
　前記電通事件東京高裁判決は、被災者と同居している両親が、被災者の勤務状況や生活状況をほぼ把握していたのであるから、被災者がうつ病にり患し自殺に至ることを予見することができ、また、被災者の状況等を改善する措置を採り得たことは明らかであるのに、具体的措置を採らなかったとして、賠償額を決定するに当たりしんしゃくすべきであると判断した。しかし、前記最高裁判決は、以下のように述べて、これを否定した。

　しかしながら、一郎の前記損害は、業務の負担が過重であったために生じたものであるところ、一郎は、大学を卒業して一審被告の従業員となり、独立の社会人として自らの意思と判断に基づき一審被告の業務に従事していたのである。一審原告らが両親として一郎と同居していたとはいえ、一郎の勤務状況を改善する措置を採り得る立場にあったとは、容易にいうことはできない。その他、前記の事実関係の下では、原審の右判断には、法令の解釈適用を誤った違法があるというべきである。

3）労働者の発病因子
　労働者がいじめにより精神疾患を発病して自殺に至った事案では、自殺の原因となった精神疾患によって、いじめとの事実的因果関係が争われ、同時に過失相殺の可否・程度が問われることもある。川崎市水道局職員いじめ自殺損害賠償請求事件では、疾病が発症した要因が労働者側の因子によるとして、事実的因果関係及び過失相殺の適用が争われた。
　横浜地裁川崎支部（平成14年6月27日判決）は、いじめによって心理的苦痛を蓄積した者が、心因反応を含む何らかの精神疾患を生ずることは社会通念上認められ、更に「心因反応」は、ICD-10第Ｖ章の「精神症障害、ストレ

ス関連障害及び身体性表現障害」に当たり、自殺念慮の出現性は高いとされていること、被災者には他に自殺を図るような原因は窺われないことから、いじめを受けたことにより心因反応を起こして自殺したものと推認され、事実上の因果関係があるとした。そのうえで、市は市職員の管理的地位にあるものとして、職務行為から生じる一切の危険から職員を保護すべき責務を負い、職員の安全の確保のためには、職務行為それ自体についてのみならず、これと関連して、ほかの職員からもたらされる生命、身体等への危険についても、市は具体的状況下で、加害行為を防止するとともに、生命、身体等への危険から被害職員の安全を確保して被害発生を防止し、職場における事故を防止すべき注意義務（安全配慮義務）があると解されるとして川崎市に損害を賠償すべき責任があるとしたうえ、いじめがあったと認められるのは平成7年11月頃までであり、その後配置換えとなり、また同月から医師の診察を受け、入通院をして精神疾患に対する治療を受けていたにもかかわらず、これらが功を奏することなく自殺に至ったことからすると、本人の資質ないし心因的要因も加わって自殺への契機となったとし、損害の負担につき公平の理念に照らし、7割を減額するのが相当とした。

　控訴審である東京高裁（平成15年3月25日、労判849号87頁）は、市側遺族側双方の控訴を棄却して原審の判断を相当としている。その要旨は、以下の通りである。

① 　被災者の病名は、心因反応又は精神分裂病とするのが妥当と思われるが、精神分裂病はICD－10による分類のF2に当たるから、いじめと精神分裂病の発症・自殺との間には事実的因果関係が認められる。
② 　被告は、精神分裂病は内因性の精神疾患であり、何らかの出来事によって発症するものではないから、いじめとMの精神分裂病の発症との間には事実的因果関係がない旨主張するが、被告が引用する「心理的負荷による精神障害等に係る業務上外の判断について」（平成11年9月14日付け労働基準局長通達）においても、業務の強い心理的負荷（職場における人間関係から生ずるトラブル等通常の心理的負荷を大きく超えるもの）により精神障害（ICD－10の分類によるもの）を発病する場合があるものとされ、業務による心理的負荷によってこれらの精神的障害が発病したと認められる者が自殺を図った場合には、精神障害によって正常の認識、行為選択能力

が著しく阻害され、又は自殺行為を思い止まる精神的な抑制力が著しく阻害されている状態で自殺が行われたものと推定し、原則として業務起因性が認められるものとされているのであって、採用できない。
③　健常者であればそれほど心理的負荷を感じない他人の言動であっても、精神分裂病の素因を有する者にとっては強い心理的負荷となり、心因反応ないし精神分裂病の発病・自殺という重大な結果を生じる場合があり、この場合に、加害者側が被害者側に生じた損害の全額を賠償すべきものとするのは公平を失すると考えられるが、その点は過失相殺の規定を類推適用して賠償額の調整を図るべきである。
④　また被告は、職員の言動によって被災者に精神分裂病等が発症することは予見不可能であったから、仮にいじめがあったとしても、その行為と被災者の自殺との間には相当因果関係がない旨主張するが、Eら3名の言動が被災者に対するいじめ（不法行為）であり、その行為と被災者の心因反応ないし精神分裂病の発症・自殺との間に事実的因果関係が認められる以上、不法行為と損害（死亡）との間に相当因果関係があるというべきである。

(2) 経済的不利益～賃金格差相当損害金

　思想信条差別や不当労働行為、内部告発による不利益が問題となった事案では、職場における人格権侵害と待遇差別が不即不離の関係にある。そのため賃金格差相当損害金の支払いを求めるケースもあるが、裁判所は、能力・成果主義賃金を採用しているところでは、企業の裁量権を根拠に差額賃金相当損害金の支払いを命じることに消極的な傾向がある。
　しかし、差額賃金を損害金としてとらえて賠償請求を命じるケースも少なくない。標準者に支払われるべき「あるべき」賃金の合理性・正確性が認められ、かつ労働者らが標準者と同等の業務遂行能力・業務実績を有していたことが立証されたとして、あるべき賃金との差額のすべてを財産的損害として認めたうえに慰謝料の支払いを認めたもの（**東京電力山梨事件**、甲府地裁判、平成5年12月22日、労判651）や標準者との格差が少なくとも3割認定できるとして3割の賃金差額の財産的損害を認め、これに慰謝料の支払いを認容したもの（**東京電力千葉事件**、千葉地裁判、平成6年5月23日、労判661）、標準者との給与額の差額についての損害賠償の支払請求を認めた**富士電機製造事件**（横浜地裁横須賀支部判、昭和49年11月26日、労判225-47）、勤務

成績中位の最低点の考課給を基準として損害賠償の支払い請求を認めた**福井鉄道事件**(福井地裁武生支部判、平成5年5月25日、労判634-35)、同期・同学歴入社者のうち平均基本給を得ている者および中位職級の地位にある者をもって格差算定の標準者と想定して、これらの者が得ていた賃金額と被差別労働者の得ていた賃金額との差額をもって被差別労働者の被った損害と認めて慰謝料とともに支払を命じた**中部電力事件**(名古屋地裁判、平成8年3月13日、判時1579-3)などがある。

6 ハラスメントと懲戒権の行使に関する裁判例

06年改正男女雇用機会均等法11条は、セクハラ防止義務を措置義務に格上げし、セクシュアルハラスメントを行った労働者に対する懲戒処分を含んだ対策を求めている。そして、人事院規則は、国家公務員のハラスメントについて懲戒処分の目安を定めており、この目安は、自治体や独立行政法人のみならず、民間企業においても目安とされている。

しかし懲戒処分となれば、労働者にとっても名誉にかかわることから、事業主としては慎重を期さなければならない。裁判所も、使用者の懲戒権の行使は、企業の秩序維持の観点から労働契約関係に基づく使用者の機能として行われるものであるが、就業規則所定の懲戒事由に該当する事実が存在する場合であっても(当該就業規則が周知されていなければ社員に対する拘束力は認められないとするのが最高裁の判断である(**フジ興産事件**、最高裁第二小法廷判、平成15年10月10日、労判861)。当該具体的事情(当該懲戒にかかる労働者の行為の性質及び態様その他の事情)の下において、それが客観的に合理的な理由を欠き、社会通念上相当なものとして是認することができないときには、権利の濫用として無効となる。企業としては、懲戒処分を争われるリスクを回避したいのは当然であり、その点で、懲戒処分の効力を争われたケースの結論と理由は大いに気になるところである。

支店長兼取締役セクハラ懲戒解雇事件(東京地裁判、平成21年4月24日)は、部下の女性社員らに、社員旅行の宴会席上や日常においてセクシュアル

ハラスメントを行ったことなどを理由として、支店長兼取締役であった原告が取締役を解任されたうえに、懲戒解雇処分となったことを争ったケースである。裁判所は、原告の行為が、部下らに対する言動は単なるスキンシップとか、「X流の交流スタイル」というようなもので説明できるものではなく、違法なセクハラ行為であるうえ、支店長という上司の立場にあった故にできたことであり、就業規則に定める「職務、地位を悪用したセクシュアルハラスメントに当たる行為」に該当するとしたが、Xの日頃のセクハラ言動は、宴席等で女性従業員の手を握ったり、肩を抱くという程度にとどまっており、宴会での一連の行為も、いわゆる強制わいせつ的なものとは一線を画すものといえるほか、Y社に対して相応の貢献をしてきて反省の情も示していること、また、これまでのセクハラ行為に対して指導や注意はなかったことなどからすると、懲戒解雇は重きに失し、客観的合理的な理由を欠き、社会通念上相当なものとして是認することはできず、権利濫用として無効であると判断している。

裁判所が、**懲戒処分相当と判断される要素**として掲げている事情は、
① セクハラ行為の内容が、宴会で複数の女性社員をXの側に座らせて、品位を欠いた言動を行うなどし、日常的にも酒席において女性社員の手を握ったり、肩を抱いたり、それ以外の場面でも女性の胸の大きさを話題にするなどセクハラ発言も繰り返していたこと。
② 被害者側に誤解を与えるような落ち度はないこと。
③ 東京支店長としてセクハラを防止すべき立場にあり、グループの幹部として、倫理綱領制定の趣旨、重要性をよく理解していたこと。

であり、一方、処分対象者に有利な情状として社会的相当性にかける事情としては、
㋑ セクハラ行為も、いわゆる強制わいせつ的なものとは異なっていること、つまり、気のゆるみがちな宴会で、一定量の飲酒のうえ、歓談の流れのなかで調子にのってなされた言動で、人目につかないところで秘密裏に行うというより、多数の従業員の目もあるところで開けっぴろげに行われる傾向があるもので、自ずとその限界があること、最も強烈で悪質性が高いと解される「犯すぞ」という発言も、真実、女性を乱暴する意思がある前提で言われたものではないと判断されること。
㋺ 会社に対する相応の貢献。
㋩ これらの行為について指導注意がなされたことはなく、いきなり懲戒解雇が行われたこと。

を掲げている。

コンピュータ会社本部長解雇事件（東京地裁判、平成17年1月31日、判時1891号156頁）は、原告の秘書になったA社員や派遣社員であるB社員に対するセクシュアルハラスメントにより懲戒解雇処分をなしたことが争われた。

【処分事由となったセクシュアルハラスメント】
　A社員に対するセクシュアルハラスメントは、日常的に「やらせろよ」「胸がないから豊胸手術でも金を出してやるからしろよ」、バイアグラのようなものを見せて「使ってみれば」と発言したり、同僚に対し秘書の面前で「Aの生理、俺が止めちゃったんだよ」と発言したほか、日常的に手を握ったり、肩を揉んだり、腰を触ったりし、会議中にお茶を入れに来たAの腰に手を回したり、膝の上に座らせたりした。
　Aと食事をし、帰りに一緒に乗ったエレベーター内で、Aの意思に反して唇付近にキスをし、その後の飲食後自動車内でAの意思に反してキスをしたり、A社員を自宅から呼び出して自動車に乗車させ、1時間にわたりAの異動の話をし、その際「俺のこと好きか」などと言ったり、手を握ったりした。
　B社員に対しするセクシュアルハラスメントは、日常的に「やらせろよ」「いつやらせてくれるんだ」「お前胸ないな」などと言い、サインを求めに来たBを膝の上に座らせ、Bの胸を触ったほか、退社するBを待ち伏せして自動車への乗車を強要し、助手席に座らせたBの手を握った。
　また原告は、職場内において、日常的に多数の女性従業員に対し、「やらせろよ」「いつやらせてくれるんだ」「胸がない」「色気がない」「バイアグラを使わないか」などと言い、肩を揉んだり、手を握ったり、膝に座ったり、自分の膝に座らせたりしていた。

【懲戒解雇処分に至る手続き】
　会社（被告）は、A社員からの相談を契機に事情聴取を実施し、上記セクハラ行為が確認されたことから、聴取結果を副社長に報告、原告を解雇処分に付することにつき同意を得た上で、持回りで賞罰委員会を開催して懲戒解雇処分を決定した。そのうえで会社は原告に持回り賞罰委員会で懲戒解雇が決定したことを通告したところ、原告は翌日付けで、被告会長、社長らに対し、セクハラ行為は事実無根であって、弁明の機会も与えず、賞罰委員会の合議もせずにされた違法無効な件懲戒解雇処分であるとして、その撤回を求めた。

その後の経営会議では、社長から本件懲戒解雇手続きの正当性等について疑問が提示されたことから、会社は、弁護士立会いの下で再度事情聴取を実施し、その場で原告は改めてセクハラ行為を否定するとともに、本件解雇通告の際に具体的な事実の指摘がなかったこと、十分な弁明の機会がなかったこと、適正に賞罰委員会の決定がなされたか疑問であること等主に手続き上の問題があると主張して話し合いは平行線に終わった。会社はその後対応を協議したが、翌月の経営会議では本件懲戒解雇の結論が維持された。

【裁判所の解雇の有効性に関する判断】
　懲戒当時に使用者が認識していなかった非違行為は、特段の事情がない限り有効性を根拠付けることはできないが、反復継続する多数の非違行為をまとめて懲戒の対象とする場合は、後に明らかになった同種の行為はもともと懲戒の対象に含まれていたと解することができるから、例外的にかかる行為についても懲戒の有効性の根拠とすることが許される。反復継続する多数のセクハラ行為をまとめて懲戒の対象とするものであるから、会社が本件懲戒解雇時に認識していなかったセクハラ行為を懲戒解雇の根拠とすることも許される。
　セクハラ行為はいずれも悪質であり、役員に次ぐ地位にあって従業員を管理監督すべき立場にもかかわらず、立場上拒絶が困難な社員に自らセクハラ行為を行っていたのであって、その責任は極めて重い。しかも会社では、差別や嫌がらせの禁止、これに違反した場合に懲戒解雇を含む厳罰を課する旨明示するとともに、全管理職に対してセクハラが業務上の行動指針違反、就業規則における懲戒処分に該当する不正行為とみなされ、免職を含めた懲戒処分が適用されること、管理職においてセクハラに関する法律、業務上の行動指針の規定等が遵守されるよう周知徹底すべきことを告知していた。にもかかわらずセクハラ行為に及んだことに対し、これらのセクハラ対策を講じてきた被告が、セクハラ被害を申告した者や他の女性従業員への影響を考慮して、セクハラ行為を行った者に対し厳正な態度で臨もうとする姿勢には正当な理由がある。
　会社では、懲戒は賞罰委員会の合議により決定する旨定めているものの、合議方法については定めがないため、これまでも任意の方法で合議しており、本件懲戒解雇は持ち回り方式で合議がされたものである。
　また、一般論としては、適正手続保障の見地からみて、懲戒処分に際し、被懲戒者に対し弁明の機会を与えることが望ましいが、就業規則には被懲戒者に弁明の機会を与えなければならないとの規定はない以上、弁明の機会を付与しなかったことをもって直ちに当該懲戒処分が無効になると解するのは困難である。

派遣システムエンジニア解雇事件（東京地裁判、平成16年9月10日、労判886号89頁）は、B生命の社内ネットワークシステムの構築及び監視業務を請け負うCウエアに派遣された社員が、勤務終了後B生命の女性社員Aに好意を抱き、口頭で「お茶でもいかがですか」と誘い、Aが配慮して婉曲な表現で断った真意を察することなく、勤務時間中、B生命のパソコンを使用してA宛に改めてお茶に誘うメールを送信し、B生命からの苦情がなされたのに、派遣会社がこれを伝えなかったために2回目の誘いのメールを送ったことが解雇の理由となった事件である。

　B生命では、派遣会社に対して注意を要請したにもかかわらず再度メール送信されたことから、派遣会社に強く苦情を述べ、原告のB生命への立入りを禁ずる旨伝えるとともに、原告の行動により重要な顧客を失いかねない状況であるとして強く抗議した。派遣会社は、同日社内で協議の上、原告を懲戒解雇することを決定し、「懲戒免職」と題する書面を原告に交付して懲戒解雇を通告するとともに、原告に退社時誓約書を作成させた。

　裁判所は、解雇を無効と判断した。判決要旨は以下の通りである。

① 　原告の誘いは、口頭で1回、メールで2回に過ぎず、内容も「お茶に誘う」域を出ないものと認められ、B生命の抗議を受けたCウエアからの注意要請を受けて、被告が原告に対し適切な注意、警告をしていれば2回目のメールは回避できたと考えられる。
② 　原告の行為は、自己の立場をわきまえない軽率なものではあるが、むしろ適切な対応を取らなかった被告の側の責任がより大きい。これをもって被告の就業規則の解雇事由である「ハレンチ、背信な不正義の行為をなし、社員としての体面を汚し、会社の名誉を傷つけたとき」に該当するとみることはできない。
③ 　原告がB生命のパソコンを使用して私的なメールを送信したことは、仕事中は私用メールをしないという被告の服務規律に反し、対外的に被告の信用を低下させる行為といえるが、この点を考慮しても懲戒解雇事由に該当するとするのは困難であり、システム安全確保に対する被告の信用を著しく侵害されたとも認められない。
④ 　行為の内容及び態様それ自体は特に強く非難されるべき行為とまでは言えず、それで原告のB生命への立入り禁止に至ったことには被告の対応の不適切さが介在しており、顧客側からの苦情に対し被告が速やかにかつ適切に対処していれば、このような事態は回避できたと考えられる。顧客のパソコンで私用メールを送信した点も軽微

なもので、直ちに社員として不適格とまで認めるには至らず、仮にこれを肯定したとしても、本件解雇は解雇権を濫用するものというべきである。
⑤　仮に本件懲戒解雇の意思表示が普通解雇の意思表示を兼ねるものであると解し、原告が採用4ヶ月以内で就業規則上試用期間中であったことを前提としても、本件解雇は解雇事由がないか、又は解雇権の濫用として無効というべきである。

観光バス懲戒解雇事件（大阪地裁判、平成12年4月8日、労判789号15頁）は、旅客自動車運送事業等を営む会社（被告）の正社員で労働組合書記長を務めていたバス運転手が会社に雇用されたトラベルコンパニオンに対するセクハラを理由にした解雇が争われたケースである。このセクハラの前にも取引先である添乗員から苦情が申し立てられ、多数の被害が報告されたとして強い指導が要請されて、口頭注意と始末書の提出がなされていた。トラベルコンパニオンに対するセクハラが問題になって、会社は事情聴取しようとしたが、原告は「A部長こそ言葉でセクハラしているやないか。ビラまいたろか」などと述べて事情聴取に応じなかった。

裁判所は要旨を以下のように述べて、解雇は有効と判断した。

①　具体的内容は不明であるものの、原告が性的な事柄に関し取引先であるJ社の多数の添乗員に不愉快な思いをさせる振る舞いをして苦情を寄せられる事態を招いたことは、懲戒解雇事由を定めた就業規則88条8項「風紀濫用等により職場の規律を乱したとき」に該当するというべきであるし、会社の信用を落とす行為でもある。また、Bに対するわいせつ行為も、まことに悪質な行為であって、社会人として許されるものではない。そして、その一部は勤務中のことであったし、また、勤務終了後の行為についても、古参の運転手という立場で入社間もないBにしつこく迫って誘い出すなどしているのであるから、これらが同規則88条8項に該当することは明白である。更に、遅刻しそうになってCにバスの移動を依頼し、その結果Cが原告の乗務予定のバスを移動させようとした行為は、同規則88条8項及び20項「許可なく、会社の車輌を他人に運転させ、又は貸与したとき」に該当する。
②　Bに対する非違行為について事情聴取を受けた際、原告は反論して事情聴取に応じなかったが、Aのセクハラ発言を持ち出したりすることは責任追及の回避であり、問題のすり替えというべきであって、許されることではない。「ビラまいたろか」との発言も、自己に対する追及をかわすため、組合役員の立場を利用し、組合の威力を背景にし

てなされた脅迫以外のなにものでもないというべきである。よって、これらの言動も就業規則88条8項に該当する。
③　被告では社内での男女関係には厳しい対応をしてきており、原告は以前にも女性関係の問題で被告から注意を受けていたにもかかわらず、J社からの女性関係の苦情を招いたり、Bへの悪質なわいせつ行為に及んだりしていること、乗務に遅刻しそうになるという自らの非を勝手な運転手の手配によって取り繕おうとしたばかりか、これらに関し、注意や事情聴取を受けても反抗的な言動をし、あまつさえ、責任回避のための脅迫にまで及んでいること等専恣な行為を累積させてきているのであって、反省の態度は見られず、その情状は重い。
④　原告は、本件解雇の背景として労使関係の悪化があり、本件解雇は報復措置の疑いがあるなどとも主張するが、本件解雇を相当とする非違行為が認められる以上、原告主張の事情があるからといって、本件解雇の効力に消長をきたすものではない。

市保健センター減給処分事件（大阪地裁判、平成18年4月26日、労経速1946号3頁）は、X市の事務吏員として採用され保健衛生部保健所東保健センター所長代理の地位にあった職員が行ったセクハラに対して、減給処分（10分の1）と異動措置を講じたことが問題になった。

問題となったセクハラ発言は、
㋑　平成13年12月末、原告は、Pとともに倉庫整理をしていた際、「Pはちょっと丸いから子豚やなあ」と言ったのに対し、Pが「原告も丸いから大豚ですね」と言い返した。
㋺　出勤時、Qに「今日は珍しくスカートやな」と話しかけた。
㋩　Gが嫌がっているのに、自宅の場所を細かく尋ねたり、「旦那さんとはどうやって知り合ったの」「旦那さんには何と呼ばれているの」等Gと夫との関係等を細かく尋ねたりし、歓送会の際に二次会でGの夫の話を皆の前でしたため、Gは不快に感じた。
㋥　特に親しい関係でもないのに、Gに対し「とっちゃん」と呼び、Gが抗議したところ、この呼び方を止めた。
㋭　Gが検診の問診表を提出したところ、原告が「健康そのものや、顔もきれいだし、スタイルもいいし、頭もいいし」等と言ったため、Gは不快に感じた。
㋬　原告はMに対し、休日の過ごし方や家族のことなどプライベートなことを尋ねたため、Mは不快に感じた。
㋣　Mがダイエットをしているという話をしたところ、原告から「まだやせてないな」とか「やせたん違う」などと言われたため、Mは不快に感じた。
㋠　原告はLに毎日同じ服を着ているなどと言うので、Lは不快に感じた。

㋶　原告はHがハンカチで髪を束ねているのを見て、「今日は昨日と同じハンカチか」とか「昨日よりハンカチの色が濃いのは洗濯していないからか」などと言うため、Hは不潔であるかのように言われたと思い、不快に感じた。
㋷　Hが原告に指摘されるのが嫌でハンカチで束ねるのを止めてパーマを当てるようになると、原告は「火事に遭ったのか」などと言うようになった。
㋸　Kが、毛深いので美容院でなく散髪屋に行っているなどと言ったところ、原告はKに対し「え、毛深いの、どこの毛が毛深いの？顔だけ？」とか、「下の方もかいな」などと言った。

というものであり、HとLは、センター所長である医師（被告）Aに言われたことを訴えた。

　Aはセクシャル・ハラスメント研修を実施したが、その後原告からセクハラを受けたことが書面で寄せられるようになった。原告は誰がセクハラについて言っているのか探すようになり、Aに対し強く抗議するなどしたため、Aはこの状況を放置すると更に深刻な状況を招きかねないと判断し、保健所長に原告のセクハラ行為などを報告し、保健所長は、保健衛生部長にAの報告を伝え、同部長はこれを職員部長に伝えた。市人事課は、センター職員らから事情聴取を行って女性職員の被害状況を確認したが、原告はGを「とっちゃん」と呼んだこと、Qに対してスカートが珍しいと言ったこと以外はすべて否定し、市長に、原告が被った不利益の回復などを求める通告書を送付した。市は、被害者らの訴えの内容が具体的であることから、原告によるセクハラ行為があったと認定し、減給10分の1を1ヶ月とする懲戒処分を行うとともに、原告を平成14年9月17日付けで建設局都市整備部連続立体交差推進室主幹に異動させた。これに対して原告は、処分事由が存在せず違法であると主張し、本件懲戒処分及び異動による降格処分の取消しを請求するとともに、処分によって精神的損害を被ったとして、市、市長、被告Aらに賠償請求を行った。

　裁判所は、被告市長のなした1ヶ月間10分の1の減給とする旨の処分の取り消しを命じたが、異動命令の取り消し請求も損害賠償も認めなかった。

　判決は、懲戒処分の根拠について、**市要綱に基づくセクシャルハラスメントと**は「職場において、相手の意に反し不快にさせる性的な関心や欲求に基づく言動、及び性別により役割を分担すべきとする意識に基づく言動をいう」と定義されており、性的な言動には、性別役割分担意識に基づく言動も含まれると解

され、「意に反している」ことの行為者の認識は、セクハラ行為の成否には要件とならず、行為の具体的な態様、悪質性の重要な要素として、懲戒権者において処分の可否や処分の内容を選択するに際し考慮されるに過ぎないと解するべきであるから、セクハラ行為の結果職場環境を悪化させた場合は、行為者が相手の意に反していることについて認識していなかったとしても、行為者の行為が信用失墜行為ということができる以上、懲戒事由に該当するとした。そして、原告の前記言動のうち一部を、程度の差はあれ、相手方に精神的被害を与えて職場環境を悪化させたということができるから、原告の言動は信用失墜行為であって、地方公務員法29条1項1号及び3号に該当するとした。

懲戒処分の相当性については、

① 原告は所長に次ぐ管理職員であって、セクハラの防止・排除に努めなければならない立場にありながら、自らセクハラに当たる行為を行っていたこと、その被害者は多数に及んでいること、市においては種々のセクハラに対する取組みが行われており、原告もセクハラに関して十分な認識を有するべき立場にあったことから、原告の言動による信用失墜の程度は決して軽微とはいえない。

② しかし、本件懲戒処分の事由とされた原告の言動、その程度の評価等については、相手方に対し不快感を与える言動であったとはいうものの、その程度は必ずしも高いものとはいえず、原告において相手の不快感を十分認識していなかった可能性も否定できない。

③ 原告にはこれまで何らの注意処分を経ることなく、いきなり減給10分の1を1ヶ月という懲戒処分を加えることは、原告に反省の態度が見られないことを考えても重過ぎる処分というべきである。以上から、懲戒権者の裁量を逸脱したものといわざるを得ない。

また、異動命令の理由及び適法性については、本件異動は、原告が本件懲戒処分の事由とされた自己の言動について反省をするどころか犯人捜しをしたりして職場環境が著しく悪化したことから、市が良好な職場環境を回復するためになしたことが認められ、懲戒処分として行われた事情は窺えない。管理職手当の月額6000円減額は職務内容の変更によるものであり、原告にとってそれほど大きな不利益とはいえず、定期異動の時期でないために異動先の選択が限られていたこと等の事情を総合すると、管理職手当の減額のみをもって不合理とはいえず、人事権の濫用を窺わせる事情も見当たらない。

本件懲戒処分は違法であり取り消されるものと解するが、懲戒処分事由とされた言

動は、戒告程度の懲戒処分もやむを得ないと認められ、原告が「セクハラ冤罪から原告を救う会ニュース」を配布したりしていたことや、新聞報道では原告の氏名は報道されていないことなどを総合すると、本件懲戒処分の違法とされた点と相当因果関係があり、かつ、本件懲戒処分が取り消されるだけでは解消されず、慰謝料をもって賠償しなければならない程度の精神的損害があったとは認められない。

　ハラスメントに関する苦情が申し立てられた場合、それが事実であるかどうかの判断が困難な場合がある。とくに密室で当事者しかいないところで加えられるハラスメントは客観的な証拠が乏しいことが多く、加害者から前述したような「同意」の抗弁が提出されることも少なくないから、会社が就業規則条項で禁止し処分対象としている行為が存在したのかどうか、を確定するには時間を要することもある。しかし、企業としては、苦情申立の内容や申立をなした労働者や職場の状況を適確に把握し、二次被害を防止する策を講じる必要に迫られる。この措置は、懲戒処分とはまったく異なる観点から求められる使用者の義務であり、前記**保健センター事件**のように、苦情申立後の対象労働者の動きが、職場の緊張関係を高めて就業環境を悪化させたり、苦情を申立てた当事者が出勤できなくなってしまう事態を回避することを目的とする権限の発動である。このような権限の発動は、異動であったり、自宅待機であったりするが、迅速に実施されることが求められる。
　懲戒処分権限の行使と環境保持義務の一環としての権限の行使は峻別されなければならない。環境保持義務の履行のための措置は何より優先して行われるべきであり、場合によっては事実関係が確定するまでの暫定的な措置として実施することも考えられる。後者は被害を訴える労働者や職場の環境を重視した判断が求められるが、前者の懲戒権行使の場面では、訴えられた労働者の認識やそれまでの企業が実施した労働者に対する教育や注意などの経過なども、懲戒権行使の社会的相当性判断の重要な要素となる。
　懲戒権の法的根拠は就業規則規定にあり、該当事実が認められるかどうかが大前提にあるが、懲戒権の発動には、前記のように本人の認識や置かれた事情が相当性判断を決する重要な要素にもなるため、本人に対する弁明の手続きを保障するなど適正手続きの履行が求められる。裁判所は、就業規則に

弁明手続きが保障されていない以上、それを実施しなかったことが直ちに処分を違法とするものではないと判断しているが、労働者が事実を否定しているところで不利益を加えるような場合においては、適正手続き保障が重要であることを否定するものではない。適正手続きの保障には時間を要するが、争われるリスクを回避するためには重視すべきものである。

　事実確認に際しては、前述のように、事実認定におけるステレオタイプを排したものでなければならない。しかし、申立人から何度も被害を聞いたり、疑問を差し挟みながら事実を確認する作業は、それ自体二次被害を発生させるために、事情聴取の方法も配慮が必要となる。懲戒処分が争われたケースのなかには、弁護士が事実確認に立ち会うなどしているが、困難なケースについてはハラスメントに関する専門的知見を有する第三者によって調査委員会を構成して調査に当たることも一つの方法である。

7 治療と職場復帰をめぐる裁判例

　ハラスメントをめぐる裁判例の多数が、労働者が心身ともに傷ついてついには休業を余儀なくされ、さらに復帰も困難であるために退職を強いられている。ハラスメントによる休業の理由の多くは精神疾患であり、復帰には職場環境の整備が不可欠である。過重労働による精神疾患患者の職場復帰については、厚生労働省の指針が策定されているが、ハラスメントによる被害に対応できるものではない。過去の裁判例は、復帰に際して、労働者のプライバシーや健康に対する使用者の配慮義務や、復帰に至らずなされた解雇処分などをめぐって争われてきた。

(1) 復帰に際しての受診命令

　職場復帰には、会社が指定する医師に受診して復職可の診断を受けることを条件にすることがある。このような条件は、患者としての医師選択の自由を侵害して違法ではないか争われてきた。

　電電公社帯広局事件（最高裁第一小法廷判、昭和61年3月13日、労判470号6頁）は、頸肩腕症候群精密検査の受診についても、就業規則及び健

康管理規定に基づき使用者が必要な指示をなしえ、その合理性・相当性が肯定される限り、使用者は、労働者に対し、受診命令を発しうると判断している。これによれば、合理性・相当性が肯定されたときには労働者に受診義務が課せられるが、それは同時に、労働者が望まない相手から身体的精神的侵襲を受けることを受忍するよう強いるものでもあるし、とくに精神疾患については心理的精神的葛藤が病状を悪化させ、せっかく復帰が望める状態であったのに、指定医への診察をめぐるトラブルで復帰できなくなってしまうケースも少なくない。指定された精神科医が、職場管理者を含めた患者との会話のなかで、主治医の診断と異なる病名を告げて打撃を与えるなどのトラブルもある。

　最高裁判決の示すところを基本とするにしても、何が合理性・相当性を備えたものであるかを判断するについては極力慎重にしなければならず、使用者には、労働者が同意できる指定医を選択する義務があることを大前提にした判断基準が構築される必要がある。過去に患者との葛藤を生じた医師を指定することは合理性・相当性に欠けるというべきである。また、指定医の診断行為が、主治医と患者との信頼関係を悪化させたり、主治医の治療効果を減殺させるようなものであったり、あるいは患者の精神的心理的な介入に及んだりすることは、合理性・相当性が問われることになる。そうすると、基本的には、患者の同意を前提として、指定医への面談の範囲に留めること、具体的には、「意見を聞く」という位置づけにとどめ、その場合においても主治医の意見や治療の方向性を尊重し、治療への介入や、その前提となるような診断の役割を負わせないという範囲において、合理性・相当性を認めるべきであろう。また、指定医への面談に際しては、事前に、その目的・身体侵襲の程度及び拘束時間などを含む具体的方法、実施に当たる病院、検診結果についてのプライバシー確保の方法などを対象者に具体的に明示すべきは当然である。

　こうして患者としての権利を前提にすることによって、指定医が労働者の職場復帰に向けて果たすべき機能もより積極的に位置づけることが可能になる。すなわち、指定医は、職場復帰を可能とする主治医の意見を尊重しつつ、復帰するとなれば職場のどの点に問題があり、また患者がそれに適応可能かどうかを判断して、職場と復帰対象者との間を調整する役割を負うことになる。患者の同意と参加を前提とした主治医や会社への情報提供から復帰プランの

策定に至るプロセスが望まれる。
　その場合、センシティブ情報がどこまで使用者に開示されるべきかが問題となる。安全配慮義務の履行のために、使用者が労働者の医療情報を知ることが不可欠であり、労働者がこれを単に秘匿すれば良いというわけではないからである。また使用者は、労働契約上、労務遂行過程において安全配慮義務を負っており、そのため、使用者は、健康診断によって労働者の疾患を知った場合、それを労働者に告知しなければならず、これを怠ったために、労働者が病状を悪化させたときには使用者に安全配慮義務違反に基づく損害賠償責任が生じることになるが、告知の手段方法も問題であって、**HIV感染者解雇事件**（東京地裁判、平成7年3月30日、労判667号14頁）は、そうした告知のあり方が尊厳に配慮し、生きる希望をうしなわない手段方法をもってなされなければならず、専門家しかそうした行為はなしえないと判断している。安全配慮義務の一環としての健康保持義務から、健康診断などによって得た病状は労働者に告知する必要がある。その手段方法についても、社会的相当性の範囲において行われるべきであり、逸脱は告知自体の違法と人格権侵害に基づく損害賠償請求の対象となる。
　愛知県教育委員会事件（名古屋高裁判、平成9年7月25日、労判729号80頁）も、受診義務を基本的に認めながらも、労働者に受診義務が認められる場合であっても、その方法が合理的で社会的に相当でなければならず、労働者の人格権を侵害するような形態による受診方法は、労働者の身体に関する自己決定権を侵害するものとして不法行為を構成すると判断している。
　また、**国立比良病院事件**（京都地裁判、平成6年9月14日、労判661号10頁）も、医師に対し、精神鑑定を含む臨時の脳診断を受診するように執拗に要求し、健康診断の受診を拒否する理由を文書で回答させたり、原告の父親にも電話して受診の説得を依頼するなど、その態様や方法が尋常さを欠き、受診命令を強要したことは不法行為に該当すると判断している。その控訴審である大阪高裁（平成7年9月29日、労判688号44頁）判決が、医師に不審な言動がみられたことから「医師として不相当な言動に照らせば医師としての心身、とくに心の健康状態に関し疑問を抱いたのはもっともであって、職務上の受診命令は相当であるし原審の判断を覆しているのは重大な疑問がある。

現行安全衛生法は、患者＝労働者の権利として健康診断や医療情報の取り扱いを規律しているものではないが、いじめによる精神疾患発症と復職問題は、これらを「患者＝労働者の権利」の観点から抜本的に再構成する必要を提起するものでもある。受診義務を認めるに当たっては労働安全衛生法66条5項が医師選択の自由を規定していることに鑑みても、労働者がどのような医師を選択するかの決定権が尊重されるべきであり、労働者が健康診断を拒否した場合であってもなお、使用者は労安法による罰則を受けることはなく、労働者は、自らが健康診断を拒否した限りで、安全配慮義務の履行を免れるにすぎないという法的効果を有するにすぎないとする見解も唱えられていることに留意されるべきである。

(2) 休業・復職・解雇等身分関係上の諸問題をめぐる裁判例

療養を経てある程度治癒した状態になっても、回復期にある精神疾患患者は、職場を含む周囲の環境に対して敏感に反応し、心理的にも振幅があるとされている。そうした状態にある労働者に対して、使用者が復職に際して、復職そのものに否定的な姿勢を示したり、厳格な姿勢をとったり（たとえば復職後の勤務は欠勤は認めないなど）、差別的な不利益と受け止められるような人事上の措置をとったりしたときには（欠勤したときには処分を考えざるを得ないとか、復帰するにあたって配転措置を講じるなど）、ストレス耐性が減退している労働者は精神的・心理的にさらに追い詰められてしまう。

そうした状況について、使用者には、相応の配慮が求められるはずであり、とくに発病が職場に起因する場合で、それが使用者の配慮義務を尽くさなかったことによって休職を余儀なくされたような場合においては、復職に際して復職後の配置や職務軽減などの措置を講じるべき法的義務を負担すると解することができる。そして、使用者が法的義務を尽くさないために復帰できなかった労働者を解雇したときには、当然のことながら、その法的効力が問われることになる。

大建工業事件（大阪地裁判、平成15年4月16日、労判849号35頁）は、精神疾患患者の職場復帰にあたっては、従前の職務を通常の程度行える健康状態に回復することを求めているが、労働基準法18条の2の基本的趣旨によ

れば、可能な限りの雇用継続が求められているというべきであって、問題である。また後述するように、障害者権利条約が求める権利保障の趣旨によれば、さらに問題というべきである。

片山組事件(最高裁第一小法廷判、平成10年4月9日、労判736号15頁)は、会社が自宅療養命令をなし、これにしたがって4ヶ月間就労しなかったことによる賃金不支給の違法性が争われたケースであるが、最高裁は、**労働者が職種や業務内容を特定せず労働契約を締結した場合には、現に就業が命じられた特定の業務について労務の提供が十全にできないとしても、その能力・経験・地位・当該企業の規模・業種・当該企業における労働者の配置、異動の実情及び難易等に照らして当該労働者が配置される現実的可能性があると認められる他の業務についても労務の提供をすることができ、かつ、その提供を申し出ているならば、なお債務の本旨にしたがった履行の提供があると解するのが相当である**と判断した。こうした判断は、使用者に広範な配置転換についての権限を認める以上必然的な流れと言える。

その後、下級審で、**カントラ事件**(大阪高裁判、平成14年6月19日)が、労働者がその職種を特定して雇用された場合において、その労働者が従前の業務を通常の程度に遂行することができなくなった場合には、原則として、労働契約に基づく債務の本旨にしたがった履行の提供をすることができない状況にあると解されるが、就業規則において、業務の都合により職種の変更もありうることを予定していることからも、他の現実に配置可能な部署ないし業務を担当させることにそれほどの問題がないときは、債務の本旨にしたがった労務の提供ができない状況にあるものとはいえないとして、休業期間中の賃金の一部の支払を命じている。

精神疾患に罹患した労働者に対する解雇処分の効力が争われることもあり、下級審と上級審とで判断が分かれた事例として、**芦屋郵便局職員分限免職事件**がある。休職期間満了後の職場復帰過程において精神疾患者に対する受診命令を発したうえ、これに従わなかった労働者を分限免職処分としたことが問題になった。

神戸地裁(平成11年2月25日、公判速284号32頁)は、受診命令拒否は、**主治医の診断書について問い合わせもなく、病状把握のために指定医師に**

受診する必要があるという程度の説明しか行わず、そのために指定医の治療を受けるよう求められていると誤解を生じさせ、その旨の説明を求められても何ら具体的な説明をしなかったことから、合理的な理由がないとすることはできないとし、労働者の処遇については、障害者雇用促進法が精神疾患者となった労働者の雇用継続を求めており、人事院は各省庁に対して職場におけるメンタルヘルス対策を求め、人権に配慮した慎重な対応が肝要であるとして、受診勧奨に際してはあらかじめ精神科医と勧奨の方法や時期等について十分打ち合わせをすること等を求めるとともに、職場復帰に際しては種々の困難が伴うものであり、復職の時期・適応する職種、受入体制等について、専門医らとの協力関係が不可欠であると指摘し、精神障害者の人権の尊重及び社会復帰の促進等は、社会的に強く要請されていることからすると、個々の具体的事案・状況に応じた適切な方法及び表現で懇切丁寧に説明して納得してもらうよう十分配慮することが求められていると判断し、分限免職処分を違法とした。

　これに対して大阪高裁(平成12年3月22日、判タ1045号148頁)は、労働者は、分限免職処分とするには医師の診断書が必要であることを知り、受診命令の意味を十分理解していたから処分を受けるおそれを回避するために受診命令を拒否し続けたとし、受診命令は合理的としたうえ、処分までの期間に出勤できた日数が4割程度で、最終的には5割の勤務削減措置の特例を受けても復帰できなかったなどの事情によれば、障害者雇用促進法が想定する傷害の程度を遙かに超える重い障害のため職務を遂行する能力に著しく欠けていたこと、障害者雇用促進法は、そのような職員でも、職場環境、勤務条件を根本的に変更してまで、その雇用をあくまでも継続すべき義務を国に課しているとまではいえないから、分限免職処分は違法なものとはいえないとした。

　また、豊田通商事件(名古屋地裁判、平成9年7月16日、労判737号70頁)は、精神疾患者に対して使用者が労働時間短縮やナイトホスピタルを受け入れた事案で、使用者が労働者が治療を受けたうえで正常な勤務をすることができるように協力してきたが、その結果、精神疾患によって惹起された可能性のある行為であっても、事理弁別能力を有する者によるものである以上、懲戒処分について定めた就業規則の規定の適用を受けることから普通解雇は解

雇権濫用には該当しないと判断している。

　精神疾患をかかえながら職務に復帰する労働者の権利は、障害を理由とする雇用や労働条件に関する不利益の法的効力、さらには使用者の労働契約上の義務にもかかわる問題である。将来的には、障害者の権利条約の批准と国内法整備にかかわる主要な課題として位置づけ、ルールづくりがはかられるべきである。

第3章
職場におけるハラスメント対策の法理

1 ハラスメントをめぐる課題

　ハラスメントには、態様によって、セクシュアルハラスメント、ジェンダーハラスメント、パワーハラスメント、モラルハラスメント、マタニティーハラスメントなどの呼び名が付されている。すでにこれらのハラスメントは、裁判所においても民事損害賠償や労働者災害補償保険制度の適用に関して判断が重ねられてきており、またセクシュアルハラスメントのように、事業主の防止措置などを義務づける法規制も行われてきた。

　しかし、裁判所の判断や法制度には、大きな限界がある。職場におけるハラスメント問題にアプローチするためには、日本の司法と法制度では、まだまだ不十分なところが数多くあることをふまえなければならない。

(1) ハラスメントとは何か

　裁判所が判断する違法なハラスメントは、結果責任を問うことが可能な範囲を画するものであって、未然に防止対策を講じようとするのであればその範囲は自ずと異なる。裁判例で違法とされるハラスメントの範囲は、社会一般の意識に基づく社会的相当性が問われるのに対し、防止対策では、均等法に基づくハラスメントの定義のように、行為を受けた労働者の主観を基準に防止すべきハラスメントの範囲を画するというように、裁判所が違法と判断するよりも広範囲に社員の力の発揮を妨げる言動を広く対策の対象とすることが求められる。したがって、裁判所の判断をもとに防止対策の対象となるハラスメントの範囲を観念することは、重大な問題となる。

　また、違法なハラスメントともなれば、懲戒処分の対象となったり、被害を受けた社員に対する損害賠償問題を解決することが迫られる。損害の公平な分担を趣旨とするからこそ、民事損害賠償請求においては、「社会一般の意識」「社会的相当性」の範囲内であるかが問われるとしても、社会一般とは誰の意識であり、社会的相当性とはどの集団の尺度で決めるのか、という問題がある。

　性・人種・民族・社会的身分などによる社会的差別とこれに規定されて実在する力関係がハラスメント発生の背景にあるような場合には、違法性判断の一

般的抽象的基準を立てるだけでは、行動指針としての意味をなさないことに留意する必要がある。

そして、行為が戒められるべきものであるかどうか決めるについても、「直感」による判断ではステレオタイプによる影響を受けてしまう。これでは、硬直的な運用しかできなくなってしまい、受け止め方の差異など多様性を尊重して力を発揮するという本来の目的を見失うことになりかねない。

(2) ハラスメント防止などの対策

裁判所の判例では、使用者にハラスメントが発生しないよう配慮すべき義務があるとしているが、これは発生した結果に対する責任を問題にする概念でしかない。ハラスメントが及ぼす広範囲にわたる影響を考えると、この配慮義務を尽くしてさえいればそれでよいというわけではない。社員の潜在的な可能性を力に変えて仕事に活かすという人事政策や「差別やハラスメントと闘う」という良い企業イメージを高めるという立場からすると、裁判所の判断とはまったく異なる観点から講じるべき対策を検討しなければならない。

どうすればハラスメントを発生させないで済んだのだろうか、またハラスメントによる否定的な影響から職場や働き手を守るためには、予めどんな措置をとっておくべきか、万が一ハラスメントに見舞われたときには、職場の力を落とさない解決のために何が必要かといったことは、これらのケースから教訓化できなければならないはずである。

(3) 労働者がハラスメントに晒されない権利

ハラスメントは、職場における人間関係のあり方に関する問題であり、仕事を遂行し、職能を形成するうえでも重要な基盤である。ハラスメントによる被害を心身の健康面からとらえることは正しいが、ハラスメントは、そもそも仕事をやりづらくさせ、力を抑制して生産性を著しく減退させてしまう。そうした事態は、現場から発生するものであるから、ハラスメント防止に一人一人の働き手が積極的に参加することなくして、効果的な対策はありえない。

しかし、安全衛生委員会のような制度がこの問題について本来の機能を発揮するかどうかは、職場全体の人権意識や人間関係のあり方にかかっている。

企業の人事権の裁量範囲が大きいために包括的な支配関係が構造化されたところでは、企業が設定したある目的遂行のために「障害」と考えられる労働者に対する集団的な人権侵害が発生しやすい。

　労働組合に加入して権利侵害を告発したときにはさらにハラスメントが激しくなったケースも少なくない。このような場合があることを考慮したときには、労働者がハラスメントに晒されることなく、安心して職場で力を発揮できるよう、妨害排除請求権や就労拒否権が現実に機能するようにしなければならない。就労拒否権の法的根拠やその効果については司法判断においても確立を見ていない。そして、妨害排除請求としての差し止めか、あるいは、労働契約に根拠を有する就労拒否権というかはともかく、権利が認められるためのハードルは未だ高い。諸外国の立法例も考慮して、労働者がハラスメントを回避して働き続ける権利を確立することが求められる。

(4) 圧力をかけられたうえでなされた意思表示の効力

　ハラスメントによって抵抗する力を削がれて雇用や仕事に関する権利を放棄させられることに対して損害賠償責任しか問えないというのでは、ハラスメントを根絶することはできない。違法な退職勧奨（強要）に基づく退職の意思表示の効力は、労働者がこれを違法と訴える以上否定されてしかるべきであるし、少なくとも、理不尽で違法な圧力をかけられた上でなされた退職の意思表示については、解雇に準じて、あるいは解雇に擬制して、その法的効力を問わなければならない。このことは、正社員契約からパートなどの非正規雇用契約への変更や仕事配置その他の労働条件を不利益に変更することに同意を取り付ける場合にも及ぼされる必要がある。

　しかし司法判断の現状は、暴行・強迫により完全に意思決定の自由を失った状態での意思表示として当然無効とするか、畏怖の結果完全に選択の自由を失ったわけではない場合には強迫による意思表示の取り消し（民法96条）の対象とするにとどまっている（最高裁判、昭和33年7月1日、民集12-11-1601）。

(5) 職場復帰

　ハラスメントによって心身の健康を害して休業を余儀なくされた労働者の職場復帰に関する権利を確立しなければ、やはりハラスメントを根絶することはできない。これに関する司法判断は、指定医への受診を義務づける規定の拘束力から復帰後の配慮義務に至るまで、ハラスメントが労働者に与える心理的精神的圧力やそれが復帰しようとする労働者に影響を与える程度などを考慮したものとは言い難く、復帰しようとする労働者に対し限界以上に努力を求める傾向がある。

(6) 休業補償・療養補償などの生活補償

　労働者災害補償保険制度の適用によって、生活のことを心配しないで療養に専念できるようにすることもハラスメント対策の一環である。しかし、ハラスメントによる精神疾患の発症や自殺が業務に起因するものと認められるためのハードルもまた非常に高い。

　休業した場合に、健康保険給付である傷病手当金より、労働者災害補償保険制度の適用による休業補償給付のほうが高額であるが、後者の認定にはハードルが高く、そのため救済のためにも時間を要する。労災保険給付を求めれば、傷病手当金給付手続きは認められないという窓口対応もなされることから、どうしても労災保険給付申請に及ぶことが憚られてしまう。簡易迅速な適正補償が実現されるためには、いったい何が必要とされているのだろうか。

(7) 法規制

　ハラスメントに関して立法措置を講じる必要は高い。日本で法的規制が置かれているのは、男女雇用機会均等法に基づく性別・妊娠・出産を理由とする退職の勧奨（均等法6条4号）と、セクシュアルハラスメント（均等法11条）のみである。

　性別や妊娠・出産等を理由とする差別的不利益を事実行為も含めて禁止する法改正は06年に行われており、セクシュアルハラスメントに関する規制強化とあわせて、職場の環境改善に資する法の運用が期待された。しかし、実際のところ、マタニティーハラスメントなどのハラスメントは、この間の厳しい経済及

び雇用環境のなかで拡大の一方で、効果的な対策が講じられているとは言い難い。

　妊娠・出産を理由とする解雇については立証責任を転換する規定が盛り込まれたが（均等法9条4項）、その他の不利益取り扱いに関する立証責任問題など未解決の課題は少なくない。

2　ハラスメントとは何か

(1) 法規制の形態
1) ハラスメントの禁止
　既にみたとおり、国際的には、ハラスメントを法によって規制することが主流といえ、差別の一類型としてハラスメントを禁止するアプローチとともに、尊厳に対する罪として、刑法や不法行為法による規制の対象にしている。

　たとえばEU指令は、ハラスメントを差別の一形態と位置づけているが、その定義については、

① 人種的又は民族的出自に関する求められざる行為が人の尊厳を侵害しかつ脅迫的、敵対的、冒涜的、屈辱的または攻撃的な環境を作り出す目的または効果をもって行われるとき、第1項に定める差別とみなす。

② 人の性別に関連した望まれない行為が、人の尊厳を侵害する目的または効果を有し、かつ脅迫的、敵対的、冒涜的、屈辱的若しくは攻撃的な環境を作り出す目的又は効果を有するとき。

③ いかなる形態であれ性的性質を有する言語的、非言語的又は身体的行為が人間の尊厳を侵害する目的または効果を有し、特に、脅迫的、敵対的、冒涜的、屈辱的若しくは攻撃的な環境を作り出す目的又は効果を有するとき。

と定めている。このように、EU指令が規制の対象とするハラスメントは、尊厳を侵害して脅迫的・敵対的その他の環境を作り出す「目的又は効果」のある行為をいうとし、日本の司法判断より広く法違反となる範囲を定めている。

　ハラスメント及びセクシュアルハラスメント並びに人がかかる行為を拒否したこと又は受入れたことに基づくあらゆる不利益待遇や、差別やハラスメントのそそのかし・指示も差別とみなされる。各国は、これに基づき国内法を整備しているが、イギリスでは、それと同時に、人格権侵害の切り口からも刑事上のハラス

メント罪を定めて刑事罰の対象とするほか、不法行為類型を定めて損害賠償及び差し止め命令の法的根拠を示している。

また、**フランス**では、労働法典に、セクシュアルハラスメント及びモラルハラスメントから労働者の雇用を保護し、予防のための規定を設け、あわせて刑法典では、セクシュアルハラスメント罪（人が性的好意を得ることを目的として他人にハラスメントをする行為）及びモラルハラスメント罪（他人の権利者もしくは尊厳を毀損し、身体的若しくは精神的健康を悪化させ、又は職業的将来を害する恐れのある労働条件の破損を目的とし、若しくはその効果を有する反復的行為）を処罰することにしている。

ドイツでは、2006年の法整備によって、差別の一形態としてハラスメントを禁止したが、ドイツ基本法1条1項（人間の尊厳の規定）及び2条1項（人格の自由な展開に関する規定）などに基づいて労働者には人格権が保障されていると解され、損害賠償制度などが労働者保護に結びついて機能してきたことから、ハラスメントの範囲をより実質的に「不利益待遇」と定め、人種、民族的出自、性別、宗教若しくは世界観、障害、年齢又は性的アイデンティティーの一つと関連する望まれない行為方法が、該当する者の尊厳を傷つけ、かつ威圧的・敵対的・侮辱的・屈辱的若しくは不快感を与える様な環境を生み出すことを目的とし、又はこのような作用を持つ場合としている。

また、セクシュアルハラスメントは、望まれない性的行動及びその要求、性的意味を有する身体的接触、性的内容の発言などにポルノグラフィー表現の望まれない提示及び見えるような表示も含む、望まれない性的意味を有する行為が、該当する者の尊厳を傷つけることを目的とし、又はこのような作用を持つ場合、特に威圧的・敵対的・侮辱的・屈辱的若しくは不快感を与えるような環境が生み出される場合をハラスメントとして禁止されるとしている。

2）**防止対策の義務づけ**

日本では、ハラスメントを直接禁止する形態をとっていない。まして、ハラスメントをフランスやイギリスのように、広く尊厳に対する罪として刑事罰を課しているわけではない（ただし、名誉毀損、侮辱、強姦、強制わいせつ、暴行、傷害など刑法典で刑罰の対象になるものもあるが前記法制度による尊厳に対する罪

は、その適用範囲が広い）。セクシュアルハラスメントに関する均等法をみれば前記禁止法制との違いは明らかで、日本の規制方式は、事業主に対し、防止義務を課し、職場におけるセクシュアルハラスメントを許容しないことを従業員に対して周知することや、苦情制度をつくって迅速適正に問題を解決するなどの措置義務を規定しているのみである。

　ハラスメントを差別の一形態として、あるいは尊厳に対する罪・不法行為として、禁止規制の対象とする法制度に対して、日本のそれは事業主に防止対策を義務づける事を通じてハラスメントを職場からなくそうとするという間接的規制形式を採用しているから、対象となるハラスメントの範囲は相当程度広範囲であっても構わないはずである。

　むしろ、職場におけるハラスメントの形態は多岐にわたっており、暴力と許容される行為の間の境界線は非常に曖昧で、社会環境や文化によって見方も多様であるから、禁止法制をとる以上不可欠な、禁止されるべきハラスメントの範囲を確立するという非常に困難な課題を避けて、曖昧なグレーゾーンに属するハラスメントや、ハラスメントの前兆として制止しておくことが望ましいと考えられる行為も含め、広く防止対策の対象範囲に取り込んでおくことが可能になる。そのような方式の方がハラスメントの根絶にはより有効とも考えられる。均等法11条は、望まない性的言動で、就業環境を害するか、これへの対応によって雇用上不利益となるものを広くとって、企業に防止措置を義務づけるという規制スタイルをとったが、その利点は大いに活かされるべきだろう。

　「パワーハラスメント」について、何らかの法制化がなされるとすれば、同様のスタイルによる規制方式を採用することになるのかもしれない。そうであるとすれば、そこで対象となるハラスメントの範囲は、相当程度広範囲に定められてしかるべきといえる。「職権などのパワーを背景にして、本来業務の適切な範囲を超えて、継続的に、人格や尊厳を侵害する言動を行い、働く環境を悪化させ、あるいは雇用不安を悪化させること」という一般に用いられている定義も、ある程度違法性を意識しながら、防止を念頭において、職場におけるハラスメント対策の対象範囲を明らかにしたものといえよう。

　ILOでは、ハラスメントを防止する趣旨から、サービス業における職場暴力及びこの現象を克服する対策についての実施基準（「Code of practice on workplace violence in services sectors and measures to combat this phenomenon」)を策定したが、これによると、職場における暴力(ハラスメント)とは、妥当な対応を行っている者が業務の遂行及び直接的な結果に伴って攻撃され、嚇かされ、危害を加えられ、傷害を受けるすべての行動、出来事、行為であると定義している。直接的な結果とは、業務との明確な関連があって、かつ、妥当な期間の範囲で発生した行動、出来事、行為と解されるものであるとされる。この暴力には、管理者、監督者を含めた労働者間で発生した「部内職場暴力」のほかに、管理者、監督者を含めた労働者と職場に存在するその他の者との間で発生した「部外職場暴力」を含むとしている。少なくとも、防止対策が講じられるべき趣旨(第1章参照)によれば、対象者が「不快」と感じる望まない言動を広く対象とすることになるであろう。

3) 禁止と防止

　ハラスメントのなかには、心身を傷つけ、治療を要したり、休業を余儀なくさせたりするものがある。名誉やプライバシーを侵害する行為や、差別の一形態であったり、差別を助長したりする行為もある。これらの行為は、多くの裁判例で扱われ、違法と判断されてきた。それは、その行為が人権を侵害すると考えられるからである。

　職場において発生するハラスメントのメカニズムに着目したときには、諸外国の立法例や裁判所の判断をふまえ、人権法理に基づく法の介入が必要となる。ステレオタイプや、不利益を恐れて身動きできないなど、差別やハラスメントを許容したり、増長させたりする条件が根強いところでは、いじめを根絶するには、法による介入がなされること、すなわち、ハラスメントを禁止し救済を受けられるシステムを確立する必要がある。防止措置として多くの企業が採用している内部苦情処理手続きは、ハラスメントを「丸く納める」ことによって、再生産メカニズムを温存してしまうことになりかねない。申立ても揉み消されてしまうのではないかとか、不利益を受けるのではないかとおそれを抱く人が少なくないのも、そうしたメカニズムが働くことを実感しているからである。したがって、法によって直接禁止されるべきハラスメントを明確化し、救済機関が現実に起きているハラスメントに介入するシステムを確立することが求められる。

しかし、法によって禁止され、違法とされるハラスメントの範囲を定めるのは困難であるし、受け止め方もそれぞれ異なるというところで、グレーゾーンも含めた行為を未然に防止するシステムを構築しておくことは、企業としても重要である。
　法による禁止と防止が有効に組み合わせられた制度が望ましい。

(2) 禁止されるべきハラスメント
1) ハラスメントの法的本質～法益侵害の見地から
　ハラスメント行為は、侵害される法益に対応して、身体的・性的・精神的（心理的）ハラスメントといったように分類されて概念が形成されてきた。法益侵害の観点からみれば、ハラスメントが職場における地位・労働条件を悪化させ、生活の基盤や発展の可能性を奪うという側面で、経済的な権利にとどまらず、新しい概念として提唱されるようになった「キャリア権」（諏訪康雄『キャリア権の構想をめぐる一試論』日本労働研究雑誌468号、1999年）ほかのように、労働者の人格権に根ざした発展の権利を侵害するものとして捉えることもできるだろう。そして、これらの人格的利益は、その追及自体が労務提供に内在化された目的そのものと考えることが出来る。
　また、心理的・精神的に危害が与えられるハラスメント対策は、今日、ようやく職場の優先事項として取り組まれるようになり、職場のあらゆる心理的危険の重要性について再評価が行われたりしてきた。心理的ハラスメントの多くは、それ自体は比較的些細かもしれないが、積み重なると非常に深刻な被害をもたらすような行動の繰り返しである。たった一回の行為でもそのような危険が生じることもあるが、多くの場合、心理的暴力は、繰り返し行われ、不快で、一方的、威圧的な行為であり、それは犠牲者に対しひどい影響を及ぼすことがあると指摘されている。
　これらの指摘は、身体的行動と心理的行動に対して同等の重みを置くこと、些細にみえる行為についても重視しなければならないことを十分に認識させるものである。身体的暴力による怪我の外傷は消えても、心の傷、精神的な痛みはなかなか消えるものではない。このことは、多様な形態によるハラスメントによって侵害される権利・利益の核心に、人間の尊厳と人格権があることを示して見せるものである。「セクシュアルハラスメント」も、性的自由の侵害であると同

時に、より根本的には、相手の意思を無視した人格的自由と尊厳の否定であって、相手の人格に対する介入＝人格的支配がある。そして、ハラスメントの法的本質は、あらゆる手段を行使した「人格権に対する介入ないし支配」あるいは「差別」の一類型であるということに尽きる。

2) 違法となるハラスメント

　これまでの裁判例をみると、権限を逸脱した行為で、違法な目的のもとに嫌がらせ目的でなされた仕事外しや職場からの隔離、継続的監視や職場で孤立させる行為、勤労意欲を失わせ、やがて退職に追いやる意図をもってなされる配置転換等の人事権行使などで、通常甘受すべき程度を超えて精神的苦痛を与える行為について権利侵害行為として慰謝料の支払いを命じてきた。

　また、セクシュアルハラスメントについても、一般通常人を前提に、当事者の職務上の地位や関係、行為の場所、時間、行為の態様、被害者の対応等の事情を総合的に勘案して社会的相当性の範囲を超える行為について権利侵害行為として不法行為該当性を認めてきた。こうした司法判断のレベルをふまえると、法によって禁止されるべき違法なハラスメントの最小限度は、以下のような要素によって決められることになろう。

　第一に、客観的な行為の具体的態様である。暴行罪、傷害罪、強迫罪、侮辱罪、名誉棄損罪などの刑法に定められた犯罪構成要件に該当する行為はいうまでもないが、はっきり該当するとまではいえないとしてもこれに準じる行為、労働基準法や労働組合法など労働関係法規及びその趣旨に反する行為（サービス残業などの違法労働をさせたり、差別や不当労働行為に該当するようなことをしたりさせたりすること）、不正競争防止法に違反し、あるいはこれに準じるような行為をさせるなども含まれる。また、業務上の必要性もないのに呼び出しをかけて些細な仕事上の行動やミスを非難するといった権限濫用は違法となる。差別的・侮辱的な言動はそれ自体として相手に精神的苦痛を与え権利を侵害するものとして違法と評価される。性的性質を有する言動は、それ自体として職務とは無関係であって、仕事をする場としての職場においては必然性を有しない。「職場の潤滑油」として「性」にかかわることが利用されること自体が、差別の一類型として許容されない。また、労働者に対する権限行使の合目的性・正当性の根本にあるのは、「労働者の力の発揮を促すこと」であり、能力や存在を否定するような行為、力の発揮を妨げてしまうような人格的介入・非難は、労働者の人格権を侵害して違法となる。

第二に、職務上の地位、行為の態様、経緯や背景、被害者の対応など経過や背景から、社会的相当性の範囲内といえるかどうかも問題になる。仕事上の必要に基づく注意・指導であっても、否定的で人格的非難にわたるような場合は、行為の客観的な側面から違法性ありとされるが、そうでなくとも、同僚の面前で大声でなされる威嚇的な言動によるといった場合には、社会的に相当な範囲を超えて違法と判断される。1回の行為でも相手に心理的に強い圧力となって心身に傷害をもたらす事もある反面、些細と思われる行動でも何度か繰り返されることによって深刻な被害をもたらす場合もあり、そのような場合にも違法と判断される。これに対して、外形的には、怒鳴ったり、殴りつけたり、モノに当たったりといった行動であっても、ハラスメントによって引き起こされる場合もある。怒りを引き起こすような行為は、形態が巧妙で見た目には違法とはっきり認識できるものではないことが少なくない。ある一定の情報を流すなどして多数派（世論）を形成し、その力を背景にしながら相手を精神的に追い詰めたりするモラルハラスメントは、被害者の怒りを爆発させて「加害者」にしてしまうところにまで追い詰めることがあるので注意が必要である。このような場合には、当事者の年齢、職位、能力、学歴、性別、性格などによる力関係・力の不均衡や行為に至る経過が重要な判断要素となる。相談したりサポートを得られるような状況にあったのか、孤立を余儀なくさせられる環境についても、心理的圧力の程度に大きな影響を及ぼす要因となる。

　第三に、行為者が相手を攻撃の対象とする意図が問われることがある。継続的で繰り返し行われる行為は、些細なものでも、打撃的なものでも、相手に対する嫌悪感、劣等感、脅威を抱くことによる排除の系統的意図があると見られる。また、不作為であっても、必要な情報や知識を得る機会を与えないなどの行為については差別的排除となる。このように、相手を攻撃ないし排除の対象とする意図・動機は、客観的な行為の形態に加えて行為に至る経過や周囲の状況などから推し量られ、違法性判断の要素となる。

　第四に、以上の結果としての権利侵害の有無・程度がどのようなものであるかということである。訴訟に至るケースでは、心身の傷害が発現したり、自殺に至るものが少なくないが、そうした場合に限られるものではない。諸外国の規制をみれば、不安や脅威を与えることによって、行動の制約を余儀なくされるような場合も、権利侵害として禁止規制の対象となる。また、差別的言動は、そのターゲットになった集団ないし個人に対する侮辱し、存在を無化し、社会のステレオタイプに依拠して排除を煽動する性質を有するものであって、それ自体として、人格権及び平等権を侵害して違法というべきである。

3）禁止法制の可能性

以上のような職場におけるハラスメントについては、差別と人格権侵害の両側面から、禁止されてしかるべきである。

ハラスメントの禁止によって、どのような法的効力を付与するかについては、第一に、損害賠償請求権行使の根拠とすること、第二に、禁止されたハラスメントの結果として行われた退職などの意思表示の「任意性」を否定し、実施された退職勧奨などの行為を使用者の発意に基づく契約終了あるいは労働条件不利益変更行為として法的に評価すること（労働契約法に定める解雇、配転、労働条件不利益変更に関する条項を準用すること）、第三に、禁止されたハラスメントが行われて一定の条件を満たすに至ったときには、労働者は一定の手続き・要件のもとに就労拒絶権を行使できるとすること、などが考慮される必要がある。

3 ジェンダーに基づくハラスメント

(1) ジェンダー平等とハラスメント根絶の今日的な課題

ILOは、09年第98回総会においてジェンダー平等を取り上げ、そのなかでジェンダーに基づく暴力について、改めて注意を喚起している。総会での議論をふまえた総括では、仕事の世界における男女平等がILOとディーセントワーク（働きがいのある人間らしい仕事）の中心的テーマであること、今日、持続可能な成長、男女双方のための貧困の削減とすべての人にとっての生活水準を改善するうえで必要不可欠であるにもかかわらず、男女間の賃金格差や水平・垂直の職務分離、非正規雇用と低賃金、劣悪な労働条件を強いられ、ジェンダーに基づく暴力は女性の人生のあらゆる段階で惹起されていること、さらに女性は、出産による負担や資源及びサービスへのアクセスを欠くために、社会保障の欠如、男女の賃金格差、低賃金、不十分な労働条件、セクシュアルハラスメントを含む搾取や虐待、意見表明や代表性の欠如が、女性にとっての状況をより悪化させていることを指摘している。

そして、経済危機は、不平等の拡大や女性の獲得した権利の侵害に対する言い訳として使われるべきではなく、男女平等の新しい政策対応を形成する

好機としてとらえられるべきであるとし、ILOとして取り組むべき課題の一つとして、男女労働者に対するセクシュアルハラスメントや職場における女性に対する暴力を防止・根絶するためのツールの開発・普及を掲げている。

(2) 女性に対する暴力・ハラスメントの本質

　女性に対する暴力は差別から生み出され、社会生活のあらゆる場面に存在する。女性に対する暴力は、女性に対する差別、固定的な性役割が存在する男性優位社会に構造的に発生する社会問題である。女性に対する暴力の根底には、性差別とその土壌となっている性役割があり、差別による男女の力の格差が大きいところで暴力が生み出される。

　たとえば、「誰に食べさせてもらっているんだ」という言葉は、家族の生活を経済的に握っているという優位な立場を振りかざした言葉による暴力のひとつであって、その根底には「男は仕事、女は家庭」という性役割とその結果としての男女の経済的な格差にある。また、女性が歓迎しない職場における性的会話や接触は、女性を働く同僚としてではなく性的対象とみなす差別的な意識や男性本位の職場環境が原因である。

　身体的な暴力が加えられなくとも、①社会的隔離（孤立させること、日常あるいは社会的活動の管理や制約、制限の正当化）、②心理的暴力・言葉による暴力、③相手の生活に必要な人物や権威ある第三者を利用した暴力、④特権をふりかざした暴力（その人の存在にかかわる事柄について、一方的に重要な決定を下したり、女性に対する偏見や差別的価値観を一方的に押しつけられる）、⑤脅迫・威嚇、⑥暴力の存在や程度を否定したり責任を転嫁して相手のせいにする、といった暴力のいくつかの形態と環境設定の組み合わせによって、人間に対する支配を継続できることはよく知られた事実である。

　これらの手段を用いた支配は、暴力からの回避を不可能にし、加害者による継続的な暴力を可能にする。そして、これらの暴力には、人間としての存在を貶め、萎縮や恐怖、不安を与え、自信や誇り、自尊感情を打ち砕いてその人の可能性を奪う効果がある。

　国際社会においては、女性に対する暴力概念の核心は、あらゆる形態の暴力を手段に相手をコントロールすることによって人間の尊厳を侵害することであ

り、暴力による人格の統合性の侵害であるととらえられている。「女性に対する暴力」概念を定立することにより守られるべき法益は、生命・身体の安全のみならず、恐怖と不安におびえることなく、平穏で安全な生活を送る権利であるとされている。「女性に対する暴力」概念を定立することにより守られるべき法益は、生命・身体の安全のみならず、恐怖と不安におびえることなく、平穏で安全な生活を送る権利であると考えられている。

　こうした考え方に基づいて暴力の根絶をめざす立法が世界各国で具体化されてきた。**スウェーデン**では、女性に対する暴力は、女性が暴力や恐怖、抑圧によって人格の統合性（integrity）を奪われ、完全に支配された状態におくことであるという考え方にたって、暴力によって生きる力を弱められ、自尊感情という人権の中核そのものを傷つけられてはならないという趣旨から、まったく新しい犯罪概念として「女性の平和侵害罪」を創設している。このように、人格の統合性の侵害という考え方は、他の立法例にも見られる。

　また、**アメリカ**では、1994年に「女性に対する暴力防止法」Violence Against Women Act（VAWA）が制定されている。この法律が注目されるのは、「暴力からの自由は市民的権利であり、すべての合衆国市民はジェンダーを動機とした暴力から自由である権利を有する」と規定していることである。すなわち、この法律はジェンダーに基づく暴力を受けない権利を市民的権利と構成して、連邦政府による保護の対象とした。また、女性に対する暴力が、経済的地位、就労、移動の自由、生き方の選択の自由に影響を与えることを明確にし、ジェンダー差別のひとつに位置づけた。市民的権利を侵害された場合は、連邦民事上救済手段により、損害賠償請求権、差し止め命令そして請求権が認められる。「ジェンダーを動機とした暴力」に関する定義は定められていないが、その中には、言葉の暴力や侮蔑的表現など広範囲な手段方法が含まれると解釈されている。

(3) 女性に対する暴力撤廃宣言

　1993年、国連の『女性に対する暴力撤廃宣言』は、「女性に対する暴力」が個人的な偶発的問題ではなく、歴史的に形成されてきた男女の力関係が生み出す社会構造的な問題であり、国家が暴力を容認・許容してきたことにより

広く社会に蔓延して、女性の自由・平等・安全および尊厳を侵害し、女性の地位低下させてきたことを明らかにした。そして、「女性に対する暴力」とは、「女性に対する身体的、性的もしくは心理的危害または苦痛(かかる行為の威嚇を含む)、強制または恣意的な自由の剥奪となる、または、そのおそれのあるものをいう」と定義づけている(同宣言第1条)。

　性差別とその土壌となっている性役割が、女性に対する暴力を生み出す基盤にあるものだとすると、暴力をなくすためには、社会のなかにある女性に対する差別や女性が自立して生きていくことを阻む壁を取り除かなければならない。性役割にとらわれないで男女が社会のあらゆる分野で平等に責任と権限を分かち合う社会づくりが暴力の根絶に向けた究極の目標ともいえる。そして、女性に対する暴力は、基本的人権を侵害して男女平等を阻害するものとして、法律によって規制され防止されるものと位置づけられている(男女共同参画社会基本法等)。

(4) 職場におけるジェンダーに基づくハラスメントの規制

　以上のように、女性に対する暴力は、強姦、強制わいせつ行為のような性暴力に限らず、広く男女の力関係や偏見に基づく暴力を含んでいる。また、殺人、強姦、強制わいせつ、強盗、傷害、暴行、脅迫、名誉毀損、侮辱といった刑事罰を科して禁止されている犯罪行為のみならず、他人を悩ませたり、苛立たせたり、行動を制約するような行為で、それ自体では深刻かつ継続的な身体の傷害や脅迫にはあたらないようなハラスメントも含む概念として、広く根絶しなければならない対象となっている。そして、性別や性的指向に基づく暴力は、性役割などステレオタイプが人々の生活や行動様式に根ざしている以上、広くあらゆる人間が対象とされる。こうした性別や性的指向に基づく暴力・ハラスメントを広くとらえる概念として、ジェンダーに基づくハラスメントと呼ぶことにする。EU及び加盟国のいじめ立法は、こうして広くジェンダー差別の文脈のなかにハラスメントをとらえて禁止するものである。

　ILO前記総会の総括は以下のように指摘している。
　差別と暴力のない職場づくりは、社会正義の問題であって、権利と経済効率の問題に根ざしている。セクシュアルハラスメントや他の形態のハラスメントは、男女の尊厳を損

ない、男女平等を否定し、重大な意味をもつ世界共通の深刻な差別形態である。ジェンダーに基づく職場での暴力は禁止されるべきであり、その防止のために、政策・計画・法令及び他の適切な措置を実行すべきである。ハラスメントの差別的な特質、生産性及び健康への影響に関する男女への教育を通して予防する場所として、職場は適している。また、場合によっては、企業、産業もしくは国家レベルでの団体交渉を含む社会対話を通じて取り組むべきである。

(5) ハラスメントとの闘い

「セクシュアルハラスメントは、広範囲にわたる互いに関連した個々の行為を包括的に論じる際に集合的な概念として用いられている。しかし結局のところ、日本でもアメリカでも、個々の訴訟においては当該事件の流れに沿って、危険にさらされている利益(法的なものとは限らない)や利益侵害の態様を検討することによって判断が下されなければならない。アメリカの事例は、様々な利益がセクシュアルハラスメントに関わっていることを示している。」(「セクシュアルハラスメントとは何か～アメリカ人弁護士のみた日本のセクシュアルハラスメント」ジュリストNo1079(95年11月15日))。アメリカの弁護士であるアリソン・ウエザフィールドは、このように指摘し、ハラスメントは「他人を悩ませたり苛立たせたり妨害するあらゆる形態の行為で、それ自体では深刻かつ継続的な身体の傷害や脅迫にはあたらないような手段でなされるもの」を指すが、セクシュアルハラスメントは、反社会的であることをハラスメントによって表し、セクシュアルによってその動機が性格づけられていると述べている。

そして、「当初からフェミニストは、SHという言葉を、女性が上司や同僚との職業的な関係には適切でないと感じるすべての言動を包含するものとして用いた。そのなかには、強姦など、性的関係を昇進などの条件とすること、女性の身体をじっと見たり身体について何か言ったりすること、性行為の要求、職場でポルノ雑誌を読むこと、女性を蔑称や性別に結びついたニックネームで呼ぶこと、女性に不快感を与えるジョークを言うことなど、多種多様な言動が含まれ」、女性の意に反する言動を重大なものから軽微なものまで広範囲にわたって包含していることに特徴があるとしている。

これらの言動のうちアメリカ公民権法による規制の対象となるものについて

は第1章で述べた通りであって、法的制裁措置の対象となる範囲は、どうしても狭く限定されることになる。アメリカにおけるフェミニストは、公民権法第7編の援用その他の法的救済によって加害者や使用者にできるだけ広い範囲で法的非難を加え、あわせて女性による個人的・集団的な抗議運動や職場での予防措置の必要を訴えてきた。そして、ハラスメントによる被害が企業効率の低下をもたらすことから、それによるコストや訴訟費用を回避するために、企業においてはフェミニストの定義と同様、広い範囲の言動を不当な行為として職場から排除の対象とする傾向があるという。このように、広範囲にわたるハラスメントを対象にする動きを支えるものは、現在の社会的規範や行動様式を変える必要があるという考え方であり、アメリカ連邦最高裁は、「公に人種差別主義者、性差別主義者として振る舞うことが許されないことを周知していけば、そのうちに人々はこのような考え方が私生活上も望ましいものではないことを悟るであろう。かくして公民権法第7編は、我々の社会における先入観や偏見の根絶という目的を推進するであろう」と述べている（アリソン・ウエザフィールド）ことは肝に銘じるべきである。

　このように、ハラスメントの禁止は、よりポジティブに防止対策を講じて職場からハラスメントによる否定的な影響を根絶する動きを触発し、また逆に、闘いによって社会的な意識を変えて禁止の範囲を拡大するという連鎖を引き起こしていく。そうした点で、訴訟において違法とされるハラスメントがどのように判断されるのかは重要である。

(6) 男女雇用機会均等法
　男女雇用機会均等法は、97年に改正されて、職場における性的言動によって、就業環境を害したり、雇用や労働条件に不利益を加える行為を広く防止するよう事業主に求めている。当初は女性に対する性的言動について防止することを義務づけるにとどまり、職場における男女平等を確保の一貫として、ヌード写真などの視覚に訴えるハラスメントから、性的噂話や否定的評価の流布、女性の身体に触れたり性的関係を要求する行為、これらの行為への対応によって不利益を与える行為に至るまで防止することを事業主に対して義務付けた。女性が望まない意に反した性的言動であれば、企業はそうした行為を会

社の規則で禁止し、厳正に処分するなどの苦情処理が義務付けられる。

　06年改正法では、男性に対するセクシュアルハラスメントも防止措置の対象となり、より広いジェンダーに基づくハラスメント防止へのステージを開いた。防止義務も、配慮義務から措置義務へと強化されることとなった。さらに、差別禁止条項は、性別や妊娠・出産・出産休暇の取得などによる退職強要行為を禁止した。それまでの均等法が差別となる法律行為を禁止することでは不十分であることから、雇用に直接不利益を与えることになる事実行為としての「退職勧奨」をも禁止の対象にしたものである。前記の「退職勧奨」のような事実行為がいじめとして問題になってきたことをふまえると、その禁止は、差別の一類型としてのハラスメント禁止の可能性を示すものでもある。

　さらに、企業による防止の義務づけという間接的な形態では、法律に基づく救済策は、企業内でのシステムに依存する以外にない。労働行政が関与できるのは、規定の整備や苦情の申立があったときには、法律にしたがって苦情を解決するよう求めることができるだけで、職場に介入して直接ハラスメントを受けている労働者を救済することはできない。そうした限界もあって、改正法では、均等法に基づく調停制度を利用して、被害者が第三者機関を通じて救済を求めることができるようにした。

　しかし、これらの改革も十分なものではない。予防義務をコアに組立てられた法制度は、労働者の精神的健康に影響を与えてモラルや生産性を低下させたり、労働者の職業上の見通しを悪化させる行為を広くとらえて防止対象とすることができるはずである。にもかかわらず、均等法の本文が何故性的性質の言動（セクシュアルな言動）に限られるのか疑問がある。防止義務の範囲は、セクシャルハラスメントの土壌となるようなさらに広い行為＝ジェンダーハラスメントも含まれる。ジェンダーと結びついた言動によって多くの労働者（主に女性）が職場で力を発揮し、働き続けることへの厚い壁となっていることを認識しながら、本文において防止義務の対象となるハラスメントを定義するに際にはそれを除外してしまっている。また、予防というのであれば、ハラスメントによって労働者の心身の健康を害されないよう、危険からの退避などが考えられるべきであるが、具体的な権利行使の根底となる規定が整備されているわけではない。

4 企業におけるハラスメント予防対策

(1) 予防されるべきハラスメント

　禁止されるべきハラスメントが、使用者による予防義務の対象となることはいうまでもないが、予防対象とされるべきハラスメントは、禁止される違法なハラスメントにとどまるものでもない。均等法に基づいて防止が義務づけられるセクシュアルハラスメントの範囲は、資料編349～355頁のように定められている。また、パワー・ハラスメントについては、前述のとおり中央災害防止協会が一定の定義をおいて啓発しているが、法制度として確立された概念があるわけではない。EUは、国際的に合意されているいじめの単一の定義は存在しないとしながら、定義の一例として、「職場のいじめとは、従業員または従業員のグループに繰り返し向けられる、不合理な行動のことで、健康と安全に危険を生じるものである。」とし、以下のようにその要件を解説している（欧州安全衛生機構『職場における暴力』）。つまり、「不合理な行動」とは、理性のある人間が、あらゆる状況を顧慮しつつ、不当に扱ったり、屈辱を与えたり、傷つけたり、脅迫しようとする行動を意味する。「行動」には、個人およびグループによる行為が含まれる。仕事というシステムが、不当に扱ったり、屈辱を与えたり、傷つけたり、脅迫する手段として利用されることがある。「健康と安全への危険」には、従業員の精神的または身体的な健康への危険が含まれる。いじめには、しばしば権力の不正使用あるいは濫用が伴い、いじめの対象となる者は自己防衛に困難を感じることがある。いじめには、言葉による攻撃や身体に対する攻撃のほか、同僚の仕事をばかにしたり、社会的孤立といった、より微妙な行為も含まれることがある。また、身体的および心理的な暴力の両方を伴うこともある（国際安全衛生センター仮訳）。

　このように、職場におけるいじめについては、その境界線が不明であったり、自覚できないものもあるため、行為を類型化したり、具体例を示して対策をはかるケースもある。たとえば、企業によっては、

①攻撃型：「身体的暴力をふるう」「机や壁などを叩いて脅す」「大勢の前で怒鳴る」など直接的な攻撃。

②否定型:「仕事や人格を否定する」「不当に能力を低く評価する」など存在
　　　　そのものを軽視し否定する。
③強要型:「自分のやり方や不法行為を強要する」「責任をなすりつける」など
　　　　権限を不当に行使する。
④妨害型:「仕事や情報を与えない」「休ませない」「解雇、異動させると脅す」
　　　　など仕事を妨害したり、仕事に向かう意欲や向上心も妨害する。

といったように分類したうえ、具体的な事例については、**労務管理の延長と
して行われ、行為者本人も自覚のない可能性があるもの**、たとえば、
　①必要以上に何度もミスを非難する。
　②必要な職権を与えずに責任だけ増やす。
　③職務遂行に必要な情報や知識、許可、サポート等を与えない。
　④貢献や業績を無視したり過小に評価をしたりする。
　⑤必要以上に行動を監視する。
　⑥病欠や有給休暇などをとらせないよう圧力をかける。
　⑦必要以上に残業や深夜労働を強要する。

身体的暴力や人格否定など第三者から見ても明らかなものとして、
　①さまざまな場面で無視する。
　②冷淡な態度をとる。
　③嘲笑したり、屈辱をあたえたり、侮辱したりする。
　④暴力行為を行う。
　⑤攻撃的な態度で大声を出したり物にあたったりする。

悪意のある嫌がらせなど行為者の意図が明らかなものとして、
　①周囲から孤立させる。
　②過重労働に追い込む。
　③何度もやり直しを要求する。
　④必要以上に休日や病欠の日に自宅に連絡をいれる。
　⑤その人の能力から考えて極端に単純な仕事を与える。
　⑥わざと噂やゴシップを広める。
　⑦他の社員が見ている前であえて怒鳴りつける。
　⑧わざと失敗するような仕事をさせる。

⑨不当な形で職位や権限を奪ったり降格させたりする。
などの事例を列挙した規程を設けている。

　職場は、配置された労働者相互の信頼と協力のもとに事業目的を実現する場であり、同時に労働者の生活と発展の基盤であって、「キャリア」や「自尊」を獲得する場でもある。そして、ハラスメントがもたらす被害はきわめて深刻なものであって、職場や社会が強いられるコスト負担や回復のために注入されるエネルギーは莫大である。こうしたことを考慮したとき、ハラスメントにつながるグレーゾーンや前兆行為もふくめて、被害発生のリスクを抑止して未然にその芽を摘むことが合理的である。

　広く予防措置を講じてリスクを減少させるという観点は、この種の問題がかかえる困難を克服するうえで重要である。たとえば、職務権限の行使にともなうハラスメントの形態が多岐にわたって何処までが権限の濫用として違法になるのか、行為者本人も自覚しないことが少なくないが、そうした領域にある問題を解決するメカニズムを整備することが可能になる。そこでは、職場の構成員が力をより発揮することが可能な職場環境の整備が目指され、自ずとハラスメントを発生させるリスクにもその対策が向けられることになる。こうしてハラスメントの要因となる労働環境にも対策の目が及ぶようになると、加害と被害が連鎖してハラスメントが深刻化するメカニズムや、プライバシーの垣根を低くさせられることによって介入等侵害行為が生じやすい職場関係のあり方を変えることに重点が置かれ、ハラスメントが起きた時にその事件の断片を切り取って加害と被害を切り分け責任を追及することから、より生産的に人を活かす対策へと切り替えることが可能になる。

　仕事をすすめるうえで効果的なコミュニケーションの手法を身につけることは、差別のない人権が尊重される民主主義的な職場の基礎である。一方的で感情的なコミュニケーション、存在や人格の無視・否定、相手の身体的・性的・精神的なプライバシー領域に侵入的な言動、その結果心身の健康の悪化やフラストレーションによる生産性を低下させてしまう（これらはハラスメントを構成する要素であるが）のは、プロフェッショナルではないという文化につながる予防対策が期待される。

(2) 予防責任の所在～その法的根拠
1) 企業にハラスメントを予防する責任はあるのか

　予防対策には、社員を募集・採用・配置によって人と仕事を組織する企業の役割が大きい。しかしいじめが起きるのは現場であり、労働者が果たす役割も大きい。いじめによる被害の責任追求が、企業のいじめに対する配慮義務の負担を浮上させているが、果たして企業は、ハラスメント防止に法的責任を負担するのだろうか。ハラスメントについてなにがしかの企業の責任があるというのであれば、それはどのような根拠に基づいているのだろうか。そして、企業の「配慮義務」は、違法とされるハラスメントの範囲を超えて、いじめの前兆とみられるような行為やそれを生み出す要因の除去まで対象となるのか、つまりハラスメント予防義務が何処まで及ぼされるかが問題になる。

　ハラスメントは、多分に企業の労務管理を土壌に生み出されてきたことは既に指摘した。集団主義的で、生活態度・人格態度をまるごと包括して社員の能力をはかる労務管理、それに業績主義・成果主義を接ぎ木した労務管理、非正規雇用の増加、競争関係の強化拡大が、企業の権限行使の形態を変え、社員相互のコミュニケーション関係にも影響を及ぼして、ハラスメントの発生に直接・間接の要因をなしてきた。また日本型雇用管理は、長期の雇用と対をなす人事ローテーションとともに、包括的な人事権と男性中心の処遇制度を特徴とし、男女の分離・差別的取り扱いを構造化してきた。それらのミックスチュアとして、ジェンダーに基づくハラスメントが労務管理のなかに構造化されているという指摘もある。つまり、目標を成し遂げ献身的であることを求められる男性に奉仕したり男性のエゴをくすぐって自信をつけさせるような、ある主のセクシュアリティーが求められ、それが有用であるという行動思考様式が職場に根付いてしまっていることがジェンダーに基づくハラスメントを生み出す要因の一つである。

　こうしたハラスメントが発生する構造をみれば、企業がその目的実現に向けて自らの責任と権限において組織した職場におけるリスクを取り除く責任を企業に求めることには相応の根拠がある。またこれに加え、日本の裁判所は、長期雇用を要請する日本型雇用管理を念頭において、相当程度広範囲に企業の人事権行使の裁量を認めてきたが、これによって配置転換など人事権行使

の裁量権を広く認めながら、配置された職場におけるハラスメントなど社員相互の人間関係はあくまで個人的な問題として関与しないと決め込むことは不合理である。

2）企業組織と労働契約関係

　企業は、人と財産の有機的結合体であり、職場とは企業が目的とする事業運営に向けて仕事と働き手が組織されるところである。仕事は有機的に関連しあっており、個人を超えた客観的必要性に基づくものとして配分されている。そうした職務の基本的性質からすると、誰ひとりとして「一人で仕事ができる」ものではなく、あらゆる社員との信頼と協力によって各社員の仕事が成り立っている。ともに仕事をする社員をつないでいるのは「違いを認め合いながら大事にし合うという相互の信頼」である。

　そして、企業と個人を法的に結ぶ労働契約関係においては、使用者は、労働契約の範囲（労働者が同意をした範囲）において業務命令権を行使することができるが、それに際して労働者の心身の健康に害悪を及ぼしたり思想信条や人格への否定的介入は、およそ労働契約の目的の範囲を逸脱している。また、企業の人事権の行使は、事業運営上の合目的性・合理性によって制約されることになる。

　したがって、企業が仕事と人を組織する場合においては、その目的にそって適材適所が目指されることになろうし、その場合の中心的なテーマが総合的にみて働き手の力を発揮させるところにあることは異論を見ないであろう。人と仕事が組織される職場における職務を基礎につながれた人間関係は、最も重要な労働条件の一つである。人と仕事を組織する企業の立場からすれば、そこから生じるリスクをマネージメントして労働者が力を発揮できる職場環境を提供することは、企業の労働契約上の責任と位置づけられてしかるべきである。とくに、我が国においては、仕事と人を組織化するについて企業に広範な裁量権を認める傾向にあることからすれば、こうした権限行使と不可分の関係にある人間関係上の問題についても、相応に配慮すべき責任を負担すると考えられなければならない。

　これらの配慮を尽くさないで発生した身体的・心理的・性的ハラスメントによ

って、労働契約上の本来債務の履行（労務の提供）を不能にすることは、双務契約上の危険負担に関する民法536条2項の適用場面となる。しかしそれは、単に反対給付である賃金支払い義務を免れないという範囲にとどまる問題ではない。使用者には、労働契約上の労務提供の受け手として、自己の権限の行使が可能な範囲において、労働者の就労を可能にする義務があり、その反面で労働者はその履行を求める権利があるといえるのではないだろうか。

　労働契約上は、労働者は合意した範囲において労務提供の義務を負い、この義務ゆえに健康や精神・人格のありようまで使用者の支配のうちに取り込まれてしまうような権利義務関係が生じるわけでないと考えられている。使用者は、労務提供の受け手として、あくまで労働者の同意を前提とする範囲において、人事権・業務命令権を行使できたとしても、健康や人格の自由を侵害することまでは許されないというわけである。それゆえに、使用者は、労働者を指揮命令下において働かせる以上は、労働者が働くなかでこれらの人権が侵害されないよう配慮すべき信義則上の義務があると考えられてきた。ここに、労働契約上、労働者の人格などの人権に「触らない不作為」のみならず、「作為を伴う配慮」が求められる根拠がある。

　この労働契約に付随する信義則上の義務としての配慮義務は、発生した損害について結果責任を問う法的概念として意義を有してきたが、ハラスメントなど労働に内在するリスクの発現を予防して円滑に就労することを可能にする（その意味で、労働に向けた心身の機能の発揮を十全のものとする）という予防的観点からみると狭すぎる。安全配慮義務や人間関係を含めた就業環境配慮義務といった概念は、裁判例の積み重ねを通じて企業が講じるべき対策の水準を明確化する役割があることは事実であるが、所詮結果責任を問う場面で機能するものでしかない。

　労働はその人の心身の作用の発露であり、働き手の身体・人格と労働とは分かちがたい関係にある。しかも、企業における労働は集団性を特質とし、企業目的にそって人と仕事が組織され、その運営のもとに個々人の労務が提供されるものであって、人間関係を不可分の要素とする。労働者は、労働契約上の同意の範囲において、心身の機能を発揮させて、その役割と仕事を通じた人間相互のつながりを「誇り」と「自尊」の源とすることができる。そうした営み

が繰り返される職場は、時として、過大な期待や業務負荷・責任の増大によって自己犠牲を強いるものであったり、人事権の誤った発動により適材適所とはいえない取り扱いがなされたり、差別やハラスメントが浮上したりする。ハラスメントとはまさに、労務提供には不可分不可欠の職場の組織・対人関係上の問題として顕在化するものであり、労働者の力の発揮を決定づけるものである。

　こうした観点からすれば、労働契約上、人と仕事を組織してそのなかで労務提供を受けるという立場にある使用者としては、ハラスメントの防止は、人事権行使に直接かかわる労働契約の本来債務として位置づけられてしかるべきである。労働者は、職場においてハラスメントが発生し、労務提供上のリスクを抱えるようになったときには、これを改善するよう求める権利があり、いよいよ労務提供をなすことが不可能と判断される場合においては、就労拒否権が認められるべきである。

3）労働契約における縦の力関係と集団的関係

　企業・組織における指示命令系統、すなわち上下の関係を背景にして発生するいじめは、古くから問題になってきたもので、そこでは、労働契約における縦の力関係が、人間関係を大事にする労務管理や広範な企業の裁量に基づく配転・人事考課などの人事権行使による包括的な支配従属関係を通じて、「企業秩序」の貫徹に向けた集団の動きを直接間接に組織するという構図があった。こうした形態のいじめ問題は、契約当事者間の対等平等性や、何事も同意なくして相手を拘束できないという近代市民法の原則は理念でしかないこと、加害と被害の連鎖を引き起こしていく集団的支配のメカニズムは、ストックできない人間労働の脆弱性ゆえに、上記の条件のもとでは容易に形成されやすく、労働者の「主体的」ないじめへの参加を助長してしまうことを示すものであった。企業目的の実現に向けた個人に対する様々な圧力の行使は、企業に対する法的責任の追及の形態をとって損害賠償請求訴訟として争われてきたが、予防義務へのアプローチには、そうした集団のメカニズムとその契約関係上の位置づけを明確にする必要がある。

　職場における労働者相互の関係は、個々の労働者の生活・健康・人格といったプライバシーを認め合い、対等に尊重し合う信頼によって結ばれた関係と

いうことができる。前記最高裁関西電力思想差別事件判決は、職場における人間関係上の権利を、プライバシー・人格権として位置づけたが、その意味するところも同様である。人と仕事が組織される職場の人間関係は、このように個人のプライバシーをあるがままに尊重して介入しないという意味での「適度な距離」を置いたもので、「仕事」という客観的な課題の実現に向かったチームワークの関係である。このように、それぞれが他者との信頼を基礎に仕事上の課題を実現することに向けて協働するのが職場であり、そうした仕事の協働と、プライバシーの尊重とを両立できることをプロフェッショナルというべきである。使用者は、その権限を行使して労働者を組織する以上、そうしたプロフェッショナルな職場であることについて責任を負う。

既にみたように、企業秩序が、性別や思想信条、労働組合の所属などによる差別的支配によって成り立っている場合があり、支配的な価値観に適合しないと考えられる労働者（たとえば35歳を過ぎた女性、結婚・妊娠・出産した女性、左翼政党の活動家・同調者など）の排除に向けて圧力が働くことがある。時として、組織上の上位者や上位にあるものと位置づけられた集団（たとえば男性）を乗り越えて力を発揮する下位に位置づけられた集団に属する個人（たとえば女性）は、使いづらいという価値観に基づいて排除されることがある。排除のために、無視・敵対・否定などの精神的暴力が行使されることは日常経験させられることであるし、信じられないことであるが、身体的暴力、性暴力まで振るわれることがある。売り上げなど業績を追及するあまりに暴言・暴行によって職場を威嚇し、恐怖支配を確立してしまうことも少なくない。

また、企業に法が与えた権限によっては実現できないか、合法的な手段ではコスト負担が大きいために、労働者の任意の選択という形をとって目的を達成しようとする場合に圧力が加えられることがある。退職強要・窓際配転・仕事の取り上げ・屈辱的仕事・業務の集中など過酷な仕事・自暴自棄や社会的に不要であることを心に刻印するような取扱いがそれである。これらの形態によって発生するいじめは、使用者が集団を組織する手段としていじめを組織化してしまうというもので、犠牲は職場に帰属する社員全体に及ぶ。何故なら、そこでは心を痛める他者への不当な仕打ちを目にすることを強られたり、人間としての良心を機動させない行動や思考の制約が働いたりして、人権が損なわれるか

らである。それは職場の力の発揮の基礎となる企業という組織を成り立たせる法的価値にかかわる事柄であって、企業が、どのように人と仕事を組織しようが自由である（嫌なら辞めていけばよい）という考え方は、間違っている。企業は、人と仕事を組織して労働者をそのなかに有機的に組み込んで労務の提供を受ける以上、その組織のあり方そのものに責任を負担するものであり、いじめの発生についても予防責任を負担する。

4）集団と個人の法的関係～社員相互間のいじめに企業の責任が問われる法的根拠

　いじめは、社会的な背景や文化からも影響を受けているから、企業がプロフェッショナルな職場を組織しようとしても、職場の構成員がプロフェッショナルであることから逸脱することもある。ステレオタイプが人々の生活や思考行動様式のなかにしっかり根付いてしまっているところでは、法による禁止によってもいじめや差別はなくならない。こうした職場の構成員によって生み出される差別的言動やいじめについて、企業は予防責任を負担するというべきだろうか。これについて国際社会は、企業は予防責任を負担すべきであると考えている。

　その根拠の一つは、いじめによって労働者が受ける心身の傷害がきわめて甚大なものであり（ストレス、うつ病、自尊心の低下、自己非難、恐怖症、不眠、消化系および筋骨格系障害などの、身体的、精神的、心身相関の症状がしっかりと根付いてしまう。また、災害や暴行をはじめとする他の外傷体験後に現れる徴候と似た、心的外傷後ストレス障害も、いじめの犠牲者に共通する症状である）、解雇や休職による社会的排除・孤立、家族問題、財政問題を生じさせ、ひいては企業の生産性を低め、社会保障と国家の基盤を喪失させるというところにある。

　また、職場は、経験も、考え方も、環境への適応や反応もまったく異なる個人の集合体であり、そうした多様な個人が一つの事業目的の達成に向けて日々思考し、行動している。そうしたところでは対人関係上の摩擦は構造的に発生する。このように、対人関係上のリスクが構造化された職場の基本的性質は、企業が対人関係上のトラブルを防止すべき責任の根拠である。仕事を円滑に遂行する労働条件として、適度な距離（プライバシーの垣根）を保った円滑な

人間関係を実現することが、人事の本来機能といえる。それは、単に労働契約上の信義則に由来するというにとどまらず、労働者が労務を提供する組織の合目的性に由来する。労働者の人格とプライバシーの尊重を基礎に適度な距離を保った良好な人間関係を調整する義務は、企業の人事権とパラレルに労働契約上の義務として位置づけられたものととらえることができる。

　企業の予防義務への法的アプローチの一つには、職場の安全衛生対策として労働者の蒙る心身の健康保持の観点がある。この問題意識は、行為から生じる労働者の健康上の被害からアプローチして、環境配慮義務の一貫として責任を位置づける手法である。もう一つは、個の尊厳と平等の権利保障からのアプローチであり、「いじめ」の原因をなす差別とそこから生じる優劣の関係を排する差別と暴力撤廃に向けた責任の一貫として位置づける観点である。企業がみずから事業目的を実現するために人と仕事を組織する権限を行使する以上、その人間組織に構造化されたいじめを円滑な労務提供のために防止すべく権限を行使するのは当然というべきである。その権限の行使の前提に、労働者の性的自己決定権・人格権・健康権の保障や差別のない公正処遇を不可欠の要請とする人権原理が最も重要な理念として位置づけられることはいうまでもない。

5　防止対策の理念

(1) 職務遂行過程における人権侵害は許さない

　職務を遂行する過程で、社員の身体・人格・プライバシーなどの人権が侵害されることがあってはならない。社員が協力し合って職務を遂行する場においては、各人の立場や経験、考え方が衝突しあって葛藤が生じることがありうる。コミュニケーションは、それを解消する大事な手段であるが、職場における地位や社会的差別から生じる事実上の力関係、情報格差が存在するところでは、とかく一方的になりがちで、社員間の摩擦を強め、精神的に苦痛を与えたり、プライバシーや人格をないがしろにするような人権侵害の土壌にもなってしまう。

(2) 職場いじめによる被害は深刻であり、生産性を低下させ社会的国家的損失をもたらす

　理不尽な圧迫や人格否定のような「いじめ」は心身に深刻な傷害をもたらす。心のトラウマは消すことができない。うつ病、自尊心の低下、自己非難、恐怖症、不眠、消化系および筋骨格系障害などの、身体的、精神的、心身相関の症状がしっかりと根付いてしまい、災害や暴行をはじめとする他の外傷体験後に現れる徴候と似た、「心的外傷後ストレス障害」も、いじめの犠牲者に共通する症状であることが指摘され、いじめにあった後も何年にもわたって持続する。そして、休職を余儀なくされるなどによって、その人の社会的孤立や家族との葛藤など、人間としての幸福を奪ってしまう。そのことは、職場や社会全体にとっても重大な損失であり、あってはならないことである。職場いじめの影響はひとり「被害者」に限られるものではなく、組織全体に以下のようにネガティブな影響を与えることを、経営陣も含めてまずは自覚しなければならない。そして経営トップから、意識改革して組織を刷新する姿勢を示す必要がある。

　①業務パフォーマンスの低下やメンタルヘルスの悪化
　②社内のコミュニケーションやチームワークの悪化
　③モチベーションやモラール、組織に対する忠誠心などの低下
　④欠勤社員や休職社員の増加
　⑤労災事故発生リスクの増加
　⑥サービスや製品等の品質低下
　⑦有能な人材の流出や、早期退職者の増加
　⑧業績の悪化や企業評価の低下
　⑨信用の失墜等による採用コストの増大
　⑩労使トラブルの増加や裁判費用の発生

(3) 防止対策は人事の本命であること

　職場とは、仕事＝人間関係＝社会関係を通じて、自分には価値があるという自尊、自分が善いと考えることや人生についての自分の意志は実行するに値するという確信を得ることができ、それぞれの力を最大限に発揮できるようにする場所である。それは、企業の事業目的を遂行して社会的発展を遂げるうえ

で不可欠なことであり(企業の活動はそこで働く労働者によって担われているから)、社員が幸福を追求することができるような職場をつくっていくことを基本方針の一つに掲げる必然性がここにある。一人ひとりの社員が、職場において、差別なく人格を尊重され、心身の健康を仕事のなかで害することがないよう、企業の人事は、職場における「いじめ」＝ハラスメントをなくすことを本命とする姿勢を明らかにする必要がある。

就業規則に、会社のモノや信用を毀損してはいけないという行動規範を示して社員にその履行を求め、時として処分対象とすることはあっても、(セクシュアルハラスメントは均等法によって義務づけられるようになったが)パワーハラスメント・モラルハラスメントによって部下や同僚を傷つけないように行動規範を示す企業はまだ少ない。規定の見直しは必要不可欠であるが、人間はモノとは違うから、よくよくハラスメント防止のために各人に求める行動規範については検討が必要である。

(4) 防止対策の対象領域

前述したようにEUでは、「職場のいじめとは、従業員または従業員のグループに繰り返し向けられる、不合理な行動のことで、健康と安全に危険を生じるもの」と広くとらえ、理性のある人間が、あらゆる状況を顧慮しつつ、不当に扱ったり、屈辱を与えたり、傷つけたり、脅迫しようとする個人およびグループによる行為を防止する必要があるとしている。そのなかでは、仕事というシステムが、不当な取り扱いや、屈辱・傷害・脅迫の手段として利用されること、権力の不正使用あるいは濫用が伴い、いじめの対象になった労働者が自分自身を守ることが困難な状況に追いやられること、いじめには、言葉による攻撃や身体に対する攻撃のほか、仕事をばかにしたり、孤立をはかるようなより微妙な行為も含まれると指摘している。こうしたいじめの犠牲者となる可能性は、組織で働く誰もがもっているが、要求度が高く、個人の裁量の範囲が狭く、結果として高レベルの不安を生じるような仕事にもっともよくみられると指摘している。こうした知見は、いじめを、客観的な組織や仕事、権限行使のあり方の問題として対策を講じる必要を示すものであるが、企業の防止対策は、仕事と人を組織する場面で広く起動させられる必要があることがわかる。いじめが企業によって組織され

ることは論外であるが、意図しなくともいじめが起きる可能性を高める組織上の要因としては、以下のようなものが認識されており、これらの要因を取り除くことも防止対策の対象とする必要がある。

①いじめを容認あるいは問題として認識しない組織文化
②突然の組織変更
③不安定な雇用状況
④従業員と経営陣間の関係が悪い。指導力に対する低い満足度
⑤同僚同士の関係が悪い(競争的・敵対的な関係など)
⑥仕事の要求レベルが法外に高い
⑦従業員規則の欠陥と共通の価値観の不足
⑧一般的な職業性ストレスレベルの高まり
⑨役割葛藤
⑩差別
⑪不寛容

以上のほかに、個人的な問題、薬物やアルコールといった要因によって一層ひどくなることもあると指摘されている。

また、ハラスメントをしてしまう人の特徴として、①白黒思考、②自覚がない、内省力が低い、③共感能力が低く、非言語的なメッセージを読み取る力が弱い、④根本の自尊心が低く、「仕事の評価」「社会的評価」という鎧で身を守る、⑤「〜べき」思考、⑥ジェンダー・バイアスが強い、⑦上下関係から離れられない、⑧競争心、完璧思考が非常に強く、攻撃性が強い、⑨感情のコントロールが不得手、⑩社会的地位など外見的な基準でしか人を評価できない、などの個人的特徴を指摘するものもある。

しかしこれらの個人的リスクは、多かれ少なかれ、誰もが抱えており、いじめ防止対策としてこれらの思考様式や人格傾向を問題にして非難し、否定的評価につなげるとなると、それ自体が人格への介入や否定として人権侵害とされかねない。また、こうした個人的な因子をクローズアップさせることによって、組織全体に萎縮がもたらされる危険もある。そうした点では、これらの個人的なリスク要因は、客観的な仕事と組織に結びつけてリスクを発現させないよう、前記の客観的な仕事上組織上のリスクを排除することに重点を置く必要がある。リ

スクを現実化させないコミュニケーション技術によって仕事上の関係を構築するノウハウを開発して、防止プログラムに取り込むことである。

6 防止対策の手法

(1) 防止対策の方向

　企業は、前記のいじめの防止に向けた理念を企業目的のなかに取り込んで経営トップの考え方を変え、それを職場組織レベルで具体的に実行していくことを方針化する必要がある。対策を具体化するためには、いじめのリスクアセスメントを実施して職場におけるリスクを具体的に把握する必要があり、これをふまえて危害を防止するための適切な措置を講じる必要がある。これらの防止対策は、リスクアセスメント一つとってみても、職場の労働者の協力なくしては具体化できない。したがって、最初から労働者との協議を介して進められる必要があり、日本の法制度のなかでは、安全衛生委員会や36協定などの協定締結に向けた手続きなどが活用できる可能性がある。

　欧州委員会は、防止対策の基本的な方向性について、以下の課題を提起している。

　　心理社会的労働環境の一般的改善が求められるとしても、破壊的な労働環境が現実に存在しているのであれば、直ちに対策を講じなければならず、犠牲者が苦情を申し立てるまで待つべきではない。しかし、いじめと人間関係の対立を区別することが困難なことがあるから、具体的ないじめ対策と心理社会的な労働環境の改善から成る戦略が最も効果的であるかもしれない。戦略の成功には職場の労働者とその代表者の参加がきわめて重要である。

　求められる心理社会的労働環境の一般的な改善とは、次のとおりである。
　①労働者一人一人に仕事のやり方に関する選択肢を与える。
　②単調かつ反復的な作業の量を減らす。
　③目標に関する情報量を増やす。
　④リーダーシップスタイルを確立する。
　⑤不明確な役割や業務仕様を避ける。
　⑥いじめに反対する規範と価値観をもった組織文化を醸成する。
　⑦全員がいじめとは何かを認識。

⑧問題の程度と性質の調査。
⑨方針の策定。
⑩従業員マニュアル、情報会議、社内報などを通じて、組織の全レベルに組織の規範と価値観を効果的に普及させる。
⑪全従業員が組織の規範と価値観を確実に知るとともに、遵守するようにする。
⑫管理責任、および対立とコミュニケーションの処理能力を改善する。
⑬従業員のために独立した連絡先を設立する。
⑭リスクアセスメントおよびいじめ防止に従業員とその代表者を参画させる。

また、方針の策定(肯定的な社会的相互作用実現のための明確なガイドラインを伴う)には、以下の各項が含まれる。

①いじめのない環境を育成しようとする事業者および従業員の倫理的責任。
②容認できる行為とできない行為の概要を示す。
③組織の規範と価値観を侵した場合の結果、および制裁措置を明記する。
④被害者が支援を受けられる場所と方法を示す。
⑤「報復のない」苦情を確実に保証する取り組み。
⑥苦情申し立ての手順を説明する。
⑦管理職、上司、窓口となる同僚、支援する同僚、労働組合代表の役割を明確にする。
⑧犠牲者と加害者が利用できるカウンセリングおよび支援サービスの詳細。
⑨プライバシー保護

(2) いじめ予防対策としてのストレス予防

　いじめや職場における暴力は、職業性ストレス(WRS)を引き起こす要因でもあり、またいじめや暴力を引き起こす要因にもなる。職業性ストレスとは、労働環境の要求が従業員の対応能力(または管理能力)を超えた場合に経験され、そのなかに職場における暴力やハラスメントも含まれるが、ストレス対策は、職場におけるいじめや暴力をなくす防止対策として重要である。EUでは、労働者の安全衛生を確保するため、1989年の理事会指令(89／391)に、労働安全衛生に関する基本条項を盛り込み、事業者の責任を定めている。そして、加盟

第3章 6 予防対策の手法

注意すべき要因	評価のポイント	何を実行すべきか
《文化》 組織の文化あるいは「雰囲気」、WRSへの取り組み方	○十分に開放的なコミュニケーション・支援体制・相互の尊敬は存在するか。 ○労働者およびその代表者の見解は尊重されているか。	○そうでない場合には、特に遠隔地勤務の従業員を中心に、コミュニケーションを改善すべきである。
《要求度》 仕事量および物理的危険への暴露など、仕事の要求度	○従業員の負担が大きすぎたり小さすぎたりしていないか。 ○職務を遂行する能力や才能を備えているか。 ○物理的（騒音、振動、換気、照明など）および心理社会的（暴力、いじめなど）環境はどうか。	○問題がある場合には、仕事の優先順位を変更するなど、十分な資源を利用できるように調整するべきである。 ○従業員訓練を通じて、十分に職務を遂行できる能力を与えるべきである。
《裁量の範囲》 仕事のやり方に労働者がどの程度、影響力を持っているか	○一人一人が、自分の仕事のやり方について十分な発言権を持っているか。	○従業員は、自分の裁量で仕事を計画するとともに、その完成方法および問題の解決方法を決定する権限を持つべきである。 ○従業員が自分のスキルを効果的に活用できるように、仕事の質を高める必要がある。 ○支援体制の整った環境はきわめて重要である。
《人間関係》 いじめや嫌がらせなどの問題	○同僚間および同僚と管理職の関係、管理職と上級管理職の関係はどのようなものか。 ○いじめまたは嫌がらせの形跡は少しでもみられるか。	○容認できない行動に対処するための、懲戒手続きや苦情手続きといった各種手続きを利用できるようにすべきである。 ○従業員がお互いを信頼し、お互いの貢献を認め合うような文化を育むべきである。
《変更》 組織の変更が管理・伝達される方法	○従業員は雇用形態に不安を感じているか。 ○職場の変更や、その変更が自分や同僚にとってもつ意味合いに戸惑っているか。	○変更前、変更中、変更後の明確なコミュニケーションが役立つ。 ○変更に影響する機会を与えることによって、従業員をより参画させることができる。
《役割》 労働者が組織内での各自の役割を理解しているかどうか。役割葛藤は回避されているかどうか	○従業員は、役割葛藤（相反する要求）、または役割のあいまいさ（明確さの欠如）に悩んでいるか。	○従業員は、明確に定義された役割と責任をもっているべきである。
《支援》 同僚と管理職からの支援 《訓練》 労働者に職務遂行に必要な技能をつけさせるための訓練 《個人的要因》 個人差は考慮されているか	○新規採用者および新任者に対して適切な導入研修は実施されているか。 ○社会的支援は提供されているか。 ○個人差は考慮されているか。	○厳しい納期で働くことによって能力を発揮する人もいれば、時間をかけて計画するのを好む人もいる。状況が芳しくない場合でさえ、従業員には支援、フィードバックを提供し、激励すべきである。 ○従業員を参画させ、多様性を尊重しなければならない。 ○健康的な仕事と生活のバランスとともに、職場の健康増進活動を奨励するべきである。

各国では、強度で長期的なストレスを生じる可能性のある職場のプレッシャーと潜在被害者を究明してWRSのリスクを評価し、危害を防止するというリスクアセスメントが実施されている。WRSは予防可能であってその削減処置は非常に費用効果が高く、労働者やその代表者をこのプロセスに参画させることが重要である。リスクアセスメントの一般的なステップは、

1) 危険を特定する。
2) 誰がどのように被害を受ける可能性があるかを見極める。
3) リスクを評価する(すでにどのような措置が講じられているかを明確にし、それで十分であるかどうかを判断し、不十分である場合には追加措置を決定する)。
4) 評価結果を記録する(評価から得られた主要な結果を記録し、その情報を従業員およびその代表者とも共有することは、好ましい慣行である。この記録は進捗状況を監視するのに役立つ)。
5) 適当な間隔を置いて評価を見直す(組織内で重要な変更が起こる度に、評価を見直す必要がある。この見直しも、従業員と協議しながら行なうべきである。また、取られたWRS削減措置の効果も確認する)。

というものである。

注意を払うべきリスク要因と評価のポイントは、前頁の表の通りであり、評価のプロセスに労働者やその代表者が参加し、職場の状況を余すところなく反映させることが重要である。

上記のリスクの存在が窺われる徴候は以下の通りである。

組織	参加	常習的欠勤、高い離職率、時間を守らない、規律問題、いじめ、攻撃的なコミュニケーション、孤立
	業績	製品またはサービスの生産量または品質低下、事故、乏しい意思決定、過失
	コスト	賠償金または医療費の増大、医療サービスへの紹介
個人	行動	タバコ、アルコールまたは薬物濫用、暴力、いじめまたは嫌がらせ
	心理	不安障害、うつ病、集中力の欠如、怒りっぽい、家族関係の問題、バーンアウト(燃え尽き)、不眠
	健康	背部の問題、心臓疾患、消化性潰瘍、高血圧、免疫システムの低下

(3) 職場における暴力・いじめ防止対策

　前述したように、複数の人間が働く職場では、労働者同士の葛藤・争いは避けられないものであり、どこでも必ず起きる。そして、争いの形態は、職場環境と経営者の管理スタイルに左右されることが多い。ストレスの高い、いつ失職するかわからない職場環境、自分の守備範囲を失うのではないかといった恐れや人員削減のような危機的な状況にある場合には、争いは一段と増えるが、反面で、組織を前進させ、変化を促し、解決に向かわせることにもなると指摘されていることに留意する必要がある。問題は、人の話をよく聞く技術を駆使して意思疎通を十分にし、否定的な争いを減らし、職場環境を前進的に変化させることができるかどうかである。

　そのために、管理職が行動するとき留意すべきこととして次頁の一覧のようなアドバイスもなされているとされている。

　職場での葛藤・争いが顕在化した時には、その原因をよく把握する必要がある。それが管理上(管理者)の問題であるのか、従業員の問題であるのか、また葛藤や争いの方向性を変えられるのかを検討する必要がある。十分な準備のもとに直接話し合いの機会をもって問題の解決をはかることも方法であるが、それがうまくいかず、攻撃がより個人的になり、敵意の満ちたものになった時には、第三者を引き込むことによって解決を図ることも検討しなければならない。第三者の関与は、上下の力関係を緩和させ、問題をオープンなものとしてより前進的な解決を可能にする。争いを完全に避けることは不可能ではあるが、管理することは可能であり、前向きな職場環境を育てる力に転化することは、企業の考え方と取り組み次第である。

対　　策	具体的な内容・チェック項目
○従業員・顧客・取引業者のニーズや心配事によく耳を傾け、調査して改善策につなげること。実情把握やコミュニケーションの対象は、当該部門の従業員のみならず、従業員がかかわる他部門の組織や、顧客、取引業者にも及ぼすべきであり、そうすることによって、危険を発見し、解決に向けて助けになる情報とつながりを得ることが可能になる。	○従業員のミーティングはチームとしての目的を決めているか ○従業員が新しい意見や反対意見を、偏見をもたずオープンマインドで聞くという前向きのレベルに達した論争をしているか ○仕事をやり終えることにより関心があり、意見の違いは生産性向上の障害と思われていないか ○職場は、いつも従業員の意見が合わず、言い争い、お互いが非協力的で、足を引っ張り合っているような、大変ストレスの多い悪い環境になっていないか
○人の話をうまく聞き出す能力を発揮する。管理職がアクティブ・リスニングによって従業員ひとりひとりを理解し、彼らの意見や心配事を尊重し、彼らに建設的な行動を起こさせることができるようにする。従業員は、管理職が本当に自分の話を聞くために時間をとるとわかれば、自分はより高い評価を受け、評価されていると感じる。逆に評価されていないと感じれば、より多くの恨み、怒り、争いを招くことになる。	○不満や心配事を話させるという機会にとどめることなく、問題を正しく理解しているのかどうかを確認するため、何が話されたかを整理し、まとめる。 ○問題に対する経営陣の考え方を聞く用意があるかどうかを尋ね、問題に優先順位をつけ、解決方法をまとめる。 ○その際、自分が直接関与する必要がある問題なのか、従業員に権限を与え、彼らの間で解決方法を見つけさせる方がより適切ではないのかを検討する。 ○一個たりとも問題を無視しない。無視すると問題はより大きくなり、解決が難しくなる。 ○どのように従業員と意思疎通をはかり、メッセージを発信するかを考える。
○積極性を強調する。消極的な行動に焦点をあわすのではなく、なるべく具体的で積極的な行動への変化について話し合う。	○たとえば「あなたはいつも遅刻する。どうして一度でも時間通りに来られないのか？」といわないで、「あなたが時間通りに来てくれると本当にうれしい。毎日そうしてくれるとありがたい。」と伝える。 ○従業員が仕事をうまくやったときには、必ず積極的に支持すること。 ○定期的に従業員との個人的面接時間をつくって、どのように自分の能力を伸ばしていきたいのかについて話し合い、抱えている問題について話し合う。
○管理スタイルを、恐れと非難を利用する手法、威圧か支配によって管理する手法から、意思疎通をはかりながら協力しあうチームワークの手法に改める。管理者は、自分の考えをはっきりさせながら、従業員に敬意を払い、必要に応じて妥協し、協力する。従業員との協力を最大限までに取り付け、積極的に意思疎通をはかるような前向きな職場環境をつくり上げる。みんなが一緒に働き、協力する機会を与えれば、自分達の問題や課題を自分達で解決することが容易になる。従業員はそこでお互い相互に効率よく係りあうやり方、他人の仕事のスタイルやペースを受け入れる方法、考え方に食い違いがある中で仕事をする方法、その中で問題を解決する方法を身につける。さらに、自分以外の人に対して協力し、他人を手助けし、丁寧に、タイミングよく対応することを身につけることができる。	○会社組織の職位階級をできるだけ少なくする。職位階級制度では、問題が起きると個人を非難する方向になりがちである。 ○個人を非難するのではなく、問題に焦点をあわせ、解決策を見つける。 ○職位階級の代わりに、従業員全員が、同じ目標に向かって働くひとつのチームの一員とみなされるひとつの円形モデルの中で働くように組織する。プロジェクト責任者は権力者でなく、仲間の力を調整し、同じ目標に向けさせるよう手助けする立場である。 ○よいチームをつくり上げる能力は、グループで働く機会を与えることで促進される。まずは少し小さめの仕事をひとつのグループに与えることから始めてより大きなプロジェクトに移行させる。 ○グループで働く方式を採用しようとする前に、まず従業員の個性とグループの機能を、じっくりと調査する必要がある。グループで働くのが適切であるとは限らないし、従業員の中には、グループでうまく働けない人もいることを考慮する必要がある。

（4）職場暴力を防止する5つのヒント

Workplace Violence: Recognize the Signs (National Safety Council Today's Supervisor 2003年9月号 p.1（仮訳 国際安全衛生センター）は、管理職のための職場の暴力を防ぐための5つのヒントを示しているが、これも参考になる。

項　目	留意事項その他	何を実行すべきか
①他人に対する思いやりを持つ。	故意か無意識かはともかく、自分が言ったりしたりしたことのために、他人から非常にネガティブな反応が返ってくる場合がある。このような状態は、結果として暴力に結び付くような状況を生み出したり、現状を悪化させたりする。	
②一見些細と思われるような問題にも気を付ける。	労働者の右のような行動は職場が殺伐としたものになりやすい。	《気をつけるべき行動》 ○激昂。 ○奇矯な行動。 ○暴力や争いごとに対する尋常でない関心。 ○武器について必要以上に話題にしたり、同僚に武器を見せたりする。 ○激しい調子で脅す。 ○他人を罵る。 ○復讐を口にしたり仕返しをしたりする。
③おどしの重大さを見極める。	○直接のおどし。たとえば「殴り倒してやる！」など。	こうした言動を軽く見てはいけないと警告する。このような言動はすぐに報告する必要がある。
	○条件付きのおどし。たとえば「もし自分が昇進できなかったら監督を殺してやる！」など。	このような言動もただちに報告する必要がある。
④争いごとに巻き込まれたときは公平な立場を堅持する。	○争いごとを解決しようとする場合は、怒りに怒りで応えないようにする。 ○相手に間違っていると言ってはいけない。 ○ただ話を聴くだけにし、勝ち負けを決めるのではなく、今の状態から安全に抜け出して、険悪な状況を静める。 ○話すスピードを落として穏やかな超えで語ると相手を落ち着かせるのに効果がある。 ○指さしなどの身ぶりも禁物。 ○立っている場合は、相手との間に5～6フィートの距離を保つようにする。	
⑤暴力の問題に前向きに取り組む。	職場の暴力を防止するプログラムがあるすでにある場合には、右のことをするとよい。	○職場の暴力を防止するための研修を毎年実施する。 ○問題発生時の連絡先の電話番号を常に携行する。何を報告すべきか、誰に報告すべきかを知っておくことが大切であり、とりわけ緊急時にはこれが重要である。
	職場にプログラムが存在しない場合には、右のことを行う必要がある。	○防止を専門とするコンサルタント、組織、ホットラインなど、外部の協力先の存在について知っておく。 ○組織の人事およびセキュリティ関連の部署との間で職場の暴力防止へ向けて協力体制を築くことを提案する。 ○組織の経営トップに対し、職場での暴力を防止するプログラムの導入を勧める。

(5) モラルハラスメントの防止対策

「モラル・ハラスメント」(「言葉や態度によって、巧妙に人の心を傷つける精神的な暴力」であり、家庭や職場で日常的に行われる「見えない暴力」)が職場で日常的に行われれば、被害者の受けるストレスは増大し、心身に深刻なダメージを与える。ストレス等によるの労働者のメンタルヘルスに対するダメージは「職業上の第一のリスク」として認識すべきであり、企業としては、「社員を大切にし、社員が満足して働ける企業であれば、社員のモチベーションも高まり、生産性も向上する」という観点から、その予防に積極的に取り組むことが望まれる。

この「モラル・ハラスメント」が職場で日常的に行われれば、被害者の受けるストレスは増大し、精神的にも肉体的にも深刻なダメージを与えることになる。ダメージは、被害者本人だけでなく、企業組織にも多大な損失を与え、最終的には組織を危機的状況へと導くことにもなる。経済社会にも深刻な影響を与えることになる。

企業は、こうした「モラル・ハラスメント」を真剣に考え、予防措置に取り組む必要がある。この問題を提起した精神科医であるマリー・イルゴイエンヌは、モラルハラスメントを受けて毎日少しずつ健康を蝕まれていくのを見たとき、相談に乗った医師のほうは、会社を辞めさせるなど一刻も早くその変質的な状況から被害者を引きはがすしか救済方法がないことが多いと指摘し、本来なら、この状態になるずっと以前に、誰かが介入していなければならなかったと警告している。そして、モラルハラスメントを予防するためには、個人レベルでの予防と同時に、組織レベルで、変質的な行為の防止と同時に、モラルハラスメントを生み出しやすい状況や管理方法をなくす必要があると述べている。求められる企業レベルでの対応として指摘されているのは、以下のことである。

(1) この種の行為に厳しい態度で臨み、必要であれば処罰も辞さないこと。
(2) 企業の経営管理の手法、社員の労働環境、社員のストレスの高まっている状況がモラルハラスメントを生み出していないか検討して予防プログラムに結びつけること(労働環境が改善されて社員の欲求不満が解消されると、その欲求不満を身代わりの犠牲者にぶつけることがなくなったという研究成果をもとに、ストレスに対する予防プログラムが考えられ実行に移されて

いる)。
(3) モラルハラスメントを防ぐ経営管理を実施すること(社員の性格や弱い部分、感情的な要素も考慮に入れて、会社に人間性を復活させること、そのために仕事を進めるうえで社員同士がもっと相手の話を聞き会話する、コミュニケーションを活発にして人を活かす)。
　　　　　　　　　　　(「モラルハラスメントが人も会社もだめにする」)
　このように、コミュニケーションの活発化、防止規則をつくる、専門家をつくる、予防計画を立てて実行することを基本においた対策とともに、モラルハラスメントが具体的に発生したときには、以下の対策を講じることが提言されている。
(1) 問題を解決するためにはどのようなタイプのハラスメントであるのか(水平型か垂直型か、変質的かといったこと)見極める。
(2) 加害者の精神的な傾向や性格を考慮する必要があれば医師の判断を求める。
(3) ハラスメントを受けていることに気付いたら
　　①なるべくミスを犯さないようにする。
　　②社内の他の人に相談する(状況を変えるだけの力をもっている人が望ましい)。
　　③自己評価を良好に保って自信を失わないようにする。
　　④話をきいてもらい、助け合う関係をつくる。
　　⑤それが不可能なら精神科医に相談する。
　　⑥外部に訴える必要があるときには証拠作りなど用意をする。
(4)) モラル・ハラスメントがまだそれほど進行していない段階では、調停による解決を目指す。
(5) 被害を受けた場合、その被害者は労働災害として認められるべきであり、医師や精神科医によるサポート体制を整える。
　同氏は、モラル・ハラスメントに関する法律をつくり、この行為が許されない暴力であることを示す等がポイントになるとし、「モラル・ハラスメント」の被害者を守り、また加害者を罰するためにも、法制化の必要性を強調していた。こうした指摘を受けて、フランスでは、2002年1月に公布施行された「労使関係近代化法」により、企業内における「モラル・ハラスメント」を規制する条文を導入(労働

法L122-49条～54条)、被用者の身体的健康だけにとどまらず精神的健康含めて健康予防における使用者の責任を拡大する(労働法L230-2-1条)という労働法の改正が行われた。同時に、前述したように、刑法にも罰則規定が設けられた(刑法222-33-2条)。

7 労働者の履行請求権・就労拒否権

労働者は、使用者に対して、前記の使用者の講じるべき防止対策を履行するよう求める権利があるのか、また履行を求めても使用者が対策を講じない場合に、就労を拒否する権利を行使できるのだろうか。

ハラスメントの危険を把握し、評価し、効果的な対策を立てて実施するという、防止対策のあらゆるプロセスに労働者の参加を保障することが大事であり不可欠であることが随所で指摘されている。それは、リスクは現場に存在し、顕在化するのも被害を及ぼすのも現場だからである。被害に直面させられる労働者が、使用者に対策を求め、現実の危険を回避するために就労を拒否して自ら被害を防止する権利を行使することは、防止対策における本質的な要請のようにも考えられる。こうした権利に法的根拠を与えることは、ハラスメント防止の取り組みをすすめるうえで重要である。

(1) 履行請求権を認めた裁判例

裁判例のなかでは、めずらしくこの履行請求権を認めるものがある。東京地裁平成8年3月27日**日鉄鉱業松尾採石所事件**(判例時報1342号16頁)が、じん肺の場合にのみ、労働者は使用者に対して粉塵の有無・量の測定等の作業環境管理、粉じん吸入による影響をなくす作業時間等の作業条件管理、及びじん肺専門医に健康診断等の健康管理の履行請求権を有していると判断している。じん肺症管理区分4に罹患した労働者が使用者に対して損害賠償請求訴訟を提起した事案についての判断であって、じん肺法の趣旨及び構造から労働者の履行請求権を説き起こしているものであることから、ハラスメント防止義務まで射程に置くものではないことに留意すべきであるが、しかし、その判旨の論理展開には興味深いものがある。

まず、判決は、労働者を常時粉じん作業に従事させることを目的とする雇用契約を「粉じん作業雇用契約」と呼び、これが締結された場合には、当事者は、主たる給付義務として労務提供と報酬支払の各義務を負うに至るのみでなく、旧じん肺法が施行された後においては、使用者は、労働者に対し、労働者をじん肺に罹患させないようにするため、当該粉じん作業雇用契約の継続する全期間にわたって、絶えず実践可能な最高の水準に基づく、①作業環境の管理、②当該粉じん作業労働者の作業条件の管理、③当該粉じん作業労働者の健康等の管理、等を履行する義務を負担したものと解すべきであるとする。その根拠は、

　第一に、じん肺発症の病理機序が、粉じん作業において長期間呼吸とともに吸入するときに罹患するおそれのあることは古くから認知されていたこと、これを回避するためには、労働者が粉じんを吸入しない措置をとる必要があることも同じく古くから認知されていたこと、

　第二に、旧じん肺法は、(1)粉じんが人体に有害な危険物質であってその吸入がじん肺発症の原因であること、じん肺罹患により侵害されるのが労働者の生命又は身体という極めて重要な法益であるうえ、じん肺が不可逆的な病であって、これにいったん罹患するときには過去の医学によってはもとより現代医学をもってしても、その進行の阻止又は肺の機能を回復させることが不可能であること、(2)他方、粉じん作業労働者がじん肺又は重症なじん肺に罹患しないようにするための方法ないしは措置としては、前記のような作業環境管理、作業条件管理及び健康等管理に関する諸措置が考えられ、また、これらに関する医学的・科学的・技術的水準も絶えず向上し、かかる向上した水準に基づく右の諸措置による作業環境管理、作業条件管理及び健康等管理がすべて適切に行われるときには、粉じん作業労働者がじん肺に罹患するのを相当程度防止することができる状況になったこと等を背景として、粉じん作業労働者の健康の保持を主要な目的として制定されるに至ったものであること、

　第三に、したがって、使用者は労働者に対し、粉じん作業労働者がじん肺に罹患するのを防止するために雇用契約の継続する限り、絶えず実践可能な最高の医学的・科学的・技術的水準に基づく作業環境管理、作業条件管理及び健康等管理に関する諸措置を講ずる履行義務を負担し、労働者は使用者に対し、右義務に対応する履行請求権を有するものと粉じん作業雇用契約を構成するのが、旧じん肺法の前記目的に沿った規範的解釈であること、

　第四に、当該時点における実践可能な最高の医学的・科学的・技術的水準に基づく前記の諸措置の具体的内容（例えば、湿式削岩機の機種、呼吸用具の機能・種類、じん肺健康診断の時期・内容等）は、通風体系（当該鉱山の通風体系は、その位置、

気候等の自然条件のもとにおいて、どのような体系が科学的に粉じんの除去に最適なものであるかは明らかではなく、通風体系の合理性を判断する基準は見い出すことができない。)を除いては、いずれも特定することが可能なものといえるから、右義務の内容は履行可能なものというべきであること、

　以上である。そしてこの判例は、労働者と直接「粉じん作業雇用契約」を締結した者との間に限られず、労働者を自己の支配下に従属させて常時粉じん作業に関する労務の提供を受ける粉じん作業事業者等、実質的な使用従属関係がある者(これを「実質的粉じん作業使用者」という)との間においても妥当すると述べる。

　判決が履行請求権を認めるのは、前記のとおり、じん肺が生存の根幹を支える肺機能を不可逆的に浸食する疾病であって防じん対策及び健康管理対策を講じる以外に被害から逃れる道はないこと、そうしたことが古くから知られ、法律によっても講じるべき対策は具体的に特定され、これらの対策は、雇用契約が継続する限り長期にわたって継続して履行される必要があることを根拠とする。じん肺対策が、身体に侵襲して生体の機能を徐々に奪っていく粉じんと労働者の健康状態を対象とするのに対して、いじめ防止対策は、企業組織における対人関係上のリスクを対象とすることから、防止対策の特定性においても困難がつきまとう。しかし、じん肺予防に限らず、防止対策についての履行請求権を認めるべきであるという学説も有力に唱えられてきた。

(2) 防止措置の履行請求権をめぐる学説

　労働契約上の信義則に基づく付随義務として配慮義務を捉えるならば、その法的性質は給付義務とはいえないので、履行請求権は認められないことになる。しかし、前述したように、使用者が負担するハラスメント防止義務は労働者の労務提供と不可分かつ不可欠の企業の組織の根幹にかかわるものであり、使用者が労働契約を締結して当該労働者を採用・配置する行為の一環であって、労務の提供の前提となるものである。したがって、企業の組織ないし管理に不可分不可欠の要請であり、かつ労務提供の前提となる円滑な人間関係(一緒に仕事をする関係)形成することは、労働契約において本質的な給付

義務を構成するものであり、労働者は、労働契約上、企業に対してそれを請求し、適度な距離を保った人間関係を形成する権利を実現することのできる立場にあるというべきである。

　民法学説においても、具体的な安全配慮義務は、労務の提供と報酬の支払という給付義務の履行の前提をなし、論理的にもそれに先行するから、その法的性質は給付義務であり、労働者はその履行を請求することができるとするものがある。奥田昌道（『債権総論』筑摩書房（82年）は、「労務提供関係（本質的には雇用契約・労働契約）における国・使用者の公務員・労働者に対する安全配慮義務は、公務員・労働者の給付義務の履行の前提をなし、かつ論理的にはそれに先行するものであるから、給付義務そのものであり、国・使用者は、給与・賃金支払い義務と安全配慮義務の二つの給付義務を同時に負担していると述べ、さらに、宮本健蔵『雇用・労働契約における安全配慮義務〜給付義務構成への一つの試み』（明治学院大学法学研究36号）は、安全配慮義務を、履行請求に馴染むものと馴染まないものに分類し、馴染むものについては給付義務としての法的性質を有するとする。

　さらに、鎌田耕一『安全配慮義務の履行請求』（2007年）は、雇用関係上の安全配慮義務が履行請求できるものか、いかなる場合に履行請求できるかについて論じている。この説は、給付義務・付随義務という区別から出発するのではなく、生命・健康を危険から保護すべき義務の履行請求として端的に検討すること、履行強制を請求する強制的履行請求の権利は、金銭補償とならぶ約束保障形式の一つであり、当事者の合意によって任意に履行を求める権利（任意的履行請求）を分けて論じる必要があること、安全配慮義務の履行請求は、その特質や内容の不特定性ではなく、現実的請求権を付与することが妥当かどうかの法的判断に委ねられ、損害賠償等の他の救済手段との比較考量によって決められるとし、たとえば、将来の健康被害が予想され、集団的な労働条件として性格づけることができるようなものについては、損害賠償請求では不十分であり、労働者が生命・健康侵害の危険を理由に一時的に就労を拒否することは、懲戒処分や賃金不払いなどのリスクを負わなければならず、事実上権利行使は困難であるから、履行請求を認めるべきであるとしている。すなわち、安全衛生法上の義務もまた、使用者・労働者間の権利義務としてと

らえる必要があるとし、それが任意的履行請求権の内容を特定するもので、当該労働者にとってどのような措置を講じるべきか明らかでないときには、労働者は使用者に対して適切な措置を提案し、協議するよう履行請求できるとしている。

　履行請求の形態としては、危険有害物を使用しないという不作為請求、具体的な措置を講じるよう求める作為請求、交渉機会の実効的保障という作為請求の3種類から成り、履行請求のプロセスとして、第一段階で任意履行請求、第二段階として強制履行請求を論じる。第一段階での履行請求の要件としては、使用者の作為あるいは不作為によって労働者が現実に生命・健康を侵害され、あるいは侵害される具体的な恐れのあることであるとされる。第二段階としての強制履行請求権は、訴訟上請求を特定する必要があり、使用者が特定の措置を選択し、これを実行したのに労働者が異議を唱え、みずから適切と考える措置の履行を請求する場合には、使用者が自己の裁量を瑕疵なく行使したかを、現にある侵害行為の態様・程度、将来生じるべき侵害の危険の蓋然性、使用者が複数の措置から当該措置を選定した合理性、使用者が選定した措置によっても残る労働者の不利益の程度を総合勘案して決めるとされている。このように、使用者が、任意に配慮義務を履行しなかったときには債務不履行となり、労働者は具体的安全措置の履行を請求できると解するべきであるとされる。

　安全配慮義務やハラスメント防止義務は、内容が不確定で事態によって内容は変化する性質を有するが、それは強制執行に馴染まないというだけのものであって任意に履行を請求する権利自体を否定することはできず、給付義務としての法的性質を否定することはできない。鎌田説は、安全配慮義務の実現に向けてのプロセスを、労使の協議を介在させて手続上のステップを踏みながら履行請求権を特定し、実現させようとするものであって、実務上も参考となる。

　ハラスメントによる心理的・精神的圧力による精神疾患や、トラウマによる心的傷害を受けた労働者にとって、ハラスメントを受けたままの組織や環境のもとで働き続けたり、あるいは休業から復帰することはまったく不可能である。そのような場合、労働者が健康を維持改善させながら働くために必要なことは、心

的外傷の引き金となった原因の除去や、ストレス耐性の減退した状況に適した就労環境の整備である。均等法に基づくセクシュアルハラスメント対策のための指針でも、当事者の意向を尊重しつつ配置転換などの措置等を講じるよう求めているが、この規定は、セクシュアルハラスメントの訴えがなされた場合、被害者が就労を可能とする措置については、被害者の意向を尊重すること、つまり使用者と労働者との間で事情を共有し合って協議するというプロセスをも内容とするものであり、それは講じるべき環境整備(職場配置を含む)を具体化するプロセスとして位置づけられる。これらの措置が06年改正法により措置義務として強化されていることからすれば、労働者には、均等法に基づいて、被害の申告⇒就業環境整備のための協議⇒対策の特定⇒実行という一連の措置の履行を求める権利があると考えるべきであり、このことは、セクシュアルハラスメントに限らず、対人関係上のリスクから生じるいじめ一般についても、均等法に定める規定に準じて履行請求権が認められると考えるべきである。

(3) 就労拒否権

　前記のように、配慮義務を給付請求権として法的に性格づけたうえで履行請求権が認められるべきであるとする立場は、配慮義務が履行されない場合には、就労拒否権も認められるとする。これは、安全配慮義務を給付義務として位置づけ、労働者にはその履行を求める権利があると構成する論理的帰結として、双務契約における同時履行の抗弁権を根拠に、義務の履行がない以上、同時履行抗弁権を行使して、その履行をみるまで労務の提供を拒絶できるというものである(たとえば多田勝利「現代労働災害論」)。

　前述したように、裁判所は、安全配慮義務を給付義務としてではなく、労働契約に付随する信義則上の義務としてこれを捉えながら、ハラスメントが問題になったケースについても、一般論として就労拒否権を認める。これは、民法536条の危険負担の法理の適用場面として、債権者の責めに帰すべき事由により履行不能となった場合において反対給付の責任を免れないとする規定から、就労を拒否したことを理由に賃金請求権を失わず、また解雇などの不利益を被らない権利を導き出すものである。何が債権者の責めに帰すべき事由といえるか、つまり使用者がどこまでの尽くすべき配慮義務を怠ったかは、取引上

の信義則に基づいてケースバイケースで判断することになる。

　この場合、法律上定められた防止義務の内容は一つの根拠となるが、これに限らず債権者の故意過失と信義則上同一視できるような事情の存否が問われることになり、また、履行不能な状態とは、社会の取引観念にしたがって客観的に判断されると考えられている。ハラスメントについては、把握されている行為の性質や危険性、その大きさの程度に対応した適切と考えられる措置が講じられていないと客観的に認められる場合には、「履行不能」な状態にあるとみることが出来、そのための就労拒否は、債権者の責めに帰すべき履行不能と判断されることになる。

　こうした危険負担の法理を根拠とする考え方に加え、安全衛生法が定める規定の趣旨及び内容から、就労拒否権を導き出す考え方もある。**アメリカ連邦最高裁ウイールプール社事件**判決（1980年）は、アメリカ労働安全衛生法2条b項が「労働者に可能な限り安全かつ衛生的な労働条件を保障し、人的資源を保全する」ことを目的とするものであるとし、この立法目的を実現するためには、法の定める手段が労働災害防止を目的とする最低限の性格を有すると解釈して就労拒否権を容認した。

　この判断は、安全衛生法が、使用者に対して、労働者一人一人が死亡事故や重大災害が発生するかもしれないと知覚される危険が存在しない職場、または労働を提供しなければならないと規定していることもまた根拠の一つとしている。この規定は労働監督の対象となるが、労働監督が常時目の行き届いた状態であればともかく、そうでない以上、使用者が、労働安全衛生一般義務を履行しない場合には、労働者が行使できる危険有害業務拒否権を法が定めたものと解釈し、使用者の安全衛生義務の代替手段として就労拒否権を認めるものである。

　このような考え方によれば、他にとるべき手段がなく、死亡事故あるいは身体傷害が発生する程度の危険が存在し、その危険が切迫しているか高度の危険があり、それを回避するについて労働基準監督署に申告する時間がなく、また使用者に改善を求めてもその履行が期待できないという場合で、これらの判断は、法理的な判断の可能な労働者の判断か、あるいは本人の理性的な判断に基づいているという場合には、就労を拒否する権利を認めるということにな

る（以上、桑原昌宏『危険有害業務拒否権〜その非核法的考察〜』（労働判例No425・1984・5・1）。

　就労拒否権については、ILO条約・勧告においても労働者の権利として規定されるようになっており、日本でも立法によって明確化することが期待されている。労働安全衛生法第25条は、「事業者は、労働災害発生の急迫した危険があるときは、直ちに作業を中止し、労働者を作業場から退避させる等必要な措置を講じなければならない。」と定めている。これに定められているのは、使用者の義務であって、直接退避する労働者の権利を定めるものではないが、労働安全衛生法3条1項が、「事業者は、単にこの法律で定める労働災害の防止のための最低基準を守るだけでなく、快適な職場環境の実現と労働条件の改善を通じて職場における労働者の安全と健康を確保するようにしなければならない。また、事業者は、国が実施する労働災害の防止に関する施策に協力するようにしなければならない。」と定めていることからすれば、使用者が具体的な危険を知らず、あるいはそれを認めなかったような場合において、他にとるべき合理的な代替措置がないのであれば、労働者に就労拒否権が認められなければ法による労働災害防止の目的は達成されるものではない。

　こうした安全衛生のための規定による基準は最低基準として労働契約の内容にもなっているといえ、行政解釈も「客観的に労働災害の発生が差し迫っているときは、事業者の措置を待つまでもなく、労働者は緊急避難のために自主判断によって当然その作業現場から退避できるとする（北川俊夫『労働安全衛生法について』（日本労働者安全センター）。

　どのような場合に就労を拒否することが出来るのかについて、前記桑原は、
①就労場所における危険であること。
②自分または他人に対する危険であること。
③労働災害発生の危険であること。
④その危険の労災化の程度が高いこと。
⑤危険が切迫していることは要件にはならない。
⑥拒否権があると当該労働者が信じるに相当な理由があれば足りる（国際基準及び北米の法令ではいずれも危険があることを信じるに相当な理由があれば足りるとしているが、日本の法令解釈でもこの要件を加えるのが相当で

あり、使用者にとってはそのように考えられなくても、労働者には危険があると信じるに足りる相当な理由があればよいとする)。
⑦その判断は個々の労働者の理性的判断でなければならない(平均的な労働者の理性的判断ではなく)。

とし、使用者において、危険が存在しないことを、客観的、科学的証拠によって、業務拒否をいままさにしようとしているか、現にしている段階で立証しない限り、労働者に危険の存在を信じるに足りる相当な理由があったとみるべきであるとしている。

(4) 履行請求から就労拒否まで

　前述したように、ドイツでは、使用者がいじめ等の除去を全く行わないか、あるいは充分な措置を執らない場合、被害を受けた労働者は、配慮義務違反を理由に労務給付の履行拒絶権(同時履行の抗弁権あるいは留置権)を行使できると解されてきた。しかし労働者はこうした権利を行使するためには、使用者に配慮義務違反が存在したことを証明し、また使用者が配慮義務に基づく措置を執りうる機会を提供しなければならない。また、安全衛生法による規制(96年安全衛生法)は、労災の防止のみならず、使用者に「人間性に叶った労働の形成」を求め、具体的には、使用者が技術、労働組織、その他の労働条件、社会的関係と労働環境への影響を適正に考慮した措置を執るべきことを原則として定めており、いじめ問題に関しては、この規定に基づいて職場における人間関係に関して適切な措置を執ることが義務づけられる。

　そして、いじめを被った労働者は、従業員代表委員会に事業所内で不利益を受けたことについて異議申し立てが認められており、事業所内両当事者は、こうした異議申し立てがなされた場合には、その事態の把握や対策について協議手続きにはいることを義務づけられている。そして、2006年一般平等待遇法では、ハラスメントなど不利益を受けたと感じた労働者は、勤務先の担当機関(上司・平等問題担当者、事業所内苦情処理機関など)に苦情を申し立てる権利が認められ、使用者は、労働者の保護のために必要な措置を執るなどの義務が課せられ、使用者がハラスメントないしセクシュアルハラスメントを止めさせない場合には、労働者には自分を守るために勤務を拒否する権利が認

められる。また、労使の社会的責任として、ハラスメントを含む不利益待遇の排除の目的の実現に協力すること、事業所代表委員会ないし当該事業所を代表する労働組合が労働裁判所に提訴する権利が認められている（ただし、使用者の重大な違反がある場合に限り、被害者本人にかわって請求権を行使することはできない）。

　このように、使用者に課せられた労働組織その他の労働条件、労働環境への影響を適正に考慮した措置の一環に人間関係上の適切な措置を執るという使用者の義務が位置づけられ、ハラスメントを被った労働者の異議申し立て⇒労使協議による事態の把握や対策の義務づけという集団的プロセスのほか、使用者がハラスメントを停止させないときには労働者が自分自身を守るために就労拒否権を行使できるというプロセスを具体的に保障することは、労働者に解雇や賃金不払いなどのリスクを負わせることなく安全（平穏）を確保するうえで重要である。

　しかし、就労拒否権が最終の目的ではないはずである。労働契約本来の目的は、労働者が職場においていじめを受けることなく平穏に労務を提供することができ、そこから人格的な諸利益を享受できることでなければならない。いじめ防止措置の履行請求をいかにして実効あるものとできるのかが、課題となる。

　何より、労使で構成される安全衛生委員会が、以上の議論や立法例とそこから抽出できる防止対策の効果的な形を定着させるために機能を発揮しなければならない。また、労使交渉は、職場における差別とハラスメントを根絶することを共通の利益として、そのための効果的なシステムの構築に一刻も早く歩みを進めるべきである。

第4章
ハラスメント問題を解決する

1 ハラスメント問題に関する労使の役割

(1) ハラスメントは職場の権利・労働条件に関する問題であること

　ハラスメントは、職場の労務管理や環境に影響された構成員相互の人間関係において発生する問題であるが、仕事をするという目的にしたがって組織された職場における人間関係は、それ自体が重要な労働条件の一つである。

　ハラスメントは、被害者のみならず、加害者にも影響を与えるし、周囲の人たちへの影響もある。その意味でもハラスメント対策は職場や社会が取り組まなければならない問題である。

　ひとたびハラスメントが発生すると、職場の生産性は低下し、企業が負担するコストは増加する。また社会全体のコストにも影響を与えることは既にみたとおりで、些細なようにみえるハラスメントでも被害は深刻で、あっという間に広がることもある。相談やアンケートなどをみてみると、パワハラ被害を訴える年代では20～30歳代が多く、権力構造がはっきりした閉鎖的な空間（密室状態）で起きていることがわかる。

　若い人からの相談が多いことから、これから職場を担ってもらいたい年代層が力の発揮を妨げられている職場の実態が透けて見える。被害を訴える人たちの多くは自責の念にとらわれてそれがダメージを一層深刻化させている。半分近くの人が「パワハラにあったら退職する」と考えていることも指摘されており、これは正しい選択なのかも知れないが、企業にとっては人材の流出を招いて無視できない損失を被る危険があることを示している。

　また、ハラスメント問題は人間関係上のトラブルであっても、個人の問題ではない。発生要因をみてみると、そこには、職場における多様なストレス要因や差別的取り扱い（根拠のない過大な期待や過小評価、報われていないといった実感もストレス要因の一つである）がハラスメントに大きく関与している。

　発生要因としては、組織のあり方（権限や責任の配分）や働き方の実態（雇用形態・就業形態を多様化させて待遇を管理する手法をとることは、コスト面では経営に寄与するが、仕事上の伝達・コミュニケーション力は低下するし、上下関係に基づく強力な指示命令系統の確立は、一見効率的に見えるが、圧迫

感を高めてストレスやハラスメントのリスクを高める)、力関係や情報の非対称性による一方的なコミュニケーション、情報化による社内コミュニケーション手段の変化や、職場構成員の意識などが影響している。

社員の意識も職場環境によって大きく左右される。組織構成員の性格や思考行動様式がハラスメントを引き起こしたり増幅させたりするものであるとしても、より人間的な組織環境によってハラスメント発生を抑制することもできる。ハラスメントの兆候は、ハラスメントの存在のみならず、職場におけるストレス要因を見るうえでも重要であり、これらの情報を把握し、適切に対策を講じることによって、職場を人間的に変えることができる。こうしたハラスメントに関する対策の究極の目的は、労働におけるストレス因子を取り除いて安全を確保し、職場における人権と民主主義を浸透させることにあるといってよい。

厚生労働省「労働者の心の健康の保持増進のための指針」は、労働安全衛生法第70条の2第1項の規定に基づき、同法第69条第1項の措置の適切かつ有効な実施を図るための指針として、事業者が講ずるように努めるべきメンタルヘルスケアの原則的な実施方法について定めているが、このなかでも、職場に存在するストレス要因への対策には労働の場における組織的かつ計画的な対策の役割が大きいこと、衛生委員会又は安全衛生委員会における十分な調査審議と対策の実施が重要であることが指摘されている。そして、メンタルヘルスケアの具体的柱の一つである職場環境等の把握と改善については、以下のことを要請しているが、この要請は、既に指摘したとおり、ハラスメント対策としても位置づけられる必要がある。

> 労働者の心の健康には、作業環境、作業方法、労働者の心身の疲労の回復を図るための施設及び設備等、職場生活で必要となる施設及び設備等、労働時間、仕事の量と質、セクシュアルハラスメント等職場内のハラスメントを含む職場の人間関係、職場の組織及び人事労務管理体制、職場の文化や風土等の職場環境等が影響を与えるものであり、職場レイアウト、作業方法、コミュニケーション、職場組織の改善などを通じた職場環境等の改善は、労働者の心の健康の保持増進に効果的であるとされている。このため、事業者は、メンタルヘルス不調の未然防止を図る観点から職場環境等の改善に積極的に取り組むものとする。また、事業者は、衛生委員会等における調査審議や

策定した心の健康づくり計画を踏まえ、管理監督者や事業場内産業保健スタッフ等に対し、職場環境等の把握と改善の活動を行いやすい環境を整備するなどの支援を行うものとする。

ア 職場環境等の評価と問題点の把握

　職場環境等を改善するためには、まず、職場環境等を評価し、問題点を把握することが必要である。このため、事業者は、管理監督者による日常の職場管理や労働者からの意見聴取の結果を通じ、また、事業場内産業保健スタッフ等による職業性ストレス簡易調査票などストレスに関する調査票等を用いた職場環境等の評価結果等を活用して、職場環境等の具体的問題点を把握するものとする。

　特に、事業場内産業保健スタッフ等は中心的役割を果たすものであり、職場巡視による観察、労働者及び管理監督者からの聞き取り調査、ストレスに関する調査票による調査等により、定期的又は必要に応じて、職場内のストレス要因を把握し、評価するものとする。職場環境等を評価するに当たって、職場環境等に関するチェックリスト等を用いることによって、人間関係、職場組織等を含めた評価を行うことも望ましい。

イ 職場環境等の改善

　事業者は、アにより職場環境等を評価し、問題点を把握した上で、職場環境のみならず勤務形態や職場組織の見直し等の様々な観点から職場環境等の改善を行うものとする。具体的には、事業場内産業保健スタッフ等は、職場環境等の評価結果に基づき、管理監督者に対してその改善を助言するとともに、管理監督者と協力しながらその改善を図り、また、管理監督者は、労働者の労働の状況を日常的に把握し、個々の労働者に過度な長時間労働、過重な疲労、心理的負荷、責任等が生じないようにする等、労働者の能力、適性及び職務内容に合わせた配慮を行うことが重要である。

　また、事業者は、その改善の効果を定期的に評価し、効果が不十分な場合には取組方法を見直す等、対策がより効果的なものになるように継続的な取組に努めるものとする。これらの改善を行う際には、必要に応じて、事業場外資源の助言及び支援を求めることが望ましい。なお、職場環境等の改善に当たっては、労働者の意見を踏まえる必要があり、労働者が参加して行う職場環境等の改善手法等を活用することも有効である。

(2) ハラスメントと職場における差別

またいじめ問題は、職場における差別と深くかかわっている。

セクシュアルハラスメントの発生は、男女のステレオタイプや偏見が土壌となっている。性に基づく固定的なものの見方は、「男らしさ」「女らしさ」という物差しによって男女を画一的に区別することにつながるが、そうした物差しに当てはまらないと「らしくない」という否定的な評価を加えて非難や排除の対象にしたりする。「女のくせに」「男のくせに」という考え方は、人の思考や行動を深くとらえているが、そうしたものの見方がハラスメントの土壌となる。

また、職場はともに仕事をする場所であるが、女性はそもそも仕事をするパートナーの一員とみなされないというのも固定的な性別役割観によるもので、性的対象としてしか見ない傾向とつながっている。そして、職場において「性的」なことはまったく仕事とは関係しないプライバシーであって、垣根が設けられるべきものである。しかし、異性や同性を性的対象とする見方が職場に持ち込まれると、職場において性的言動を許容し、増長させることになる。

性的言動とはいえなくても、身体的・精神的暴力の形態をとった差別的ハラスメントは、職業生活に深刻な影響を及ぼす。繰り返しそうした攻撃を受けることによって、人間は、自分が社会的に存在すること自体歓迎されない、あるいは許されないという感覚を心理的に刻印されてしまうことがある。職場における男女の力関係が女性に圧倒的に不利であることから、職場暴力・いじめによる影響は女性(正確にいえば、ステレオタイプな男性以外の人間)により深刻である。

国際的には、性(性的指向を含む)、信条、年齢、障害、国籍、人種によるハラスメントを差別の一形態として禁止する法制度が少なくないが、日本でも、均等法は、性別、妊娠・出産、出産休暇の取得等を理由とした退職勧奨行為を禁止して、これまで問題になってきた退職強要・差別的ハラスメントが許されない違法行為であることを明確にしている。裁判例でも、性(性的指向を含む)による差別的ハラスメントのほか、信条や組合所属に基づく差別的ハラスメントが問題になってきた。このようなハラスメントの差別的な構造からすれば、ハラスメント対策はあらゆる差別を撤廃する取り組みとともにあるといってよい。

(3) 日本型雇用慣行とハラスメントの土壌

　欧米諸国では、ハラスメント対策として、安全衛生と差別の撤廃の二つを座標軸において、現場の労使が共に取り組む参加型のシステムを構築することが検討されてきた。日本でもこうした視点が求められるが、日本の職場でハラスメント対策を構築しようとするときには、特殊日本的な構造があることに注目する必要がある。

　人間関係重視の経営も、同質性を求める集団主義を基盤とするものであれば、それはハラスメント発生のリスク要因となる。広範な人事権の裁量行使のもとに、どれだけ企業に貢献できるかという物差しをもって社員の生活能力や人格態度まで評価する傾向も、ハラスメント発生の構造的要因となる。いずれも、個人のプライバシーの垣根を低くすることを求める圧力要因となり、企業目的の実現という目標そのものが、個々人の職務遂行とは客観的合理的関連性を有しない思想信条を理由とする集団からの排除に正当な根拠を与えてしまう。

　企業の目的によってつながれた社員が「一家」として同質性を要求されるところでは、一人ひとりには個性があって感じ方や考え方はそもそも異なるものであるという前提が忘れられてしまう。性的な言動や人格に触れる言動に対して不快に感じるかどうかは、その人の経験や信条などによって大きく異なる個性である。また性的な言動に対する受け止め方や意識は男女によって異なる。

　こうした違いについての無理解が、ハラスメントの土壌となるというのに、職場において支配的なとらえ方や行動をとらないことが、「異質」として排除のターゲットになることも少なくない。そういう土壌から発生するハラスメントについては、半端に異議を唱えたりすると、かえって「異常視」されて相談者の問題にスリかえられてますます孤立化させられることになる。

　最近では、日本型雇用慣行の一つの特徴であった年功賃金から決別して、卒業方式による職能資格等級制度から、入学方式による実績主義処遇制度へと転換をはかる企業が多くなっているが、そのことは、ハラスメントの土壌を自動的に解消することを意味するものではない。むしろ、そうした制度の変化のなかで、ハラスメントはますます発生しやすくなっている。

　実績主義・業績主義といっても、これまでの包括的従属関係を背景に生活能力・全人格的評価を問う能力主義に、結果を重視する業績主義を接ぎ木し

たようなもので、担当職務の範囲や目標も明確でなく、評価基準も明確でないから査定の公正性も担保されていない。このような制度では、査定権者がますます大きな力を持つことになり、査定される側は、ますます何をされるかわからないという不安な状態に置かれるからである。

「数字」であれば客観的で不公平はないという意見もあるが、企業を成り立たせている仕事には数字に直結するものもあれば、そうではないものもあるから、不公平感は免れない。しかも「数字」というわかりやすい目標を示して、その達成に向かって心理的圧力を加える安易な管理はハラスメントの土壌となりかねない。業績主義処遇のもとでは、適材適所に基づいて個人の能力を最大限に発揮できる担当職務への配置が求められるはずであるが、あいもかわらず、何処でも、どんな職種にもあてていくという人事ローテーションでは、競争心を駆り立てられる労務管理とともに、ストレスやハラスメントのリスクを高めてしまう。したがって、このような人事管理のあり方もハラスメント対策に関連する事柄として検討の対象とする必要がある。

(4) 労使の課題としてのハラスメント対策

以上のことからすると、ハラスメント防止対策は、職場の労使が恒常的に取り組むべき課題である。使用者と労働者は利害や立場を異にするが、ハラスメントは、ひとたび発生すると、容易かつ急速に事態が深刻化して職場を再構築することが困難になるという性質をもっており、企業の生産性に打撃を与え、被害が拡大すれば企業が負担するコストも無視できなくなる。また、企業の雇用管理のあり方がハラスメントの発生と大きくかかわっていることは前述したとおりであり、そうした性質の問題について、労働組合が重要な役割を担うべきことは当然である。ハラスメントをなくすことは、労使が協同して取り組むべき人権課題である。

いうまでもなく、労使の課題は未然の防止が第一義的な課題となる。ハラスメント発生の兆候を見逃さない、そして効果的な対策を立てることが必須の条件となる。違法なハラスメント（人権侵害）に介入して行為を停止させるなど被害からの救済を図るためにはトップダウンが有効である。経営トップがハラスメントは許さないという明確な意思とともに、良好な環境＝人間関係の形成に向け

て人事権を行使する政策を示すことは、職場全体の思考行動様式を改革するうえできわめて重要である。しかし、ハラスメントは現場で発生し被害を広げていくものであるから、その兆候を察知して対策を講じたり、差別やストレス要因などのリスクを解消するためには、現場に根ざした社員参加型のボトムアップの体制も不可欠である。

　労働組合は、ハラスメントをなくし、防止するために、経営トップにそうした姿勢と人事権の行使を求め、あわせて社員参加型の組織の確立に向けて方針を確立する必要がある。まちがっても、犠牲者を切り捨てることによって人権侵害をなきものとしてかえって事態を深刻化するようなことにならないよう、職場を構成する一人一人を活かすという視点を貫くために、労働組合が積極的な役割を果たすことが求められる。

(5) ハラスメント対策の基本的な視点
1) 労使の理解とヘゲモニー

　ハラスメント対策として立法化されているのはセクシュアルハラスメントであり、97年改正均等法がセクハラ防止の配慮義務を規定し、06年改正均等法で防止義務を措置義務として強化したが、にもかかわらず、ハラスメント防止策を十分に講じていると回答する企業は2～3割といわれている(東京都男女平等参画状況調査　平成20年)。法律に定められたところにしたがって形だけ整備するのでは、現実に差別やハラスメントをなくすことはできない。法律や職場におけるルールは、現場の組織によって運用され活かされていくものである。ルールは実際に運用しながら労使によって育てていくものであるから、より実効あるものにするために見直していく視点も求められる。

　職場におけるルールづくりのためには、なにより労使のトップがこの問題についての理解を深め、いじめは許されないことを明確に打ち出すことが必要である。そして、何がハラスメントかはっきりさせて、違法性を帯びるが故に賠償請求や処分の対象になることを明らかにすることはもちろん、より広く、働き手の自尊感情を損ね、フラストレーションを高め、仕事への集中と力の発揮を妨げる行為を広く予防するという姿勢をはっきりさせるべきである。そこには、無意識に、あるいは無知であることから不用意になされるものも含まれる(時として善意も含

まれるのかもしれない)であろうか。防止の目的は、一人ひとりの社員が心理的・精神的圧迫を加えられることのない、良好な人間関係のもとで力を発揮することができるようにすることにあるから、まずは受け手の側の言動に対する感じ方を尊重することが基本である。

2) 実態にそくした効果的なルールをつくる

同時に、ルールは実態に即したものでなければ活かせないから、実態を把握することも必要である。アンケートの実施もその一つの手段であるが、防止が目的であることをはっきりさせ、プライバシーが厳密に尊重されること、不利益な取り扱いの禁止が担保されなければならない。また、業務の外部化や多様な雇用形態の導入も行われているところでは、派遣社員やパート・契約社員にもアンケートを実施する。同時に階層別・職場別などの組み合わせによる、ハラスメントに関する研修の実施も効果的である。アンケート結果をふまえながら、各人の問題意識を交流できれば、現状を共通認識とし、問題意識を深めることができる。

3) ハラスメントのリスクや兆候に注目する

労働組合としては、ハラスメントのリスク要因や兆候に注目すべきである。いじめと関連の深い職場の問題として、前述したように、いくつかのチェックポイントがある。

職場の状況についてのチェックポイント

☐ 仕事の範囲・権限と責任は明確になっているか
☐ 業務が偏って責任が重くなっていないか
☐ 特定の個人が長時間労働になっていないか
☐ 職場全体が過重労働に傾いていないか
☐ 過度の競争に陥っていないか
☐ 不公正・不透明な人事や査定が行われていないか
☐ 上司との面談・ノルマ設定が適切に行われているか
☐ 指示伝達が一方的・支配的で人格的な上下関係が形成されていないか
☐ 職務配置・責任・権限や職場における男女の偏り
☐ 外部化(派遣社員の導入も含め)や多様な雇用形態の配置状況
☐ 待遇の格差・不公平感

> **ハラスメントの兆候についてのチェックポイント**
>
> □ 職場への定着(退職の申し出・配転希望・体調不良による遅刻・早退・欠勤など)
> □ 欠勤・休職など(健康状態)
> □ 特定の個人に仕事が集中している
> □ 特定の個人が職場の人間関係や情報ネットワークから孤立している
> □ 特定の個人に非難が集中している
> □ 作業効率・生産性(パフォーマンス)が落ちている
> □ 性的なことなどプライバシーに踏み込んだ言動やうわさ話

4)視点の転換

　職場における職務分掌や権限と責任が明確になっているか、男女で偏りがないか、公正な人事が貫徹されているかといったことは、常に目を光らせなければならないことだが、労働組合は、待遇の個別化に対応するとなれば困難に直面することになる。基準的労働条件については交渉の対象とするが、個別の人事査定の結果やプロセスについては経営の専権事項として交渉の対象から除外すべきだという経営側の抵抗にあってしまうからである。ハラスメント防止の視点は、能力・業績評価や目標管理制度のありかた、面談・ノルマ設定・査定などの交渉外のこととする考え方に見直しを迫るものである。

　フラットな指示伝達の関係が形成されているかといったことについては、なかなか手が及ばない領域である。目標管理ないしパフォーマンスレビューのための面談は、フラットな圧迫感のないコミュニケーションが制度を支える基本となるはずのものである。しかし、面談の場は密室状態であって、査定権限をバックにした上司の濫用が生じやすい。濫用があってもノーチェックであるから後日になっても異議を唱えづらく、上司の専横を許してしまう。また、人事制度が能力・業績主義的に大きく変わるなかでは、8時間労働を前提とした標準的な働き方(仕事の質・量・目標)をコントロールしなければ、仕事の集中や長時間労働を解消することはできない。これらの問題は非常に面倒で厚い壁に阻まれた課題のように考えられるが、労働時間や待遇の改善を大きくすすめるポイントでもある。

　経営側は、これまで「人事権行使の裁量の範囲」を聖域としてきたが、ハラ

スメント問題を前にしては聖域はありえない。そもそも言いたいことをいえない関係・環境のもとでなされた目標設定や仕事の振り返りでは人の力を引き出すことはできないのであるから、思い切って視点やスタンスを転換することが求められる。同じように、労働組合も、人権とハラスメント問題の前には自らの内に聖域をつくらないという覚悟も求められる。

5) ハラスメント対策のための制度

これまでストレス対策は、ハラスメント対策と密接に関連しているが、それは安全衛生問題や長時間労働問題とクロスしている。職場の安全衛生については安全衛生委員会の設置が、また労働時間については時間外・休日労働には36協定の締結が義務づけられており、これらの既存の制度は活用次第で十分なストレス対策を講じることができる。

36協定の締結は、時間外労働を許容するかどうかを職場の労働者の意思決定に委ねたものであるから、協定の有効期間を制限してきめ細かく残業規制をかけ、締結時には残業発生の原因を究明し、それを取り除くことも含めて協議の対象とする。たとえば、職場の情報をもとに、職場に与えられた課題をやり遂げるのに必要な人員体制、各人の職務が法定時間内納められる業務量などを検討して、職場の目標や人員を調整することも協議事項とすることができる。8時間労働制の例外となるフレックスタイムなどの変形労働時間制やみなし労働時間制度など、労働時間制度を組み立てるに際しても協定の締結が要件とされている。ワークライフバランスを追及するのであれば、これらの協定締結に向けた協議事項が、人員体制、業務量、ストレス、健康状態を問題にしなければならないのは当然である。また、安全衛生委員会は、広く社員のストレス対策を取り上げる場面として機能させられることが期待されており、ハラスメントを予防することを射程に置くことも可能である。

ハラスメントの発生は、職場における差別に関する問題と密接にかかわっている。しかし「差別をなくす」「差別的ハラスメントを根絶する」といっても、具体的には何が差別であるのかとらえ方が共通の認識になっているわけではない。ステレオタイプや偏見にとらわれているところでは、実際に行われた言動がハラスメントであると気付かないこともある。どちらかというと、支配的な意識は職場

の権限を行使できる集団によって形成されるから、被差別集団に属する人たちの葛藤や苦痛、差別の有無についてはなかなか共有できない。

　国際的には、そうした差別を可視化する法理論が発達しており、差別からの救済も進んできたが（間接差別の法理や職務の価値評価によって差別を可視化し是正する）、日本ではまだまだ遅れた状況にある。そうしたところで差別やハラスメントを告発することは難しい。均等法では、職場における苦情を解決するための制度を設けるよう要請されており、またセクシュアルハラスメントについては、苦情処理制度が措置義務とされているが、この紛争解決形態もハラスメント対策としては不充分である。

　安全衛生委員会、労働時間についての協定制度、そして、差別やハラスメントを解決するための苦情処理制度という既存の制度を、広く職場におけるハラスメントをなくす目的のために総動員することが戦略化されるべきだろう。また、ハラスメント発生のリスクが職場における差別とストレスの複合的な要因によって発生したり、増長されたりするという性質に鑑みると、苦情の申告を受け付けるという相談窓口から始まる制度は、「待ち」のスタイルではすまされなくなるだろう。実践の積み重ねによって、職場ごとに担当者を設置して、問題解決に向けた窓口となることとあわせ、リスク要因を分析して取り除くための参加型組織を構成することも一案であろう。

(6) 労働組合の役割と責任
1) 労働組合への期待

　ハラスメントは、差別や職務権限による力関係・閉鎖的環境のもとで発生したり増長させられたりするが、もともとその日その日を働くことによって得る収入で生きる以外にない働き手は、使用者に対して圧倒的に不利な立場に置かれている。この労働の脆弱性は、労働者には契約締結の自由もなければ、一旦契約を締結してもその条件を維持することや、法律に定められた権利を行使することさえ難しく、まして目標の設定や査定の結果に異議を唱えることにも大きな壁がある。経営トップの号令で急カーブの方針転換にも適用しようと努力し、時として思想信条に基づく差別や嫌がらせにも、自らの行動を制約することによって排除対象とされまいとする（そのことによって差別や暴力は助長させられ

る) 現実をみれば、明らかである。そうした力関係をフラットにすることがハラスメント根絶の究極にあるものだとすると、そこで期待されるのが労働組合の役割である。そうした役割は労働組合にとって普遍的なものであって、産業民主主義の基盤をなすものとして社会的にもその役割の発揮が期待されているといえる。

2) 困難な課題

　労働組合は、そうした基盤にたつならば、自らの組織のなかに、ハラスメント対策を特別に位置づける取り組みを開始すべきである。そして、ハラスメント担当者を明確化して、職場や組合員からの相談を受け付ける体制を確立することが求められる。しかしこれは、なかなか困難な課題である。何故なら、労働組合の集団と組織も、ステレオタイプやバイヤスから自由ではなく、内向きの閉鎖性がこの種の問題を封印してしまいかねない構造をもっているからである。このことは、労働組合が男女平等をメインに位置づけ、ジェンダー主流化への取り組みに関心を持ち始めるようになったのがごく最近であることをみてもうなづける。

　そして、上記の課題を実現するうえで、担当者を選任することはできても、その担当者が組合内部で権限のあるポストについている役員で、訴えを受け、相手方がいかなる立場にあろうと（組合員であろうと、権限を付与された役職者であろうと）それに影響されないポストとして用意されなければならないし、セクシュアルハラスメントについては女性が位置づけられる必要がある。このような条件を充足できる労働組合はどれほどあるだろうか。そこまで女性役員を育てているかどうかさえおぼつかない状況では、相当の努力が求められるだろう。

　また、ハラスメントが発生して問題を解決しなければならなくなったとき、労働組合は、人権侵害は誰であろうと許されないという立場を貫けるのだろうか。労働条件の個別化がすすんで、「待遇を改善したければ個人が努力する以外にない」というように、労働組合への期待が後退させられてきた今日、まさにそれが労働組合の鼎の軽重が問われる重要なポイントになるところだが、守りの姿勢に入ってしまうと「閉鎖性」からの脱却はできない。労働組合は、時代の節目にたっていることを自覚すべきだろう。

3）問題が顕在化したとき

　被害を訴える側が弁護士などの第三者に相談したり、労働相談情報センターや労働局など第三者機関に斡旋を申請したりすると、問題を外部に持ち出したとして非難したり、外部に持ち出されてしまったのでは企業内労使で解決することはできないと判断してしまう傾向もある。しかし、被害を訴える社員が、医療機関に受診したり相談したりするのはもちろん、弁護士や労働相談窓口に相談することは、考え方を整理するうえで大事な機会となる。

　相談を受けた側も、可能な限り働き続けることができるよう、またそのためには職場の労使関係を大事にする必要があるという認識にたって、問題のとらえかたや解決の方向性を整理することが求められる。労働組合が、そのように信頼されるにふさわしく、人権侵害行為には聖域を設けず挑んでいくという姿勢をもっていれば、外部からの援助を受けることも容易になる。当事者も組合組織も、認識や考え方のギャップを認識して、その間を埋めるヒントを得ることができる。

4）労働組合が登場すべきとき

　労働組合は、前述のような視点にたってハラスメント対策について大いにリーダーシップを発揮し、交渉を通じてハラスメント防止対策や苦情手続きなどのルール化・システム化をはかるべきである。

　労働組合のなかに相談を受け付ける体制を確立し、ハラスメント担当を権限のあるポストとして位置づけ、そこに女性を含めて複数人を当てることや、外部相談機関との連携をはかることも検討されるべきである。

　ハラスメントについて解決を求められたとき、相談する側（被害を訴える者）と相手方（加害者とされるもの）の双方が組合員であるときでも、聖域をつくらないという姿勢が貫かれる必要がある。受け止め方や感じ方の違いがあるということは、誰もが人を傷つけるような言動に及ぶ危険があるということである。被害者・加害者の烙印を押すのではなく、そこから教訓を引き出して全体のものとする努力、そしていずれの当事者も今後に向かって力を活かしていく視点と努力が問われることになる。

　そうした点で、黒白決着がつけられないとしても、緊急避難として、当事者のいずれか一方を配転させる必要が生じる場合などは、労働組合が要求を組み

立てて使用者と交渉する必要がある。双方組合員であっても、それぞれの立場にたって必要な条件を要求化して交渉することになるが、少なくとも、被害を訴える側の異動については、法令上の要請から見ても同意が必要である。

どうしても調整がつかないときには、ハラスメントやその影響を回避するために出勤しないことも権利として認められなければならない。年次有給休暇や療養休暇など行使できる休暇の権利はあっても、ハラスメントに曝されないようにするための就労拒否は別に保障されるべきものである。使用者に対する法的権利として就労拒否権を行使したとき、職場でも緊張関係が生じることになるため、迅速に了解を取り付けることが労働組合の役割となる。緊急措置を講じることによって、被害者が不安と恐怖、苦痛から解放されることが速ければ速いほど、心身の傷害の回復も速いと指摘されているため、労働組合の責任と役割は大きい。使用者が反対して就労拒否を理由に解雇などの不利益を加えようとする動きがあるときは、ハラスメント対策について緊急要求を掲げてその実現を迫るとともに、就労ができなくなっている組合員を指名ストに入れて不就労による労働者側の債務不履行責任を回避する対抗措置とすることも考えられる。

また、労働組合には、ハラスメントによって損なわれた労働者の権利の回復のためにその役割を発揮することが求められる。そこでは、職場環境の改善はもちろん、被害を被った労働者が安心して療養できる体制や復職等の権利を確保することも課題となる。

(7)「どうしようもない会社」「どうしようもない労働組合」

被害者から、「どうしようもない経営者」「どうしようもない労働組合」という批判がなされることがある。「被害をわかってもらえない」「被害をなかったものにされてしまう」「被害を訴えるほうが異常視されてしまう」「かえって孤立が深まるのでは」といった恐れや不安がそうした批難につながっている。このような恐れや不安が、被害者につきまとうのは、ハラスメント被害が人間相互の信頼感を破壊するという性質をもっていることも影響している。

社会のステレオタイプやバイヤスが労使の思考行動様式に深く根ざしてしまっていると、事実を見る視点にも被害者とのギャップは大きく、被害者の訴え

「信用できない」「虚偽によって同僚を陥めようとしている」というようにとらえてしまうことがある。そうなると、会社も労働組合も、組織を守るために一丸となって事に当たる「団結」＝同質性をより強化し、支配的な思考行動様式とは異質なものを敵視し排除する傾向に流れていく。これまで問題になってきた思想信条による差別的嫌がらせなどはその典型であろう。

このようなことでは、被害はまったく見えなくなってしまい、事態を軽視してしまったり、かえって被害を訴える感覚が異常であるという排除の論理にたってしまう。あるいは深刻な被害は理解できても「組織防衛」を優先してしまう。ハラスメント防止規定や苦情解決制度を設けても、それがかえって「いじめ」の事実をなかったものにして訴えを封印する機能を果たしてしまうことになりかねない。ルールや制度も人が育て運用していくものであるから、人権意識を高める取り組みとともに対策をたてないと、とんでもないことになってしまう。

しかし、会社も労働組合も、経験も信条もまったく異なる個人の集合体であって、暴力や差別をなくすことを信条として集まっているわけではないし、そうした組織を構成する人の認識や意識を変えるのは困難なことである。また、労働組合は、労働者の経済的地位の向上、生活と権利の実現を目的としているが、組合員の暴力や差別に対する温度差は大きい。

そもそも差別や暴力の撤廃が黙っていても優先的な要求課題となることはありえないし（それを心の底から願っている労働者にとっては当然優先課題とされるべきであるのだが）、多様性を「団結」とは対極にあるものとしてとらえる見方も少なくない。そうしたところで改善に向かうために膨大なエネルギーを費やす善意の取り組みも、苦しい被害者にとっては「遅々としてすすまない」とだけしか映らないだろう。そうなると、双方に「努力しても報われない」という実感がしみついてしまう。

差別や暴力・ハラスメントの告発は改善のために活かして被害者に応えられるという考え方は多くの人に受け入れられるだろうし、被害者もそれを強く望んでいる。しかし、企業も労働組合も、必ずしも被害者が望むような処分・人事措置を支持するわけではない。処分は組織の観点からみた秩序維持と将来への戒めを目的とするが、そうしたスタンスは、苦痛や脅威の解消を強く求める被害者のスタンスとの間に天と地ほどのギャップがある。

また、多様性を尊重して被害者の感じ方を中心にハラスメント概念をたてて広く防止対策の対象とするところでは、それだけ無意識に防止対策の対象となる行為に及んでしまうケースが増える。成長を願って懸命に手を掛けてきた部下から「ハラスメント」の批判を受けたり、自分をころして組織の必要のために貢献してきたつもりが一転加害者として糾弾される事態も生じることになる。組織としてハラスメントを根絶するという秩序を維持し、告発を将来への戒めとする観点に立てばこそ、そのようにして「加害者」であると糾弾され告発された労働者をフォローする必要が生じ、その結果として処分を回避することもあるだろう。

　経営者も労働組合も、人権侵害の前には聖域を設けないで、毅然として正す姿勢が求められるが、厳しく糾弾の対象にされたり、厳罰が加えられるところでは、萎縮が先行して自らの内にあるステレオタイプやバイヤスと闘って信頼を再構築する行動にはつながっていかない。そのためにフォローも不可欠なものとなるが、そうしたフォローの意味について説明が十分なされていないところでは、「どうして処分しないのか（そんなに軽い処分なのか）」「権限の内ポストに降格・配転しないのはおかしい」という不信感や批判につながってしまう。

　ステレオタイプやバイヤスは、普段に自らを改革しなければ克服できないものであるから、批判がトラウマとなって萎縮や回避につながるようでは目的の実現は不可能である。しかしそうだからといって、被害者の納得を得られないようでは、ハラスメント対策の趣旨は損なわれることになりかねない。

　こうしたギャップを乗り越えるためには、よく情報交換して相互の立場の違いを認め合うこと、共通認識にたてる領域を拡大し、残された違いを調整する努力を重ねる以外にない。こうしてハラスメントをなくす目的に向かって信頼を築く作業の積み重ねが、差別や暴力のない社会を築く基盤である。違いを認めることこそ、変革のための力の源泉であることをこと肝に銘じることが求められる。そうした場合、外部の相談機関の援助を受けることも考えなければならない。

　経営や労働組合のトップが本当にどうしようもない暴力的な権力者で、差別や暴力によって職場を支配しているところでは、問題解決はむつかしい。救済を求めるには第三者の相談窓口から援助を受ける以外になく、個人加盟制のユニオンに加盟して交渉したり、労働局や労働相談情報センターの斡旋調整

によって解決を求めるか、それでもだめなら司法救済を申し立てて責任を追及する以外にない。

2 予防のためのルールと取り組み

(1) ハラスメント対策構築の戦略
1) 基本的なスタンスの確立

　ハラスメント対策の基本は、何より予防である。そのためには、ハラスメントとは何かを明確に示して職場からなくすことを宣言する必要がある。職場暴力・いじめを許さないことを明確にして社員に徹底すること、いじめのリスクを取り除き、兆候が察知されたときには軽視しないで原因を究明して深刻な事態に至らない段階で解決することが求められる。ハラスメントによる被害を解決する方法や手順を明らかにしておくことも必要である。

　対策を講じようとするとき、これらのポイントについて規定を整備しようとするのが一般的であるが、それは実際に活かされるものでなければ意味はなく、運用を重ねながら、不十分な点は補充したり、あたらしくルール化するなどして育てていくものである。規定を作ればそれで終わりというものではない。

　ルールの核心は、ハラスメントが被害者の人格権侵害となりうるもので、業務の阻害要因であること、その防止は労働者を組織する使用者の責任であるというところにある。予防のためには、その土壌となる環境や兆候についても広く対象とすること、そのために防止すべきハラスメントは、そうした趣旨とともに、具体例をあげて明確に示すことが求められる。また、ハラスメントをなくす取り組みは個人の多様性を認めて人権を尊重する職場づくりを趣旨とするものであるから、「相手方の意に反する(性的)言動で、不利益を与えたり、就業環境を害するもの」というように、被害者の受け止め方をまず大事にする概念を確立する必要がある。

　違法となるハラスメントについては法に基づく強力な介入措置が求められる。そうした領域にある暴力・いじめについては、行為者について処分の対象となることなど人事上の不利益処分も辞さないことを明らかにする。管理的な立場にある社員が権限を濫用して部下を傷つけたり不利益を加えたときには、

第4章　2　予防のためのルールと取り組み

管理的なポストにあるものとして相応しい者であったのか問われることになるから、人事上の職位を降職させる判断基準とすることは合理的であり、働き手の権利を確保するうえでは必要不可欠である。

　また、仕事をする道具やノウハウ・信用を私物化したり傷つけたりした場合に社員を懲戒処分の対象とする規定はあっても、職場の同僚や部下に労働条件や雇用に不利益を加えたり、心身の健康を害した場合を懲戒処分事由に掲げないという道理はない。そうしたことを具体的に検討し、コンセンサスを得ながら基本的方針やその実現のための社内のシステムを検討することになる。

2）職場の実態にあった対策を構築する

　ハラスメント対策を確立するについては、本書資料編に収録した均等法のセクハラ指針や人事院規則、労働協約や就業規則などの例が参考になるが、ハラスメント対策の究極の目的は、人権侵害を排して、社員の多様性を認め合い、相互の人権を尊重し、民主主義的関係を醸成することにある。その点では、人権侵害については強力な権限を行使して排除するシステムとあわせて、現場からハラスメントの芽を摘んで人権を尊重した職場づくりを促進するための主体的なシステムを組み合わせる必要がある。それも、企業や職場の実態にあったより効果的な対策を構築しなければならない。

　職場の実情にあっているかどうか、より効果的であるためにはどうすればよいかを検討しなければならないが、それは以下のような問題があるからである。

　大企業と中小零細規模の企業・職場では、人事管理（配転の可能性、人事考課制度、賃金等待遇決定システム）、社員の構成、プライバシー情報に触れる範囲、社員相互の交流の形態、コミュニケーション手段など、日常の仕事を取り巻く環境は大きく異なる。大企業で整備した規定の内容が小規模の事業所に適合するか、といえばまったく違う。

　業種・職種・職務の専門性・裁量の程度・働き方も、ハラスメント発生の形態やリスクに特徴がある。専門性が確立されて仕事を遂行する上での裁量の幅が大きく、比較的個人のコントロールによってリスクを軽減できるようにみえても、仕事そのものが人のいのちや健康に直接触れて待ったなしの判断を求められ

たり、チームワークを要したり、公共のために自分の安全を犠牲に晒す高度のリスクと隣り合わせの仕事だったりしてハラスメント発生リスクがより高く、配慮が必要な場合もある。こうした条件の違いによって、ハラスメントが発生したときの被害の範囲や講じられるべき措置、加害者とされる働き手に講じられる措置も違ってくる。

　またあらゆる仕事が社会と通じ合っているから、顧客、取引先、サービス提供先との接触を不可欠なものとする。ハラスメント対策を構築する場合には、労働環境・労働関係を、企業内の狭い範囲でとらえるのではなく、関係する取引先や顧客の個人・企業に対する関係でも捉えておく必要がある。委託や請負関係にある取引先との関係では下請法など経済的に不利な立場に立たされた取引主体を尊重するルールのもとで事業運営することが求められるし、顧客との関係でも、商品やサービスの提供についてルールが設定されている。これらのルールは、生活や安全、ひいては公正な取引や人々の人権を尊重する必要性に基づいているのであって、そうした法の趣旨に反する権限を濫用したハラスメントを対象にすることもありうることである。逆に、取引先・サービス提供先・顧客のハラスメントから働き手を守らなければならないケースも少なくない。これらの場面では、職場ないし企業全体が不正や差別、ハラスメントと闘うコンプライアンスの姿勢が対外的にも問われることになる。

　ハラスメント発生のリスクや形態は、人事制度の内容や運用状況、社員の募集・採用・契約形態・配置・昇進等活用状況、仕事に対する権限配分、労働時間の編成、労働環境によって違ってくることも、前述したとおりである。

　以上の実態に即してハラスメント対策を構築するためには、社員の意識や実態を把握しなければならない。アンケートは、プライバシーを厳守して不利益には取り扱わない保障がなければ実態を反映するものにはなりえない。このことを厳格に遵守する約束のうえでアンケートを実施することになる。

　アンケートの内容は、ハラスメントと感じる行為を経験したか、どんなハラスメントだったか、どんな影響があったか、どんな対応をしたか、ハラスメントのリスクや兆候はあるのか、ハラスメントに対して何ができるのか、何が必要なのかといったことについて職場の一人ひとりがどう捉えているのかを問うのが一般的である。アンケートの対象者としては、現に在籍している社員のみならず、退職者

にも実施すると効果的である。退職者に対するアンケートでは、在職中のことに加え、退職した理由、改善してほしかったことなどを聞くことになるが、労働組合が実施したアンケート結果をみると、同じ職場で働いていた複数名の退職理由が「上司のセクハラ」であったり、「この職場ではもう役割はない」と痛感させられた出来事など、仲間もまったく知らなかったことが吐露されていて愕然とさせられる。ノルマ・目標管理に駆り立てられたり、納期に追われたりして退職者への思いやりが失われるなどぎすぎすした職場の実態が浮き彫りにされることもある。現役より退職者のほうが率直にものが言えることや、職場への「失（絶）望」「耐え難さ」が退職に向かわせているのであればその実情が現役より鋭く表れるという条件によるものである。アンケート実施時期に休暇を取得したり休職に入っている労働者についても、等しくアンケートに参加できるようにする必要がある。これらの労働者は、容易に特定できないように特別に配慮する必要がある。

　社員の募集・採用・契約形態・配置・昇進等活用の実態（男女の偏り）など、職場における実権（仕事上の権限のみならず、思考行動様式を支える文化的社会的背景としての支配関係を含む）がどのように配分されているのかを把握することも重要である。政府は職場における男女平等を推進するツールとして、ポジティブアクションを奨励しているが、ハラスメント対策を構築するうえで、このツールを併用することはきわめて効果的である。

　上記の取り組みをなすについては、労使の協力が不可欠である。退職者に対するアンケートも含めて、使用者が実施するより労働組合が実施するほうが実態が克明に把握できる条件がある。労働組合がアンケートを実施してハラスメント対策構築の戦略を示すことができると、より実態に即した対策が可能になるだろう。

3）検討課題

　具体的な対策として検討しなければならない項目は、およそ以下の通りである。

ハラスメント対策として検討すべき戦略
□ 基本方針・具体的対策の周知方法 □ 実態調査など現状把握とこれに基づくより効果的な対策の検討 □ 従業員の研修体系の整備 □ 職場担当者・労働組合・従業員代表制などの防止システム □ 相談窓口・苦情処理期間の設置・役割分担・手続きの流れ □ 社員の待遇（緊急避難措置・待遇の回復措置・休業・復職）制度の整備 □ 処分・降格など人事措置に関する規定の整備 □ 二次被害対策

　前述したように、人権侵害に対しては、企業の権限を行使して違法行為を排し権利救済をはかる必要があり、そうした側面では、企業が権限を行使すべき責任を労働契約上はっきりさせる必要がある。またハラスメントを未然に防止することを通じて多様性を認め合い、人権を尊重した民主主義的な職場を構築するという側面では、そのために現場管理職と労働組合の役割と責任を明確化して位置づけ、職場レベルごとの協議など、関係者の主体的な行動と努力につながるような仕組みを工夫する必要がある。

　二次被害対策はこれまで触れる機会がなかったが、職場の再構築に向かうときに重要な課題となる一つである。二次被害とは、被害を訴えたとき、訴えたことそのものを責められたり、「あなたにも問題ないし責任がある」など加害を誘発したといって責められたりすること、否定的なうわさ話を広げられたり人事上も不利益を受けたり、退職勧奨されたりする不利益を受けること、さらには、ハラスメントを訴えたこと、訴えの内容など本来秘密にしてもらいたいプライバシーが流出して被害を被ることをいう。バイヤスやステレオタイプがしっかり根付いてしまっていたり、プライバシーの垣根が低い人間関係によってつながれている職場では、二次被害が起こることは構造的である。二次被害に晒されたときには、被害者はさらに不安や葛藤、精神的苦痛に襲われて鬱状態や心的外傷が遷延して長期化したりする。

　二次被害が生じるところでは、職場環境はかえって悪化することから、多くのケースで出勤できなくなってしまう。ハラスメント被害は、こんなことはされないだ

ろうという人間相互の信頼や安心感が根底から否定されるところに特徴があり、ただでさえ対人関係上敏感になってストレス耐性が減退させられている。そのうえに解決を期待して相談したことから二次被害を受けるということは、最後の信頼にかけた望みの綱まで断たれてしまう。疑いの目を向けられている、あるいは責められていると感じられるような質問が、そうした打撃を受けているものにとってどんな意味をもつかは明白である。こうして治療が長期にわたることになると、被害を被ったものの人生そのものが否定されてしまう。女性については、服用する薬の副作用から妊娠・出産を控えなければならないなど、被害の形態や人生に及ぼす影響はより打撃的で深刻である。したがって、相談情報が漏れてしまうなどの二次被害が発生することがないよう、細心の注意を払う必要がある。

(2) 方針を徹底する～周知徹底

ハラスメント対策のために経営トップから社員に至るまで共通の認識にしておくべき項目は以下のとおりである。

周知徹底しておくべきこと
□ ハラスメントを防止する目的
□ 防止対策の対象とするハラスメントの概念
□ ハラスメントに該当する例
□ ハラスメントが発生するリスクや兆候
□ ハラスメントが起きるとどうなるのか～影響・被害・損害
□ ハラスメントを受けたり、第三者として体験させられたりしたときの対処
□ 同僚や上司として相談を受けたときの対応
□ 相談窓口・担当者・アクセスの方法と権利
□ 相談から苦情処理に至る手続き
□ 苦情処理担当・機関による結果の説明・取り扱い
□ 申立及び苦情解決にあたってはプライバシーが保護されること
□ 不利益な取り扱いや処分は禁止されること
□ 暫定的に講じられる人事措置とそれが実施される場合
□ ハラスメントによって生じた人事上の不利益を回復する人事措置と社員の権利
□ 懲戒事由に該当するハラスメントの形態・懲戒手続き・処分内容
□ その他再発防止のために会社が行使する権限・責任と社員の義務

ハラスメント対策の究極の目的が、企業の権限を行使して人権侵害を排除し権利救済をはかることに加え、社員の多様性を認め合い、相互の人権を尊重し、民主主義的関係を醸成することにもあるとすれば、規則で社員を拘束するという視点では不発に終わってしまうだろう。社員がより意識的主体的にこの対策に参加するためには、ハラスメント問題を身近なこととして意識し、それが発生する構造や土壌について現実の職場の実態に即して理解を深めることが求められる。

　これらの項目は、労働協約、就業規則、社員手帳、社内報・パンフレット、朝礼・会議などで徹底されることが一般的であるが、労働契約上、会社の責任と権限、社員の権利と義務を明確にしておくという観点からは、労働契約や就業規則にその旨の規定を定めておく必要がある。懲戒処分には就業規則上の根拠が必要となるし、懲戒事由・懲戒処分の内容は就業規則に記載して社員に周知しなければ、これをもって社員を拘束することはできないとされている（前掲、**フジ興産事件**、最高裁第二小法廷判、平成15年10月10日、労判861）。

　社員の権利を回復する人事上の措置を講じたり、苦情申立をしたことを理由にした不利益取り扱いは禁止とすること、プライバシーは保護すること、緊急避難的に講じられる人事措置などは、そうした責任を企業が負担していることを明らかにして、社員の労働契約上の権利が確保されていることを明らかにするのが望ましい。そうした点では、労働組合が、ハラスメントに直面した労働者の権利を確認し、労働者が求めたとき使用者が何をしなければならないのか労働協約に定めておくと、権利をより確実にすることができる。

　また、前記の周知すべき項目は、ハラスメントに直接かかわる問題解決の一部でしかないことに留意する必要がある。ハラスメントは、心身に傷害を与え、被害者がPTSDやうつ病などの精神疾患によって療養を余儀なくされることもめずらしくない。その場合の労災補償や休職から復帰への手続き、身分保障など、既にある規定を再検討する必要もある。

　メンタルヘルス対策については厚生労働省もガイドラインを公表しているが、復帰プログラムや休業補償のあり方は、企業や職場の実情、担当職務によって異なることに留意しなければならない。

(3) 研修による理解の定着・深化

　その点で、研修は重要な機会となるが、それは職場の現状を共通の認識として現実的な防止対策を講じるうえで重要である。

　一方的に話を聞くスタイルでは、「こんなこともハラスメントになるのか」「被害はとても深刻なんだ」という実感は得られても、「どんなことがハラスメントになるとわかったのか」「被害者はどんなふうに苦しんでいるのか」を話して欲しいといっても、「それ以上は覚えていない」という場面は沢山ある。ハラスメントに対する意識を定着させるためには、自ら考え話をする機会を提供したり、ケースやチェックリストによる自己点検・職場点検とともにグループ討議・発表を組み合わせていくことが効果的である。

　身につけてもらいたい研修項目は、以下のとおりである。

管理職としての研修項目

- □ いじめ・セクハラの概念（具体例）・構造（リスク要因）・影響
- □ 職場の構造的な問題であり、重要な労働条件であるという理解
- □ 差別の意味や差別撤廃の意義に対する理解
- □ 会社の方針
- □ 管理者として求められる対応
- □ 管理しているセクションにおける防止策
- □ 部下からの相談への対応
- □ 取引先からの相談対応
- □ 人事管理・査定における対応
- □ 自分がターゲットになったときの対応策

一般社員としての研修項目

- □ いじめ・セクハラの概念・構造（リスク要因）・影響
- □ 職場の構造的な問題であり、労働条件にかかわる問題であるという理解
- □ 会社の方針・防止対策・苦情処理に関する理解
- □ いじめを体験した（自分も他人も）ときの対応方法
- □ 被害を回復させる方法

ハラスメント対策に関する方針は、どのような場面でも徹底されなければならず、具体的には、人格的介入に及びやすいOJTや目標管理のための面談なども聖域ではありえないことを徹底しなければならない。こうした聖域は認めないという防止対策のためには、経営トップ・労使の意識が変わる必要がある。差別とハラスメントは許さないという確固とした姿勢が確立されれば、職場を変えることができる。

(4) リスクを把握し解消のメカニズムを働かせる

ハラスメントのリスクマネージメントが重要であって、どんなポイントがあるかについては前章で紹介した通りである。とくに、日本の職場においてリスクマネージメントの柱に位置づけられるのは、①仕事の範囲・権限の明確化、②公正な処遇、③適正な労働条件、④その他の労働条件・労働環境におけるストレス因子の除去である。不合理な格差はフラストレーションやコミュニケーションギャップの深刻な要因となり、ハラスメントと差別は表裏の関係にあるから、そうした状況を把握し、公正な処遇を実現する方法としてポジティブアクションが推奨されている。

これらの取り組みは、現状を把握し、点検して改善課題について目標を設定して取り組み、その結果を現状把握して点検するというように、繰り返し連続して取り組むものである。そのために、この問題に取り組む常設的な組織が設置されることが望ましい。労働組合が役割を発揮できる職場では、現状把握の結果をもとにした労使協議のなかで課題を検討し、目標及び取り組み課題を確認して取り組み、その状況をモニタリングするといったサイクルを繰り返していく。そうした点で、職場の実態にあわせてこの問題に対応できる機動的な組織を確立すること、その場合には、外部相談機関の利用も検討に値する選択肢である。

3 解決のための手続きと方法

ハラスメント相談窓口を設置して相談を受け付ける体制をとっている職場でも、相談の受け付けから解決に至る手続きや留意事項を定めて周知している

ところはまだまだ少ない。苦情解決のための仕組みがいくら立派で頑張っても、制度を運用する人間の力、マネージメントを抜きにしてはありえない。
　以下には相談の受け付けから解決に至るステージごとにチェックポイント・留意事項を指摘する。

(1) 相談窓口にアクセスする～相談できる体制
1) 相談窓口の位置づけと役割
　相談窓口は、被害を直接受けた本人、それを経験した同僚、相談を受けた上司等の関係者から寄せられる苦情や相談を広く受け付け、問題解決に何が求められているのかを相談者とともに整理し、方向付けをする役割を担うことになる。苦情として取り上げ、調査をしてしかるべき人事措置を求めるのか、それとも相談窓口段階で一定の措置を講じることができるか、あるいはそのような措置を求めないが相談だけに留めるのか、いろいろあるが、相談者の意向にそって検討しながら方向付けを行う。そうした役割を担う担当者には、職場の実情や制度、ハラスメントに関する認識、解決のためのノウハウなど、広い知識や経験によって身につけた技能が求められる。また関係部署との調整も必要になることから、一定の権限が付与されていることも条件となる。

2) 相談を受け付けるということ
　ハラスメントによるトラウマは、長期にわたる人生のほとんどすべてを支配してしまうような心の傷としてしっかりと根付いてしまうことがある。それは、不眠・食欲不振・動悸・過呼吸などの身体症状、抑鬱・無力感・罪悪感・情緒不安定・否定的感情などの精神症状のように、病的な状態と認識できる症状を伴うものでもあるが、周囲への信頼感の喪失、未来が短縮してしまったという感覚、幸福の喪失感を伴い、生活のあり方が激変させられてしまう。
　ハラスメント被害について相談を受けてきた人たちは、被害を訴える人が、自分自身に何が起きているのか、その原因が何で、誰に責任があるのかも全くわからない混乱状態のなかで話をさせられる。事故や災害、殺人など刑事犯罪に巻き込まれた衝撃的な出来事の直後から一定の期間は、自分に起きたことを客観的にまるで他人事のように克明に話しをすることができる時期があるが、

それは乖離などの急性ストレス障害に陥っているときの症状とみることができる。

そうした時期から心的外傷後ストレス障害（PTSD）に移行すると、衝撃的な出来事に関連づけられた場面でフラッシュバック・再体験が続くようになり、外傷の重要な部分が想起不能になったり、怒りの爆発、集中困難に見舞われたりするようになる。早期回復のためには、危険から解放された安心感を一刻も速く取り戻すことであり、自己コントロール可能性を現実のものとして実感できるようにしなければならない。

また、差別やハラスメントは、精神的葛藤を強めるのみならず、自信や自尊感情を打ち砕いて、生きることが認められている、あるいは生きていてもよいという実感そのものを奪ってしまうこともある。そうした感覚が根付いてしまっている状態からその人が持っている力の発揮を可能にするためには、その人の正当性を確認できるようにし、心に根付いたトラウマを過去の問題にできるようなきっかけを掴む必要がある。

DSM4によるPTSD診断基準

A. 以下の2つのが認められる外傷的な出来事に曝されたことがある。
　① 実際にまたは危うく死ぬまたは重傷を負うような出来事を、1度また数度、または自分または他人の身体の保全に迫る危険を体験し、目撃し、または直面した。
　② 反応が強い恐怖、無力感または戦慄に関するものである。

B. 外傷的な出来事が、以下の1つ（またはそれ以上）の形で再体験され続けている。
　① 出来事の反復的で侵入的で苦痛な想起で、それは心像、思考、または知覚を含む。
　② 出来事についての反復的で苦痛な夢。
　③ 外傷的な出来事が再び起こっているかのように行動したり、感じたりする。
　④ 外傷的出来事の1つの側面を象徴し、または類似している内的または外的きっかけに暴露させた場合に生じる、強い心理的苦痛。
　⑤ 外傷的出来事の1つの側面を象徴し、または類似している内的または外的きっかけに暴露された場合の生理学的反応性。

C. 以下の3つ（またはそれ以上）によって示された（外傷以前には存在していなかった）外傷と関連した刺激の持続的回避と、全般的反応性の麻痺。
　① 外傷と関連した思考、感情または会話を回避しようとする努力。

② 外傷を想起させる活動、場所または人物を避けようとする努力。
③ 外傷の重要な側面の想起不能。
④ 重要な活動への関心または参加の著しい減退。
⑤ 他の人から孤立している、または疎遠になっているという感覚。
⑥ 感情の範囲の縮小。
⑦ 未来が短縮した感覚
D. (外傷以前には存在していなかった)持続的な覚醒亢進症状で、以下の2つの(またはそれ以上)によって示される。
① 入眠または睡眠維持の困難。
② 易刺激性または怒りの爆発。
③ 集中困難。
④ 過度の警戒心。
⑤ 過剰な驚愕反応
E. 障害(基準B.C、およびDの症状)の持続期間が1ヶ月以上。
F. 障害は、臨床的に著しい苦痛または、社会的、職業的または他の重要な領域における機能の障害を引き起こしている。

　相談窓口に位置づけられた人は、そうしたトラウマについて理解し、相談対応のなかでそれがさらに根付いてしまわないようにする配慮が求められる。自分の立ち位置がわからない、記憶が欠落している、どうしてそんなことになったのか混乱しているという状態がむしろ、人権侵害の存在を裏付けるものであることを理解していなければならない。そうでないと、嘘を言っているのではないかという疑いの目線で接してしまい、最初の一歩のところで信頼や希望が失われてしまう。また急性期には乖離によって客観的に落ち着いて事態を説明できることから、元気でとくにフォローが必要でないように見えてしまうが、そうでないことをきちんと理解していなければならない。
　まずは、話をきちんと聞いて理解することが求められる。ただでさえ敏感でストレス耐性が減退している状態では、相談者の理解に壁があることを感じてしまったり、信じてもらえない、疑われていると感じられるようなことにならないよう注意しなければならない。詳細に繰り返し体験したことを聞いたり、相談の手続きをすすめるためにあれこれの書類を作成しなければならないなどのことを告げたり要求したり、話を相談窓口担当者からみた整合性・合理性を求めたりすることは、窓口対応としては失格というべきである。
　聞き逃したり、どうしても把握しなければならないことがあるなら、その事情や

理由を告げて話をしてもらう配慮が必要であるが、何があったのか立ち入って事実関係を確認する前に、健康状態、不安や緊張などに配慮し、要望を聞いて、話を聞く場所や担当者、時間などの環境を要望にしたがって整えることも大事である。また、医療へのアクセスや療養、ハラスメントから緊急に回避することなど、要望を受け止め、それに応えるべく努力することも求められる。

　相談窓口には、相談しやすさが不可欠であって、そのことは各種のマニュアルにも指摘されているが、そもそも「相談しやすい」ということは、「信頼できる」「プライバシーが確保できる」「解決できる見通しが持てる」ということであり、そう簡単なことではない。「何でも相談してくださいね」「遠慮しないで言っていただくことが同僚や会社にとって大事なこと」などと繰り返し職場に周知しても、自分が身を置く職場内でハラスメントにあったとき、誰も社内相談窓口にアクセスしようとは思っていないことも少なくない。そうしたことも考慮に入れて、外部の相談窓口を用意したり、外部相談窓口は、会社から独立してプライバシーをしっかり確保できるようにしなければならない。そして、これら相談窓口・担当者は職場に特定して明示できていなければ意味はない。

3）広く相談を受け付けること

　相談を受け付けるについて、用意した書式に記載を求め、それでなければ受け付けないなど形式を整えることに執着することは禁物である。また、ハラスメントはなかなか表面化しないし、セクシュアルハラスメントなどは軽微と思われても深刻な事態を含んでいるものが少なくないことに留意して、広く相談を受け付ける態勢が求められる。

　ハラスメントを訴えるには何段階ものハードルを越えなければならない。尊厳を侵された経過に触れること自体が苦痛でそれと闘わなければならない。自責・自罰意識にとらわれたり、非難されることへの恐れを乗り越えなければならない。訴えたことをきっかけにして起きうる自体への不安や迷いを振り切って決断しなければならない。そのうち被害が職場全体に広がって無視できない状況に陥ってしまうこともある。

　したがって、ハラスメントは、その兆候と考えられる行動から広くとらえて相談を受け付けること、個人的な問題であるという考え方を断ち切って、いくつかの

ハードルを乗り越えて窓口にアクセスしてくれたことに敬意を払うことも大事なことである。そして、ハラスメントが巧妙であればあるほどさらに不利益を被るリスクが高いことをよく認識し、相談窓口へのアクセスがさらに不利益な取り扱いにつながらないようにすることを明確にし、細心の注意を払うことが求められる。

　自ら受けた被害を相談することとあわせ、自分以外の同僚や部下、上司がハラスメントを受けていることを体験したことも相談することができるようにしておく。本人ではないから、第三者の訴えによって窓口が被害を受けた本人の意向を抜きに何かの動きをとることは禁物であるが、怒鳴ったり、陰湿な非難を繰り替えしたり、うわさ話で憂さ晴らしをしたり人を貶めたりする行動にあったとき、自分が対象ではなくても精神的苦痛に襲われたり、自分もターゲットになるかも知れないという恐怖や不安に駆られたりして仕事への意欲や集中力を減退させたりする。直接被害を受けている本人のみならず、周囲の同僚にもうつ病が広がることもある。

　他人の人格を貶めるような噂話は、その流通自体が環境を害するものであるから、そのような性質を有する訴えについては解決のために具体的な措置を講じることも求められる。むしろ、人格を貶めるような噂話は、黙認することが流布の一翼を担ぐことにもなり、聞かされた側も罪責感に苛まれることになるから、黙って聞くことから、そういう話は聞きたくないことをきちんと言える環境をつくっていくことも対策の柱になるだろう。

　匿名による相談についても、基本的には苦情処理に移行させることはできないが、環境型ハラスメントについては独自に対策を講じる場合もありうることを念頭に置く必要がある。

　ハラスメントを行ったとして非難された社員からの相談を受け付けることも大事である。前述のように誰もが加害者として非難される危険があり、そうした攻撃を受けることが逆にハラスメントである可能性もある。

　このように、ハラスメントは人間の心理や行動に対する深い理解と配慮が求められる問題であるから、相談には複数体制で臨むことが必須といえる。医療機関やカウンセラー、外部の相談窓口との連携も有効である。相談担当者はこうした問題に対応できる力を備えている必要があるが、担当者の精神的負荷は相当程度のものであり、リスクの高い仕事であることを理解する必要がある。

相談を通じて、被害者が受けたハラスメントを浴びるような実感にとらわれて疲れ果ててしまう。そうしたことによる影響から担当者を守ることもあわせて、スーパーバイザーの存在、あるいはこれに匹敵する公共のサービス提供体制が不可欠である。

(2) 苦情処理～意向確認・暫定措置・事実調査

　前述したとおり、ハラスメント相談は、ハラスメントと被害に関する事実とともに、どうしたいかの意向を確認することから始まる。どんなに些細に見えることでも暫定的に実現できることは実現に向けて努力することが、相談者の安心や自己コントロール可能性、自尊の回復につながることに留意する必要がある。また解決の方向性については、対人関係上の問題を、個人の問題ではなく職場におけるプライバシーと平等、安全の観点から、要求される権利回復措置について真意を把握する必要がある。調査の方針（誰から話を聞くか、相手に訴えの内容を話してよいかなど）についても、相談者の意向を確認しなければならない。それは、調査の動きも微妙にあるいは劇的に職場に影響を及ぼすこと、何より、被害を受けているとすれば、自尊感情がはぎ取られたり無力感に襲われている状態から、自分で決められるという実感を取り戻すことが必要だからである。相談から苦情処理への手続きの過程を通じて、失われた信頼を回復してトラウマによる影響を可能な限り最小限に食い止める努力が求められる。そうした点では、相談者の意向を確認しながら、暫定的に配置転換、自宅待機などの措置を講じることも求められる。配置転換や自宅待機は企業の人事権行使の一環として実施されることになるが、規定を整備するに際しては、後日の争いにならないよう、企業として暫定措置として講じることのある人事措置は、懲戒処分とは異なるものであるにしても、事由及び形態を列挙して権限を定めておくことが望ましい。

(3) 事実調査

　ハラスメントの存否は、苦情を訴えられた側にも訴えた側にも大きな影響を与える。とくに訴えられたものにとっては、降格、異動、処分、場合によれば損害賠償責任の根拠となるものであるから、慎重を期さなければならない。とくに弁明

のための機会は十分与えられる必要がある。しかし、だからといって時間をかけてはいられない。調査は迅速になされなければならず、問題解決に導くために確認が求められる前提事実を絞り込んで必要最小限の調査にとどめることは、プライバシーの厳守と早期救済をはかるうえで不可欠である。

　時として、加害者とされたものが被害者であったりする場合もある。モラルハラスメントは、被害者の怒りを巧妙に引き出して一見被害者のほうが怒鳴ったり根拠のない攻撃をしてハラスメントをふるっているように見えてしまうこともある。そうして周囲の批判を被害者に向けて孤立させることもハラスメントの一つの形態である。

　したがって、事情を聞き取るポイントも予め検討して実態に迫る工夫が求められる。記録を残しておくことや、手続きの過程で、苦情を訴える側も訴えられる側も双方のプライバシーを尊重すべきは既に述べた通りである。

　これまでのようなステレオタイプや偏見にとらわれた判断では、ハラスメントや被害を把握できなくなってしまうこともあることに注意しなければならない。どういう場合がありうるかについては、既に指摘したとおりであるが、とくに、客観的な証拠がない当事者の話だけが事実を判断する素材であったりしたときには、話の一貫性や合理性が問題になったりする。その場合、被害者が職場での人間関係などに配慮したりしてなかなか被害を訴え出られなかったり、心的外傷による症状から、記憶が一部欠落したり曖昧な話しか得られなかったり、話が変遷したりすることがある。被害者が通常では理解できない行動（たとえば加害者に会いにいってさらに被害を受けてしまうなど）に及ぶ場合もある。

　これらは往々にしてトラウマがもたらす症状と理解することができるもので、被害の存在を強力に裏付けるものであるにもかかわらず、相手方の話のほうが一貫性があって真実であるかのように見えてしまう。また、セクシュアルハラスメントでは、「同意」の有無が問題になったりするが、ハラスメントへの対応は人それぞれであって、被害にあったときには泣き叫ぶか恐怖に陥って何もできなくなるかどちらかだ、などという経験則があるわけではないし、権力構造が背景にある場合には、拒否したいがホテルなどの密室状態に足を踏み入れることも往々にして経験させられる。にもかかわらず、身につけていた衣類、飲酒の程度、事件の場所などから、同意したという以外にないと判断されてしまうことがある。何

度も繰り返しセクハラ被害にあっていると「不倫」とみなされてしまったりする。しかし、このような判断をなすことは既に裁判所も認めているとおり、誤りである。

　相手方や第三者に対する調査は、人間関係を大きく動かしていく可能性がある。往々にして、その結果は被害を訴えるものが負う以外にないという性質を帯びるから、調査の方向性については必ず意向を打診して同意に基づいてすすめる必要がある。自己コントロールの可能性が奪われたところで被害者の回復は困難である。

　企業や労働組合のトップが訴えられたときも、調査対象に聖域はないというべきである。相談窓口担当は、仕事上のラインから独立した権限を付与されるか、それが不可能であれば、外部の相談機関を利用できるようにしておくことが求められる。

　調査の結果は、当事者双方に報告しなければならない。事実調査の経過や判断の結果を知らせることになるが、判断の根拠となった証拠（第三者の供述や当事者の供述の詳細など）まで開示することは禁物である。

(4) 解決案の提示

　把握された事実にもとづいて解決案を示さなければならない。ハラスメントをなくすという苦情処理の究極の目的の実現に向けて、申立者の意向をふまえた解決策を練り上げていくことになる。

　事実調査を待たないでも、緊急対応として暫定的措置を講じることは重要であるが、配置換えや自宅待機はあくまで暫定的なものであるから、できるだけ早く通常勤務に戻すことが求められる。加えて、それはあくまで暫定的なものであるから、賃金などの待遇に不利益を及ぼすようなものであってはならず、不利益があったとしても必要最小限に留める配慮が求められる。配置換えも、あくまで当事者間での接触を回避するためのものであるから、降格を伴ってはならない。また自宅待機命令についても賃金を失うようなものであってはならない。このことは、被害者であろうと加害者であろうと同じである。これらの暫定措置は、最終的な解決策を実行に移す段階で解除となる。ハラスメントに関する訴えが把握できなかったり、相手方を失脚させる手段であったことが判明したような場合には、暫定的措置によって相手方が被った不利益などを回復させることが配

慮されなければならない。

　ハラスメントが確認されたときには、ハラスメントによる不利益から回復を図ること(心身の健康の回復に向けた措置、名誉の回復、査定・配転などの見直し、退職の取り扱いの撤回・再配置など)、謝罪、上司に対する加害者の指導・監督の要請、加害者に対する研修の実施など適切な措置を提言する。

　再発防止策を講じるためには、ハラスメントが発生した要因や環境の改善も求められる。当事者をめぐる環境改善としては、配置転換措置が考えられるが、あくまで被害者の意向を尊重して実施されなければならない。したがって、調査結果とともに示す解決案は被害者の意見を反映させることが可能であっても、具体的な人事措置を講じるときには、加害者の専門的技能やノウハウ、代替可能性から当該加害者の配置転換が不可能と判断される場合もでてくる。そこを調整する努力が求められる。当事者間のライン関係、接触の可能性、経験や能力を活かす可能性などの要素をつきあわせた実質的な調整が求められる。

　ハラスメント発生の要因に着目した制度改革を射程に置くことも課題になる。発生した案件だけでは方向性を決定できるものではないだろうが、少なくとも、権限や職務の明確化、コミュニケーション・指示伝達の方法、査定システムや制度運用のあり方、研修内容や実施方法など、問題があればそれを指摘して見直しのための素材とすることが求められよう。また教訓をふまえて改めて研修を実施することは不可欠である。

相談窓口の設置から事実調査までのチェックリスト

相談窓口は以下の条件を満たしているか
□ 相談窓口の位置づけや役割は明白になっているか □ 安心してアクセスできる条件は備わっているか。少なくとも 　　□ プライバシーの厳守 　　□ 不利益な取り扱いからの保護 　　□ 知らされたうえでの同意の保障

- ☐ 相談窓口・担当者は周知できているか
- ☐ 担当者はハラスメント相談について訓練されているか
- ☐ 担当者は性別などに偏りがないか
- ☐ 担当者や苦情処理機関は独自に当事者間の調整や改善指導、人事部門との連携・調整ができる権限をもたされているか
- ☐ 関係機関(被害者の上司、人事担当・第三者機関)との連携・フォロー体制は確立されているか
- ☐ 医療機関との連携はできているか
- ☐ 相談体制は複数になっているか
- ☐ 労働組合にも同じような相談窓口が設置されているか

ハラスメントを把握し解決策を示すうえで以下のことは理解できているか

- ☐ ハラスメントはなかなか表面化しないこと
- ☐ いじめの兆候
- ☐ 軽微のようにみえても深刻な事態を含んでいる場合があること
- ☐ 偏見やステレオタイプにとらわれていると事態の把握が困難になること
- ☐ ハラスメントによる被害
- ☐ 相談窓口の理解と対応は被害からの回復にとって重要であること
- ☐ 何が被害からの回復を遅らせたり不可能にするかわかっている
- ☐ 無理解は問題の解決のみならず防止対策に重大な支障が生じること
- ☐ 個人的な問題であるという考え方は禁物であること。ハラスメントに契機をあたえる要因や条件を探らなければならないこと
- ☐ ハラスメントについて苦情を申し立てるとさらに不利益を被るリスクが高いこと
- ☐ プライバシー保護や不利益取り扱いの禁止は問題解決のために必須であること
- ☐ 相談者の認識や求めているものを尊重すること
- ☐ 加害者とされるものが被害者である場合があること
- ☐ 加害者からの弁明や背景事情も重視すること
- ☐ 第三者機関への相談を歓迎して連携することが重要であること
- ☐ 緊急避難のために暫定的な人事措置を講じなければならない場合があること
- ☐ 絞り込んだ必要最小限の調査によって迅速かつ適確なハラスメントとその契機・要因の把握が求められること

迅速適確なハラスメントの把握と解決策に向けた計画はたてられているか

- ☐ 認識や意見の対立を把握しているか
- ☐ 対立点は究明を要するものか仕分けができているか
- ☐ 対立点を究明するために必要最小限の方法は何か問題意識があるか
- ☐ 緊急に暫定的措置をとる可能性について検討しているか
    - ☐ いますぐにでも解決が求められることはあるのか
    - ☐ ハラスメントの訴えがあるというだけで講じられる対策はあるのか
- ☐ 申立者から聴き取らなければならないことは整理できているか
- ☐ 相手方から聴き取らなければならないことは整理できているか
- ☐ 解決策を提示するうえで必要な情報とその入手先は把握できているか
- ☐ 調査をすすめるうえで両当事者の意向確認をしなければならない事項は整理できているか

相談者からの聴き取りは以下のことができているか

- ☐ 説明
    - ☐ プライバシーの保護と同意の原則
        - ☐ 相談者の了解なしに第三者から話を聞くなど調査をすすめないこと
        - ☐ 相談者の了解なしに訴えた案件で対策を講じないこと
        - ☐ 秘密を厳守すること
    - ☐ 支援者の援助を受けられること
    - ☐ 不利益には扱われないこと
    - ☐ 記録をとることについての了解
    - ☐ 記録は相談者の了解なくしてその他のものに開示しないこと
    - ☐ 手続きのスケジュール・見通し・段取り
    - ☐ 聴き取りの姿勢は以下のようなものになっていないか
        - ☐ 尋問調
        - ☐ 疑いの目を向ける
        - ☐ 責めるような、被害者の信憑性に疑問があるような質問や態度
            - ☐ 対人関係上足りないところがあったのでは
            - ☐ 「火のないところに煙は立たない」のでは
            - ☐ 仕事のミスに対するフォローはしたのか
            - ☐ なぜ抵抗しなかったのか
            - ☐ なぜその服装だったのか

- ☐ 魅力的だから好意をもたれたのでは
- ☐ ホテルに付いていったのはうかつだった
- ☐ なぜ被害にあったのに会いにいったのか
- ☐ 聴き取りの内容・項目
    - ☐ いじめの内容
        - ☐ 相手・関係者
        - ☐ 時間・頻度・日時
        - ☐ 場所
        - ☐ 機会
    - ☐ 当事者の客観的な関係
        - ☐ 仕事上の上下関係
        - ☐ 仕事以外での関係
    - ☐ 相談者と相手方の行動・状況
        - ☐ 相談者の対応や心理状況
        - ☐ それを受けた相手の対応
    - ☐ 管理職や周囲に対する訴え・相談の有無・対応の内容
    - ☐ 被害態様
        - ☐ 仕事や待遇に関する不利益
        - ☐ 心身の傷害の有無
        - ☐ 治療の有無・経過
        - ☐ 仕事への影響
    - ☐ 証拠の有無
        - ☐ 目撃者・同種の被害者
        - ☐ メール・メモ
        - ☐ 評価シートなど勤務状況や評価に関する書類
    - ☐ 職場の状況
        - ☐ 風土や雰囲気
        - ☐ コミュニケーションやストレスなど仕事上の問題
- ☐ 相談者の以下のような意向が確認されているか
    - ☐ どのような解決を望むか
        - ☐ 緊急措置（配置換えなど）
        - ☐ 待遇上の不利益の回復
        - ☐ 謝罪
        - ☐ 名誉の回復
        - ☐ 慰謝料
        - ☐ 将来に向かっての言動の防止
        - ☐ 会社としての防止対策の強化
        - ☐ 相手の処分
    - ☐ どこまで調査するのか

- ☐ 相手方
- ☐ 目撃者
- ☐ 所属長
- ☐ 相談者の特定が明らかになってよいか確認する

相手方からの事情聴取は以下のことができているか

- ☐ 説明
    - ☐ 相談が申したてられたこと
    - ☐ 企業として対応する必要があること
    - ☐ 加害者と決めつけているわけではないこと
    - ☐ 対応するために事実確認をする必要があること
    - ☐ プライバシーは厳守されること
    - ☐ 支援者の援助を受けられること
    - ☐ 記録をとることについての了解
    - ☐ 記録は了解なくしてその他のものに開示しないこと
    - ☐ 手続きのスケジュール・見通し・段取り
    - ☐ 相談内容
    - ☐ 相談者に対する報復の禁止
    - ☐ 相談者に対する直接の接触（相談者との間で解決を図ることなど）の禁止
    - ☐ 会社の姿勢
- ☐ 聴き取りの姿勢
    - ☐ 尋問調・追及調にならない
    - ☐ 加害者と決めつけない
    - ☐ 十分な弁明の機会を保障すること
    - ☐ できるだけ客観的な事実の把握に努めること
- ☐ 聴き取りの内容
    - ☐ 相談内容になっている事実の有無
    - ☐ 相談者との関係
    - ☐ 実際にはどうだったのか
    - ☐ 主張する行動の動機や背景
    - ☐ これに対する相談者の言動
    - ☐ 目撃者など客観的な証拠の所在
    - ☐ コミュニケーションやストレスなど仕事上の問題
    - ☐ 意向の確認
        - ☐ 相談内容に対して
        - ☐ 調査の方向性について

第三者からの聴き取りは、以下のことができているか

- □ 聴き取りにあたって以下のことが留意されているか
  - □ 必要最小限にとどめる〜両当事者では事実が確認できない場合に限る
  - □ プライバシーの流出のリスク
  - □ 必ず両当事者の了解をとりつけること
  - □ 伝聞ではなく当該第三者の直接の体験を聞くこと
- □ 説明
  - □ 事実確認の目的
  - □ プライバシーの厳守（本人に関するプライバシー）
  - □ 不利益取り扱いはないこと
  - □ 本件相談内容に関するプライバシーが厳守されなければならないこと
  - □ プライバシーが当該第三者によって侵害されたときの処分の可能性
  - □ 個人的な人間関係の問題ではなく雇用管理上の問題であること
  - □ 客観的にプロフェッショナルとして対応する必要があること
  - □ 直接体験したことが問題であり、推測で判断した結果は避けること
- □ 聴き取りの内容
  - □ 直接体験した事実
  - □ 直接体験した事に対する当該第三者の対応
  - □ 相談者ないし相手方から直接聞いたこと
  - □ 他の目撃者の有無及び対応

調査結果の分析と説明は以下のことがふまえられているか

- □ 収集した証拠の分析にあたって以下のことがふまえられているか
  - □ 当事者の状況（訴えられた事実の前後）は把握できているか
  - □ 話の内容の一貫性・矛盾・合理性が問題になるが、バイヤスやステレオタイプによって影響されないようにすること
  - □ 配置・担務指定・人事考課に不自然な点はないか
  - □ 過去の問題発生状況
  - □ 当事者間の軋轢・葛藤の有無経過
- □ ハラスメントの有無を判断するにあたって以下のことがふまえられているか
  - □ 迅速な判断と対応が求められること
  - □ 物の見方についての差別・ステレオタイプを克服する
  - □ 相当程度後日になって訴えたり、話がはっきりしなかったり、変化したり、

記憶が欠落していたりすることが、被害者の心理状態（職場の人間関係への配慮や回避的心理傾向など心的外傷による症状）による場合があること
- ☐ 以下のことについて調査結果を説明できているか
  - ☐ 当事者双方に対する説明が用意されているか
  - ☐ 手続きの経過
  - ☐ 検討の結果どのような結論に達したのか
  - ☐ 社員のプライバシーにかかる証拠は同意がなければ開示できない

解決案は以下のことがふまえられているか

- ☐ 緊急に講じた措置を調査結果をふまえて見直しフォローすること
  - ☐ 暫定的な配置換え・自宅待機の解除
  - ☐ その間の待遇に関するフォロー
- ☐ 申立人の意向がふまえられた内容になっているか
- ☐ ハラスメントをやめさせるために実効性はあるか
- ☐ 不利益を回復するのに十分か
  - ☐ 健康の回復（通院・療養・所得補償）
  - ☐ 休業と職場復帰
  - ☐ 査定・人事考課及びその結果としての待遇の見直し
  - ☐ 配置転換・復職
- ☐ 上司に加害者を指導・監督するよう要請することを検討しているか
- ☐ 謝罪のあっせん
- ☐ 加害者に対する研修の実施
- ☐ 以下の観点から再発防止策が講じられているか
  - ☐ 当事者を含む職場の職務内容や権限、配置の見直し
  - ☐ コミュニケーション・指示伝達の方法の見直し
  - ☐ 査定システム運用の見直し
  - ☐ 研修の見直しと実施

(5) 加害者に対する処分

　男女雇用機会均等法では、セクシュアルハラスメント防止を事業主の措置義務とし、セクシュアルハラスメント指針を定めているが、そのなかで、加害者に対する懲戒規定を整備して処分することを定めている。

　性的言動によるものに限らず、暴力・いじめによって人を傷つける行為は許さ

ないという企業の姿勢は重要であり、人権侵害に該当するハラスメントを懲戒処分対象として厳しい姿勢で臨むことは、そうした企業の姿勢を明らかにするものである。

　人事院規則に基づく「セクシュアル・ハラスメントをなくすために職員が認識すべき事項についての指針」では、「セクシュアル・ハラスメント(他の者を不快にさせる職場における性的な言動及び他の職員を不快にさせる職場外における性的な言動)の態様等によっては(略)懲戒処分に付されることがある」として、以下のように定めている。

　　ア　暴行若しくは脅迫を用いてわいせつな行為をし、又は職場における上司・部下等の関係に基づく影響力を用いることにより強いて性的関係を結び若しくはわいせつな行為をした職員は、免職又は停職とする。
　　イ　相手の意に反することを認識の上で、わいせつな言辞、性的な内容の電話、性的な内容の手紙・電子メールの送付、身体的接触、つきまとい等の性的な言動(以下「わいせつな言辞等の性的な言動」という。)を繰り返した職員は、停職又は減給とする。この場合においてわいせつな言辞等の性的な言動を執拗に繰り返したことにより相手が強度の心的ストレスの重責による精神疾患に罹患したときは、当該職員は免職又は停職とする。
　　ウ　相手の意に反することを認識の上で、わいせつな言辞等の性的な言動を行った職員は、減給又は戒告とする。
　　　(注)処分を行うに際しては、具体的な行為の態様、悪質性等も情状として考慮のうえ判断するものとする。

　懲戒処分をなすについては、就業規則に処分事由及び処分内容を定めて社員に周知しておかなければならない。厚生労働省では、就業規則の記載例を以下のように示している。

懲戒規定への記載例

(譴責)第〇〇条
　次の各号の一に該当するときは譴責とする。但し情状により訓戒とすることがある。

1～5（略）
6　会社内において、性的な言動によって他人に不快な思いをさせたり、職場の環境を悪くしたとき。
（出勤停止）第○○条
　次の各号の一に該当するときは、出勤停止とする。但し情状により譴責とすることがある。
1～4（略）
5　会社内において、性的な関心を示したり、性的な行為をしかけたりして、他の従業員の業務に支障を与えたとき。
（解雇）第○○条
　次の各号の一に該当するときは懲戒解雇とする。但し情状により諭旨退職とすることがある。
1～8（略）
9　職責を利用して交際を強要したり、性的な関係を強要したとき。

　懲戒権の行使は、企業の秩序維持の観点から労働契約関係に基づく使用者の機能として重要であるが、これに社員を従わせるためには、就業規則上の根拠に基づく必要がある。したがって、ハラスメントが行われたときには、懲戒処分の対象になることが定められていなければならず、さらにその内容を周知しておかなければならない。労働基準法106条1項・同施行規則52条の2によれば、使用者は、就業規則を、常時職場の見やすい場所に掲示したり書面を労働者に交付するなどして労働者に周知しなければならないとされているが、最高裁平15.10.10　フジ興産事件判決は、この周知義務を尽くしていない就業規則の効力を否定し、「就業規則が拘束力を生ずるためには、その内容を、適用を受ける事業場の労働者に周知させる手続がとられていることを要する」として実質的に周知されていることが就業規則の効力発生要件であることを明らかにしている。
　しかし、前述のとおり、就業規則所定の懲戒事由に該当する事実が存在する場合であっても、当該具体的事情（当該懲戒にかかる労働者の行為の性質及び態様その他の事情）の下において、それが客観的に合理的な理由を欠き、社会通念上相当なものとして是認することができないときには、権利の濫用として無効となるとするのが判例であり、処分の合理性・相当性が問題となる。
　他方、健康被害を受け、それまでの生活や人生をまるごと奪われてしまった

(場合によっては退職を強いられることもある)被害者の立場からすれば、加害者に対する処分は軽過ぎると考えられる。自分の人生が否定されてしまったのにどうして加害者は懲戒解雇にならないのか、たった2ヶ月程度の出勤停止は軽すぎると思われるのである。

そうした被害者の納得できないという受け止め方と、処分にかかる前記の要請との間を埋めることができなければ、結局被害者は企業に対する不信を深めることになる。加害者に対する応報感情を充足することだけが被害からの回復ではないはずである。被害者が失ったものや不利益を回復すること、被害者の訴えを二度と被害を繰り返さない職場づくりに役立てるなど不幸な事態を乗り越えようとすること、そうした作業を通じて被害者が失った信頼や安心を取り戻す努力以外にその間を埋めあわせるものはないだろう。そして、処分についての合理的な理由を、被害者の立場に配慮して説明できるかどうかも決め手となる。

そうした点で、被害の訴えがあったとき、苦情処理手続きの目的を「処分」に焦点化することは問題がある。手続きの過程そのものが、被った不利益を回復する過程であることに留意し、これまで以上にみんなで仕事に挑むことが可能な信頼を構築する戦略を柱に据えて取り組むことが求められる。訴えられた相手方の謝罪も処分内容に関係するが、それは、被害者の不利益や苦痛の回復に影響するからである。「謝罪のあっせん」も、そうした趣旨をふまえ、研修等と組み合わせながら追及することが求められる。

4 権利回復

(1) 権利回復に向けた基本的視点

被害者が所得を喪失しないで安心して健康を回復できるようにするうえでも、職場全体の安心と信頼を確立するためにも、権利回復の重要性と不可欠性は明白である。

しかし、緊急対応としての暫定措置や、賃金など待遇上の不利益や身分関係上の地位の回復、さらには休職・療養・復職については、ケースごとに判断の基礎となる事情も違うことから、画一的な対応は不可能である。これらの措置を

スムーズに実現に移行させるには、労働協約や就業規則で、労働者の権利及び使用者の権限として明確に定めておくことが望まれるが、規定の適用によって一律に決定できるものでもないであろう。ケースバイケースで、しかも慎重な判断を要するケースもある。査定や格付け、昇進に関する問題などは、そうした典型であって判断はむつかしい。これらの点をふまえて、問題を解決するための手続きや基準を積み上げていくことが求められる。

(2) 緊急避難のルール化

　事案の性質によって、事実調査を待たない段階で配置換えや自宅待機措置を講じる必要のあることは既に述べたとおりである。就業規則上は、使用者のそうした措置を講じる権限として、「会社は、ハラスメント防止規定に定めるハラスメントの訴えがあったとき、必要に応じて、申立人及び相手方のいずれかあるいは双方に対し、必要に応じて勤務場所の変更、自宅待機その他の措置を命じることがある」などの規定を用意することになろうが、このような定め方によると、企業が必要と判断したとき命令という形をとって社員に従わせるという形になる。申立人か相手方かのどちらにどんな措置を講じるのが妥当であるかは、緊急回避の必要性・急迫性の度合いに加え、当事者の職務や業務運営上の必要も加味して総合的に判断することになる。

　労働組合としては、前述した防止対策のための法律論や諸外国の立法例などを参考にして、労働者の権利を確保する観点から、以下の手順をルール化しておくことが望まれる。

　裁判例では、緊急対応としての究極の形態ともいえる就労拒否権の行使が、被害者の待遇とともに問題になってきたが、前述したように調整のメカニズムがうまく機能させられれば、被害の深化・拡大を食い止めることは十分可能である。

　第1に、労働者は、緊急の必要があるときには、必要な措置を要求することができることを明らかにしておくべきである。たとえば、取引先・出張先でのハラスメントの兆候や経験があった場合、労働者がさらに取引先との折衝や出張を命じられたときには、相談窓口担当や苦情処理担当者に、取引先や出張の担当替えや停止を求めることができる。ハラスメントによって家族生活に支障とな

るような残業・休日出勤を命じられたような場合に、その免除を要請することもあるだろう。

　第2に、労働者から措置の要求があったときには、相談窓口担当は、直ちに労働者の同意と確認のもとに、人事及び上司（当該上司が相手方である場合にはその上の上司も含めて）に対して意見を付してその実行を要請することとし、このことを明らかにしておくことも求められる。ハラスメントの場合、その行為者が誰であろうと、直接上司に対して上記のようなことを要請しづらいものであることを配慮する必要がある。

　第3に、相談窓口ないし苦情処理担当者は、前記の要請を受けたときには、ただ伝達するにとどまらず、職場の上司や人事と相談者の間を調整する役割を担うことになる。前記のケースでは、取引先の担当のような担務指定が直属上司の権限であれば、直属上司に伝えて調整をはかる。抜本的な方策としては、取引先の担当を替えるよう要請することであろうが、事実関係の把握や取引先への要請のあり方など検討すべきことも少なくないであろう。それが可能となるまでの間は、職場の同僚や上司で当該労働者を補佐して取引先担当者と対応し、仕事をつなぐことにするか、担当そのものを変えてしまうか、当該労働者の希望を尊重して調整をはかることにする。出張によって被害を被る可能性があるときも、出張命令を解除するという選択肢に限られるわけではないだろう。当該労働者のキャリア形成にとって大事な経験をなすチャンスを奪ってしまわないように配慮することも必要である。

　第4に、上記の調整によっても危険を回避できないと判断される場合においては、被害者は根拠を示して自己の判断する方法によって危険を回避する権利があることが確認されなければならない。

　第5に、前述のように、配置換えや自宅待機は、ハラスメントの申立人であろうと相手方であろうと、あくまで暫定的なものであるから、賃金などの待遇に不利益を及ぼすようなものであってはならず、不利益がやむを得ないとしても必要最小限に留める配慮が求められる。したがって、そのことはきちんと確認しておく必要がある。このように不利益を回避することは、配置換えや自宅待機を納得のうえでスムーズに運ぶために重要である。

(3) ハラスメントによる不利益の回復

　ハラスメントは労働者に待遇上の不利益をもたらすことがある。無理な目標の設定、残業・休日出勤指示、低い評価、仕事の取り上げ、職業能力に見合わない仕事への配転、情報を共有する機会からの排除、孤立、昇格からの排除や降格などである。賃金の切り下げや意に沿わない職種転換、さらには退職勧奨に対する同意を強いられることもある。

　また、ハラスメントは、事実上の不利益を被らせることがある。心身の健康破壊はその典型であるが、長時間残業を強いられることによって子どもの状態や夫婦関係にも深刻な影響を与える。風評の流布などによるハラスメントでは、名誉の侵害が問題になる。

　理不尽なハラスメントによって不利益を被らせる行為は、違法な権利侵害行為として不法行為を構成するから、そのハラスメントが職務権限の行使に関してなされた場合や、不利益が企業のハラスメント防止義務や健康配慮義務などを怠った結果発生した場合には、企業も賠償責任を負担しなければならない。不利益を放置すると、賠償請求のリスクを大きくするほか、不利益をさらに大きくしたり、職場における社員の力の発揮を著しく減退させるために、さらに大きな損失となる。

　したがって、ハラスメントによって生じた不利益については、労働者はその回復を求める権利があることを明確にしておかなければならない。

　被った不利益の回復は、原状回復を原則とすべきであるが、事後的に別な方法で填補する以外にないものもある。また、その場合、何をもってハラスメントによる不利益というか、またどの程度の回復をはかるべきかの判断をなさなければならず、その判断は、公正かつ適正でなければならない。そのため、不利益を回復するための手続きとルールを確認しておくことが求められる。考えられる不利益回復のタイプによって、以下のことに留意されるべきである。

　目標管理などで無理な目標を設定されたときには、期の途中であれば、目標の見直し（上司の替わりとなるその上司との面談による）が精神的負担を軽くするうえでも効果的である。また期の終わりであればレビュー評価にあたってこのことを考慮するようにする。

　低い評価については、低評価の原因となる事由を見直し、公正かつ適正で

あることを基本に再評価を実施する。低評価がハラスメントによると察しがついても、評価は年度ごとにその時々の勤務実績などに基づいて実施されるものであるとすると、ハラスメント以前に当該労働者が受けていた評価の戻せばよいというものでもない。しかし、職能資格等級制度に基づく年功的な昇給昇格管理が実施されている場合には、「早い昇格グループ」に位置づけられていたものが「最も遅いグループ」に位置づけられるといった急激な評価の変更は想定しがたいであろうから、ハラスメントによる以外の特段の事情がない限り、もとの評価に訂正することになるだろう。

これに対し、年功管理には結びかないと考えられる制度（業績評価制度のもとでも年功的に管理せざるを得なくなっているケースもあるが）のもとでは、各年度ごとのコンピテンシー評価が実施されることになるから、当該年度の業績評価そのものを当該年度の勤務実績をもとに見直すことになる。しかし、ハラスメントを加えられている状態では、精神的に萎縮したり、意欲を低下させたり、周囲との信頼関係が破壊されたり情報から排除されて仕事がやりづらくされたりして、外形的には確かに力の発揮の程度がそれまでよりうんと落ち込んでしまっていることが少なくない。

そのような場合、設定された目標からみてやはり低い評価にせざるを得ないという硬直的な視点ではなく、ハラスメントを受けて客観的・主観的に仕事ができなくさせられる環境因子に着目して、それが壁となったにもかかわらず力を発揮しようと努力したことを評価するという発想の転換が求められる。

昇格からの排除についても、上記の視点から、ハラスメントがなければ昇格したはずの年度で昇格人事を当該労働者について見直したりする。降格については、降格の是正が要求されたときには、降格がハラスメント及びこれに関連する事情による以外の特段の事由がなければ、降格人事を取り消して元の資格に戻すべきである。

以上の評価や昇格・降格の見直しに当たっては、「ハラスメント及びハラスメントに関連する影響」以外の特段の事由が認められるかどうかがポイントで、苦情処理担当者が得たハラスメント及びこれに影響を受けた諸要素をもとにしてそれ以外の特段の事情の存在については、人事考課を実施するものが説明

責任を負担するという判断の物差しを確立しておくことが求められる。

　これまでのいじめに関するケースで問題になってきた、仕事の取り上げ、職業能力に見合わない仕事への配転、情報からの排除、孤立化については、組織ぐるみで行われていると考えることができ、したがって、訴えがあったときには、組織全体の改善を射程において、被害を受けた社員の権利回復を図る必要がある。第一に考えられるのは本人の力がこれまでより発揮できると考えられる職場や職種への配置転換であり、多くの場合は、本人がそれを希望しているであろう。よく話し合って、その人の力の活かし場所を確保すること、プライバシー保護を貫きながら、配属先の理解を得ておくことが求められる。

　さらに、賃金の切り下げや意に沿わない職種転換、さらには退職勧奨に対する同意を強いられた場合の権利回復措置としては、同意書や退職届の効力を否定してなかったものとする取り扱いをルール化しておくことが求められる。

　また、事実上の不利益のうち、名誉回復措置については、名誉感情の侵害にとどまるか、労働者の社会的人格評価が貶められているケースか、その範囲はどこまで及んでいるか、そのことによってどれほど仕事の円滑な遂行に妨げになっているか、などを総合的に判断して名誉回復措置を講じることになる。方法によってはかえって加害者のみならず、被害者のプライバシーや人格評価を傷つける危険も伴うために、関係当事者とよく調整して適切な手段を選択することが求められる。

5　療養・休職・復職・就労請求

(1) 基本的なスタンス

　事実上の不利益のなかでも、最も深刻な一つが健康破壊である。職場のハラスメントから引き起こされる心的外傷やうつ病などの精神疾患の治療と回復は、きわめて困難な課題である。療養から復職に至る権利がこれまでの規定で整備されていればよいが、ハラスメント被害の特質に鑑みて、これまでの規定も見直しておくことが望ましい。

　とくに、ハラスメントが個人的な問題ではなく、職場の構造的な要因によって生じるという認識に立つのであれば、そこから受けた健康侵害という不利益jに

ついて、企業がどう支援体制をとるかも問われることになる。ハラスメントは個人的な問題ではないとして、それに厳しく臨む姿勢を示しながら、傷ついて人間関係上の信頼も失ってしまった被害者を、「仕事ができない」として「お辞めいただく」というシフトを組んでしまうのは本末転倒というべきである。

(2) 私傷病か業務災害か

　ハラスメントによる精神疾患の業務起因性については、裁判所の判例もあって判断基準が見直されているものの、ハラスメントの精神的圧迫の強度に関する現場の認定実務は、まったくその趣旨に即しているわけではないし、精神的ハラスメントとそれが人間の心身の健康に及ぼす影響の深さに関する理解はまったくといってよいほど進んでいない。

　そのために、被害者は、会社の業務災害に関する規定の適用を受けるために（多くの企業では、単なる私傷病による休業と業務上災害による休業とで、休業期間や所得補償に段差を設けている）、労災申請の手続きをなして膨大な努力を強いられることになる。労災申請手続きをすれば、労働基準監督署から職場に調査が及ぶから、プライバシー保護の点でも問題が生じる。最近では認定のために6ヶ月程度のタイムターゲットを定めているようであるが、労災認定が得られないケースが圧倒的に多く、争いには長期間を要してしまう。

　そうした実情からすると、診断書やそれまでの被災者の勤務状況からみて、ハラスメントによる健康被害があったと合理的に判断できる場合には、企業内で職場や仕事に起因する疾病として取り扱い、業務災害に関する規定を適用することが求められる。

　その場合、本人や主治医の意見に加えて、産業医や労働安全衛生委員会による判断を得ておくことも考えられる。こうした判断は、労働基準監督署の業務災害としての認定にプラスに作用することは間違いない。

(3) 療養補償・休業補償

　療養期間中の治療費や休業期間中の所得補償は、労災保険給付が得られない状態でも、また、少なくとも労働基準法に基づく労災補償規定に基づく水準（治療費については全額、労働基準法75条）、休業期間中の賃金につ

いては60％（労働基準法76条）で補償されるべきであるというのは一つの理屈である。安心して療養に専念することが出来るようにするには、労使が協力しあって労災保険制度に基づく業務上外認定が得られるようにすること（労災保険法に基づく給付では休業補償給付は80％）が求められる。

(4) 復職の権利

　これまでのように自分の力や役割を発揮して働けるようになることを目指して治療している被害者にとっては、復職が認められる、すなわち職場から受け入れられることによって、必要とされているという自尊をわずかでも取り戻すことができ、職場への信頼回復の手がかりをつくることができる。労働者側に厳しい労働市場の現状から実質的にみると、職場復帰が成功するかどうかは、ハラスメントによる不利益の回復に大きな影響を与える。
　しかし、復帰可能と判断されても、ストレス耐性は脆弱で、トラウマはずっと心に根付いているから、復帰して働き続けられる環境を確保するには相当程度の配慮を要する。
　厚生労働省は、「心の健康問題により休業した労働者の職場復帰支援の手引き」を策定して心の健康問題で休業していた労働者（医学的に業務に復帰するのに問題がない程度に回復した労働者を対象する）が円滑に職場に復帰し、業務が継続できるよう、休業の開始から通常業務への復帰までの流れを示して企業に対策を求めている。そして、実際の職場復帰に当たっては、「手引き」を参考としつつ、衛生委員会等において調査審議し、産業医等の助言を受けながら実態に即した職場復帰支援プログラムを策定して取り組むよう、それが組織的かつ計画的に行われるよう積極的に取り組むことが必要であり、職場復帰支援に関する体制や規程の整備を行い、定められた体制や規程については、教育等の実施により労働者への周知を図る必要があること、また、事業場職場復帰支援プログラムの実施においては、労働者のプライバシーに十分配慮しながら、事業場内産業保健スタッフ等を中心に、労働者、管理監督者が互いに十分な連携を取るとともに、主治医との連携を図りつつ取り組むことが重要であることが指摘されている。
　厚生労働省が示している職場復帰支援の流れは、次頁のように、病気休業

<第1ステップ>

病気休業開始及び休業中のケア
　　イ　労働者からの診断書（病気休業診断書）の提出
　　ロ　管理監督者、事業場内産業保健スタッフ等によるケア

<第2ステップ>

主治医による職場復帰可能の判断
　　労働者からの職場復帰の意志表示及び職場復帰可能の診断書の提出

<第3ステップ>

職場復帰の可否の判断及び職場復帰支援プランの作成
　　イ　情報の収集と評価
　　　　(イ)労働者の職場復帰に対する意思の確認
　　　　(ロ)産業医等による主治医からの意見収集
　　　　(ハ)労働者の状態等の評価
　　　　(ニ)職場環境の評価
　　　　(ホ)その他
　　ロ　職場復帰の可否についての判断
　　ハ　職場復帰支援プランの作成
　　　　(イ)職場復帰日
　　　　(ロ)管理監督者による業務上の配慮
　　　　(ハ)人事労務管理上の対応
　　　　(ニ)産業医等による医学的見地からみた意見
　　　　(ホ)フォローアップ
　　　　(ヘ)その他

<第4ステップ>

最終的な職場復帰の決定
　　イ　労働者の状態の最終確認
　　ロ　就業上の措置等に関する意見書の作成
　　ハ　事業者による最終的な職場復帰の決定
　　ニ　その他

<第5ステップ>

職場復帰後のフォローアップ
　　イ　症状の再燃・再発、新しい問題の発生等の有無の確認
　　ロ　勤務状況及び業務遂行能力の評価
　　ハ　職場復帰支援プランの実施状況の確認
　　ニ　治療状況の確認
　　ホ　職場復帰支援プランの評価と見直し

開始から職場復帰後のフォローアップまでの次の5つのステップからなっている。

　上記の詳細は割愛するが、各ステップのなかでも、第3ステップに位置づけられている職場復帰の可否の判断及び職場復帰支援プランの作成と第4ステップに位置づけられている協議と決定、さらに第5ステップに位置づけられている復帰後のフォローアップには、とくに配慮が求められる。ハラスメントによる被害については周囲の理解を得ることからして大きな壁に直面することが少なくない。ハラスメントの背景や要因となった環境がそのまま放置されていたり、ハラスメントによって醸し出された被害者に対する評価や偏見が放置されていたりすると、復帰は不可能である。

　ハラスメントに関するケースでは、復帰を具体化するには、職場環境整備はまずもって課題となるのに、被害者が精神疾患によってダウンして比較的長期の休業状態にあるなかでは、事実調査も実施されていないなど苦情解決のための手続きが中断させられているケースも少なくない。被害者が休業を余儀なくされるほどの事態から復帰を実現できるようになるためには、復帰を受け入れる職場と被害者及び主治医との連携を密にして、職場における人間関係（コミュニケーション）など問題因子を把握し、改善をはかっておかなければならない。訴訟に至ったケースをみると、一定期間の療養を経て職場に復帰したものの、ハラスメントの温床がまったく改善されていないことから病状を悪化させて自殺に至っているものがあり、職場復帰の困難さと同時に、復帰に際しては、適切なハラスメント防止対策を強化する重要性を、教訓として残している。

　対策を成功させるためには、主治医やカウンセラーと産業医・労働安全衛生委員会、ハラスメント防止委員会などハラスメント対策を目的とする組織の連携とそれぞれの役割はきわめて重要である。産業医や労働安全衛生委員会は、本人の健康状態や主治医・カウンセラーの病状把握や意見をふまえ、復帰を求める本人と現実の職場との橋渡しの役割を担う必要がある。

　就業規則によっては、復帰を受け入れるかどうか会社が判断することになっており、それに際して産業医への受診と判断を前提条件にしているケースも少なくない。それが医師選択の自由を侵害するのではないかという問題があることは既に指摘したとおりであり、労働組合としては、医師選択の自由は患者の

人権であって、精神疾患のある患者にとってはとりわけ治療に不可欠であること、それが侵害され、産業医との信頼関係を築くことができなかったときには、職場への復帰は非常に困難になってしまうことなどを念頭において、労働者の権利を確認しておかなければならない。

少なくとも、尊厳が損なわれて休業した労働者にとって、職場復帰は、職場復帰が円滑にすすむようにするリハビリ勤務とあわせて権利であること、その際には、医師選択の自由が保障されること、産業医と安全衛生委員会は、本人と職場との橋渡しとしてリハビリ勤務から本格復帰、さらにはその後の安定的かつ円滑な就労の確保に至るまで、職場サイドの環境整備に役割があることを明確化しておく必要がある。

本人の状況に照らして適切と判断できる配属場所がみつからない場合、あるいは原職復帰の原則にたって本人の力を活かすためには元職場での勤務を前提とするが、復帰できるだけの環境が整っていないなどの理由から、会社が復帰を認めないまま、休職期間満了により解雇してしまうこともある。しかし、このように復帰の受入を会社の判断に委ねてしまうと、結局のところハラスメントを受けたことによる不利益を回復させることは不可能になってしまう。日本では就労請求権は原則として認められていないが、じん肺訴訟で認められたケースもあることをふまえ、その権利を実質的に確保することが望まれる。

6 精神疾患をもつ労働者の権利(差別の禁止と働く権利)

(1) 精神疾患による差別の禁止と日本の法制度

職場におけるハラスメントによって心のトラウマと精神疾患を抱えながら働くことも少なくない。病気とつきあいながら、頑張らないで働くことも尊重されるべき働き方のスタイルである。誰もが病気や加齢による心身の機能の減退とつきあいながら、自分の行動や役割には価値があるという自尊を元手に働き生きていけるようであって欲しいと望んでいる。そうした未来が約束されている(それがいま努力することによって約束されることになるというものでもよい)からこそ、希望や安心を抱くことができる。どうしたら、そうした人間相互のつながりをつくることができるのだろうか。ハラスメントによって傷つき、病気や障害と付き合い

ながら働いている労働者は、私たちがそうしたテーマに挑んでいこうとするとき、その経験に裏打ちされた大事な考え方やノウハウを提供してくれる。その人が働き続けられる職場であればこそ、周囲の人たちも安心して働ける職場なのである。

　精神疾患をもつ人が職場で差別なく受け入れられ働き続けられるようにすることは、各方面から求められている要請である。障害者雇用促進法は、精神疾患者となった労働者の雇用継続を求めている。また、人事院は各省庁に対して職場におけるメンタルヘルス対策を求め、人権に配慮した慎重な対応が肝要であるとして、受診勧奨に際してはあらかじめ精神科医と勧奨の方法や時期等について十分打ち合わせをすること等を求めるとともに、職場復帰に際しては種々の困難が伴うものであり、復職の時期・適応する職種、受入体制等について、専門医らとの協力関係が不可欠であって、精神障害者の人権の尊重及び社会復帰の促進等は、社会的に強く要請されていることからすると、個々の具体的事案・状況に応じた適切な方法及び表現で懇切丁寧に説明して納得してもらうよう十分配慮することを求めている。そうした配慮は、精神障害者を「可哀想な救済対象者」として特別視するのではなく、働く同僚＝一人の人間として等しく職場において尊重されるべきだという基本的人権保障の趣旨を貫こうとするものである。

　後述するように、障害を理由とする差別の禁止が国際社会の主流になってきたことに伴って、日本でも、障害者基本法が2004年に大改正されている。この法律では、身体障害のほか、知的障害又は精神障害もふくめて「障害」があるため、継続的に日常生活又は社会生活に相当な制限を受ける人をいう（2条）とされ、すべて障害者は、個人の尊厳が重んぜられ、その尊厳にふさわしい生活を保障される権利を有する（3条1項）、社会を構成する一員として社会、経済、文化その他あらゆる分野の活動に参加する機会が与えられる（3条2項）、何人も、障害者に対して、障害を理由として、差別することその他の権利利益を侵害する行為をしてはならない（3条3項）として差別を禁止している。そして、雇用においては、「国及び地方公共団体は、障害者の雇用を促進するため、障害者に適した職種又は職域について障害者の優先雇用の施策を講じなければならない」（16条1項）として、障害のある人を優先的に雇用する措置

を講じるように義務づけたが、雇用における差別を具体的に禁止することは定めていない。

(2) 障害者権利条約と障害を理由とする差別の禁止

　国連障害者権利条約は「障害のある人には、長期の身体的、精神的、知的または感覚的な機能障害のある人を含む。これらの機能障害は、種々の障壁と相互に作用することにより、機能障害のある人が他の者との平等を基礎として、社会に完全かつ効果的に参加することを妨げることがある」と定め、「障害がある」ということを広範囲に対象とした。HIV感染者やがん患者も「障害のある人」となる。こうした考え方から、障害者が平等に労働参加できるようにするためには、態度や環境による障壁を取り除く努力が社会の側に求められるという基本にたって、雇用の場面においても「合理的配慮」を求めている。

　条約が禁止を求める障害を理由とする差別（障害者に対する差別というより、あらゆる人々に対する障害を理由とする差別といったほうが正確である）とは、「障害に基づくあらゆる区別、排除又は制限であって、政治的、経済的、文化的、市民的その他のいかなる分野においても、他の者との平等を基礎としてすべての人権および基本的自由を認識し、享有し又は行使することを害し、または無効にする目的又は効果を有するもの」として、①直接差別と②間接差別を含むものとしたうえ、さらに「障害に基づく差別には合理的配慮を行わないことを含むあらゆる形態の差別を含む」として、③合理的配慮の欠如も差別類型に含むとしている。この③の合理的配慮の欠如が差別として禁止されるべきだと規定していることは、これまでの人権条約をさらに発展させた画期的なことだと評価されているものである。そして、条約では、締約国に対し、これらの差別の禁止とともに、障害のある人に対して、いかなる理由による差別に対しても平等の、かつ効果的な保護を保障するよう求めるに至った。

(3) 差別となる合理的配慮の欠如

　条約2条は、「特定の場合において必要とされる、障害のある人に対して他の者との平等を基礎としてすべての人権および基本的自由を享有し又は行使することを確保するための必要かつ適当な変更および調整であって、不釣り合

いな又は過度な負担を課さないもの」を合理的配慮と定義している。このような配慮を行わないことは差別であり、禁止の対象となるということであり、雇用の場面でいうと、使用者には合理的配慮を実施すべき義務があるということである。そして、障害のある人に対する合理的な配慮を行うことは差別ではなく、むしろ何もしない不作為が差別であるということを意味している。

　何が合理的な配慮といえるかは、障害の内容、置かれた状況に対応したニーズなどの障害のある当事者の側の事情に加え、事業主側の事情として、業務の公共性や事業規模、これからみた負担の程度、事業に与える影響などが総合的に考慮されることになる。たとえば、アメリカADA（障害差別禁止法）のガイドラインは、合理的配慮の免責事由となる「過度な負担」について、「非常な困難や莫大な費用をいい、特定の配慮に伴う費用や困難性と関連して特定の雇用主が利用できる資源や状況を焦点としている。過度の負担は経済的負担を意味するのではなく、配慮が過度に大規模であるとか、根本的であるとか、混乱を伴うようなものであるとか、あるいは事業の性格や運営に変化をもたらすような事業の根幹にかかわる性格のものを指す」と定め、不釣り合いな、あるいは過度の負担となることの立証責任は、事業主側にあるとしている。

(4) 復帰と復帰後の配置の条件の見直し

　雇用関係上禁止されるべき障害を理由とする差別は雇用のあらゆる場面に及ぶ。そして、以上の差別禁止の要請からすれば、ハラスメントによって精神疾患に罹患した労働者の職場復帰について、疾病が完全に治癒していることを条件とすることは、障害者に対する合理的な根拠（配慮）に基づかない差別であるということになる。また、復帰後の職場への配置についても、職場配置上の制限についても、合理的な根拠がない場合には差別として違法となるというべきである。配属先の職務や職場環境が、その有する障害ゆえに就労困難と考えられる場合であっても、前述のような「合理的な配慮」の欠如と考えられるような場合においては、やはり差別として許されないことになる。また、場合によっては、職場配置上の配慮の欠如が障害理由とする差別となることもある。

　労働組合としては、こうした観点から、これまでの職場復帰に関する規定を全面的に見直すことが求められる。

ハラスメント防止に関する労働協約(案)

第1条(本協約の趣旨目的)
　労使は、ハラスメントが個人問題ではなく、労務管理のあり方や労働条件・労働環境から影響を受けて生み出されたり増長されたりすること、被害者のみならず、加害者や周囲の同僚たちにも影響をもたらし、ひとたび発生したときには容易かつ急速に深刻化して組織を再構築することが困難になるとを深く憂慮するとともに、職場における人間関係も重要な労働条件であって、職場が仕事を通じてキャリアを形成し、個人の尊厳と幸福を追求するうえで不可欠な場であって、構成員の人権の確保を本質的に要請とすることに深く留意し、ハラスメント防止が労使共通の課題であることについて認識を一つにして、以下のとおり合意する。

第2条(防止の対象となるハラスメント等)
1　ハラスメント
　労働者の尊厳を傷つけ、不安感・不快感・苦痛や葛藤を生じさせることを目的とし、あるいは現に生じさせて、労働環境や労働条件(人間関係を含む)に悪影響を与える以下の言動は、禁止される。
　　(1)人種・国籍・性別・信条・障害・年齢・性的アイデンティティーの一つまたは複数と関連する望まれない言動
　　(2)相手方の望まない性的行動
　　(3)その他、相手の人格を否定する言動
2　要因及び兆候
　前項記載の言動の要因となる偏見、ステレオタイプ、職場におけるストレス、及び前項記載の言動の兆候となるようなものについても取り除くべきものとして、本協約による防止対策の対象とする。その取り組みの一環として、労使は、毎年1回、職場における待遇の分離、ストレス、ハラスメントの兆候、ハラスメントとなる言動の有無について調査を実施して、防止策の参考とする。
3　組合員の権利
　組合員は、ハラスメントによって現に存在する不利益を防止し、回復させるための積極的是正措置を求める権利を有し、以下の手続きが保障される。
　　(1)ハラスメントなど不利益を受けたと感じた組合員は、担当機関(職場に

おける上司、人権問題担当者、相談窓口・苦情処理機関など)に苦情を申し立てる権利がある。
(2)使用者は、職場において労務を提供する労働者の保護のために、労働者の苦情申立の内容に配慮して必要な措置を執る義務を負う。
(3)使用者が第1項記載のハラスメントを止めさせないときには、組合員は自らを守るために勤務を拒否する権利が認められる。
(4)組合員は、この協約に基づく権利を行使したこと、申立者を支援したこと、調査等手続きを円滑に促進するために協力したことを理由として不利益な取り扱いを受けない。また苦情処理手続きにおいて関係する労働者のプライバシーは厳密に保護される。

4 労使の協力等
(1)労使は、ハラスメントを含む不利益待遇を排除するというこの協約の目的を実現することに向けて相互に協力する。
(2)労使は、職場における人権侵害は個人の問題にとどまるものではないことに留意して、ハラスメントを受けたとき、あるいは第三者が受けているハラスメントを経験したときに異議を唱え、職場環境の改善に寄与することを歓迎する。

5 研修の制度化
(1)労使は、この協約の目的を実現し、その内容を周知徹底するために、毎年1回、社員に対する人権教育・ハラスメント防止研修を実施する。
(2)研修項目及び実施方法は細則による(チェックリスト参照)。
(3)具体的な教育研修の内容は、労使協議して決定する。

第3条(ハラスメント防止対策のための制度)
1 既存のシステムの活用
　36協定締結に向けた協議会(協議の場)、労働安全衛生委員会、人事考課制度の運用に関する苦情処理委員会は、本協約の趣旨とともに、適切な労働時間等労働条件の確保、効果的なストレス対策、公正な人事がハラスメントの発生に直接かかわるものであることをふまえて、ハラスメントの要因及び兆候に留意し、その発生及び是正ために関連する事項ついても協議の対象とする。
2 ハラスメント防止担当者
(1)別途定める職場単位ごとに、男女1名づつのハラスメント防止委員を選任して、アンケートの実施など実態調査や現状分析に取り組む。

(2)ハラスメント防止担当者の研修については、本条第4項による。
3 相談窓口担当
(1)被害を直接受けた本人、それを経験した同僚、相談を受けた上司等関係者から寄せられる苦情や相談を広く受け付け、問題解決のための課題を整理し、方向付けをする相談窓口担当を設置する。
(2)担当者には、職場の実情や制度、ハラスメントに関する認識、解決のためのノウハウについて知見と能力を有する男女同数を配置する。
(3)相談窓口担当者には、関係部署との調整にあたって必要な権限を付与するものとし、その具体的な内容については別途協議して定める。
(4)相談窓口担当者の研修については、本条第4項による。
4 ハラスメント防止委員会
(1)ハラスメント防止担当者、相談窓口担当者、人事部長、組合三役から選任された担当者をもってハラスメント防止委員会を構成する。委員会を構成するハラスメント防止委員の互選により委員長を選任し、委員長は委員会における会議を統括する。
(2)ハラスメント防止委員会は、以下の事項について調査・検討・審議・決定する。
①ハラスメントの要因や兆候に関する事項
②ハラスメントに関する苦情に関する事項
(3)ハラスメント防止委員会は、ハラスメントについて苦情申立があったときで、調査手続きを開始する必要がある場合には、申立人の要望及び関係当事者のプライバシーに配慮して、以下の措置のいずれかの措置を執ることができる。
①調査を外部の機関に委託すること
②委員会を組織して調査に当たらせること。その場合外部の専門家に調査委員を嘱託することができる。
(4)苦情申立案件に利害を有するハラスメント防止委員は、前記(2)記載の調査・検討・審議・決定から除外する。
(5)ハラスメント防止委員は、労使協議して決めた外部の専門研修を受講する。

第4条（苦情処理手続き）
1 苦情処理の手続きについては、別途細則に定めるところに従って、関係当

事者のプライバシーを厳格に保障し、さらに不利益を被らないよう十分な配慮のもとに実施する。(詳細はチェックリスト参照)
2　調査委員会は、相談窓口担当が把握した事情ないし調査結果に基づき把握できたハラスメントに関する事実について検討し、問題解決のために必要な措置関する意見をとりまとめる。
3　2項に記載した検討結果は、必要とされる措置事項に対応して関係機関に通知する。
4　関係機関は、通知に基づいて防止等の措置を講じなければならない。

第5条（危険回避のための緊急的暫定的措置）
1　組合員の措置要求の権利
　　ハラスメントを受けた組合員は、必要があるときは、この協約ないしハラスメント防止規定に定める相談窓口担当に対し、事情を告げて暫定的に被害を回避するために必要と考える措置を要求することができる。
2　相手方等に対する措置
　(1)会社が講じる措置
　　　会社は、第一項の措置要求をなした組合員の同意のもとに、相手方、第三者に対し、指示・命令の停止、勤務場所の変更、自宅待機その他必要と判断する措置を命じることができる。
　(2)相談窓口担当者の役割
　　　相談窓口担当者は、組合員から措置要求があったときには、相談窓口担当は、直ちに労働者の同意と確認を得たうえ、人事及び上司（当該上司が相手方である場合にはその上の上司も含む）に対し、意見を付してその実行を要請し、調整する。
3　当該組合員の自宅待機等の措置
　　第一項の組合員の措置要求が配置換えないし自宅待機の措置であった場合においては、会社は他に有効な代替措置が講じられない以上、配置換えないし自宅待機の措置を執る。
4　組合員の判断による緊急回避
　　本条2項3項で会社が講じようとする措置がでは被害を回避することが不可能と考えられるとき、あるいは会社が提示した措置に組合員が同意できない場合には、組合員は、その根拠を示して自己の判断に基づき危険を回避するために出社を拒否することができる。ただし、組合員はこの権利を濫用しないよう

にしなければならない。
5　不利益取り扱い
　本条2ないし4項に定める措置を講じるについては、賃金等待遇上の不利益な取り扱いはしない。ただし、第4項の組合員の判断による緊急回避が行われた場合で、事後的に権利の濫用と判断される場合の当該措置期間中の待遇は労使協議によりその都度決定する。

第6条（不利益の回復）
1　組合員の権利
　　(1)ハラスメントによって不利益を被った組合員は、ハラスメントによって被った不利益の回復を求めることができる。
　　(2)不利益の回復は原状回復を原則とする。
2　人事考課・格付け・昇給等待遇上の不利益の回復
　　(1)人事考課・格付け・昇給等待遇上の不利益については、ハラスメント及びハラスメントに起因する諸条件、それ以外に特段マイナスと評価される要素の存在を総合的に判断して決める。
　　(2)組合員がハラスメントによる不利益のあることを明らかにしたときは、会社がそれ以外に特別に不利益を加えなければならない事情があることを説明できない以上、人事考課・格付け（降格及び昇格からの排除を含む）・昇給等の不利益は回復される。
3　勤務場所等の変更
　　勤務場所や担当職務の変更により不利益の回復を図るときには、会社は、ハラスメントを受けた組合員のプライバシー保護とともに、当該組合員の受けたハラスメントによる心身の健康状態に配慮し、力を活かせる職場の確保と関係者の理解を得るために努力する。
4　名誉侵害など事実上の不利益の回復
　　組合員が名誉侵害など事実上の不利益の回復を求めたときには、講じるべき適切な措置について組合員を含めて協議して決める。
5　意に沿わない意思表示の撤回
　　(1)組合員がハラスメントなど不当な心理的圧力が加えられた結果意に反する不合理な労働契約の変更、退職等の意思表示をさせられたときには、当該組合員は、その根拠を示して意思表示を撤回することができる。
　　(2)会社は、ハラスメント防止規定に定める苦情処理手続き等においてハラ

スメントが認識された以上、前項の撤回の意思表示にしたがって、組合員をそれまでの労働条件及び雇用が保障されたものとして取り扱う。

第7条（療養の権利）
1　組合員は、ハラスメントによって健康を害したときには、医師の診断書をそえて療養休暇を取得するこがができる。ただし、診断書はやむを得ない場合には後日提出することもできる。
2　ハラスメントによる疾病については、会社は組合員の労災保険給付申請手続きに積極的に協力し、労災保険給付が受けられるよう努力する。
3　組合員は、ハラスメントによって生じた疾患については、会社就業規則（あるいは本労働協約）に定める業務災害の規定の適用を受ける。
4　組合員は、療養の必要に基づいて休業している期間中、社内報、職場yは仕事に関する情報を希望する場合には、相談窓口担当者ないし所属長を通じて情報提供を請求することができる。

第8条（職場復帰）
1　ハラスメントによって休業している組合員は、主治医の診断により職場に復帰することができる。
2　組合員は、職場復帰に際し、復帰のために必要と考えるハラスメント研修の実施その他の労働条件・労働環境上整備ないし配慮すべき項目を明らかにし、その具体化を求めることができる。
3　前項の具体化にあたっては、組合員からの前記要求をふまえ、組合員、主治医、産業医、安全衛生委員会、ハラスメント防止委員会の協議に基づいて、リハビリ勤務体制を含む復帰支援プログラムを策定する。このプログラムは、実施状況をふまえて適宜協議してより有効なものとするために手直しし変更することがある。
4　会社は、第2項の配慮をなすのに合理的な範囲を超えて困難や費用を伴うものである場合を除き、組合員を原職に復帰させなければならない。会社は本項に該当すると事情があると考える場合には、組合員に対してその旨説明を尽くさなければ組合員の原職復帰を受入れなければならない。
5　会社は前項記載の原職復帰が受け入れられない合理的な理由があると判断できる場合においても、合理的な配慮に基づくものと考えられる他の職場への復帰を組合員に対して提案しなければならない。

第5章
ハラスメントにより破壊されている職場と働く者 (座談会)

荒井　千暁（産業医）
金子　雅臣（職場のハラスメント研究所 所長）
中野　麻美（弁護士）

I なぜハラスメントが増えてきたか

中野 今日はお忙しい中をお集まりいただきましてありがとうございます。ハラスメントについての専門的な観点から取り組んで来られている荒井先生と金子先生にお集まりいただきました。座談会のすすめ方ですが、まず第一に、問題になっているハラスメントとは何ものであるかというその像について情報交換させていただき、その構造を第二番目に明らかにするという議論に進んで、三番目にどうこの問題に挑んでいけばいいのかということについて三部構成でディスカッションしてまいりたいと思います。まずは第一部ということですが、産業医の立場からいろいろと挑んで来ておられる荒井先生の方から問題意識をざっくばらんにお話いただけますでしょうか。

荒井 職場のハラスメントにおける問題点ですが、たとえば先日いらっしゃったマスコミ関係の人も、深刻な不況になって以来、ハラスメントが増えているというデータがあるとおっしゃっていました。退職を強く迫ったり、それに応じない場合は仕事を取り上げるとか、実際に暴力を振るったりとか。実態は深刻化しており、辛らつなハラスメントも増えているというのです。そうすると、人権教育や差別教育をとおして社会的認識が以前よりは広まってきたように見えるいま、なぜハラスメントといういじめが増えているのか。それを考えることは、ハラスメントの原点を見直す上で意義があると考えています。

次の問題としては、対処法があります。行為者を野放しにしてはいけないことは皆わかっているはずですが、やったこと自体を行為者に否定されてしまうことがあるわけです。本心では悪いことだと感じていたという行為者がいる一方で、罪悪の意識がない、もしくはきわめて希薄な行為者もいます。たとえば慣例どおりやったというだけで行為者・加害者にされてはたまらないといった理由が、その裏にはがあるわけです。

逆に、ある人を陥れようと仕組まれたセクハラも地方銀行でありました。実際にはセクハラ行為をしていないにもかかわらず、わたしは受けた、わたしも受けたといって、管理職を告訴したわけです。結局、その管理職の人は無実となりましたが、ハラスメントとりわけセクハラは、被害者からの申し出があれば、われわれはまず事実だろうと思ってしまう。女性は弱いものだという潜在意識があるからでしょう。でも本来なら、思い込みのないニュートラルな立場から検証しないといけないということを痛感しました。その思い込みをどう払拭するか。難しい問題です。で

第5章　座談会　なぜハラスメントが増えてきたか

すからハラスメントの相談を受けたときは、必ず双方から話を聞く。これが大原則なのだと思います。

それでも真相が見えてこないこともあります。踏み込んでみたとしても、状況証拠みたいなものしか出てこない場合が多いというのが実情ではないでしょうか。たとえば、退職を迫られたことによって精神的なダメージを負って仕事ができなくなった人がいるとします。そのとき「あなたは役職に見合うだけの働きをしていないから、やめてもらいます」と語った人が実際におり、自分はたしかにそう言ったと語り手が認めれば話は簡単なのですが、そうではない例のほうが多い。面談の場で、「上司からの評価表だと、あなたの評価は芳しくないですね」と告げられ、「全社的に人員を縮小することになり、あなたがいる部署は事業からの撤退が決まっています。このままだと仕事はなくなりますね」と告げられる。

これらは客観的な事実に基づいている。そして「この職場ではまったく生かされることのなかったあなたの秘められた能力を、別の場で発揮しようと考えたことはありませんか」と告げられたような場合です。「辞めてもらいます」とか、「辞めるという選択肢もある」といった文言は、語り手である行為者から一切出ていないのです。希望退職の場だと、それを言ってはいけないことを語り手は知っているからでしょう。だから全体最適という立場から指示命令に従ったまでで、しかも語ったのは一般論と事実だけでしょうなどと主張されてしまう可能性が高い。でも面と向かって話を聞かされたほうは、オレに退職を迫っているのだろうと理解します。すると、物的証拠に値する決定的な事実が出てこないわけです。

さらに別の問題もある。あらゆる手を使って被害者を救済したいという目的で、いろんな人たちがいろんなことを考えて制度を作ったり、飛び込み寺のようなものを作ったりするのだけれど、有効活用されていないという現状とかジレンマがあります。最初から期待されていないのか、それとも期待に応えてくれなかったということで、あきらめていかれたのか。あるいは内集団と外集団といった問題もあるのか。そんなことを感じています。

中野　金子さんはどんな。

金子　最初にパワハラとかいじめの定義というか、括りというのをはっきりさせておいた方がいいだろうと思います。どんな集団でもいろいろなことが起きるわけで、学校でのいじめからはじまって、社会的な集団には様々にパワハラが起きる。今回はあくまでも職場のハラスメントということなので、その特殊性の議論にしぼったらどうでしょう。さらに職場のパワハラと限定してみても、ハラッサーのAさんと、被害者のBさんの性格に注目してケースバイケースで見ていくともう100も200もパターン化できるほどあってどうしよ

もないと思うのです。そこで、従来以上に今、問題になる原因は何なのかという切り方でもしないと、これも際限なく個人的なキャラや組織の特性などの議論に戻っちゃうと思うんです。

　古くからあるんだけれど、今、何で問題にするんだという、なぜ問題になってきたかということに焦点を当てる必要がある。そのためには、横幅も奥行きもある程度カットしながら議論していかないと、もう際限なく話が広がっちゃう。だから、そういう縦横に括りをつけた上で、あくまで職場の仕事、職場環境の変化とパワハラという括りの中で議論をしていった方がいいかなと思っています。

　括りというのは定義づけるということになりますが、私たちのハラスメント研究所の考えている定義は、「職場において、地位や人間関係で弱い立場の相手に対して、繰り返し精神的又は身体的苦痛を与えることにより、結果として働く人たちの権利を侵害し、職場環境を悪化させる行為」としています。

◆ハラスメントはなぜ見えにくく、わかりづらいか

中野　お二人から根本的な問題提起をいただいたと思うのです。一つは人が労働を通じて精神的に追い詰められることによって、労働の目的であったはずの、職業人として可能性を追求することが困難になったり、不可能に追い込まれたり、健康を害したり、いろいろな人とのつながりのなかで得られていた幸福感が根底から喪失させられ、場合によっては命を奪われることにもなります。このようにハラスメントは、個人の幸せや発展可能性、いのちや健康を奪われるという人権の観点からの問題提起がなされていますが、健康を害して働けなくなったときには、医療保険から財政を支出しなければいけない、失業給付も給付しなければいけない、働けないことによって税金を納めることもできなくなるという意味で、個人の幸福から家族まで含めて深刻な影響を受けるし、国家の財源も社会保障の財源も全て否定的な影響を受けることになります。

　こういうハラスメントは、企業の生産性を低下させることも指摘されています。これを何とかしなければいけないという社会の認識は共通になりつつありますが、この問題にどう向き合っていけばよいかについては、暗中模索の状態といってもよいと思います。そのことは、金子さんがおっしゃったように、どういうものをハラスメントとみていくかということから、荒井さんがご指摘のように、被害を申告して問題を解決する受け皿を作ってみたのはいいけれど、そのシステムをどのように機能させればよいのか、解決とは一体何なのかという根本的な問題を抱えているということだと思います。

　医療の分野では、まず精神的に傷つけられた人の状態からそれに影響を与

えた行為や人間関係が問題になり、そうしたものをハラスメントとしてとらえるというアプローチになるのではないかと思いますが、訴訟の分野では、全く違ったアプローチになっています。

人を傷つける行為は権利侵害としてとらえられますが、そのような行為を違法行為として告発されてきた経過をみますと、思想信条や所属組合などが企業が望ましいと考える流れとは異質と判断される個人や集団を排除したり、あるいはリストラのために社員をやめさせようとする手段として用いられてきた身体的精神的暴力、プライバシー侵害など人格権侵害行為が問題になってきました。

精神的な嫌がらせや人格権侵害が問題になったケースでも、裁判所は、精神的な傷つきを損害として評価することにはあまり積極的ではありませんでした。自分の意思（本当は余儀なくされるという性質をもつわけですが）で会社をやめるようにし向ける嫌がらせは、とくに最近では日常化されている状況にあります。

たとえば解雇による労働法上のリスクを回避するためによく退職勧奨が実施されていますが、それが労働者に圧力をかけて精神的に身動きできないような状態に追い込み、自由な意思を実質的に抑制して退職を選択させてしまうことが少なくありません。

退職勧奨対象になったということは戦力外通告を意味するわけですが、それ自体が精神的には非常に衝撃的であることに加え、もう職場にいても役に立たないということを自覚させるために加えられる否定的な評価や信頼関係を破壊するような情報提供が心身の健康をむしばんでしまいます。勧奨行為は企業の自由だし、それに応じるのも労働者の自由だから特に違法とはいえないという考え方があって、だから何度も重ねてそれを行うことによって「任意退職」を実現しようとするわけですが、それをどのように法的に評価するかが問題になるわけです。

そうすると、退職に応じなければ不利益を加えるとか、仕事上の問題を超えて人格的に非難攻撃するとか、虚偽を用いてもう退職以外に道はないと思い込ませるというような手段の違法性が問題になってきました。そうした分野に独自の概念を持ち込む必要があるんじゃないかということで、それを準解雇といった特別な概念によって説明しなくても、解雇に準じた法的効力を認めるとか、圧力をかける行為を広く一体の不法行為とするハラスメント概念によって問題にするという流れが出てきました。

もう一つは、いままで差別として捉えられてきた領域で、事実行為だから差別概念には当たらないということでなかなか法の規制がはまらなかったという部分があります。もともとセクシュアルハラスメントは、職場における性差別の一類型として確立されてきた側面もあるものですが、これがセクシュアルハラスメントともいえないジェンダーハラスメントといわれるような

差別的ハラスメントをも排除の対象とするようになってきました。人種だとか国籍だとか、社会的な身分だとか、そういう一般的な社会にある偏見というものをバックグランドにしたいじめや敵対的環境も差別の一類型であるわけですが、差別概念は法律行為を無効とすることには差別を禁止する実体法が存在すれば、比較的有効に機能してきたといえますが、事実行為であったり、実体法が存在しなかったりしたときには、どんな法的救済策を講じるか課題になってきました。

このような精神的な圧迫による労働関係上の不当な結果をどう法的に評価するかという観点と、差別的性質をもった行為をどう法的に評価するかという観点の多面的アプローチが、身体的暴力や名誉毀損などの人格権侵害行為にもストレートに当てはまらない精神的ハラスメントを捉えることを可能にしてきたといえるのではないか。その結果として、セクシュアルハラスメントに続いて、パワーハラスメント、権限など職場における事実上の上下の力関係を背景にして人を精神的に追いつめていくという行為を違法なものとして、きちんと排除していけるような体制をとろうということになってきたといえるのではないかと思います。

そして最近では、上下の力関係とは異なる人間関係上のトラブル、人格的な有り様から生み出されてくるように見えるハラスメントが問題になってきました。人間関係というものに着目した考え方に基づいて概念を立てると、モラルハラスメントを排除していく流れも出てきていますが、これも時代の変化にともなって生じるストレス要因が、敵対的な人間関係、あるいは人に対する悪意を発現させる契機としてとらえられています。

日常の相談のなかでもハラスメントが増えてきています。退職勧奨も多様性を帯びてきていて、企業がその労働者を退職に導こうとしていろいろなステップを踏みながら計画的にそれを実行していくケースがあり、こういう場合には組織的な色合いを帯びるということから非常にわかりやすい。ところがそうではなく、社会一般の偏見や固定観念に根ざしたいじめや、無視を含んだ第三者にはなかなかわかりづらい精神的に追い詰めていくハラスメントになると、客観的には分かりにくくて当事者の認識も全く異なる、そうしたなかで状況証拠しか手に入らない。そうしたものを何と言ったらいいのかもわからないから、行為自体の違法性を問われても、そういう像のいじめであってどんな構造や特質をもっているのか定めづらいという意味で、議論が混乱するんだろうと思います。

その辺のハラスメントとして起きてきていることの今日的な特殊性みたいなものを少しご紹介いただければと思いますが、いかがでしょうか。

◆能力を切り出された部分でしか評価しない

荒井 一つは時代とともに変化し続ける社会通念のちがいがあるのでしょう。つまり昔なら許されたような行為が、今は許されなくなった。もう一つは、行為の実数が増えているのではないかということ。こちらのほうが、むしろ問題だと感じます。

社会通念の話ですと、先日ある相撲部屋で「可愛がる」という行為による死者が出ましたけれど、あれに近いか、あれよりもむしろひどい行為は昔からあったようです。今日この会場に向かう途上でたまたま古い落語を聞いていたら、力道山の話が出てきました。あの方は紆余曲折があってお相撲の世界に入ったわけですが、倒れて立ち上がろうとしたときに蹴って、目に砂が入ることは当たり前だったという話が、落語のなかに出てくるわけです。相撲界という、ある意味特殊な世界だからかも知れないけれど、是認されていた。

こうした話は日本ばかりではなく海外でもあったはずです。ぼくが中学生だったころ上映された『小さな恋のメロディ』という映画が先日、映画専門チャネルで流されていました。そのひとシーンに、いじめの話が出てきました。主人公であるメロディの父親が話す場面です。幼少のころボーイスカウトで新入りが入ってくると、歯磨き粉に靴墨を入れて塗ったと自慢げに話す。あるいはマーク・レスターが演ずる主人公は、クラスメイトにひやかされて孤立する。それでも執拗なひやかしがあるので鼻血まで出す取っ組み合いになる。ストーリーを追っている昔は気づきもしなかったのですが、イギリスという国でもそうした光景があったと解釈するのが妥当でしょう。

ともあれ人間同士の軋轢が生じても、それを人道的に許されないことと非難するか、それとも黙認するかは、社会通念のちがいによってわかれるのではないかと思うのです。

二つめは、一人の人間が持つ重みに対する意識が薄れてきているという点を重視しています。通信系会社の社長をされていた方がテレビで語っていた内容で、愕然としたことがありました。人材を採用しても、ある程度の年数が経つといらなくなるというのです。戦力としてダウンしてしまう。だからその人を減らしていく必要があるのだと、テレビ画面で語っていました。ひと昔前であれば、そこまで徹底した考えは日本になかったはずです。家族的で終身雇用で年功序列がすべていいとは言えないけれど、ああいう話をいきなり聞くとやはり引いてしまうというか、冷めます。特にその会社は経営陣と元経営陣との不仲が書物で伝えられたり、業績悪化が表沙汰になって大々的な人員削減が報道された会社だったりという事実を、ぼくら市民は報道をとおして知らされていますから。

人を育てる文化は何のためにあったのか、収益を上げながら事業を続けるためには、優秀な人を集めるのか、それとも育てるのか。そんな割り切り方が、そもそも不要なのか。旧来の日本的な部分と、急速に取り入れたアメリカ的な部分とを検討するような議論なしに、もうこう決まってしまったというような言い切られかたをされてしまうと、どうも釈然としない。導入から決定までが、おそろしくあいまいになっているようにも思える。人間の能力を総体で見るのではなく切り出された部分だけで評価しようという風潮が、この何年かでにわかに強まってきています。

働き方の変化では、派遣についてもいえます。派遣法ができたときは、当時としてはIT関連業種のように専門性の高い13の業種に限られていました。給与もそれなりに高く、職場スタッフたちも「へえ、すごいな」と羨望のまなざしで見ていたといった実話があります。一人一台のパソコンが与えられるようになる以前の話です。しかしその後、業種が拡大されるようになって、今では派遣された人たちの「手」だけあればいいといったような言われ方がされる。「ハンズ」という名に象徴されています。

そうして2008年の秋から景気がぐっと落ちて、事業が停滞しはじめたので「派遣切り」という行為が、電機メーカーとか自動車メーカーを中心に行われました。必要だったのは「手」であって、頭や足は、手についた付帯品といっているように、ぼくの目には映った。炊き出しをしている年末の映像を見て、さすがにこれはおかしいなと思った人が、たくさんいたのではないでしょうか。労働問題の底辺で起こっている問題をひとことでいうなら、やはり人間への軽視、命への軽視だと感ずるわけです。重みがないから、それくらいのことは許されるだろうといった気持ち。これは強者の驕りだと思うわけです。高いところから見ている人たちの驕り。強い者は弱い者を、堂々と支配していいのだという思想。こうした思想が、ブルーカラーとホワイトカラーの溝を埋めようと戦後強くなってゆく途上で日本企業がしてきたはずの努力を、瞬時にかき消してしまった。時代に逆行しているような強者の驕りとか論理が、ハラスメントを膨張させる温床になっている可能性はないでしょうか。

金子 私はこれまで労働の現場でずっと相談をやりながら見てきたので、その経験で言うと、やはりバブルを経たあたりから何となく職場の人間関係が何かちょっと変だなというのを感じています。「職場の人間関係が嫌だ」っていうか、「職場が居づらい」というような訴えが出てきたのが、どうもバブルのはじけるちょっと前ぐらいなんですよ。だから相談を受ける側から言うと、こんな景気がいいのになぜ職場の人間関係が嫌なのか、何で人間関係が嫌で辞めるのかという感じです。今から考えてみれば、その頃は何となく

第5章　座談会　なぜハラスメントが増えてきたか

拝金主義で「儲かれば何やってもいいよ」、何でもありみたいなことがかなり出てきていた。最近の内部告発なんかでわかってきたのは、その告発されるような悪いことは、みんな大体バブルの頃からやり始めていることなんですね。シールの貼り替えをしたり、いろんなことやっているんだけれど、ああいう一種の腐敗堕落というか、そういう職場のモラルダウンが非常に激しく起きはじめていた時期に、人間関係も壊れはじめてきた。

そうこうしているうちに今度はバブルがはじけてリストラが出てきて、パワハラが出てきた。最初は不景気で人員整理とかいろいろやっていたんだけれど、そんなことやってられないという流れです。金もかかるし、退職金を割り増したり、解雇予告手当なんか出してられないよという流れが出てきた。だったら自分から辞めていってもらうように仕向けるのが一番いいというので、今で言えば嫌がらせいじめみたいなものがクローズアップされてくる。マスコミも、その頃は「パワハラ」とは言わなかったんですよね。マスコミも中高年いじめみたいなことで書き立てる。あそこでパワハラという言葉もすでに我々は少し意識していたんですけれど、職場いじめというすごいことになってきているという話で、そこからかなり表面的にはドラスティックに変わってきた。

それ以降、どんどんパワハラが出てきた。そこで、職場のいじめと言われるものを平成7年ぐらいから東京都は集計を始めました。まだ社会的には全然問題になっていなかったんだけれど、職場のいじめから一体職場では何が起きているのか、何で人間関係が壊れ始めているのかということを調査し始めました。いじめというのはあくまで結果であって、パワハラというのはある種、職場で起きている現象の結果なんだけれど、やはり原因で分析していかないとという考え方です。単に気に入らないから殴ったとか、辞めさせたいから、たまたま上司が感情で怒鳴ったなんていうのは、そんなの分類していてもしょうがないのです。そもそもその上司は何でそういうことやったのかとか、なるべく原因に逆上って、原因による分析というか、分類をしようよという議論をしました。

◆パワーハラスメントに六つの型がある

次頁の図の六つの分類をしたのです。原因がこうだよということでリストラだとか職場環境型なんて名前をつけてみたり、労働強化がかなり進んで、何となくそういう職場がギスギスし始めているものとか、それから今では当たり前なんだけれど人間関係型とか。これはいろんな雇用形態の人、不安定雇用の人を含めていろんな人が職場で一緒に働く、モチベーションが違う、意思疎通がうまくいかない、こんなの起きるの当たり前、物理的にもそうなんですけれど、そんなこととか。

263

パワーハラスメントの6つのパターン

① リストラ型：解雇せずに退職に追い込む
② 職場環境型：余裕のない閉鎖的な職場
③ 人間関係型：希薄な人間関係から生じる摩擦
④ 自己責任型：スピードが上がり、ミスが許されない職場
⑤ セクハラ型：男性中心の職場環境と根強い女性蔑視
⑥ 教育指導型：アカデミックハラスメントや熱血指導

それから仕事の量が増えて、ある程度平成不況から抜け出す頃から、かなりそういう中での今度は仕事を加重に背負わされて、30代ぐらいの人たちがそういう問題を抱えていたり、これはさきほど言われた昔からあるセクハラ型だったり、教育指導型というのはちょっと独自に考えなくちゃいかんかなと思っているのですけれど。大学なんかのアカデミックハラスメント、これはもう典型的に教育指導という中で起きる。

少し、こうしたパワーハラスメント相談に現れた特徴を整理してみると、なんと言っても、真っ先にとりあげなければならない第一の特徴は、すでに触れてきたように、このパワハラを社会問題化するきっかけにもなったリストラがらみのいじめですよね。

職場の中高年に対するリストラなどで、解雇や退職強要といういじめの横行がパワハラの一つの大きな流れを作り出した。

第二は、仕事や組織の変化、ジェネレーションギャップなどで職場の人間関係そのものが難しくなり、上司と部下、同僚同士などの距離の取り方やコミュニケーションが難しさが原因となっているものですね。コミュニケーションの成り立ちにくい職場には、「人は人、オレはオレ」という価値観がはびこり、結果として生み出されるモラールダウンした職場は、一層職場の人間関係を難しいものにする。こうした職場の苛立ちは、一見些細と思われることで職場にはトラブルが絶えず「さざなみ」が立ち始め、それが何かのきっかけでパワハラ問題に発展するようなケースです。

第三は、雇用関係の多様化を背景とした人間関係の希薄化により起こされるものです。非正規雇用労働者の広がり、パートや派遣、契約社員に加えて、アルバイト、フリーターなどと呼ばれる働き方の多様化は、労働条件の違いからモチベーションの差を生みだすことになりがちだということでしょうか。それぞれの働き方に見合ったモチベーションは、仕事意欲の違いとして、職場での仕事の進め方などで価値観が対立しやすくなる。こうした職場でのすれ違いは、時としてキレやすい人たちの増加などで暴力的ないじ

めも頻発させる職場を出現させています。

　第四には、第一にあげた特徴とも重なるのですが、もう少し広く職場の労働強化全般に関連するものであります。希望退職や配転、そしてノルマ強化などといったリストラがらみではあるが裾野が広く、必ずしもリストラという分類でくくりきれない、全般的な労働強化という形で現れるものです。

　第五には、能力主義、成果主義といったこれまでとは様変わりする労務管理や激変する職場環境をめぐるものです。能力主義や成果主義による職場の人間関係は、一言で言えば、従業員間の競争の激化であり、そうした無秩序な競争の行き過ぎなどによって起こされる人間関係のきしみでしょうか。

　第六には、古くからある、女性の社会進出に戸惑う男性中心社会意識のゆらぎや反発が依然としてあります。データ的に言えば、依然として一番多いのがこれですが、セクハラなどを典型とする、男性中心の職場に女性が入ってきたことによる男たちの戸惑いや反感が生み出す様々なパワハラがそれです。

　第七には集団差別型がある。いわゆる集団によって、異質な人たちを受け入れずに排除しようとするいじめという古典的なものだが、依然としてなくならないことが問題ですよね。会社の方針とは違う意見を主張したり、全体の意向とは違う考え方をもつことで、全体との対立関係が生まれるようなケースです。

　従来は、組合活動家や少数女性に向けられることが多かったのですが、最近ではこうしたものよりも「空気が読めない」などとする集団行動になじめない人たちに向けられるものが多いような気がします。

　第八には、教育師指導型といえる指導や教育を通じて共通に現れるパワハラですね。大学などではアカデミックハラスメントという固有の呼び名があるように、指導教育の場でのパワハラは多いというのがあります。

　こうしたパワハラは、時には熱血指導などと言われ、これまでは「相手のためを思いしたこと」とされて、許容されてきたものです。しかし、相撲界での行き過ぎた指導が「かわいがり」などと言われて許容されてきたことと同じように、教育の名で行われる行き過ぎがパワハラとして問題化しはじめてきたケースといってもいいものです。

　こうしたケースをまとめて言えば確かに人権侵害というか差別という言葉で括れるんだけれど、現代の職場的に見えるように提示していかないと、なかなか見えてこない。何が起きているのか、単なるいじめだとか昔はこうだったとかっていう議論に終わらせないためには、ある程度原因に基づく、問題点をはっきりさせていく、そんな問題意識が必要だという感じがしています。

◆われわれは共に被害者なのだという会社の論理

中野 最近出た本で、辛淑玉さんと野中広務さんの対談を編集した『差別と日本人』が注目されています。対談を通じてひきだされた差別やハラスメントに日本人はどう向き合い、どう行動してきたのかという問題提起は、ハラスメント問題に向き合うヒントを与えてくれます。野中さんは被差別部落出身者として、辛さんは在日としていろいろな差別を受けてきた体験を共有しながら、差別やいじめを許容する閉鎖的な日本の社会のなかで、それと闘って生きていく困難さ、それを克服する理性や英知、しかしながら犠牲は個人と個人をとりまく家族など周囲の人たちを巻き込んで苦痛を強いられてしまうということ、そうした中でも人間や社会に対する信頼と可能性を見失わないことの大事さを教えられます。

お二人の体験の片鱗にふれますと、昔からこういう差別やハラスメントの土壌を日本の社会が抱えてきたことや、しかしながら、誰もがそれも見なくてもいいようにしてきたことに気づかされます。それが典型的には日本の経済成長であったりしたのだと思います。生活が豊かになっていく現実を前に、将来に向けての展望みたいなものが個人の人生と社会の展望と一致して捉えられたという時代背景というのがあったのかもしれないです

ね。でも荒井さんや金子さんがおっしゃったように、景気が坂を転げ落ち始めた時にもうすでにバアーッと雇用の問題につながる、あなたでなくても、誰でもいいんだという使い捨てパーツ型の人間の入れ替えが非常に頻繁になってきた。そうした環境が、社員一人ひとりのなかに、大事にされていない、あるいは報われていないという精神的葛藤や敵対的な関係、コミュニケーション上の諸問題を引き起こし、矛盾が暴力となって爆発してきたように見えます。元々あった差別やいじめを容認する組織の閉鎖性はなかなか変わっていませんから、より深刻な形態をとるのかもしれません。

若い人たちのメンタリティも変わってきているということもあって、その当りが何が起きているのかも分からないという非常に複雑な状況というものを作っているのではないか。そういった構造の問題と金子さんの六つの分類を重ねてみると、実像が見えてきそうな感じがしますよね。私は金子さんが作って下さったこのリストラ型、環境型、人間関係型、自己責任型、セクハラ型、教育指導型という分類でみると、リストラ型というのはいってみれば企業の目的遂行性から生み出されるという意味で、まさに荒井先生がおっしゃっていた、労使の直接の関係においてどんな関係性なのかということがストレートに反映するタイプのハラスメントだと思います。昔から不当労働行為では常にこの問題が扱われてきたという分野だと

思うのですけれど、最近のリストラ型で何か特徴的なものっていうのはあるんでしょうか。

金子 さっき言った時期のリストラが一段落する時期、つまり一回平成不況が納まってむしろ仕事が増えてくる時期があるんですが、今度は人員増やさずにいて、30代に仕事が集中するようになり、そこにメンタル的なものも集中してくる。ものすごくオーバーワーク気味のところにきていて、ようやく非正規で人員補充を始める。まさしく非正規との交替は可能だよという時代になってくる。以前の首切りは人員余りだから、「お前いらないよ」っていうものだったんだけれど、今は「いくらでも交替はいるぞ」っていう。それこそもうちょっとさかのぼれば、そういう仕事自体を変えていって、もうほとんど非正規雇用で賄えるような仕事にシフトにしていくという流れとか、今までの人余りを切っていくのとは違って、代替制を高めて、「あんたじゃなくていいんだよ」というやり方が前面に出てきている。

中野 確かにそういう相談が増えてきているようですね。共通したワードは「派遣でもできる仕事」で、相談の中でもよく出てきますね。役割給だとか、業績給なんかに見直していくじゃないですか、その時にあなたのランクはここですよっていうふうにして貼り付けられるんだけれど、今まで高いポストに貼り付けられて権限をもって働いてきた人も、仕事や果たしてきた役割の評価を「派遣でもできる」というように貶めていくんですよね。これは一つは派遣労働者を貶める差別でもあるわけですが、そうした差別をもって正社員を貶めるわけです。それで意欲や自尊感情を根こそぎ否定されて、ダウンしちゃうというケースが増えてきていますよね。私たちは、「常用代替」という概念をよく使って雇用形態が多様化するなかで生じている格差が全体としての労働条件を悪化させ、雇用を劣化させることについて警告を発してきましたが、職場と人間そのものの尊厳にかかわる問題としてとらえられるようになっています。

荒井 今の話というのはよくわかりますね。派遣でもできるというときの「派遣でも」という表現、これは派遣の人たちは「手」さえあればいいのであって、それ以外の能力はすべてスポイルされても構わないとする立場から生まれる表現です。温情がない。

温情、つまり思いやりがないという点では、不況対策で人員を整理するときに語られた文言にもよく表れていました。「自分たちの見込みが甘くて」とか、「こんなことになるとは予想ができずに済まなかった」という詫びが、ひとつもないのです。非を認めてしまうと責められるという気持ちが強いからでしょうが、実をいえば、2007年から2008年に至るまでの段階で採算が取れないような状態をずーっと引

っ張ってきていた会社や事業が、いくつもあるわけです。ところが、そこで最初に何がいわれるかというと、「大変な時代になりました。100年に一度の危機です。このままではウチもあぶない」。自分たちという内側にいる立場でなく、外側にいる傍観者の立場から現象を眺めているような意見を、内側の人に向かって公然と放つのです。それを一回、二回とかましておいて、「というわけで、このままではどうしてもやっていけない」という説得をする。聞いている社員たちはすっかりうなだれてしまって、洗脳でもされているような光景になる。そうして人員カットの具体的な説明に入る。外的要因でもってやむなくそうなるのだ。われわれは共に被害者なのだという論理です。

でもその前に、実は整理したい人たちのリストが用意されている例が多い。希望退職で辞めることにした元人事の人たちの話を聞いた限りでは、10社が10社ともそうでした。希望退職ですと、手を上げた人が人事作成のリストに入っていれば「了解」。でもリストに入っていない人に辞められては、会社としても困る。よい人は手放したくないからでしょう。だから「いや社長の承認が得られなければ、好条件での退職ではなく自己都合退職になる。それはあなたにとっても不利でしょう」などと引き止めたりする。でも、デキる人で、しかもきちんと考えて行動するタイプの人は、次の職場への内定をもらったりしていますから、退職金の多寡にこ

だわらず出てゆく。そうやって一気に戦力ダウンしてしまった会社の話をいくつか聞きました。

中野 企業が一定の人を辞めさせたいと思う人をリスト化するようですね。
荒井 ある有力な経営者は、それは経営者として失格だと言っていました。アメリカでは、リストラできないようでは一人前の経営者として認められないといった考えが今でもあるようです。でも、そうしたアングロサクソン的な考えというのは、日本の経営者としては、手腕という点で失格だろうと断言されていたことが印象に残ります。うまくいかない場合、二期、三期と連続赤字になったから、それでは人を減らしましょうといった手は、誰でもできるとおっしゃるわけです。昔に較べたら、あそこもリストラしているのだから、ウチだってリストラすればいいんだ、してもいいんだと考える風潮が強くなっているのではないでしょうか。だとすれば風土というより、やはり風潮でしょうね。

中野 連続赤字の場合にはどんな方法を使っていくのでしょう。

荒井 期限つきの痛みわけとか光熱費削減をしていますね。収益が得られないのだから賃金カットはやむないでしょう。台所事情が苦しい、いまは厳しい時代であるといった痛みを全員が肌でもって感じるために、痛みを共有する姿勢は効果

的だと思います。遺産に手をつけるのだから、従来と同じような額をいただくのでは虫がよすぎることくらい、社員はわかっています。ただ期限なしでだらだらやると士気低下を来たすでしょうから、注意がいります。

あるいは貯金をつぶしながら、2年先、5年先の手をしっかり打つにはどうするかを全員で考えることも必要でしょう。時間だけは十分にあるのだから、そのときにしかできないことを大胆にやる。そのとき何をしたかで、将来の明暗が分かれてくるでしょう。

GMがこの間破綻しましたでしょ。GMの元会長であるアルフレッド・スローンという人が、かつて同社が不況のときに労働者を解雇してでも株主に配当を続けたと語った自慢話が、『ジャパン・アズ・ナンバーワン』に載っています。この本は1979年という昔に、日本の社会構造を研究していたエズラ・F・ヴォーゲルという社会学者が1975年から1976年にかけて来日し、日本の財界指導者約100名にインタビューした資料をもとに発表されました。ひところ日本国内で話題になったのですが、いまふたたび読み直されています。著者のヴォーゲルは、従業員を解雇してまで株主配当のために利益を捻出しようとすれば、労使関係が破壊されることは必至でしょうとの意見を、本のなかで述べています。けれども株主最優先というスタンスは、アメリカであればどこにでもある話です。

アメリカで歴史があったGMは、もともと家族的で、長く勤める労働者が多かった会社です。でも結局、GMは崩壊しました。どこで何をまちがったのか。文化の差はあってもいいから、それを考える必要くらいはあるでしょう。

会社は誰のためにあるかという話題がひところありました。優先順位はどうですかと問われたとき、それは株主でしょうという意見が圧倒的に多いのはアメリカでしょう。日本でも2005年には約9割の経営者や市場関係者が、会社はステークホルダーのためでなく、株主のためにあると答えています。その辺りの変化は今回の問題とすごくかけ離れているようで、実は背中合わせなのでは、という気もする。

◆リストラの責任を中間管理者に押しつける

中野　企業組織を株主睨みで動かして目標を設定し実現していくということになると、そこに社員を二の次にしてしまう、その結果いろんな意味で、人間関係の上下や横の軋轢が生じるということだと思うのです。

経営トップや人事部が決して自ら手を染めないで中間管理職層を動員してリストラしていく手法のなかで最先端に立たされる中間管理職が心身ともに傷ついてしまうというケースもあります。まずはあなたの抱えている社員について査定

しなさいと、そしてその査定というのは残ってもいい社員と、残したくない社員の振り分けに使われていきますが、これによって選定された社員を勧奨退職に追い込んでいくことを指示されるものですから、それが部下に対するハラスメントを引き起こすことにもなるのですが、それ自体が実行を指示された中間管理職に対するハラスメントにもなります。とくに部下を信頼し大事にしてきた人ほど精神的に苦しめられます。みんなと一緒に働いてきたというプライドや、職場を一緒に盛り上げてきたという価値観からすると、やっぱり人を振り分けられないですよね。精神的葛藤が強まって上部からの軋轢と抵抗を繰り返しながら遂にはダウンしちゃうんです。その彼がダウンするまでの間に下の方の人たちはもっとダウンしている。

普通は、企業の責任のもとに人員削減などの方針を立て、企業の名のもとに実行していくことになり、その結果は企業が責任を持つというものだと思うのですが、それを自分で手を染めないで中間管理職にしわ寄せをさせていくように見えてしまいます。それで結局は、やっぱり全面的に表に立たなければならない人が下からやはり批判を受ける。職場全体がモチベーション下げますから、そういうのだと自分がフォローしなければならない仕事が多くなっていく。それからあの上司がいるから心地よくないなど、敵対的な目に晒されていくんですよね。そうする

ともう本当にフロントに立たされているものは針のむしろで、もうどうしたらいいのか、本当に今にも墜落しそうでダッチロールを繰り返しているような、そういう状態で職場が運営されていますね。その方の場合に最後は自殺されてしまうのですが。

荒井　企業における究極の目的は何か。安定して利益を生み出すとか、存続可能とか、社会貢献とか、どれでもいいとぼくは思うけれど、その目的に対する手段は目的をブレイクダウンした目標を立てて、それを評価してこと細かに管理することだと信じられるようになりました。

でも中間管理職は疲弊しています。人員整理が取り沙汰されるずっと前から自分に与えられたノルマをこなすのに精一杯ですから、プレイングマネジャーを求められても部下へのマネジメントは二の次になる。相談できる上司や同僚がいなくなった、世代間ギャップに対応できないから部下の相談にも対処できないといった問題を抱えていたわけです。でもそれをしっかり見つめようとしないで、フラット化してしまった。課をなくして、ざっくりとグループ化する方法が流行っています。それによって中核となって働いていた課長の絶対数が激減した。推進力が落ちていても、それは管理をしっかりやればできると言い切るだけで実情を見ようとしない姿勢に、妙な違和感を覚えます。

目標管理制度の矛盾に気づいてい

第5章　座談会　なぜハラスメントが増えてきたか

る社員もいるのではないでしょうか。中間管理職としては、部下たちは全員よくやってくれていると感じていても、全員に良好な査定をするわけにはいきません。プラス査定を受けた者にはそれなりの報酬を与えると謳ったのに、原資が限られているからです。どうしてもマイナス査定せざるを得ない。そうするためにはどう査定するかを外部講師を呼んで教育させる。あらゆる角度からみて、まずまずやってくれている人まで減点する訓練を受けるわけです。

　評価の季節になると、これだけやっているのになぜマイナスなんだ、といった不満が必ず出てきます。当然でしょう。ばかばかしくなって、どうでもよくなる。倫理なんて信じられないという考えになってゆく。そうなれば人は育ちませんし、持っている力も発揮できない。持っている力を100％以上出させるとして導入されたシステムは、皮肉なことに必然的にそうなれないように仕組まれている。システムを導入した人たちは、不祥事の温床になっているなどとはゆめゆめ思ってないのかもしれない。

　新たなシステムによって疲弊し、すべてがどうでもよくなってしまう。人権も差別も倫理も協調も協働も、もうどうでもいいよといった精神の荒廃みたいな現象が起きてしまう。

金子　差別がかなり構造化してきている。昔だったら、リストラの計画作って一身に背負って人事部が前に出て、どの部門で何人切るかということでやるというのでよかった。しかし、今は全体的にどこが非正規での置き換えがきくかを考える。全部派遣化していくというか、差別構造を際限なく見せる。経営者が「厳しいんだぞ、厳しいんだぞ」っていうのも意識を拡散させて差別構造を広げていくことになる。「俺は大丈夫かな」と疑心暗鬼になってみんなで競争しだす。その構造を全体に持ち込んで中野さんが言った非正規雇用の人たちにも仕事の責任もたせてさらに差別するという構造が出てきている。

　一方でまた能力主義、成果主義なんかを見ていると、成果主義が入ってきて上司をばかにする連中がいっぱい増えてきている。能力主義になったら「あんたナンボのもん」っていうのが逆に見えちゃうじゃないですか。ばかにされる中間管理職っていうのいっぱい出てきているんですよ。ここも非常に今までみたいな何となくまとまって仕事をしていくんじゃなくて、みんな差別化されて、お互いにいがみ合っていくみたいな構造。いずれにせよ昔だったらわりかしシンプルだった差別が段々構造的に職場の中に入り込んでいって、もう集団的な労使関係とかなんかじゃ納まらない、個別的労使関係にみんな拡散していくような傾向というかな。

Ⅱ　コミュニケーションができなくなっている要因

◆KYの広がりはコミュニケーション能力の異常期待

中野　能力・成果主義人事が行われるようになると、企業のなかで自分の将来を展望するためには自分しか頼りにならないという、労働組合による集団的労使関係が労働条件の向上、とくに賃上げに無力に思えてしまうような環境がつくられていきます。労働条件決定の個別化が制度のなかに仕組まれているから必然的にそういうことになっていくのでしょうね。本当はみんなと一緒に協力しながら目標に向かって仕事を進める必要があるのに、実際には非常な緊張関係というか、敵対的な関係が生み出されてしまっています。コミュニケーションは一緒に仕事をする組織のもっとも重要なツールとなるものですが、それもうまくいかなくなっていますよね。

　一方では、「KY」というのが流行り言葉になって、空気が読めない人はダメ、コミュニケーション能力が異常に問われる職場になっていますよね。でもこの構造というのは、いじめを緩和させるような構造ではなくて、逆にいじめを強化するような形で作用しているんじゃないかっていうふうにも思えるのです。つまり空気の読めないような人間は排除するっていうような、何となく形だけでも雰囲気でみんなの中にいられるというメンバーであるということが一つの安心材料であって、そこからはみ出るようにしないといけないといった集団心理がすごく強まってきている傾向はありませんか？　そうした傾向が、結局、雰囲気的に集団からなじまない社員を、やりきれない緊張や鬱憤を爆発させるように排除のターゲットにしてしまう、誰か、とくに上司など権限をもった地位にある人が気に入らないという雰囲気でも示すようになれば、それが触媒になって一気に孤立した状態に持って行かれてしまう。

荒井　空気の問題というのは古くからあって、山本七平が『空気の研究』を書いたのが1970年代の後半です。あの時は空気がこうだったので云々、と日本人がよくいう「空気」は、外国人にとって理解できないらしい。ですからある状況を、空気という独特の表現に乗せてとらえる姿勢は昔からあったのだけれど、それが自己正当化とか責任逃れの手段として利用されやすくなっているのが現代かもしれない。もともと別のところにあったさまざまな原因を、空気なるものに丸々飲み込ませて、自分のせいではなく、どうしよう

第5章 座談会 コミュニケーションができなくなっている要因

ない力が働いたのだと不可抗力化してしまう。そういう意味では、都合のよいことばです。

　あるいは、ちょっとした場の変化、それは話題でも雰囲気でもいいのですが、それを読み取ってポンポン移れるような技量が必要不可欠な能力みたいにいわれる時代になった。まるでネットサーフィンしているような反射的な反応が好まれますね。KYは子どもの世界でも大人の世界でも使われました。そこではじっくり考えることをしなくなっているのですが、考えていることで生ずるタイムラグがあると、即「とろい」と判断されて排除される。反射的に判断されて排除されてしまう。考えてみると、これは怖いことです。

金子　どこがどうっていうふうに具体的には言えてないんだけれど、どうも最近やっぱりパワハラと言われるものでちょっと得体の知れないまさしく空気みたいなところでいじめが起きている。一皮めくってみるとその職場がリストラの対象だったりしていて、疑心暗鬼な環境になっていたりする。また、どうも理由がわからないが皆から軽んじられている人がいる。そうすると、確かに肩書は課長なんだけれどあいつはリストラの対象なんだよとか、今度飛ばされるんだよとかの話が出てくる。そういう噂が出ると、その人を周囲が軽んじるじゃないですか。その種の、職場の空気みたいなことによるいじめというか、弱い立場の人に向けたパワハラになるのか、その種のことは結構あるんですよ。

中野　仕事のために配置された相互の社員のなかに意見の対立があっても、それがコミュニケーションのなかに顕在化しない、可視化されずに沈殿してしまっていると、社員のパーソナリティーや思考行動様式によっては、周囲にはわかりづらい形で一方が他方を精神的に攻撃し始めるということもありますね。その精神的な打撃は大きくて、仕事をする力が削がれてしまう。そうした雰囲気を周囲が察知して「さわらない」かパワーを持った方に加担していくと、もう働けなくなってしまう。

　また、コミュニケーションがうまく機能することは、相手を異なる人間として認めることから出発する民主主義的組織を維持する基盤でもあると思うのです。個々の人格や心の持ち方は多様ですが、その個人を超えて存在する仕事について、みんなで仕事をすすめるという観点から、意見の違いを明確にして調整していく役割が管理職に求められるのですが、コミュニケーション不全が蔓延しているところでは、力がものを言うという世界になってしまいますね。調整ではなく、上からの「教育」というか、教育にもならない指導が社員の人格を否定するような行動にいってしまったりするケースがあります。

金子　だから熱血指導はある意味じゃ

教育型のところで考えてもいいと思う。教育指導という大義がひとり歩きをしてしまう。「可愛がり」とか「愛のムチ」とか、相手のためにやっているということになると、多少の行き過ぎ、つまり人権侵害があってもいいんだということになってしまったり、相手の立場が見えなくなって、差別的な言動が許容される環境ができてしまう。

もっというと、法律的な議論の中でも、あの自殺は予見不可能なものであったから、業務指導の行き過ぎであるけれどいじめじゃないんじゃないかなどとかいう議論も出る。いろいろと分類するのはいいんだけれど、許容枠が広すぎる。いじめと業務指導の行き過ぎを区分してじゃあどこに区分があるのかっていうと、法的なそれは罰せられるかどうかというところの区分にぎりぎりに持ち込むわけだよね。予見可能性というスタンダードは、そこに未必の故意を見出そうとするのかもしれないけど、結果からの発想ですよね。起きた自殺について、加害者たちがそこまで予見していたかどうか、というのですから、そうだとすれば余程のことですよね。

そうした結果からの発想ではなく、原因に目を向けていく発想が必要な気がする。つまり、原因を見ながら、そうしたいじめやパワハラという人権侵害行為があれば、自殺が起きることも仕方ないという発想が必要じゃないかということなんですが、どうでしょう。パワハラと自殺の間の相当因果関係というか原因を追及すること求めることで、問題点が見えてく

る。そういうことも含めて言うとやっぱり教育指導ということにはものすごく不合理でファジーなものがいっぱいあって、そこにギューッと人権侵害が圧縮されている。特に大学で起きているのはアカデミックハラスメントみたいな、何で真理探求の場でそんなことやるのみたいなのがいっぱいあるわけですよ。

中野 仕事が明確になっていないところでは、コミュニケーションも客観化しづらくお互いの考え方が明確になりづらいという状況が作り出されて、とかくその対立が人格的な非難に移り変わってしまうという土壌になったりしますが、教育や指導にもそういう領域に共通する問題を抱えるのではないかと思います。教育指導は人格形成にも及ぶような領域に立ち入ることが構造化されてしまっているところで問題になりますね。

仕事や役割が明確化され、相互に違いを明確化して調整するというコミュニケーションがうまく機能させられる組織の基盤が整っているか、そういう観点からみるといまの職場はリスクが高いですね。そういうリスクを抱えていることを十分自覚しなければならないのですが、そうした自覚もなく、パワーに飲み込まれてしまう組織があるわけですよね。これはやっぱり学校現場でもそういうところがあって、非常にその空気が読めないという言葉に象徴されるように、ある一人の子が訳もわからないけれどいじめのターゲットに

なっていくのに全体が固まりになっていじめに乗ってしまう、その子が自殺をするというようなことになっても、それが何なのかっていう特には自分を責めたりとか、悲しいことだとは思わないという現実があります。それと同じような問題が職場の中にもやっぱりあるんじゃないか。

金子さんの問題提起にコンプライアンスという指摘がありますが、社員を傷つけないということもコンプライアンスの一部ですが、コンプライアンスに則って内部告発をした社員が職場でひどい仕打ちあったり、職場の集団から孤立させられいじめに遭うということがあるわけですね。これって一体何なのかっていうことなんですよね。

◆自他の違いを認めることが本来の企業風土

中野　金子さんのいじめの分類で人間関係型というのがあげられていますが、いじめが上下関係、権限や事実上の支配関係に起因するというより、社員同士の横の関係で生じるいじめが分類できるということだと思います。これはひたすら社員の悪性の問題としてとらえられるのかといえば、これもいじめに発展してしまう構造的な問題に着目する必要があるように思います。個々の人間性の発露として問題が発生するととらえられる場合も、コミュニケーション不全によって職場の問題が全体に可視化されていないか

ったり、ある種の思考行動パターンが職場に発生しているリスクにふれていじめとなって発現するというメカニズムの問題として分析してみる必要があるんじゃないだろうか。

また、深刻な被害の結果から振り返ってみると、どうして、こうしたところから発生するいじめが見て見ぬふりをされたり、あるいは集団の主流にのる形で加担されていくというのは、個人のパーソナリティーの問題に収斂してしまってよいのかと思います。判例などではそうしたリスクを可視化することまでは及んでいませんが、この問題を放置してしまうと、内部告発の事例に見られるように、本来追求されなければならない価値は何なのかということが、企業集団のなかで見失われることになってしまう。とくに内部告発をした社員に対する待遇上の不利益や人間関係上の不利益の構図をみると、企業がコンプライアンスに則った事業展開・事業運営を行い、社員をそうした価値観にしたがった仕事に力を発揮させ、その過程で人間性を侵害しないというコンプライアンスの実現のためには、開放型の組織であることが不可欠であると実感されますね。

もっと根本的にいえば、職場というのは企業の事業の目的のために人が配置されたところ、だから適材適所っていう原理があるにしても、異なった人間が異なった経験を持ちながら、異なった感性を前提に一つの事業の目的に向かってみ

んなで仕事をする場所ということになるわけですよね。そうすると必然的に人間関係上のぎくしゃくが生じることは当たり前と言えば当たり前で、その当たり前のことをどういうふうにして調整し回避していくのかというメカニズムの問題が浮上してきます。

部下に対する関係で教育的指導が必要になったりする場面でも、まずは自他の違いを認め合う、ということは、人間として相手を尊重するということでもあるのですが、ふれてはならない人格的領域に距離を保つコミュニケーションが求められるのだと思います。そして、課題とは、職場が自分とは離れた客観的なミッションを抱えており、それに向かって一人ひとりがどうキャッチアップしていけるかということではないのかと思います。その範囲においてどう相互の力が発揮できる良好な人間関係を保つことができるのかという仕切りをしないといけない。仲良しの職場であればいじめが起きないというのは、間違いであって、人格的なあるいはプライバシーの垣根を低くすることによって形成された仲の良さによって成り立つ職場は、逆にいじめのリスクをも抱えてしまうことでもあると思います。

上司は部下を叱るのも「お前のためなんだ」と言うんだけれど、自他の違いを認め、相手の存在そのものを認めて尊重するところから出発することではないのか。こういうスタイルはなかなか確立するには難しい部分もありますが、お互いの人権を守りあっていけるツールを組織が持っているかという問題ではないかと思います。

◆リアルタイムでの時間の共有を避けるという風潮

荒井　多様性を根付かせるために、自他を認める行為が大事なのはたしかですが、そうした教育は学童のときから大人になったあともなかなかされません。そもそも学校教育の基本は均質化にあったし、いまもあるように思います。本人もそれを望むようになってしまうから、周囲が均質でないと落ち着かない。傍目にみると自由を避けているようにさえ見える。でも実情はそういうわけにはいかないから、見えない断層のようなところでイジメが起こる。ともあれ、まっさらで均質な新卒社員を受け入れたら、自社流に染めあげる必要があるわけです。事実、「勉強はそこそこで結構。入社すればウチの新入社員教育にはどこにも負けない自信がある」との内容が1990年代前半の経済雑誌に載っています。ある大会社の人事担当者がそういっているのです。

今はずいぶんリベラルになったと思われがちですが、そうした風土は昇格試験などに分散されるかたちで根強く残されています。規則を守ることイコールよき社会人イコール金太郎飴社員という図式が温存されており、無難で、よい子が量産されるシステムのなかで、わたしたちは

第5章　座談会　コミュニケーションができなくなっている要因

育まれてきたといってもいいのではないでしょうか。

　そんなある日、相手を敵視する必要が出てきた。そうしなければ社内で生き残れないと告げられたからです。助け合いより、己の成果を重視する姿勢です。仕事が細分化され、分業化されて、いまですと目標管理制度とか成果主義が主流の時代になって、切り出された能力だけが見られるようになりました。デジタル的な見方ですね。あの人はこれとこれができる、私はこれとこれが得意。たしかに切り出されています。総体として見ない評価をするぞとトップダウン式に喧伝されているわけです。

　だからさきほど金子さんがおっしゃられたように、簡単に上の人をばかにすることもできちゃうし、それが許されてしまう。トップダウンだから正々堂々とできる。でも基本的には、40才の人が50才の人に勝てるはずがないとぼくは思う。10年余計に生きていることの重みは必ずあります。でも、特定の業務に必要な能力というカッターで切ると逆転が簡単に起こる。しかもそれが、その人の総合力みたいにジャッジされる。単純明快でドライだから切り捨てやすい。

　助け合わないと生きていけないという姿勢が、農耕民族として昔からあったし、その前は猛獣に食べられてしまうといった危機もあって、助け合いはそれまで欠かせない要素だったのです。DNAというよりは脳のなかに刻印されている。だからもう助け合わなくたっていいのだよと上からいわれてしまうと、われわれ日本人は揺らいでしまうのです。

　人間関係が希薄になってしまった理由のひとつに、リアルタイムで面と向かった情報と、ネットを中心とした加工された情報のアンバランスがあると感じています。現代はいうまでもなく、後者に軸足が置かれています。ネットで全世界とつながっているという人が、若い世代を中心としているわけですね。その一方で、相談できる人がいないと嘆く。まさに軸足の問題だと思うわけです。こうした閉塞感がもたらした凄惨な事件が、秋葉原と茨城のJR荒川沖駅であった殺傷事件でしょう。秋葉原で事件を起こした犯人は、「後世に名を残したかった」と語ったわけですね。むろん本来の意味ではありません。誰の記憶にも残らないような生き方をこれまでしてきたが、それはイヤだ。だから自分の名をしっかり残したかった。後世に名を残すとは、そうした意味だったらしい。

　だとすると、誰かに見ていて欲しかった。あるいは話のできる人が誰か欲しかったということになりやしないでしょうか。ネットでもって、たしかに世界中の人たちとつながっているけれど、誰ともつながっていないという孤立感。あるいは、どうしようもない疎外感。自分の居場所は、この社会にないと感じている人たちが増えています。

　そうした人と会って話を聞くと、意識的

277

か無意識かはわかりませんが、リアルタイムで時間を共有することを避けている。ひそかに望んではいるが、結局は避けてしまう。そうして「一人だけで生きてきたし、これからも生きてゆける」というようなことを、しばしば口にするわけです。いわゆるパーソナル化が進んでいることに対して、半分以上肯定しながらも、不安を感じているといったところが実感じゃないでしょうか。でも、そんなことをいうと仲間はずれになってしまうし、それは本当に怖いことだから見える部分だけ手をつないで、人間としての深みに立ち入らない範囲でニコニコして、お友達になる。その当りの限界とか歪みが、いよいよ表層に出てきつつある時代じゃないかと感じます。

中野 深いところでのつながりがなくなってきている、というかもともと民主主義に根ざしたそうしたつながりというのは形成することが課題だったといってもいいかもしれない。職場のつながりを支えるもの、それは信頼という言葉に置き換えてもいいのかも知れないですけれど、でもその信頼っていうのは違いから出発するんですよね。ある意味では曖昧な見えないような対立する状況のなかでこそ信頼という言葉が出てくる。

物事を深く追求しないで計算上数値化された業績の赤か黒かという数字を求めるようなスタイルに陥ってしまっていて、組織が人間によって支えられ、人間のためにあるということを見失っている組織が少なくありません。その企業を支える存在である人間がもっている潜在的可能性を現実の力に変えてそれを発揮していくためには、何が必要であるのかを組織運営の基本に据えなければならないと思います。その場合、コミュニケーション機能を発揮することが大事になりますが、表層的なコミュニケーション能力だけを問題にして、本当の意味で大事な仕事をしていく力としてのコミュニケーション力が普遍化されていない。

金子 職場でも基礎的なコミュニケーションが崩れはじめている。これは最近の、今の若い連中がすぐ職場を辞めちゃう話につながるんですけれど、あれだって何で辞めるかっていえば、身の回りの人間を見るだけで判断しているわけですよ。もちろん労働条件悪いというのもあるんだけれど、周囲の先輩たちが酒食らってこんな会社どうでもいいんだよみたいなことをしょっちゅう言っている。勤めていきなりそんなことばかり言われていれば嫌になる。回りの1メートル範囲の人たちを見ていて、もう嫌になるわけ。それに仕事自体が劣化している、先輩にも仕事に誇りを持っている人はもういないわけですよ。そういう意味で技術継承みたいなことも含めて、そういう人間関係に若い連中が絶望を感じてしまう。そこだけ見ていてもいろいろ問題あるんですよ。でも、もちろん受け入れる側の問題もある。

入社した時は社長が「うちはすごく人

間関係うまくいっているから君達分からないことあったらいつでも上司に気軽に聞いて問題の先送りせずにお互いに意見交換活発にやってくれ」と言う。「とっても人間関係のいい会社だ」みたいなこと言われて入ってきたのに、何か言うと「うるせえ、そんなこと10年早い」とか、「そんなこと言っている暇があったら仕事しろ」とか、「黙って雑用やっとけ」みたいなこと言われたらもうこれはおかしくなるのは当たり前で、良き伝統みたいなものがガチャガチャになっちゃって、ガラガラポンになっちゃっているというのがある。

中野 育てるということがプラスに評価されないんですか。育てたら自分が追い越されるから？

金子 育てている暇がない、やっていられないし、そんな余計なことやんないよっていう、もう本当に仕事いっぱいいっぱいだから。OJTやれなんて言われたら、まあ適当にやっておくしかないですよね。OJT自体が成り立たないという考え方も出てきた。

◆どうして暴力がらみになるのか

荒井 ユニクロの事件というのは何が発端だったんですか。

金子 Y店に店長代理として勤務していたAが、従業員の連絡事項などを記載する「店舗運営日誌」に「店長へ」として店長の仕事上の不備を指摘する記載をし、「どういうことですか？反省してください」などと書き添えた。この記載を見た店長は、Aを休憩室に呼びつけ問いただした。その際のAの対応に激こうした店長は、Aの背部を板壁に3回ほど打ち付け、顔面に1回頭突きを加えた。

Aは、救急車で病院に搬送され、頭部外傷、髄液鼻漏疑との診断を受け、経過観察のため入院した。その後のCの労働災害扱いをめぐって、「ぶち殺そうかお前」などの暴言を吐かれるなど同社従業員から不当な対応をされたため、外傷後ストレス（PTSD）に罹患したと主張して店長ならびに会社に対して不法行為による損害賠償を求めた、という事件です。

店長の仕事ぶりについて部下が「店舗運営日誌」に批判めいたことを書いた。これを見て店長が呼び出して事情を聞くんだけど、そこで批判されたことが頭にきて暴力事件になったケースです。確かにこうした裁判なんかでの上司と部下のやり取りというか言動見ていると、上司や部下がお互いにキレちゃうようなそういう職場で暴力事件みたいなこと結構増えているかなあという感じがしますね。

荒井 ネットで訴訟絡みのパワハラ事例を見ていると、暴力が関係しているものって意外に多いのですね。実数としてはどうなんでしょう。最初から手が出てしま

う傾向があるのか、それとも積もり積もったところで爆発的に出るのか。たとえば伊豆の郵便局であった事例ですと、イジメがあって、うつ病という診断書が出てからも、給料ドロボーとか光熱費ドロボーとか、「貴様は人間の価値はない」といった言葉が、郵便局長などから吐かれるわけですね。そのあと、同僚から腹部を足で蹴られて外傷による脾臓の破裂と腹腔内出血を起こしてしまうのですが、体調が悪いから病院に行かせてくださいと本人がいっても、自業自得だとか、「貴様、演技しているんだろ」といった言葉を、今度は局長代理が放つわけです。その結果、心的外傷も新たに抱えてしまう。マスコミの人から聞いた辛らつなハラスメントには、これに似た事例が含まれているのだろうかと、ふと思ったものですから。

金子 昔はまだ多少こうだから怒鳴ったんだよぐらいのこと言える説明の出来るものだったのに、最近では理由なしに突然怒鳴っちゃって、ここは怒鳴るところじゃないだろうみたいな、というのが出てきちゃったりするケースも多い。

そんなケースが裁判になるっていうのがよくわからない。このケースでも裁判にまで何でいったのっていうところをちょっと読みながら考えた時に、やっぱり彼は上司は絶対許せなかったというのと、自分が労災に適用になるべき人間だということについて会社は認めてない、あいつは変なんだよということで切り捨てられることに怒っている。と、仕事上おかしくなったのではなくて、元々資質的に持っていたというのが会社のスタンスで、非和解的になってしまっている。その後の行動も確かに労災の資料寄越せって言ってわざわざ行って、上司を追いかけ回したり、いろんなことやっているから、確かに奇行と言えば奇行みたいなものもあるわけ。そうするとその辺のこと、だから裁判になるわけじゃない。今までだったら「ああそうなるほどそれで首掴まえてそうなったのね」って、事情が分かれば「そんなことはよくあるよ」って、喧嘩両成敗になってきたような気がする。ところが、このケースでは、何でこんなことが裁判になるのみたいな、エスカレートの仕方が。

中野 それはそういうプロセスを辿っていく期間というのは結構な期間かかっているはずなんですね。上司と部下との間の人間関係上の軋轢を把握できてたらそこで介入しなきゃいけないんですよね。上司はやっぱり自分だけでその問題を処理せざるを得ないとなったら持ちこたえられなくなっちゃいますよ。

金子 部長が出てきたりして、部長は上司をかばって、ハナから喧嘩腰のように見える。例えば労災の資料くれって言っているんだけど、上司は「そんな労災の資料なんか別なセクションで、だから俺はできねえよ」って言って、今度は部長が出

てきて、ばか野郎この野郎みたいなことまで余計なこと言う、「この野郎何様だ」みたいなことまで言っている。

中野 そういう問題への対応能力っていうか、対応する装置を持ってないんですね。

金子 一種の危機管理じゃないけれど、そういうことをひっくるめた対応能力、それは学校にしたってそうじゃない。クレイマーに対する対応を含めて、いろんなところでそういう本来なら話し合って解決できるようなことができなくなっている部分というのは確かに社会的にはある。企業的にはそれどころじゃないみたいな、そんな奴放っておけみたいなことになるかも知れない。

中野 とかくそうした状況のなかでは、自分自身を正当化する心理みたいなものも手伝って異端視しちゃう傾向に陥ったりしますね。

◆パソコンを壊して会社を去る

金子 レッテル貼っちゃって。あいつはしょうがない奴だとか、あいつは病気だとか言いながら自分を正当化するようなことが多い。自己評価が異常に高い人たちが気になるんです。特に最近すごく気になるのはコンピュータ関係なんですよ。どうせ、辞めるんだからということで、ソフ

トなんかを全部バーンと消去しちゃう。これは俺がやったことだからオレの勝手だみたいなことで、消去しちゃって、何千万もの損害が問題になったりする。現場では、競業避止義務みたいな概念がもうほぼ成り立たないんですよ。この会社辞めるのだから、「個人で持ったものを他の会社に持っていって何が悪いんだ」っていう。それは「会社のものだ」とか「会社への迷惑」ということが理解できない。信義則なんていったって「何が信義則」っていう話で。でも、大騒ぎになれば、「まさかこんなことになるとは…」っていう話なんですよ。「俺が首切られたんだから相手はこれぐらいのことやられてもしょうがないだろう」という、自己評価の高さが報復感覚のバランスを狂わせている。

荒井 その一線を超えるのか超えないのかというのは、自分でもうっすら分かっているんだと思います。少し前の時代だと、もしそれをやったら悲しむ人がいるな、だからやらないほうがいいなという自制が働いた。自分の奥さんとか、子どもとか、母親の顔がすっと浮かんでくるからできないなと思う。それが核家族になってきていて、「お一人さま」のようにひとり立ちしてからずっとひとりで暮らすスタイルが定着してくると、咄嗟の場合にすっと浮かんでくる顔の数が減ってしまうのだと思うのです。そうなると、やり返すに値するくらいのことをオレはやられたんだからやってもいいだろうという気持ちが出やす

い土壌が整ってくる。金子さんがいわれた、最後にバーンと消去してしまうという行為も、報復措置の相手っていうのは対人（ひと）ではなくて、対組織ですよね。組織とか現代社会そのものという、自分を取り囲む環境そのものが悪いから、誰を殺めてもいいんだという論理と、共通していますね。

中野　一線を超えるというか、ルビコンの橋を渡らないようにするっていう歯止めになるようなものが社会の中で欠けてきているんじゃないかというご指摘ですけどやっぱり教育だとかそういう社会的な。

金子　企業人としての自覚みたいなのが土台にあったんだけれど、そこはもう取れてそこを出たり入ったりが市民感覚で、ある意味じゃ企業の中でも誰も見ていなきゃ、会社のものだってちょっと持ち出してもいいんだみたいなモラルになりつつある。

荒井　それが内部告発とか不祥事をする人たちの根源にあるのでしょうね。同じ会社にいる同僚や上司に対して、周りにいる人たちへの関心度はひところより薄れているように感じます。それは文化が変わりつつあることを意味しているかもしれません。内集団と外集団という概念が、社会心理学でよく話題になります。日本人が内集団をひいきにして大切にする意識の底には、非協力的な態度を取る

ことによって排除されるのを避けたい気持ちがある。つまり、その集団のなかで他者の行為を監視すると同時に、自分も他者から監視されているといった意識が強いのだといわれます。一方外国人では、自分が所属する内集団と外集団を、丸ごと外から眺めて較べることで、自らの内集団の優位性を肯定したいがために協力するのだというのです。

　そうであれば関心が薄れている、限りなく無関心になっているというのは、相互に監視しているシステムが破綻しているという解釈になります。見てもいないし、見られていてもその結果、自分が相手にどう映ろうと構わないよというスタンスですね。だからちょっとやばいなと思っても、見て見ぬふりをする。というよりむしろ見ようとせずに目を逸らす。一極集中でボロボロになって毎日夜遅くまでやっている人がいても「どう、大丈夫？」と近寄って声をかける人すらいない。その先に、過労で倒れる人がいたところで、自分とは関係ないよと平気でいう。そうすると、相手への無関心というのは痛みを感じない世界へとどんどん入り込んでいることがわかります。ハラスメントを考える上で大事なところだと思うんですね。

中野　そういうものも生み出しているものっていうのは何なんでしょうか。人間としても無関心って。

荒井　いくつか要素はあるでしょうが、

第5章　座談会　コミュニケーションができなくなっている要因

目標管理主義や能力主義以外ですと、パソコンが出てきた影響は大きいでしょうね。パソコンとかネットが悪いという意味でなく、与えた影響が大きいことをいいたいわけです。

メールの是非がしばしば問題になりますね。たとえば便利ではあるが、コミュニケーションが粗雑になったと。なぜコミュニケーションが粗雑になるのか。ひとつの大きな理由は、リアルタイムでないことでしょう。相互に監視しあう場で話のキャッチボールをするのとは、わけがちがいます。典型が意見交換です。メールで意見交換すると、決まってエンドレスになる。なぜかといえば相手の状況が読めないし、見えないからです。表情が見えず、肉声が聞こえないところで意見の交換をするから、細かい部分が伝わってこない。

たとえば法改正を受けての対応策などをやりはじめると現場は大混乱します。どこまでわかっていて、どこまで理解されているのかが、メールだとわからないのです。「cc」を付けた先から、疑問とか、追加意見とか、それは深読みではないかといった意見が乱れ飛んできますから、収拾がつかなくなる。結局期日を決めて集まると小一時間で済んでしまう。ところが、その作業をやり終えたとき、なぜオレのところにメールしてくれなかったのだというクレームが来たりする。送信した人は、改正された法律がその人にも必要だったとは、よもや思ってもみなかったわけです。業務がより専門化して細分化されるようになって以降、こうしたすれ違いは頻繁に起こるようになりました。

そうした話から見えてくるのは、相手の素性や状況を知らないで送られてくるメールがいかに多いかということです。どうしたって相互理解の限界を知ることになります。逆にいえば、相互理解がなくてもメールは成立することも実感するわけです。そこからわかり合えていなくても、メールならいいだろうとの認識が生まれます。メールの周辺に、あいまいさが居座り、多くの人がそれを是認することになる。このあいまいさがリアクションのないメールや、タイトルのないメール転送を許す。近隣の人との会話を避けてメールしたり、転送されてきたメールを読まずに破棄したりしても咎められないのは、相手という存在が見えないからです。手紙ならお返事は原則、必要でした。電話にはリアルタイムがあります。しかしファックスとメールは無味無臭で、リアリティを伴った側面がない。リアルタイムの面談では考えられないような無関心を生む素地が、ここに発生するのではないかと、ぼくは考えています。

もうひとつの大きな理由として、パソコンには自分が使える「自分以外の脳」という要素があります。脳として覚えられない部分を、パソコンという自分以外の脳に入れ込んだり、切り出したり、融合させたりすることができる。そうやって発信されたものは、その人の脳から発信されたものと、ときとして区別がつきません。コピ

ー&ペーストというコピペがそうです。意見交換のなかでこの手段を使われると、すごいことまで知っていて考える人だなあと、つい感心してしまう。自分の頭には本来なかったことを、自分の意見として発信することなぞ、それまではなかったことです。

決定的なのは、他人から指摘を受けたときです。メールなら、そのときもこの手段を使って対応できるでしょう。監視されていないからこそできる行為です。でも面と向かったリアルタイムでは不可能です。情報や知識のソースは、自分の頭にあるものだけが頼りです。そうした場で指摘された、たとえば考え方の浅さとか、見方のアンバランスは、自分の欠点として大変勉強になるのです。決定的なポカだったなと反省し、他人の介在のありがたさをあらためて実感するわけです。

監視の目を逃れて好きなタイミングで、好きな情報ソースから得られたすべては、洗練されています。泥臭さがない。むしろ人間の頭脳なんかより、パソコンで得られた知識のほうが数段クリアだと感じてしまう。ガラスのように透明で完成度の高いデジタル情報を崇拝するようになるから、人間そのものへの幻滅とか頼りなさとか無関心が昂じてくる。無関心が膨張する背景には、そうした構図もあるように思えます。

◆「助かったよ」「ありがとう」を待っている

中野 人間としての実感をお互いの存在感というか、そういうものをそれぞれが認識するということと同時に、自分自身を客観化する、関係性を客観的に見るということですよね。だから今までは自分がどれだけ承認されているかみたいな、周りからどう見られているかみたいなものがすごく気になってあらゆる物事が自分の延長線上でしか捉えられていないところを、一度違った目線でお互いの関係性も含めて作りなおすという再認識するという作業でしょうね。ハラスメントというのは職場の人間関係に関わることとして発現していますが、それを発現させるきっかけや土壌になっているのが、企業の組織のあり方、労働条件であったり、環境であったり、偏見や固定観念によって支えられた差別の問題であったり、コミュニケーションの問題であったりと、組織が抱える問題であったりする。少なくともそういうことに影響されながら、人間関係が職場の中で非常に重要な労働条件上の柱になっていることが改めて認識できるのではないかと思います。

そうすると、こうした問題に職場はどう向き合ったらよいのかということが課題になります。労働者としても、職場で働くことを通じて生きること、生活を維持し、自分自身の職能を高めていく（キャリア形

第5章　座談会　コミュニケーションができなくなっている要因

成)、お互いに励まし助け合う人間関係を形成していくといった人権を追及するために大事な課題になりますが、企業としても、差別やいじめなどの人間関係上の諸問題によって生産性を低下させる不利益を回避して、働き手を大事にしてパワーアップを図るという意味では、最大の、ある意味では労務管理上の最大のテーマだと位置づけることができるんじゃないかと思うのです。

金子　自分を見直すということもそうなんだけれど、相手と自分との関係の中で、もう一度コミュニケーションというものを考えてみるということが必要になっている。コミュニケーションとは、人間関係の上に成り立つものだ、言葉はあくまでそうした手段の一つだということの再認識を敢えてやらないときちんとしたコミュニケーションができないと思う。パワハラというのはある意味じゃコミュニケーション手段のすべりというところが絡むし、ましてやよく言われる熱血指導とパワハラの違いみたいなところにいく。あくまで本当に熱血指導であれば悪意じゃないんだから、あいつを何とかしてやろうと思ってやった結果すべるわけだから、それだったらゴメンって言えるはずなんだよね。本当に相手のためを思ってうまくいってないんだから、「あっそうか、伝わらなかったんだゴメンゴメン、じゃあ」っていうので振り出しに戻して伝わるようなコミュニケーションやればいいわけだから。

今パワハラでいろいろなところで人権委員会とか何かで斡旋やったり、調整やったりするんだけれど、言ってみればそこでの役割はつなぎなんですよ。両方に通訳してきちんと、「あなたの考えていることは被害意識強すぎだよ、実は彼はこういうつもりで言ったんだよ」って言ってあげて、こっちには「いやあ、あんたその言い方通じないよ、彼はものすごくとてつもなく傷ついているよ」というので、こう寄せて両方でゴメンって言って理解し合えれば一件落着みたいなことがある。

特に大学なんかやってると、8割方それですよ。例えば、よくあるケースでこういう事件があるわけですよ。いきなり「お前の論文のテーマを変えろ」と、これダメだからと教授がある日突然、院生に言う。彼女にしてみたらずーっと一生かけてやろうと思ったテーマを、教授から明日から変えろと言われて、「もう私は失意のどん底です」というわけです。でも、教授にしてみたら「あのテーマじゃ彼女に将来性がない。これから流行るのはこのテーマだから、俺はそれで彼女を何とか世の中に出してあげたい」と実は思っている。「だったらそれをそのまま言えよ」っていう話じゃない。そんなことがコミュニケーションできてない。教授としては権威があるし、「そんな回りくどいこと言わなくたっていいんだ、俺はそういう立場なんだ」みたいなことでガーッってやっちゃうでしょ。ところが第三者が入ってやると、「実は、そうなんですよ」なんていう話になってよ

285

うやくまっ平らになって話がまとまるようなケースが典型なんだけれど、そういうディスコミュニケーションみたいなところも非常に出てきている。

職場に話を戻すと、ある企業の採用されて3年ぐらいたった連中の研修で、上司から言われて非常に困った言葉っていうようなテーマでディスカッションをやった時に、強圧的に教えられて、しかも「わかっただろう」とか、「わかったな」って言われるのが嫌だって。それに対してクエスチョンが出せないという。それ、分からなかったら「わかんない」って言うしかないじゃないって思うんだけれど、「わからない」などと言ったら「反抗的だと思われてしまう」と言う。「何かわからないことはないか」という疑問文で聞いてほしいというんですよ。違うコミュニケーションでないと言えない人たちが出てきているというのに、ちょっとびっくりしたんだけど。

荒井 仲介役とかネゴシエーターの存在は、とても大事ですね。もみ消そうとする気持ちがあるとダメです。どうやって、より近い目線に集結させるかという一点に絞り込んで仲介できる人の存在は大きい。

それともうひとつ、金子さんがおっしゃられた目的を語らない、理由を告げないという話。これは実務の現場でも多いですね。それを伝えなかったがために最終的には会社を辞めることにしたという専門職がひところ散発しました。話を聞いていると、何のために仕事をしているのかわからないとそのうち泣き出すのです。上司から、これやってと指示されてできました。そうしたら次はあれやって、の連続。それを入社して2年も3年もしている。自分がしている仕事が役に立っているのかいないのかさえ、わからないというのです。辞めていきそうな人が続出したので職場の状況を聞くと、部下は指示されたとおりやればいいんだという上司がいたり、専門的だから伝えたところでわからないだろうと思っていたという上司がいたわけです。上司は院卒とか大卒で、部下は高専卒というパターンが大半でした。ですからこれも金子さんが語られた事例と、力関係の点でよく似ています。

そういう反省からも、ストロークは大事ですね。成功したら褒める。失敗でも、本来の意味の失敗かどうかを見極めたうえで伝える。過去にも同じようなデータがあって、どうしてもダメかという目的であらためてやってもらったけれど、やっぱりダメだった。実験方法を変えなければいけないという最終的な踏ん切りがついた。助かったよ。

この、助かったよとか、ありがとうという、そのひとこと、あるいは肩をぽーんと叩いてくれるといった行為を部下は待っている。

Ⅲ　企業組織として取り組むべきこと

中野　コミュニケーションという一人ひとりをつなぐ手段が、仕事をしていく上でも重要な神経みたいな役割を果たすこと、そうしたツールがフラットで納得できる関係を形成するのに機能しているか、そこに生じた問題を解決する調整のための介入やメカニズムをどのようにしくんで機能させるかが一番の要になる対策というふうに考えてよろしいんでしょうか。そうするとコミュニケーションにもいろんな方法があるわけで、身振り手振りから言語からいろいろあるわけですよね。ところがどうしても男性であるかとか、女性であるかとか、上下の関係だとか、経験だとか、それによってコミュニケーションの駆使の方法っていうのが違っていて、発信する側と受け手の側でどうしてもギャップが出てくるわけです。それを改善していくために、どういう方法を取ればいいんだろうというのが一つ。

もう一つはそうした矛盾が何かを触媒にして高じてしまうと精神的にも非常に追い詰められて、スポイルされてしまうっていう経過を辿ることになるわけですね。その過程のなかのある段階で外部から介入しなきゃいけないということになるわけで、その辺のところを開放型にしていくという部分がやっぱり必要なのではないでしょうか。金子さんが言っておられるように、つなぐということも必要なんだっていうふうに言われますけれど、そういう装置というのが、今企業の中でどんな取り組み事例があるのでしょう。

◆どうして人事部で解決できないのか

金子　荒井さんの言われたことのように、今まではそれは言わなくてもすんでいたことを、丁寧に言わないと成り立たない型のコミュニケーションと、その一方で中野さんが言ったように、ある程度言った時に相手をスポイルするようなことが出てくる。それはコミュニケーションの中での相手に対する人格否定だったり、人権に関わる部分についての共通の土台を欠いているというのがまた別に角度から言うとあるのですね。

裁判に出てくるような「業務の指導の範囲超えてる」ぞとか、「人権侵害だぞ」という部分は、今日的にはある意味じゃ当たり前にそんなことやっちゃいかんぞということが今裁判で問題になっている。企業的に言うと、そういうコミュニケーションが通じない部分をどうしていくかという問題ですよね。今ほとんどそれを担っているところというのは、人事部なんですよ。セクハラでも人事部が窓口になって、

パワハラでも人事部がと言った時に、従来の人事部の手法では全くそれは正反対の対応ということになる。

　人事部に一番欠けているのはむしろ人権尊重だったり、相手とのコミュニケーションだったりするんですよね。人事っていうのはどちらかと言うとそういうものを切り捨てる。それは問題があるとなれば「処分しちゃえ」という、どっちかと言うとその企業にとって都合の悪いのはどんどん切り捨てる体質でもってやってきた。だからセクハラの相談窓口作ったって人事部に置けば誰も行きやしない。それでとんでもない問題が起きる。言ってみれば人事が一番苦手とするどっちかというと、その被害者の人権回復したり、コミュニケーションよくしてあげたり、何もなかったという状態にもっていって人権回復しようというのが目的ですからね。人事はどっちかというと事を荒立てて処分しちゃうし、企業を守らにゃいかんみたいな、乱暴な手術するわけですよ。

　そうするとそういうところに座る人はやっぱりどちらかと言うとそういうカウンセリングの能力を持っていたり、荒井さんみたいな知識をもっていたり、そういう人たちが間に入って潤滑油的にもう一つ入れていかないといかん時代に、企業もなってきていると言ってもいいんじゃないでしょうか。全社会的に言っても、労働審判ができたり、いろいろな調整機能っていうのはあっちこっちに社会的にも作らざるを得なくなっているし、クレイマー問題でもなんでも今までみたいにダイレクトに話せば分かるよみたいなシステムじゃなくなって、二重三重に安全装置作らなくちゃいけないということだろうと思う。

荒井　駆け込み寺のような装置を置いても企業という内集団にある人事では機能しない理由が、ようやくわかりました。人事そのものをたくさん見てきたわけではないので、そこに染みこんだ風土とか体質を、レトロで保身的であると断定してしまってよいものかどうか、迷っていたのです。人権尊重とかコミュニケーションを第一優先させるはずの人事に、実はそれが決定的に欠けているというご指摘ですね。そして都合の悪いことを切り捨てる、つまり臭いものには蓋をする、悪くいえばあいまいにして消してしまう。そういう理解でよろしいわけですね。

　採用とか厚生・労務にはさほど関係しないけれど、異動を扱っている部門とか、人権や教育を担当している部門は、内部にいる社員たちから支持されている会社と、支持されていない会社とでくっきり分かれます。支持されていないところは、内部もぎくしゃくしているようだし、人権相談窓口を設置してあっても、あそこにいっても何もしてくれないから行くだけムダ、結局もみ消されるといった声が多いのです。端的にいえば、その人事にいる人は、全然考えていない。あそこがやっているからウチもといった程度で導入を決めているようなところが、体質的に古い人事

288

第5章　座談会　企業組織として取り組むべきこと

にはある。社員への目線が高かったり、目線そのものがなかったりするわけで、やっていますという表明だけをする。

　それだったらいっそのこと人事を廃止して、アウトソースしたほうが、社員は助かるのではないでしょうか。動脈硬化を起こしてフットワークが悪い内部より、カラッとした外部のほうがすっきりするような気がします。

　もう一つ見ていて感ずるのは、人権とか人材育成というのは、トップダウンが効きますね。トップが本気かどうかは、社員が見て知っている。そのうちわかってきますから、ポーズだけだと見抜かれます。上に立っている人がピシッと言うなり、人間的に豊かだと、社員たちは共鳴してなびきます。経営者じゃなくても幹部でも部長さんクラスでもそうですが、どこか惹かれるとか、あの人となら飲みに行きたいといわれる人がいるといないのでは、その部署の雰囲気がまるで違いますね。そういった人がいると、やっぱり中にいる若い社員たちが本当に活き活きしているし、うまくやっている。上司の人間性とか深みは大事ですね。

中野　例えば先生が書いておられる、相談しても官僚的になったりとか、人権ハラスメント研修をしているといっても教科書的で空気的だと。

荒井　相談しても事前に答が用意されていて、事実そのとおりになってしまう。

そういう意味です。だから官僚的なのです。あるいは相談に乗ってくれているようで、守秘義務を口にしながら情報を幹部にすべて流している。これだと社員から全く信用されなくなるし、相談窓口として機能しないですね。でも形だけやっていて、今年は何件の相談を受けて処理しましたと報告する。自己満足に浸っているだけで、社員のことなんてどうでもいいのではないか。そうした声が、さまざまなエリアから耳に入ってくるのです。

　人権教育も、被差別社会の話とかハンセン病の話とかしたあと、関連するビデオを流して終わりなどという会社が大半です。アンケートをしても、その内容が公表されることはない。最近でこそ、うつ病とか職場のメンタルヘルスを扱ったビデオなどが出ていますが、実施している人事本体のコミュニケーションは、先ほどの金子さんがおっしゃったとおりで、かなり深刻な会社もある。新入社員が一向に定着しないところ、特定の社員同士で、あいかわらずドンパチを繰り返しているところ。自職場のコミュニケーションさえ改善できないのに、他職場とか全体のコミュニケーションに気を配れるわけがないのです。

　だから意見を聞いたほうがいいよ、新たな手を打ったらアンケートはどんどんやったほうがいいよと、機会あるたびにいうのだけれどやられない。リアクションを見るのが怖いのでしょう。けれども、相手の反応を見ることの重要性が盛んにいわ

289

れますね。従業員満足度もそうだし、顧客からのメッセージもそうです。そこに大事なヒントが埋もれている。それを聞かずに、プロダクト・アウトでもって、ものづくりとかことづくりをいくらしても、すべてゴミになってしまう。ですから、よくPlan・Doなんていうけど、その後のCheckとかSeeをきっちりやって、その情報を共有して次の一手を打つことを、謙虚な気持ちで一つひとつやっていかないとダメなのではないでしょうか。

◆安全衛生委員会での取組み

中野　Plan・Do・See を循環させるというようなことは必要です。ただトップダウンで価値を注入していくという時には、人権感覚というのを流し込んでいくということはとても大事なことだと思うのですけれど、問題が起きているのは、現場で現場がどういうふうに受け止められるかです。どうしたら身動き取れない状況から少しぐらい身動き取れるような状況になっていくのかというのは、やっぱり現場から上げていかないと把握できない部分というのもあるわけですよね。そうすると安全衛生の手法というか、安全衛生委員会が現場にあってそれで対応能力を身につけていくというような手法、それがボトムアップのやり方なんだろうと思うのですけれど、そういうものもやっぱり必要なんじゃないだろうか。

荒井　これからはそういう時代になる可能性はあるでしょうけれど、相当先になるのではないでしょうか。安全衛生委員会で出てくる話題は、やっぱり9割から10割が「安全」です。なぜかというと、安全はわかりやすいけれど、衛生ってピンとこないからでしょう。仕事をしていて病にならないように考えるのが衛生で、そこに最近はこころの病も入っているということまでは皆理解しているのです。でも人権とリンクさせたような議案になると、どうやって委員会で扱えばよいのかわからないのだろうと思います。安全衛生委員会のあり方でも、よく受ける質問は、単なる報告会とか議案を確認する場になっている、どうすればよいかというものです。つまり安全問題でさえ意見交換ができずにシーンとしている。化学でも電機でも電鉄会社でも、大半がそうみたいです。

　ですから人権とかメンタルの問題を浸透させてゆくには、トップダウンによるダイレクトなメッセージが、やはり効果的だと思います。

中野　一つはハラスメントの土壌とされる偏見や固定観念によって人を軽視してもかまわないという差別をなくすこと、また社員のパーソナリティーや心理に対する触媒として機能する職場環境（リスク）の改善をはかるという方向性がボトムアップの体制を要求します。また、差別やハラスメントによって人間である社員が直面するいろいろな障害、それは自信を

第5章　座談会　企業組織として取り組むべきこと

なくしたり葛藤を強いられたりして力の発揮を妨げ、ひいては心身の健康を損なう状態を蔓延させたり、医療を受けて職場に復帰する場合にも再発のリスクと向き合う必要がでてきますが、そうした点では安全衛生の観点からも必要とされるもので、これらの柱を総合的に有機的に結び付けながら新しい参加型の組織を作る必要があると思うのです。

そして、指摘されるトップダウンは、社員に対して人権を守ること、いじめがどういうものかを明らかにして周知啓発することがいじめやいじめへの加担に抑止力となるという側面では、必要なことで効果的でもあるのですが、何よりも、いじめを生み深刻化させてしまう企業の閉鎖性を打破する人権と民主主義の価値をトップに注入することが求められますね。人事の役割というのも重要なんですけれど、そうした課題の性質をふまえると、それだけでいいのかっていう問題があって、専門家などの第三者機関からアドバイスを受けたり、従業員の意見を汲みつくしていくようなメカニズムを備えることが必要ではないかと思います。

荒井　役割とか課題という点からみると、人権とか偏見というディフェンシブな側面からのアプローチとともに、オフェンシブな側面からのアプローチをもっと取り入れてもいいのでは、と感じます。女性の登用にしても、手っ取り早い方法は、女性が幹部や中間管理職としてしっかり機能している会社を実際に見てもらうとよいでしょう。化粧品メーカーとか生物系の研究所にはそうした女性がいますね。企画として女性のアイデアが成功した話もかなり聞きます。

でも見に行こうとしない、見ても仕方ないという意見の裏には、既得権を守るというより、居心地を守りたい気持ちが勝っているのではないでしょうか。社員たちの、というのでなく、これまで培った自分たちだけの男性社会としての居心地です。だから女性を積極的に採用したり、登用させることへのイメージが湧かないのではないか。どう扱えばよいのかがわからないのではないかと。

ぼくら医療関係者はご存じのとおり、新卒医師は女性が半数もしくはそれ以上になっています。加えて看護師さんたちは、圧倒的に女性が多い。つまり医療現場では、働いている女性を目にする機会が多いのです。活き活きしている姿もありますが、疲労困憊している姿があり、くやし涙を流している姿があり、過労ぎみで仮眠をとっている姿もある。かっこいいばかりではないけれど、パワーや緻密さで女性医師が男性医師より劣っていると感じている医療関係者は、少ないはずです。

金子　トップが「うちのパワハラ全滅させろ」って一言言ってくれれば、それは人事であろうとどこであろうとある程度張り切ってそのための取り組みをある程度や

るわけで、とりあえずはそれでいいと思うのです。確かにトップの意識というか、まだまだそういう上意下達型の社会だから、そうしたきっかけが効果的なんです。社長がものすごくやる気がある企業で、頼まれてパワハラ対策をやったんですけれど、本当にトップがガーッというわけだからものすごく浸透するし、本気になって取り組むわけ。数字的にも改善が進むんだけれど、そういうことってまだまだ日本の社会では必要だなと思います。

しかし、それはあくまできっかけであって、本当の意味での意識改革は、そうした上意下達とは対極にあるわけですから、あくまでスタートラインということになるんです。問題は、それを受けて、逆にボトムアップがどこまで進むかなんですけどね。

それと人事が問題だっていうのは人事抜きにしてなかなか進まない。その連中に頭変えろよということが取り敢えず現実的には言っていかなければならないことになる。

究極的に言うと安全衛生という手段も含めてなんだけれど、どうも企業の中で人権問題、人格問題を取り上げて扱うっていうのは、本当は違うんだけれど、一見すると企業利益とものすごく相反する部分が出てくる。何としても企業を守ろうという意識がものすごく強いと、この問題からどんどん遠ざかっていくという感じがする。内向きの組織ではなく本当の意味での外部委員会、調査委員会作っ

て、少なくとも行政がそういう機能をある程度担っていったり、個人でそういうところに入っていくシステム作ったり、弁護士さんが中へ入っていったりということが必要です。コンプライアンスでもなんでもそうなんだけれど、企業の中にそういうスタンダードをやっぱり作り上げていくというためには、外部を意識したものをやっていかないと日本の企業なかなか対応できないという気はする。

◆人権と企業目的は対立しない

中野　人権と企業目的とが対立する側面があるっていうふうに言うけれど、だけどよくよく考えてみれば対立はしないんですよね。つまり人権を徹底させることによって初めて人は潜在的な可能性を力に変えてそれを職場に発揮することができるわけだし、そういうふうに人材が生かされ発展することによって企業の生産性も高められていく側面があるわけですよね。企業がもう少しそういった考え方をきちんと確立することが必要です。リストラを余儀なくされるような場面でも、人間としての力を削ぐようなやり方をすれば、結局生産性を低下させて企業としてのパワーをなくし、所期の目的を果たすことにはならない。パワーハラスメントをなくすというのは、正にその理念に貫かれていることだと思います。そこのところがきちんと位置づけられると、外部委員会を立ち上

第5章　座談会　企業組織として取り組むべきこと

げて問題を解決することにも積極的な位置づけが可能になる。まずは企業の理念として、差別やハラスメントなどの人権侵害をなくすことが生産性を確保するうえでも不可欠な一部としてそうしたことを組織化するという基本については、企業トップの方針にかかっているといえますね。

荒井　人権と企業目的とは対立しないと中野先生がおっしゃられましたが、そこで思い出したことがあります。環境と経営の関係です。ひところ環境と経営は相いれないという意見が多かった。環境対応ばかりやっていたら経営は成り立たないといわれた時期があったわけです。でもいま環境は、経営をドライブする大きな側面になっています。むろん地球温暖化防止策という切り口でみれば、環境を最優先課題にしたら経営は成り立たないという声があるのも承知していますが、国際間で決まったことは、どうあってもやるしかないのです。それでもやれないのであれば、それはそのまま日本人の視野の狭さや、協調のなさを広く証明する行為になるでしょう。

環境と経営の関係と同じように、人権と企業目的とは対立しないような気もします。それでも企業が人権とか偏見に取り組むといった場合、本気なのか？　といぶかる力学が働いてしまう。なぜかというと、そこにある種の胡散臭さを感ずるからでしょう。小浜逸郎さんが書かれた『弱者とはだれか』という本に、差別される側の胡散臭さやあやしさがあぶり出されています。それまで被差別とか在日問題の主役は、ストレートに弱者であると理解されていたわけで、それに対して偏見を持つなよ、差別するなよという運動が起きてきたのです。けれども小浜さんが指摘したのは、弱者と指名されることで得た防波堤を、ひとつの権力として乱用する風潮が野放しにされているのはおかしいという点です。そこではもはや強者の論議がまかりとおっている。だから弱者というときの弱者とはだれなのかという問題提起になっている。新聞の書評欄に、当時解放側の幹部をしていた人がご指摘のとおりと認めたことも印象的で、ぼくは購入して読んだのですが、強烈なインパクトがりました。

そうした経緯を知ると、企業が人権との距離をどう保てばよいのか躊躇する理由もわかるのです。マイノリティといっても、そう呼ばれることを自ら利用してきたような団体を相手に、企業目的として取り組まねばならない理由がどこにあるのかといった疑問が、さらに強くなってしまった。それで人権を、本業と無理やり切り離してしまう。人権問題賛成、グレイな思想や団体なら反対という姿勢には、アレルギー的な拒否さえ感じられる。

ところがCSR、つまり企業の社会的責任という概念が急浮上してきました。最近では内部統制とか業務監査も重視されます。めざすところは同じで、要するに、

何をしているかをガラス張りにせよ、隠れて怪しいことをするな、正々堂々と業務をしろということです。しっかりやっているのなら、それを公表せよというのが、基本的なスタンスとして求められているのです。

社内イジメがある、女性が泣いている、うつ病で倒れて辞めてゆく、過労死や過労自殺が多い。どれも社会的責任としては大きなハンディになります。そんなことをしていて、あなたがた社会貢献をしているといえる企業なのかと問われれば、トップも中間管理職もそれ以外の社員も真剣に考えるでしょう。ですから人権問題への対策をCSRのなかにパッケージとして組み込んだほうが整合性があると、最近は思っています。

中野 トップダウンでやった場合に、パワハラの規定を作りました、これやっちゃいけませんって、それでやった場合には処分しますって言うと、相当な萎縮効果が生じてしまうでしょうね。また、信賞必罰はいいけれど、ただでさえ行為者と被害を受けたとする側で認識が違うところで、処分対象になるというとガードしなければならないという行為者側と、責任を追及したいという被害者側とで対立も激しくなって、しかし荒井さんがおっしゃったように状況証拠しか出てこないで問題が沈殿化してしまうという方向にも流れてしまう。

荒井 アメリカ映画だって、いまだに黒人やヒスパニックあるいは働く女性への差別がちらちら顔を出すくらいですから、差別や偏見は人類が抱える永遠の課題だと思う。むしろベストアンサーがないことを承知した上で、何らかの手を打つことに意味があるでしょうね。まず予防としてですが、相手の立場になって考える訓練をするのは効果があります。業績が悪いメーカーでは、開発と製造と営業がよく喧嘩します。売れるものを生み出さないから売れないのだと営業はいうし、開発は開発で、営業は商品の魅力や強みがまるでわかっていないから売れないのだという。それなら互いにローテーションさせてみようじゃないかと考えた会社があります。期間限定ですが、開発が製造とか営業を経験する。営業だって開発現場にいて、相手からの電話を受けたり実験助手みたいなことをする。そうしますと、開発の苦労とか営業の苦労が互いにわかってくる。いかに高飛車な注文をしていたかがわかる。人権とは一見、関係なさそうですが、軋轢解消と人権へのヒントという一石二鳥の効果が期待できるかもしれない。

事後措置としては、状況証拠といっても裁判そのものではないのですから、それの積み重ねは効果があると思います。言動や行為をできるだけピックアップする。事実の積み重ねを丹念にする。現状を踏まえた説明ができれば、行為者は白旗を揚げるでしょう。

第5章　座談会　企業組織として取り組むべきこと

そうした土壌を築くためにも従業員満足度調査（ES調査）のようなアンケートをして、部門の活性度をチェックするのがよいと思います。ES調査はよく知られているものの、導入されて業績とのすり合わせをしている企業は、まだまだ少ないのです。しかし答はごまかしがきかないし、それは経営者や人事へとダイレクトに跳ね返ってきますから、真剣になる。

中野　みんなに頑張ってほしいということで、業績の向上に向かって叱咤激励しながら進めていく、その中でやっぱりパワハラって発生しやすいんですね。そういう時にワッと規定を作って、これいけませんっていうふうに言っちゃうとメルトダウンしちゃう。中心になっている担い手の方が萎縮したり、自信をなくしてダウンしちゃうと、牽引車がいなくなるわけですから、やっぱり組織としての力がダウンして困るんだっていうのもわかる。それを両立させる方法でいけるのかどうか、具体的な手法が問われてきますね。

金子　少なくとも理念の方向である程度企業の中を一回シャッフルしないと、という部分ありますよね。例えば人権って言ってもほとんど今まで同和問題しかやったことないような企業でしょう。同和問題はそれなりに危機管理等含めていろんなことやってますよっていうことだけれど、今度パワハラをセクハラをっていうのを同和問題以上に企業の中で取り組むことによって、最低限のスタンダードとしてそういうものを一つのきっかけだと考えてもらって、積極的に取り上げて中でなくしていくという考え方をどこかで確立しないと、という感じがする。

しかし、一方で「セクハラはもうないよ」って言えるような企業も出てきているわけですよ。一つは役所ですが、例えば市長クラスで男女共同参画掲げてものすごい勢いでそういうことに力入れますよって当選した市長。そういう市ではセクハラ起きなくなる。研修もやるし、きちんとやる。いわゆるトップダウン型でやる。もう一つは民間企業ですが、「一回とんでもないひどい目に遭ってもう懲りた」、あれで裁判沙汰で大騒ぎして企業なんかすったもんだして、「もうこれやってられないよ、もうそんなことやったらクビだぞ、怪しいだけでクビ切るからな」って社長が怒鳴るわけですよ。本当にいい例も悪い例もある意味じゃ企業が何かそこで考え方変えるきっかけというのはまだまだトップダウンであり、一回事故が起きてっていうのはしょうがないんだけれど、少なくともこういう経験をしなくても、ここいけるような回路っていうのはやっぱり意識を変えていくことしかない。

中野　私は手法の問題っていうのもすごく大事だと思うのです。というのは人間関係ってぎくしゃくを含むものですから、そして上下の関係で組織が成り立っている以上、適材適所で組織された社員が

一つの事業の目的に向かっていくわけだから、企業として対策を向上的で普遍的なものをもたない限り、発生したものを抑えることはできない、解消することはできないわけですね。そういう構造的な問題を含んでいるわけだから、うちの企業は今の段階でセクハラ、パワハラありませんっていう企業は、うちの会社に差別ありませんというのと同じぐらい眉唾だって思うのです。そうじゃなくて、あるということを前提にして、それにとにかくタックリングすると、挑んでいきますと、人を生かすようなソフトを作っていきますっていう宣言なんだと思うのです。

金子　さっき言ったことで「うちではありません」というのは、ないっていうのではなくて、「あっても解決できます、解決能力を持っています」ということです。

◆防止対策をすすめるための着眼点

中野　持ちこたえられなくなるような環境が触媒として機能し、生み出されてくるいじめだけれど、その時に暴力的な手段を使うのではなくて、もっと他の方法で全体の力が高められるようにするそのツールを持つという、そうした防止対策を開発する必要がありますね。全体が組織的にメルトダウンしちゃうということを回避するためには、人権侵害は職場の犯罪ですと宣言して職場から一切排除する

姿勢が問われます。だけどパワーハラスメントが問題になった時には、加害者と被害者をすぱっと切りわけてしまい、加害者を処分対象にしていくという手法はちょっと待ってよという感じがするんです。

すべてを信賞必罰じゃないけれど、そういう処罰をしていくという体系の中にこの問題を埋め込んでしまうということになると、どうしても限界が出てくる。持ちこたえられない厳しい負荷を加えられた状態は、ひとり行為者だけの問題ではなく、周囲の社員の問題でもあります。同じようなリスクを他の社員も抱えていることになります。そして、場合によっては怒りのコントロールが効かないとか、よく指摘される自己愛的な傾向が強く他人への攻撃に転化しやすい性格が問題になったりしますが、そういうリスクがあるからといって懲罰的な対処が全面的に有効かというとそうではありません。

また行為者のすべてが「悪意」をもっているかといえばそうでもないという性質にも配慮する必要があります。だから調整型の、全体を高めていけるような解決機関、そして、行為者にも相談にのれるアドバイザーなり、そういうものが必要になってくるんじゃないか。パワハラとセクハラを類似のものとして一体化して同じような紛争処理機能の中に投げ込んでいくっていうことに対する疑問でもあるんですけれど。

金子　明らかに違いますよね。さっき8割

第5章　座談会　企業組織として取り組むべきこと

方って言ったけれど、パワハラは8割方斡旋調整ですむ話なんです。基本にはコミュニケーションギャップがあるし、さっき言ったように善意悪意と言った時に、ハナから「こいつを潰してやる」なんていう人はものすごく限られているので、「何がなんでもこいつは嫌いだ」とか、そういうのはもう相性の問題としてあるかもしれないけれど、少なくとも仕事として割り切った時に、そこまで相手を憎んだり、相手をどうこうしようというのがないから、8割方は斡旋調整コミュニケーションの手段というところで解決できると思いますね。そうした解決能力を企業内でもてるか、企業内でそういう経験とキャリアとそういうある種経験が必要だということになるんです。斡旋能力、調整能力っていうのは。

中野　事案を把握するというところからして、やっぱり人間の奥というのを見ないとできない話ですね。

金子　その時に限りなく企業とある程度距離をおける人、個人的にそういう人がいればいい。それが外部の人に頼むところにまでいくか、いかないかということなんだけれど、企業の中で解決能力もてればこれはベスト。何も外に出すことなくて、企業としてはなるべく内々にしておきたい話だから。企業内で解決能力、調整能力をきちんと持てるという企業体質が持てれば一番いいでしょうね。

中野　さきほど金子さんからご紹介いただいたユニクロ事件ではないけれど、上司がこう首根っこ捕まえて壁に押しつけてっていうような、その逆もあるかもしれませんけれど、最終的に人を傷つけてしまったという行為があったとき、実は事件を全体的に構造的に把握すると、相手から怒りを引き出された結果瞬間的にふるってしまう暴力であったり、そうしたときには実は被害者だったりする場合があるわけですよね。

金子さんがおっしゃった「クレイマー」もパワハラ加害者として評価される可能性があるわけで、怒りを引き出させられて加害と被害が逆転することもままあります。パワーハラスメントをめぐる問題には、そうした非常に複雑な側面があることに加え、悪意によって特定の個人を追いつめようとする行動についてはとくに、定義規定をはっきりさせればさせるほど巧妙な攻撃の仕方が出てくるっていう、そのサイクルがあるみたいな感じがします。

そうした精神的に追いつめることを意図して特定の個人を攻撃する加害者は、職場から排除することも考えられないわけではないとしても、そうした行動に走ってしまう行為者にある原因を取りのぞくことが、行為者にとっても大事な課題になってきます。行為者自身が対処法を身につけなければ、仮にこの人が職場を離れたとしても、被害が拡大する可能性があるからです。そうすると、行為者に対しても適切にアドバイスができる体制を用

意することが非常に重要になってくるんじゃないか。どちらからでも相談でき、適切な情報を注入することができる組織というか、機能が必要なんだろうと思う。

金子 パワハラ加害者の像っていうやつは、非常に実績のある人ですよ、そして能力のある人ですよ圧倒的に。ただなかなか他人の意見を受け入れられないという欠点を持った人ですね、極論すると。

ちなみに、典型的なパワハラタイプということについて触れるとすれば、①プレイヤーとしては優秀で、自分が一番出来るとの思いが強く、部下の長所をなかなか認められない。②自分はこうして頑張ってきたという自負が強い。だから、出来ないのは個人の能力の問題とだけ考えがちで、「やれば誰だってできるはずだ」という考え方の人で、だから、③周囲のアドバイスや意見をなかなか受け入れない人で、意見やアドバイスを批判と受け止めがちな周囲や相手がやる気や言う気をなくしていることに気づかない人ということになりますか。

だから最終的には、他人から何か言われると「何だ俺に文句あるのか」、「これが俺のやり方だ」みたいに言う人ということになるんだけど、だからと言って(っていうことになると)①②は本人はもちろんだけど、会社からすれば別に悪くないんだよね、成績はいいし、自分で実績は持っている。これは企業としては願ったり叶ったりの人だから、3つ目さえなくなればいいわけで、ところが往々にして①②の人は③を持っているわけですよ。俺はこれだけやってきた、お前も頑張ればやれるはずだって、何でサボってんだっていう、お前怠けているというところにいっちゃうんです。言ってみればこの③の方にいかない、①②だけの人は企業にとって大事な要素だから、言ってみればこんな人たちは圧倒的に企業に寄り添っている人なわけですよ。そうするとこの人を切るわけにいかないわけじゃない、ましてや上司がここで怯んで教育や指導をしなくなっちゃったら大変なことになるわけだから、①②を許容した上で③を変えてもらうという、このテクニックが必要なわけです。でも成績優秀、トップクラスの人をちょっとお前言い過ぎだよっていう、やり過ぎだよっていうふうに言って相手を了解させるっていうのは、企業の中においては大変なことなんですよ。

荒井 そうしたブルドーザーのように力で突き進んでゆくタイプは、これから先減っていかざるを得ないのではないでしょうか。10年位前までは生きてこられたのです。しかし価値観の変化が速く、モノも溢れているなかでは、以前の実績だけで生きることはできないし、頑固さは命取りになる。情報を吸い上げることができない人は1年や2年経つと、君臨していたところから降りるしかないと思うのです。降りようとしなくても、業績から何からすべ

て急落下するから、降りざるを得ない。

　日本でも優れた経営者が最近かなり出てきていますけれども、前がしっかり見えている人はブルドーザー型ではないですね。竹のようにしなう柔軟性を持っている。ブレるというのとは別の、フレキシブルとか臨機応変といった要素が、経営でもハラスメント対応でも、これからはカギになるのだと思います。

金子　これからテーマになってくるのは、恐らく業種別の対応が必要となる。パワハラの出方は、セクハラ以上に業種別で違うじゃない。完全にガテン系の職場と、事務系じゃ違うし、銀行屋とメーカーじゃ違うしという、やっぱり業務形態にものすごく密接に結びついているから、ある意味じゃそこを言いだすと業務の進め方、やり方の見直しにもなるわけ。

中野　確かに、製造現場などでは仕事が客観的に区別できているから精神的暴力は少ないけれど、ホワイトカラー労働の場合には精神的暴力が多いとか、保健医療、教育などの公共分野やサービス産業に精神的暴力が多いなど指摘もありますが、日本では、そうしたデータ把握ができていない。ましてや産業別のデータはないので、個別の案件から分析して対応策を講じて行く以外にありません。日本は労働組合が産業別に組織されていないから、産業別の対応にも限界があります。もう個別企業の労使関係の

状況を踏まえながら、防止対策を講じていく以外にないことになりますが、企業の外で専門家としてこの問題に向き合っておられて、こんなことを作っていったらいいんじゃないかというようなことがあったら、お話をいただけますでしょうか。

金子　業種によって全然違うので、自分のところに合ったパワハラの定義というか、考え方、どういうことをパワハラと言うかというようなことをむしろ自前で考えていく。パワハラってこういうことだよって何か絵に描いたように上司が何か短気に怒鳴ってバカ野郎、この野郎って机蹴飛ばしたりということならば、「いや、そんなのうちにはないよ」ってことになる。

　確かに絵で描いたような暴力的なものはそんなにあちこちあるわけじゃないしね。ビデオとか絵的にやるとそうなっちゃうわけじゃない、そういうことではなくて職場にいて、さっき言ったように、いやすみませんこれちょっと教えて下さいって言ったのに、何か返事もしない、とかちょっとしたそういう非常に微妙なもんじゃないですか。しかもその業務業態によって上のハンコがないと絶対動かないところであれば、上のハンコっていうのはものすごく重みを持つし、そんなのはどうでもいい企業であればハンコなんか二の次だし。そういう業態の中で何をパワハラと言うか、各セクションできちんとお互いに出し合って、確かめる必要がある。

　恐らく職場によっては確かに「分かっ

たな」と言われても、「ちょっと分かりません」「すみません」「そこ教えて下さい」と言えない雰囲気というのがあるから、それが問題になる。しかし当然に問題にならないところもある。パワハラというのはあまり画一化していくよりも、それぞれの企業の中で考えていくというふうに一回バラしてみる必要がある。それは下からボトムアップみたいな考え方になるだろうと思うけどね。

中野 それをいちから各職場で積み上げていくのはなかなか大変で、だからこそ、この問題について情報を集積している専門家やNPO・NGOの役割が浮上してきますね。適切な情報やノウハウを提供していくことが大事な役割になってきますよね。業態別に違うということは、それに関する事例を集積、分析して、教訓として普遍化し生かしていくというようなことがあれば、相当程度違ってくるんじゃないかと思います。

◆社員との面接でわかること

荒井 トラブルが起こる原因は、非常に微妙な部分にあると金子さんが指摘されました。社員と面談していて感ずるのは、やはりそのとおりで、あからさまなハラスメントというよりデリケートな問題が多いですね。取られる行為も暴力というより、無視とか口を利かないといった見えにくい暴力です。年間を通して社員と話をする機会が定期面談の時にあるのですが、その場でひょいと出た段階では、誰が問題なのかわかりません。本人に非があるようにも思えますし、上司に問題があるようにも聞こえる。しかし同じ職場から似たような悩みが出てくると、ああ職場とか上司が悪いのだなとおぼろげながらもわかってくる。

悩みの症状は精神症状より身体症状がまず出てきますから、その段階でピックアップするようアンテナを立てます。睡眠時間が短くなっているというのは要注意で、その職場に異動することが決まってから眠れなくなったなどというのが典型でしょう。仕事のミスマッチが原因で眠れないという例もありますし、ある人が怒鳴る、自分が怒鳴られたわけじゃないけれど、バーンと大声を出されると、こちらもついビクついちゃう。そのときの光景が布団に入っても出てくるので眠れないといった話が面談の場で聞ければ、それはもう決定的です。

人間らしさって何なのかについて、このところよく話しています。本当にぼくたち、わかっているようで、自分のこととか人間のことを何も知らないでいたことに気づきはじめている。自分の心臓なんて見たことがないし、頭の中も見たことない。そういう意味もありますが、科学が発展してきたなかで人間の遺伝子がすべて解析されたことなどはすばらしいと思いながらも、玉ねぎの皮むきみたいなもので、やり終えたら何もなかった。総体としてはぜ

んぜんわからないままであることに、ふと気づくわけです。要素還元論の限界を知るというか、やはり総体の動きを知ることの大事さに気づくわけですね。

　こころの問題も同じで、個々人の性格とかそれを築くのに見逃せない経験としてのバックグラウンドを解析していくのも大事ですが、その人がどういう環境に置かれていたのかを、ぐっとレンズを引いて見てみることのほうが、より大事です。孤立無援をもたらすシステムがあったかどうか、社員同士の関係性を薄めるような仕組みがなかったかどうか。ざっくりいえば必要不可欠なのか、それともあってもなくてもいいものか。会社はその辺りのことをどう考えているのかを、社員たちが聞きたがっている。

中野　一人ひとりと面談する機会を会社が制度として作っているんですね。

荒井　どこの会社もやっていると思いますけれど、いわゆる健診の時がありますね。その時を利用しているのです。メンタルなことの聞き取りを、産業医が手分けして回っているという企業さんもありますけれど、ちょっとそこまでは我々スタッフがいないのでできません。ですから面談の時、一人平均5分から7分ぐらいかけます。むろん何もない人は1分で済む。メンタルな問題ってデリケートだから、あまり出てこないのではないかと当初は思っていましたが、すっと出てくる。何かを伝えようと、実情を知ってもらおうと待っているからかもしれませんね。何か気になることとか、イヤだな、ヘンだよなと思うことありますかと、ストレートに聞くと出てきます。最初は黙っていても、問診表の睡眠時間から入っていったり、うつむき加減であることをさりげなく告げたりして、こちらから一歩踏み込むこともあります。そんなことをしないでも、いきなりバアーッと泣き始めちゃう子とかもいます。

　面談は本当にケースバイケース。情報を得るコツは、こちらが一方的にしゃべらないくらいで、マニュアルみたいなものはありません。その場の、まさに空気から察するしかない。ちょっと深そうな問題を抱えていることがわかると、じゃあ健診が終わった後、5時半ぐらいに来てくださいということで、あらためて話を聞く。それをやると、最初は2時間くらいあっという間です。ですが、全体のほんの一部分しか聞けない。気持ちが整理できてない段階だから仕方ないです。それよりまずその時点で何をするのかを考えます。薬がいるのかどうか、休ませる必要があるかどうか。そのくらいの色分けはします。

中野　そういう問題が産業医の観点からいろいろ見えてきますよね。そうすると、健康に支障を生じている人だけでなく、感情のコントロールができなくなったりなど問題をかかえている人に働きかけたり、職場の問題を指摘して働きかけたりとか、いろいろ可能性が出てくるわけですよね。

荒井　そうですね。原因がどこにあるのかは、回を追って段階的に進めることが多いですが、そうしないと原因らしきものが見えてこないからです。人物としてある人が特定できる場合は、さほど時間がかかりません。一方、職場全体の問題ですと時間はかかります。原因というより、こころの病の場合は誘因と称されるのですが、それを確定して本人が納得できると、回復率は上がります。ですから入り組んでいるように見えても、可能な限り誘因とか因果関係を引き出して、だからそうなったんだねというストーリーを作る。そうすることで、さらに問題点が浮き彫りになってくることもあるわけですね。あなたは相手に問題があると何人もの名を挙げていうけれど、あいつが悪い、こいつも悪い、だから転職するというのでは、次の職場に移っても同じようなことをいって辞めることになるのだと思う。それはいまのうちになんとかしたほうがいいんじゃないかなどと意見して、方向性を探すこともあります。

　内科をやっていて感じたことは、病気という壁をしっかり感じることの大切さです。若いうちは遮二無二なって病気を克服するんだという気持ちが先走るけれど、そのうちどうしようもない壁に突き当たる。メンタルとかこころの病もそうで、すべて仕事に関連して結論づけるわけにはいきません。集団生活を送る上で、ネックになる頑固な部分というのは、仕事をするしないにかかわらず、日常生活を送る上でもネックになりますから、そこをわかってもらう必要がある。しかしいうは易しで、なかなか理想どおりにはいきません。

　精神状態をチェックするもう一つの手段があります。機械による職業性ストレス診断キットというものを使っています。60弱の質問事項があって、それにチェックする。回答は、「はい」から「いいえ」までが5段階に色分けされています。結果は個人の内容とともに、事業所とか部門とか職場単位でも処理されてきますから、職場の色などもある程度見えてきます。たとえば上司とのコミュニケーションがいい職場と、その反対に個々人がバラバラなところとか。しかし機械はしょせん機械ですし、たまたま落ち込んでいてすべて「いいえ」にチェックする人もいる。余談ですが、質問はいいえイコール悪いというように作られていないので、結果表をみると相反する内容があちらこちらで出てきます。

　ですから、本当かどうかは現場にいる人の生の意見を聞く必要があります。今回こういうデータが出ています、前回もその傾向はあったけれど前回より悪くなっている。先日、病欠者が1名出たよね。何かしないと、これまずいんじゃないのって話をします。

　問題は、そうした人たちを極力少なくすることで限りなくゼロにするための努力は何をすればよいのか。そこまで考えるとやっぱり難しいですね。

第5章　座談会　企業組織として取り組むべきこと

中野　人事はどういうふうにそれにかんでいるんですか。

荒井　キットを使っての実行指令とか処理は、人事がしています。ですから、それが行われた事後措置とかソリューションに向かうのがこちらの仕事です。一般の健診と同じだと考えていただいてよいでしょう。というわけで処理された情報は、人事にいる限られた人も見ることができます。となると、金子さんから指摘のあった問題を切り捨てて処分してしまう人事とか、事を荒立てて処分してしまうタイプの人事であると、これは要注意です。そうした姿勢がハラスメントを隠し、人権を推進するためのネックになってしまいますから、本末転倒になる危険があります。

中野　そういう情報というのはプライバシーにも関わるのであまりオープンにして議論するっていうようなことにはならない情報ですよね。ですからそういった情報を専門家として把握した時には、極めて重要な一番のベーシックな部分で情報を把握されるわけですけれど、それをどういうふうに組織に生かしていけるかというのは企業の側でも重要な関心事になると思うのですが。

荒井　職場単位の傾向結果は、各職場のライン長に人事が配布してくれています。個人の結果は渡しません。ま、僕なんか口が悪いから、今みたいなデータ出た時、結構ストレートにいいます。お前のところバラバラだよ、去年より悪い。病欠者も復帰できていないし、だから利益上がらないんじゃないのなんてところまでいっちゃう。でもそれはそれで仲のいい奴となら、そのあと実はどうなのって話になる。相手も、そうなんだよねえ、具合悪いんだよねっていう話になって。解答なんて一つに限りませんから、その場で方向性が得られないこともあります。むしろ得られないことのほうが多いです。

　しかし考えてみれば当たり前で、異なった価値観や考え方を持った人たちの集まりですから、トラブルが起きても根本的な解決法がすぐ見つかるとは、ぼくも相手も考えていない。無理をしないといったら無責任だといわれそうですが、働きながら生きてゆく人たちの悩みやトラブルに対して、一人の人間ができる範囲というものがあります。大きく手直しするところと、小さいけれど長くかかって手直しするところと、さっそく外部の医療機関に紹介するというくらいの判断ができればいいのだろうと思っています。

　ソリューションは職場と一緒になって生み出す。こちらは問題を整理して提示して先に進めるよう仕掛けるファシリテーターのような存在であって、実際に動いて解決まで持っていくのは、やはり現場です。

中野　そういう職場との関係がある程度できてしまうと、知ることができるわけで

すよね。社員の健康に影響を及ぼしている状況にあることが察知できたときに、何をするかということなんですが、いつ介入するか、また何をしたらいいかというところまでのノウハウとはあるのでしょうか。

金子　セクハラについてはある程度法律もあるし、ある程度のスタイルはみつけられるけれど、パワハラはまるっきり手掛かりないわけだし、これからですよね。今取り敢えずアンケートやろうよぐらいのことで、今までセクハラのアンケートやっているそこにパワハラも入れましょうよぐらいの話が現実です。そうでありながら一度事件が起きると「パワハラが起きちゃったどうしようどうしよう」って大騒ぎになるんですけど、意外と簡単なわけですよ。外部に行って相談受けると、これは明らかな勘違い、すれ違いだから間に入ってキチンと話をさせて、最終的には「もう2人合わせて話し合わせたらどうですか」っていうと、意外と「やってみたらうまくいきましたよ」みたいな、その程度の話結構多いわけです。

◆職場ではどのような施策が有効か

中野　うつ病って、伝染するみたいに広がっていくというケースもありますよね。一人が倒れるともう次々と職場の人が倒れていって、職場全体が持たなくなっちゃうっていうところまで深刻化しているケース

を抱える場合に、一体どんなふうにすればいいのか。思い切って配転させるかっていうような、でもそれで問題の根本というのは解決しないわけですよね。また他のところに行って同じ問題が起きるということになるわけですから、そうするとやっぱり根本的な要因というのを掴んでやり方を変えてもらうとか、そういうことをやらざるを得ないわけでしょう。

金子　そういうことを経験をしながら、そういう個別なヒアリングしなくてもこういうことやっておけば起きないよっていう、職場環境全体をとらえた方針が出れば一番いいわけですね。今までの経験から言って、原因はこうなんだから、こういうことをあなたたち繰り返しているのはどんなことが職場で起きるのかを普遍化して対応していないからだということで、何か企業としての取り組みをきちんとできるといいんですよね。私なんかもどっちかというと結果だけきて対処方でやっているから、その企業が抱え込んでいる原因までは入り込めじゃないですか。そこまで行った時に、概ね銀行屋だからこういうことだろうとか、何々屋さんだからこうだろうというのに行きつくだろうけれど、外からの判断では無理ですね。よっぽど業務の中にはまり込んでいかないとね。

荒井　個別に発症してしまう例は、少なからず、本人の資質なりものの考え方が関係しています。一方、中野先生がおっ

第5章　座談会　企業組織として取り組むべきこと

しゃられたように、職場内で伝染するように広がるうつ病ってありますね。ドミノ倒しみたいに倒れていく。休むことになった人の業務を誰かがするから、そのぶん負担が増える。休みは2、3か月と聞いていたけれど、半年も1年も休んでいる。そのうちこちらが参ってきたというパターンです。

しかし発端となったできごとの背景には誰かからいやがらせを受けたなどより、できる人への一極集中とか、周囲の無関心が例外なくあります。できる人だから成果を出すだろう、あいつは有望視されているからいいさ、それより問題はオレのほうだよ、と周囲が冷ややかになってしまうようなケースは、見方によってはハラスメントですね。孤立することを、やむなしと認めているわけですから。そうすると倒れる人が出てきても、薄っぺらい状況証拠しか得られない。薄っぺらいとは、責任の所在が個人という点に集約されず、組織のシステムとか人事考課のありかたとか企業風土といった、もやもやしていて集約とか断定が困難である、という意味です。

たとえば、モラル低下をきたした管理職が、職場全体のモラルを低下させてしまった例がありました。一個人のモラル低下がなぜ起きたかという問題とは別に、そうした人をなぜ野放しにしていたのか、部下を抱える管理職としての立場になぜ置き続けたのか。これは組織風土の問題です。周囲に影響を与えるのは、悪いものを悪いまま放置して黙認してしまう組織全体のありかたなのです。その管理職は結局、解雇されましたが、キズ痕はやや残りました。それでもそうした人がいなくなると、職場はまた健全化してきます。自分の職場を私物化してしまうような人さえいなくなってしまえば、きちんと機能は回復するのです。

ある一線を越えたと判断されるときは、いつどのような言動をしたかとか、誰に向かって何をしたのかという克明が記録を残すことが大事です。中間管理職に入ってもらって、ラインに協力してもらうと効果があります。そうなるためには、その職場の意思統一が要ります。つまり、モラル低下をきたした人にペナルティを与えるための所作であるということの確認です。中間管理職や人事や役員に妙な温情があると、なあなあになってしまい、そのうち職場崩壊が起こります。その危険性を説くのも、ぼくらの役目でしょう。

中野　管理者研修や社員研修の中に意識的にハラスメントに関する課題を折り込んでいくということも必要ですが、荒井さんからは、それが効果的に実施されていないという問題提起をいただきました。

私なども、ただ一方的に情報を提供するのではなく、ケースをつくって社員同士のディスカッションを織りまぜながらすすめる工夫をしているのですが。ケースのなかで、問題と考える行動やそうしたこと

に直面したときにどうするか、また自分が当事者である場合とそれを見た場合でどうするか、といった問題設定をいくつかしておきます。時間が割り当てられたら、こちらからの基本的なお話とケースと課題設定のために30分程度時間を使いますが、あとは予め別けておいた5〜6人のグループで議論してもらいます。そうすると職場の状況がリアルに共有されます。

今まではAセクションで事実が暗黙の了解のもとに固まってフリーズにされていたことがらが、他の職場と一緒に話すことによって、ああここはこうなのか、あそこはどうなのかって、開放型になっていくわけですね。そうすると非常に意見も言いやすいし、こうしてもらいたいとかそういうのが出てくる。それをグループ代表者に発表してもらい、その発表をもとにして、質問や意見交換を行うという作業をしたりします。こういう取り組みを組織として生かしていくことができるのかどうか、が課題ですが、結構どこに問題があるのかを可視化させたり風通しをつくるという面ではいい効果があるのかな、と感じたりしたこともありますが、実際にはそうでもないんでしょうか。

荒井 坐学は、あまり効かないですね。擬似体験とか、実際の行為を伴っていないと何ごともピンときません。ですからワークショップはききます。トライ&エラーが組み込まれた研修ですと、なおのこと効果的です。

たとえば、スタートに初期症状とか悩みを提示して、そこからどういったアクションを取るのがよいか考えてもらいながら、「結果カード」を渡すような研修は体力と時間を使うけれど、効果がありました。アクションの結果が「上司との相談を勧める」であれば、結果カードには「当事者は上司と会いたくないといっている」とか「相談するのにふさわしいメンバーと場を指定せよ」などと書かれたものがあって、それを渡すのです。こうした行為を繰り返してソリューションをめざしてもらう。受診して診断書までたどり着いたグループも「診断名：うつ病」とあると、なんとなく次へと進める。でも「診断名：適応障害など」とあると混乱する。でも教えない。ネットはないでしょうかと聞いてくる。「それ、アクションでしょう」というと、あっといって「ネット検索」と書いてくる。そこで、ネットからひっぱってきた適応障害の説明文書を渡す。

たどりつく地点はばらばらですが、それでいいのです。発表してもらう場で、考えた道筋が共有できるという点が大きい。すると自分たちでは見えてこなかった部分の指摘があったりして、互いに学ぶところが多いわけです。

金子 自分の職場であったことを題材にしてワークショップができると一番いいんですね。

Ⅳ　これからの重点施策と課題

◆NPOの取組みに期待したい

中野　プライバシーの問題もあるから、提供する情報には最新の注意が必要ですが、判例になったようなものは公表されているわけですから、職場の状況や相談例から傾向をみてそれを反映させたりしてケースを実際にこの職場でありうるようなものとして設定することはなかなか大変ですが、グループ討議でそれぞれの認識や意見を出しあってみると、こちらも気づかなかったようなものが気づかされたり明確化されるようなこともありますね。いろいろなものが可視化されてきます。

　こういうように健康診断をきっかけにしたり、研修の機会を利用したりして、職場の状況が把握された場合にどうするか、防止対策や被害が発生したときの対応などこれから必要とされる課題について最後に議論していただけますでしょうか。

金子　世界的にも職場の暴力事件が多発している。いろんなことが問題になってきて、それなりの知恵というのが職場的に、ある程度スキルのはっきりしたところではそういう職業意識と結び付けた予防法みたいなこと結構考えている。そうしたケースを聞いたりすると日本もそろそろ、仕事の実態と合わせた予防法を考えなくちゃいけないと思う。具体的な話をすると、イギリスあたりで例えば病院で患者からのクレイマー、モンスターペイシェンツというのかな、ああいう人がいっぱいいるわけですね、病気で苦しんでいて常に不満を持っているわけだから当然ですけどね。そこで、そういう時には1人で対応しない。ボタン押すと4、5人バッと来てきちっと対応する。そうすれば、相手のクレイマーも怯むし、こっちもきちんとしたトレーニングを受けている人が集まって対応する。言われればコロンブスの卵で当たり前じゃないって思いますが、それやればっていう感じだけれど。

中野　北欧やフランス・ドイツ・イギリスなど職場暴力に対する法律ができていますよね、アプローチの仕方がそれぞれなんか全然別な方向を持っていて、まとめきれないというのが現状だと思いますけれど、一定の職場暴力を禁止し（ある場合は制裁を科したりしますが）、遵守しなければならないルールを社員に周知徹底するなどの予防対策を義務づけたり、被害が発生したときの対応策を義務づけたりしています。日本では、訴訟を通じて人間関係上発生する暴力が損害賠償責任として問われたり、被害が労働災

害として業務上認定されて補償の対象になったりして注目されています。厚生労働省が職場のいじめやセクハラについて認定基準を見直しているのも、問題の性質と深刻な側面を受けてのことだろうと思われますが、もう一歩すすんで立法化の流れがなかなか浮上しないというのはどの辺に原因があると見ておられますか。

金子 スタンダードとかのガイドライン的なものはきちんと作って、ある程度浸透させていく。それを下からいったものとセットにしていかないと、セクハラもそうだったけれど、みんな裁判とか何かに頼り過ぎていたらなかなか進まないなあという感じはします。

荒井 駆け込み寺としてのNPOがもっと必要だと思うのですが、NPOというものに対する考え方というか、捉え方ってまだまだ薄いと思いますし、そういう意味では日本もこれから変わっていかなきゃいけないと感じます。

　海外が盛んだからというのでなく、営利団体ではちょっとできない、行政でもちょっとできないところの隙間を埋めるような部分の仕事があるわけで、それをNPOがする。ボランティアは日本に根づかないと考える人が多いのだけれど、ぼくが思うに、日本の労働そのものにボランティアの精神が入っているから、これまであまり意識したことがなかっただけではないかと。育成にしても、教えたから報酬上げろとはいわないし、改善活動したぶん金よこせとも主張しない。次世代に伝わればいいじゃないかという発想には、無償の行為が内包されています。

　現在のマネタリーの限界が来ていて、いずれボランタリー社会になるとフランスのジャック・アタリさんが『21世紀の歴史』で言っておられますが、同感です。公益と資本がブレンドされたシステムがもっと増えると、NPOそのものも増えるでしょうね。収益はあっても営利目的でなく、ストック目的でもない事業をする団体に期待します。

　ぼくは医療に近いところにいますから、どうしても一番気になるのは健康問題です。特に老後ですね。老老介護なんて言われているけれど、独り暮らしの人が急速に増えてくるわけです。国民の3人に1人が65歳以上の高齢者になる日は近いのです。独り暮らしの何が問題かというと、しゃべらないこと。話す場がないのです。あるいは介護をしている病人はシステムがあるにはあるけれど、それをサポートする人に対するケアが全くないのが気になっています。先日亡くなった清水由貴子さんみたいな悲劇は痛ましい以上に、悲しいし、せつない。要するに人間にもっとコミットしたようなものを何か作っていかないといけなくて、それにはNPOに期待される部分は大きいと思います。

金子 ニーズとやる側の主体的な力量というか、そこのバランスがなかなか難しいのが現状だと思いますね。本当に必要性はあっても、なかなかそれを本当にどうやって支えていくかという、ある意味じゃ人材不足の時代でもあるしね。例えば消費者トラブルじゃあ実際取り組みましょうって消費者省ができてもじゃあ誰がやるのって言った時に、法律はできてもそのやれる能力持った人なんかほとんどいなくて、実際お金で雇いたいけれど、そういう相談員がいないとか、そういうスキルをきちんと育てるようなシステムがなかなかない。だから、取り敢えずは役所のそういう相談機能みたいなところ、例えばパワハラなんかでももっとNPOがあれば一番いいんだけれど、役所がそういう相談を集積して、それを法律にしたり、困っている人がいるからじゃあそれを何とかしなきゃっていう、社会的なテーマにしていく。それをNPOが超えるような時代がくると一番理想的なんでしょうけれどね。

荒井 県庁とか市役所など自治体も人員削減がすごい。人事院からの指示があって、2割くらいの人を削減しなければならない。少子高齢化が進んで国民の総数が減っていくから仕方ないのですが、結構シビアな数字です。

　県庁にはNPOの準備するセクションとか、相談に乗るセクションがある。一方で人員を減らし、一方でNPOに詳しい部署がある。それなら、県庁を去っていく人たちでどんどんNPOを作ったらどうかということを、ある県庁でいってみたんです。最低限のスキルはあるし、どういったものが足りないかも想像がついているわけです。自分は素人だから自信がないとの意見もありましたが、誰だって最初は素人なのだからまずやってみてはどうか。教えることのできる立場の人はいるわけです。居残る人が勝ち組で、去る人が負け組なんていわれると、人員削減はしこりを残します。居残った人たちが、オレもNPOのほうへ行こうかななどと悩むようになれば成功です。県がやってもよい仕事にまで視野を広げると、業務内容はかなりある。そうした方向からのボランティとかホスピタリティ参加も、これからは可能性があるんじゃないですかね。

金子 日本的にいうとそこが一番可能性があるかも知れない。NPO勝手に作って下さいっていわれもなかなかできないし、じゃあ役所にお任せしますよっていうと役所もなかなか役所的な発想でいかないから、その中間ぐらいなところでね。

中野 そういう動きと企業と労働組合が情報の共有化ぐらいはしてほしいなという感じはありますよね。

荒井 そうですね。情報の共有化ともう一つ、必要なものは必要と感じる、共鳴するということですね。情報があっても、共鳴がないと動かない。

◆良好な人間関係のもとで働く権利

中野 個別の案件で相談を受けたりなどすると、訴訟を起こす前に企業と交渉して生かし場所を考えてもらうこともあります。とくに心身に傷害をかかえるまでになってしまったケースでは、そうした状態とつきあいながら就業を継続できるか、また休職を余儀なくされているケースでは復帰できるか、といったことが問題になって、特に職場の人間関係がトラウマになってしまっているわけですから調整も困難ですね。

問題は解決しなければならないのですが、訴訟に上げても勝ち負けの判決もらったって、何の解決にもならないわけですよ。訴訟期間中は職場もぴりぴりするでしょうし、そうした敵対的な関係が訴訟だけではなくて職場の関係にも反映する。軍配が勝ち負けどっちに上がるかによって力関係が被害者側に有利に変わるように思えても、そう単純ではありません。働き手の力を生かすために企業側にも考えてもらいたいし、働く側も考えますというような、斡旋調整が求められますが、その他面おノウハウはなかなか蓄積されていないですね。そうした調整策が効を奏するためには、いろいろ議論してきたように、どういう性質のハラスメントであるのかを見極める必要があって、起きた出来事を外形的にさらって何が客観的真実か、ということに収斂される訴訟などの機能ではとても対応できません。

そして、この問題はやはり労使共に取り組んでいくべき課題ではないかと思います。差別や暴力を職場からなくすために、人間関係上の問題を、職場における労働条件の基本的な柱として位置づけ、適度な距離（人格的自由などプライバシーの垣根）を保ちながら、差別や暴力を浴びせられることなく良好な人間関係のもとで働く権利の保障は、人間の潜在的な可能性を力に転化するうえで不可欠な条件だと言う共通理解が可能になれば、それは労使が共同の目標として取り組んでいけるものだと思うのです。しかし、人を生かすために職場の人間関係や環境に折り合いをつけるというところがなかなか理解してもらえないんですよ。専門家や行政なりNPO・NGOが取り組んで得てきたノウハウのなかには、そうした解決のために必要なノウハウがたくさんあるように思うのですが、それが企業にも共有されて、人事部の役割が見直され、一人ひとりの社員に自覚化されるとかなり変わってくるんじゃないか。

金子 セクハラの時は、当初は被害者女性たちが集まって勉強会やるというレベルから始まったんですよ。それに比べるとパワハラについては、企業は明らかに反応はものすごく早くて、「パワハラちょっと放っておけないぞ」って、まだ法律もできていない、裁判がちょっと出たとか、

その類でものすごく敏感に反応している。ある種そういうセンサーに触れる部分がかなりあるんだと思う。逆に労働組合の方が、セクハラの時にはもうちょっと反応が良かったのにパワハラには反応が悪いなぁって、これもちょっと気になることですよね。セクハラの時も確かに女性たちが動いて、組合を多少動かしてというのがあったけれど、パワハラに関しての動きは鈍いという気がします。むしろもっと普遍的に取り組めるテーマだということを強調したいですね。

中野 どこにでもあるはずだという職場におけるいじめ問題ですが、働き手である労働者のみならず、企業や職場、社会保障や政府の財政基盤にも影響を及ぼす深刻な性質の問題です。それは職場のリスクに関する問題であると同時に、教育や文化にも及ぶ広範囲な社会の問題であることも認識できますが、この問題にどう挑むかは労使共通の問題であることも共通認識にできることだと思います。防止対策や救済・改善策が早急に確立されなければならないところで、最後にふれられなかったことあるいは強調したいことやまとめでも結構ですので、述べていただければと思います。

◆職場環境配慮義務の確立を

金子 対策ということで、少し強調しておきたいことを何点か最後にふれておきたいのですが、パワハラはこれまでは、どちらかと言えば個人の問題であって、会社が積極的に関与すべきテーマとは考えられてこなかったということがあったと思うんです。しかし、これからは職場環境の問題としてキチンとした取り組みを進めていくという考え方をもつことがまず大切だということですよね。

セクハラにせよパワハラにせよ、そうしたトラブルが起きる職場には、経験的に言えば、その背景に絵に描いたように、モラールダウンした職場がある。つまり、労務管理上も見逃すことのできないテーマがいろいろとあるということであるということです。ハラスメントというのは、そうした腐った土壌の上に咲くあだ花だと言ってもいいと思います。

それと、繰り返し指摘してきたように、パワハラと言われるトラブルは、極めて現代的な職場環境の中で起きている。つまり、古くからのテーマではあるにせよ、起きていることは最近の職場環境の変化の中で起きている、古くて新しい問題だと言ってもいいと思うんです。

その現代職場に共通した際立った特徴は、仕事が増え、スピードが上がり、ミスが許されないということです。スピードが速くなり、ミスが許されないテキパキとした仕事が求められる職場では、仕事の遅い人は非難されがちになります。また、そうした雰囲気についていけない人はKYとして、疎んじられがちです。

その結果、職場でのコミュニケーション

が困難になり、ストレスは弱者に向けられることで、職場の人間関係そのものが難しくなり、上司と部下、同僚同士などの距離の取り方やコミュニケーションが全体的に難しくなっていくというのがパワハラの流れです。

こんな職場には「さざなみ」が立ち始め、それが何かのきっかけで大波となり、パワハラに発展してしまうのだと言えると思います。だから、セクシュアルハラスメントもそうであったように、パワーハラスメントも、その対策を考える場合に職場環境の問題ははずせないということじゃないでしょうか。

もう少し平たい言い方をすれば、職場環境が悪いところではパワハラは起きやすく、職場環境がキチンとしているところでは起きにくいということです。逆の言い方をすれば、職場での人権意識が高く、コミュニケーションがうまくいっているところではパワーハラスメントは起きないとも言えます。

したがって、労務管理上のテーマであることを前提にした場合に大切な視点は、その予防であり、パワハラの起きない職場をどのようにして作り出していくのかという対策です。つまり、パワハラの起きない、起きにくい職場環境をどのように作り出すのかが問われるテーマだということです。

そこで、対策の基本はいかに職場環境をパワハラの起きない良好なものとして維持するかが問われるということです。

そうした視点から、ハラスメントについては、職場環境配慮義務を問題にして、使用者責任を問うという流れになってきているんだと思うんです。

そこで対策としての考え方としては、職場環境配慮義務とはどのようなもので、その義務と言われるものは何かをまずしっかりと理解する必要があるということです。誰もが安心して働き続けるために、ハラスメントない職場環境を整えることは、今や、企業の責任であり義務であるというのが時代の流れと言えますよね。

◆企業の社会的責任は「投資」である

荒井　人権を担当するセクションの活性化を一番望んでいるのは、20代、30代を中心とした若手女性社員たちではないかとぼくは思う。立場として一番弱いからです。その人たちが納得してくれて、働きやすくなったとほほ笑んでくれるようなセクション作りが、会社に求められているのだと感じます。

それにはまず、職場内の育成とか助け合いをどう位置づけるか、能力主義をどう位置づけるか。優先順位をつけた上での説明責任が企業にはあるでしょう。むろん社員に向かっての説明責任です。事前に目標を立てて、成果とか能力を切りだす方法で人事考課をすると公表した企業には、その責任があると思うのです。それをしっかりしていないから社

第5章　座談会　これからの重点施策と課題

員は戸惑っている。教育が不要だなんていっていない、助け合いは当たり前じゃないかといいながら、でも目標が達成されたかどうかだけで評価されて報酬まで差が出るのはなぜですかと、社員は戸惑っているのです。

　ぼくはこうしたことに優先順位をつける必要はまったくないと思っている。どういったことを成し得たかの結果をもとに振り返ってみて、あなたがたのチームは貢献してくれた、したとはいえないといったジャッジを公明正大にして等しく分配すればいいと考えます。

　人権への取り組みでいえば、これだけいろいろなものが変化しているのに、自分たちの体質を変えられないのであれば、人事部に託すのはもうやめたほうがよい、なんてことをいうと叱られそうですが、そうかどうかを決めるのは社員たちでしょう。それなら横断的なアンケートを全社でして判断してもらうしかない。

　人権がなぜ必要かといえば、人をダメにしないことを考えること、活き活き仕事をしてもらうことで持てる力を十分発揮してもらうことは、企業にとって欠くことのできない責務だと考えるからです。不祥事はすぐ表に出ます。そうならないように何をどう工夫しているか。企業の社会的責任つまりCSRという観点からすれば、それらも企業には要求されている。であれば結論はむずかしくない。CSRに関係している部署が担当すればいいのではないでしょうか。事業推進室とか経営戦略室とか名称はさまざまですが、実際にCSRと取り組んでいる部署に人権のセクションを設ける。人権なんとかという名称は、古い気もする。働く人の倫理といったニュアンスが伝わってくる表現がいいと、ぼくは思っています。

　具体的にどうするか。たとえば会社を愛して、その存続を願う社員から最小限の専任を公募し、その人たちには産業カウンセラーとかキャリアカウンセラーの資格を取っていただく。あとは、事業本部からの若手・中堅のローテーターで構成する。つまり現場の第一線で活躍している人を、2年から数年の期間限定で参加してもらう。自分のためにもなるし、職場のためにもなるし、会社全体のためにもなります。新しい血が入ることでマンネリ化が防げるし、何といっても現場の悩みが吸い上げられる。わからないこともいっぱい出てくるでしょうが、部内で解決する以上に、積極的に外へ出ていって、そこでの交流をとおして解決への手段を自分たちの頭でしっかり考えるようになれば、会社は大きく変わるでしょう。

　これからの経済社会は、仮に市場原理が最優先されたとしても、人間が崩壊するようであれば長続きしません。経済性と社会性と人間性と環境性という4つの要素が、社会経済の指標として重視されるでしょう。その意味で企業の社会的責任はコストでなく、4つの要素とのすり合わせをしながら企業の存続を考えるための投資になってゆくはずです。

資料編

サービス業における職場暴力及びこの現象を克服する対策についての実施基準案

ILO発行「Code of practice on workplace violence in services sectors and measures to combat this phenomenon」）

（仮訳　国際安全衛生センター）

サービス業の職場における暴力とストレス（生産性とディーセントワークに対する脅威）についての実施基準作成の専門家会合（2003年10月8-15日）

前文

この実施基準は、職場暴力とその直接的な悪影響を防止することに焦点を置いたものである。

職場暴力の影響としてストレスが含まれるが、会合参加者の一部の意見によれば、ストレスは明確に定義できない概念である。職場暴力の防止とその悪影響を考慮することは労務問題であり、労働安全衛生問題でもある。この会合ではこの問題の複雑さを考慮してサービス業における職場暴力及びこの現象を克服する対策についての実施基準の採択を勧告する。

政労使の代表がこの意欲的取組に際して第一に強調すべきことは、労働安全衛生マネージメントシステムを考慮に入れたアプローチ手法を取り入れたことである。このマネージメントシステムは、作業環境の改善と効率的な組織運営を目的として、方針、組織化、計画、実行、現状把握及び改善活動を通して労働安全衛生の問題を解決する手法である。

1　一般規定

1.1　目的及び用途

1.1.1　目的

この実施基準（以下「基準」という。）の目的は、サービス業における職場暴力の問題に対処するための一般的な手引きを提供するものである。この基準は、特に異なる文化、状況及び必要性にそれぞれ適合するように、国際的地域、国家、業種、企業、団体、職場のそれぞれのレベルで同様の手引きを作成する際の参考資料として利用されることを意図したものである。

この基準は、以下のような基本的分野及び活動を包含している。

　　　　方針

資料編　サービス業における職場暴力及びこの現象を克服する対策についての実施基準案
(ILO)

　　　危険性の特定
　　　リスクアセスメント
　　　防止及び管理
　　　訓練
　　　発生事例に対する対処及び影響の緩和
　　　影響を受けた労働者の治療及び支援
　　　現状把握及び評価
1.1.2　用途
この基準は以下の用途に用いられる。
- 職場、企業、団体、業種、国家、国際的地域、国際社会のそれぞれのレベルで具体的な対応を策定すること。
- 政府、使用者、労働者及びそれらの代表、適当な場合にはその他の関係者との間での対話のプロセス、協議、交渉及びすべての形態での協力を促進すること。
- 国内法、方針及び活動計画の開発、職場、企業、団体、業種での合意、職場方針、行動計画の手引きとなること。

1.2　範囲
この基準は、民間及び公的なサービス業における経済活動のすべての分野に適用される。

1.3　定義
この基準のために用いられる用語の定義は次のとおりである。

1.3.1　職場暴力
妥当な対応を行っている者が業務の遂行及び直接的な結果[1]に伴って攻撃され、嚇かされ、危害を加えられ、傷害を受けるすべての行動、出来事、行為

> 1)注)直接的な結果とは、業務との明確な関連があって、かつ、妥当な期間の範囲で発生した行動、出来事、行為と解されるものである。

- 部内職場暴力とは、管理者、監督者を含めた労働者間で発生したものを言う。
- 部外職場暴力とは、管理者、監督者を含めた労働者と職場に存在するその他の者との間で発生したものを言う。

1.3.2　サービス業
この基準において、サービス業は、商業、教育業、金融金融関連業、医療業、ホテル業、飲食旅行業、放送娯楽業、郵便通信業、公的サービス業、運輸交

通業を含み、第1次産業及び第2次産業を含まない。
1.3.3　その他の関連用語
顧　　客／取引先：この基準において、顧客及び取引先とは、一般公衆と異なり個人的なサービスを受けるもの[2]

　　2)注)例えば、患者、乗客、利用者、観衆である。

当　　局：法的強制力を有する規制、規則、告示等を定めることができる大臣、政府部局、公的機関

使用者：1人以上の労働者を雇用する自然人又は法人

加害者：職場暴力を行う者

労使対話：経済社会政策に関して共通の利益に関する政府、使用者及び労働者の代表の間でのすべての形態の交渉、協議及び情報の交換

被害者：職場暴力の対象となる労働者又は使用者

労働者：常時又は一時に関わらず使用者のために業務を行う者

労働者代表：1971年（第135号）労働者の代表条約に基づき国内法又は慣行により認められた者

職　　場：使用者の直接的又は間接的管理のもとで業務のために労働者が勤務している場所又は出張している場所

1.4　原則

- 1981年（155号）労働安全衛生条約の規定に基づき健康的で安全な職場環境が、業務の遂行に際して最適な肉体的及び精神健康を保てるようにすること、また、職場暴力を未然に防止し得ること。
- 使用者、労働者及びそれらの代表、適当な場合には政府[3]との間での労使対話が、職場暴力防止の方針及び計画の実施の成功に際して基本的なカギとなる。そのような労使対話は、労働における基本的な原則と権利についてのILO宣言とその関連文書に記載されているものである。

　　3)注)この文章において、政府には、この基準で定義されている当局を含むものである。

- 職場暴力防止のための方針及び行動は、ディーセントワークと相互尊重と1958年（第111号）差別（雇用及び職業）条約に基づく職場における差別の防止を促進することに結びつかなければならない。
- 性の平等の促進は、職場暴力の減少に貢献し得るものである。

資料編　サービス業における職場暴力及びこの現象を克服する対策についての実施基準案
（ILO）

2　職場暴力に対する方針
2.1　方針
　政府、使用者、労働者及びそれらの代表は、職場暴力の撲滅に寄与する職場慣行を合理的に実行可能な範囲で促進すべきである。この目的を達成するため、政府、使用者、労働者及びそれらの代表は、職場暴力の危険性を最小限にするため適切な方針及び手続きを開発し実施することが肝要である。
2.2　方針の重要性
　ディーセントワーク、労働倫理、安全、相互尊重、寛容、機会均等、協力、サービスの質に基づいた建設的な職場文化が構築されることを優先しなければならない。これは次のものを含む。
・質の高いサービスを実現する人材が重要な役割を担う旨の明確な目的
・共通の目的を分かち合う組織及び構成員についての強調
・職場暴力防止の宣言

　職場暴力の撲滅への努力の重要性を認識した上で、経営トップによる明確な経営戦略の表明及び周知を行わなければならない。
2.3　中心課題
　方針には少なくとも次の事項を含むべきである。
・職場暴力の定義
・部内又は顧客取引先からの職場暴力いずれであっても職場暴力が容認され得ないことの表明
・職場暴力とその直接的な結果が発生しない環境の形成に主眼を置いた活動の支援への取組
・報復と批難から保護された適正な苦情システムの提供
・情報提供、教育、訓練及びその他関係したプログラム
・職場暴力の防止、管理、可能な場合には撲滅対策
・暴力事例の処理、管理対策
・方針についての効果的な意思疎通の表明
・守秘
2.4　方針における責任の所在
　方針は、特に次のことを含むべきである。
　　監督者及び管理者は方針の実施とリーダシップ発揮の義務があることの表明、例えば、
　　・組織内のすべてのレベルで方針を実行する権限と必要な方策を管理

者に与えること。
- 方針の実行に必要な適切な訓練と技能修得を個人又はチームにほどこし権限を付与すること。
- 職場におけるすべての者に対して職場暴力をふるわないよう取り組むこと。

使用者が行う職場暴力をなくすための人事方針及びその実施を労働者が支持し貢献することへの表明。

方針は、関係者すべてにより検討され、使用者、労働者、一般公衆、顧客及び取引先に率先して周知されるべきである。

2.5 労使対話

国内のニーズ及び労使関係システムに基づき、関係者により、サービス業における様々なレベル（国家、業種、企業、職場）、様々な形態（交渉、協議、情報交換）、形式（公式、非公式）で労使対話が行われるべきである。

職場暴力についての労使対話は、職場における安全衛生の確保とサービスの改善を目的として同時進行的に行われるべきである。関係者は、サービス業における労使対話の範囲内でカバーされる社会労働問題に職場暴力とそのマイナス面の結果を含めて議論するべきである。関係者は、職場暴力について現状把握と評価を行なうべきである。

3 関係者
3.1 役割及び責任
3.1.1 政府

政府は、以下のことを含む防止措置の策定と適用についてリーダシップをとるべきである。

- **調査** 国家間のバランスを保ち、関係者の意識を高め、防止措置を講ずるため、当局は、事実に基づいた方針の策定に取り組むべきである。政府は、好事例を調査し公表することも含めた調査研究に予算をつけて実施すべきである。調査データは、特定の業種又は労働者グループに着目して職場暴力の傾向が判別できるように分類して収集されるべきである。
- **ガイドライン** 政府は、国家及び業種レベルで使用者及び労働者が防止措置を実施できるようガイドラインを提示すべきである。また、政府は、サービス業におけるすべての労働者に適用できるように防止戦略とプロ

資料編　サービス業における職場暴力及びこの現象を克服する対策についての実施基準案
(ILO)

グラムを確保すべきである。さらに、政府は、職場暴力の低減を達成するため一般社会における対策の促進と実施を図るべきである。
- **法令**　政府は、防止対策を推進するため、関係者と協議の上、可能な場合には安全衛生又は労働関係法令を見直して差し支えない。
- **財源**　政府は、可能な場合には、また関係者と協議の上、効果的な防止措置の実行に必要な予算を確保するため財政当局に働きかけなければならない。
- **国際地域間及び国際間の協力**　政府は、可能な場合には国家レベルの防止プログラムを支援するために、国際機関を通じて国際協力に参加し、国際地域間及び国際間の協力を促進、支援すべきである。

政府は、職場暴力の被害を特に受けやすい労働者グループを特定して対策を講ずるべきであり、労働者が被害を受けやすくなる要因を排除する戦略を立て、被害を受けやすくなる業種別要因を調査すべきである。

3.1.2　使用者
3.1.2.1　方針及び手続き

使用者及びそれらの代表は、合理的に実行可能な場合に限り、職場暴力の撲滅に貢献できる職場慣行を促進しなければならない。

この目的を達成するため、使用者は、職場暴力の危険性を撲滅し最小限にするための適切な方針と手続きを策定し実行するため労働者及びそれらの代表と協議すべきである。

- **危険性の低減及び管理**　使用者は、その職場における適切なリスクアセスメントを実施するようにしなければならない。使用者、労働者及びそれらの代表は、危険性を評価する適切な戦略を策定するため労働者とともに協力しなければならない。使用者は、労働者及びそれらの代表と協議の上、危険性の高い業務で、特定の環境下、あるいは、日中又は夜間の特定の時間において危険性が更に高まる場合には、適切な防止措置によりその危険性を緩和軽減するように努めなければならない。
- **国家、業種及び企業職場での合意**　使用者は、国家、業種及び企業職場で職場暴力防止対策を含めた合意を形成するように努めなければならない。
- **人事方針**　使用者は、職場における相互尊重及び尊厳を促進する方針及び措置を講じなければならない。
- **苦情及び懲戒手続き**　使用者は、労働者及びそれらの代表が職場暴

力についての苦情を申し立てられるような手続きを定めなければならない。職場暴力の申し立ては可能な限り調査が完了するような時まで内密に保たなければならない。

3.1.2.2 情報提供及び訓練

使用者は、労働者及びそれらの代表との協議において、職場暴力の防止、企業の方針及び戦略並びに職場暴力が発生した場合の労働者の支援について、職場において労働者に情報提供し教育し訓練を行うプログラムを策定し支援しなければならない。

3.1.3 労働者

労働者及びそれらの代表は、職場暴力に関する危険性を防止し、軽減し、撲滅するように可能な限り努めなければならない。この目的を達成するため労働者及びそれらの代表は次のことを行わなければならない。

- 1981年(164号)労働安全衛生勧告に定める労働安全衛生委員会において使用者に協力すること。
- 適切なリスクアセスメント戦略と防止の方針を策定することについて使用者に協力すること。これらの方針や戦略は職場暴力が発生した場合には苦情手続きを開始するための労働者又はその代表の権利を認めなければならない。
- 使用者とともに職場暴力防止の方針を策定及び実施すること。
- 国家、業種及び企業職場で職場暴力の防止及び管理対策を含めて合意を形成するように努めなければならない。
- 適切な組織を通じて定期的に更新された労働者の権利についての情報を含んだ職場暴力の防止についての情報を提供すること。
- 職場暴力の防止についてすべての労働者のための訓練コースの策定に使用者とともに協力すること。
- 特定の職場又は使用者との協議に基づいて、労働者及びその安全衛生代表は、特定の活動における職場暴力の危険性が高まる要因を確定すること。
- 職場暴力の記録活動を行うこと。

3.1.4 一般公衆、顧客及び取引先

顧客、取引先及び一般公衆は、サービス業における職場暴力の防止についての主要な関係者である。一般公衆、顧客及び取引先の代表は、可能な場合には、職場暴力の防止についての公的な方針及び戦略の策定に参加させる

資料編　サービス業における職場暴力及びこの現象を克服する対策についての実施基準案
（ILO）

ようにしなければならない。
3.2　実施、周知及び訓練
3.2.1　労働者の訓練
　サービス業における職場暴力の防止に対する訓練は、特定の必要性に応じて、一連の方針に基づいて継続的かつ定期的に実施されなければならない。訓練は、使用者のみにより又は労働者とそれらの代表の協力を得た使用者により、可能な場合には、すべての労働者、それらの代表、監督者及び管理者に対して行われなければならない。使用者は、職場暴力の防止について、職場における企業方針と戦略について、また、職場暴力が発生した際の支援について労働者に周知、教育及び訓練する職場におけるプログラムを開始しまた支援しなければならない。
　サービス業における職場暴力の防止のために行われる訓練は、次のようなものが含まれる。
  ・潜在的な暴力の危険性を感知する能力を向上させること。
  ・事態の評価、協力体制及び問題解決の対応能力を向上させること。
  ・潜在的な暴力の危険性を回避し軽減できる会話コミュニケーション技能を教えること。
  ・協力体制を形成できるような積極的な姿勢を育成すること。
  ・リスクアセスメントに従い必要に応じて積極的に主張する訓練。
  ・リスクアセスメントに従い必要に応じて自己防衛する訓練。

　特定の環境下における職場暴力を防止し対処するために必要な特定の訓練と技能を明確化した特定の業種及び職業におけるガイドラインを新たに開発するべきである。
3.2.2　監督者及び管理者の訓練
　すべての労働者、監督者及び管理者は、情報提供及び訓練プログラムに参加するに際して、次のような適切な訓練を受けるべきである。
  ・職場暴力に対する組織的な方針についての質問について説明し答えること。
  ・職場暴力を引き起こすかもしれない職員の行動及び態度の変化を特定すること。
  ・作業環境を評価し、職場暴力を防止、低減、撲滅する作業方法及び作業条件を特定すること。
  ・職員管理的な観点から労働者の回復を支援、助言及び援助すること。

- 職場暴力にさらされ、被害を受けた労働者のいかなる情報も、国内法令に従って守秘されること。
- 職員及びチームを管理し、相互尊重に基づいた作業環境を形成すること。

3.2.3 周知
当局及び使用者は、労働者の代表と協力して、可能な場合には、すべての労働者、監督者及び管理者が職場暴力の情報を利用できるようにすべきである。それは次のものを含む。
- サービス業における職場暴力の特徴と原因についての情報
- サービス業における職場暴力の多発分野と場所についての情報
- 職場暴力の発生に伴って生じる問題の防止方法と職場暴力の減少と撲滅のための好事例の提供
- 可能な場合には、性、文化の多様性、差別のような微妙な問題に対処する情報
- 職場あるいはサービスに関わる暴力と同様に、一般の暴力に適用される法令についての情報
- 可能な場合には評価並びに委託、相談、治療及びリハビリテーションプログラムを含めた職場暴力の被害者を支援するサービスについての情報

3.3 職場における記録及び対策
組織の規模及び活動の特徴に応じて、使用者は、次のことを含む職場暴力マネージメントシステム文書を策定し、見直し、協議しなければならない。
- 職場暴力についての安全衛生方針
- 的確で時宜を得た職場暴力の各分類に応じた記録システム。職場暴力の全ての活動の適切な文書はそれらの経験から組織が学ぶために重要である。
- 利用者に理解できるよう明確に記載し提供された職場暴力に関する対処、手続き及び指示並びにその他の内部文書
- 守秘に配慮した職場暴力に関する記録の閲覧
- 労働者が受けた職場暴力の分類を含めた職場暴力の現状把握及び活動の結果の記録

3.4 職場における協議
次のような場合は、管理者と労働者間並びに労働者間の協議の実施が促

資料編　サービス業における職場暴力及びこの現象を克服する対策についての実施基準案
(ILO)

進され得る。
・サービスの提供に伴う問題の解決の促進と情報の共有を図るための協議の場の提供
・組織の変更改編期間中の特別の協議の場の提供
・フィードバック手続きを盛り込むこと
・対話、情報共有及び問題解決について時間の割り当て

4　計画及び実施
4.1　現状把握
　可能な場合には組織に現存する職場暴力マネージメントシステム及び関連手続きを見直すこと。この見直しは、職場暴力に対処する観点からの現状把握を含むものとする。
4.1.1　現状
　使用者、労働者及びそれらの代表は、職場暴力の影響を共同して評価しなければならない。次のような指標は、職場における問題の特徴及び影響を特定し評価するための情報として有効に活用されるべきである。
・サービスが提供される地域における暴力の特徴についての国内及び地域調査
・同様のサービスを提供する職場における調査結果
・欠勤率
・病欠
・事故発生率
・職員定着率
・監督者、管理者、労働者及びそれらの代表、安全担当者、労働衛生担当者、社会福祉担当者の意見

4.1.2　リスクアセスメント
　リスクアセスメントは、使用者及び労働者の参加と支援のもとに実施されなければならない。特定の場所における危険性の範囲、職場暴力が発生する環境並びに被害を受けやすい労働者群に関する危険性を特定しなければならない。職場暴力のリスクアセスメントに関する場所または状況についてのチェックリストは、有用な道具であり、共同して作成されるべきである。
　職場暴力のリスクアセスメントを行うに際して、次のような職場における緊張状態の兆候を考慮に入れるべきである。

- 実際の被害につながるような関係者に対する身体的傷害又は暴行
- 次のような激しい暴力的嫌がらせ
    悪態を含む言葉による嫌がらせ、侮辱、人を見下すような会話
    脅し、軽蔑、侮蔑を意味する攻撃的な身振り
    詰寄り、いじめ、人種差別、セクシャルハラスメントを含むハラスメント
- 脅迫行為、言葉や文書による脅しを含んだ傷害を引き起こそうとする表現

4.1.3 職場レベルでの記録活動

職場等での経験から学ぶことは重要であるため、職場暴力行為は記録されることが重要である。使用者は、次のようなことを含むパターン及び傾向について経験を踏まえて分析しなければならない。

- 可能な場合には内部職場暴力及び外部職場暴力双方の職場暴力の記録の分類
- 重症度別分類
- 特定の場所や業務分類における職場暴力事例
- 加害者及び被害者の性格
- 暴力の形態
- 職場復帰への期間等の関連情報
- 発生状況(例えば、家を訪問して、カウンターでの対応、店外での状況等々)
- 日中又は夜間の時間等のその他の危険要因

4.1.4 業種、国家及び国際レベルでの記録

業種、国家、国際レベルにおける政府、使用者、労働者及びそれらの代表を含む包括的なアプローチについては、国内法令に基づき国家レベルでの守秘及びプライバシー保護の問題に配慮しつつ、サービス業における職場暴力に関するデータを照合、参照できるようにすることが望まれる。

- サービス業における業種小分類や職業での主要な職場暴力の危険性を特定すること。
- 嫌がらせ、脅し、暴行のように記録分類の標準化と分類の詳細化を行うこと。
- 犯罪裁判により収集された職場暴力に関する統計データは、安全衛生当局により収集されたデータ及び安全衛生に関するそれぞれの団体から集められたデータとともに統合すること。

資料編　サービス業における職場暴力及びこの現象を克服する対策についての実施基準案
(ILO)

- 十分な国内データが利用可能な場合には、政府当局は傾向をグラフ化するとともに種々の防止手法の有効性を評価すること。

4.2　実施
職場暴力を取り扱うことが可能な場合には職場暴力に対処するマネージメントシステムを策定し適切に実施しなければならない。

4.3　管理方法:職場暴力の防止、低減、管理、対抗措置についての戦略

4.3.1　職場暴力に対する戦略の開発
職場暴力についての方針及び戦略を策定するに際して、次の事項を考慮しなければならない。

- 職場暴力は職場とサービスの質の効率化にとって有害であり、職場暴力への対処活動は、ディーセントワークの開発促進や組織的発展と切り離せないものである。
- 職場暴力を生み出す原因の幅広い分析は、より有効な防止対策を策定することに有用である。
- 特に効果的であると認められた防止対策は可能な限り優先的に実施されること。
- 合意されたタイムテーブルに従い現実的で実行可能な到達目標に向けて活動を組織するため、短中長期の目標と戦略を初期の段階で策定しなければならない。
- 職場暴力についての事実確認、リスクアセスメント、対応、現状分析及び評価を含めた一連の基本的な段階において活動を明示しなければならない。

4.3.2　職場暴力の克服についての意識啓発及び協力
政府、使用者、労働者及びそれらの代表は、次のことを目的として、適切な優先順位に基づきサービス業における職場暴力の減少に向けて積極的に参画しなければならない。

- 職場暴力が安全衛生、サービス効率、生産性、機会均等及びディーセントワークの重大な脅威となることの認識の強化。
- サービス業における職場暴力についての情報普及。
- サービス業における職場暴力についての現状把握及び調査並びに政府、立法機関及び地域社会に対する意見、提案及び配慮の提示。

政府、使用者、労働者及びそれらの代表は、地域、国際地域及び国際社会において職場暴力の低減に向けて努力し協力しなければならない。

4.4 職場における防止方法
意思疎通と職場に関して次のようなことを考慮するものとする。
4.4.1 意思疎通
意思疎通を図ることにより職場暴力の危険性を低減させることができる場合がある。これは次のような形態をとるべきである。
- 公衆及び顧客への時宜を得た適切な情報
- 顧客にサービスの質について意見を言う機会を与えること及びこのような意見を考慮に入れること
- 苦情処理方法

4.4.2 職場における対策
職場暴力の防止対策について次のことを考慮すべきである。
- 職員レベル
- サービスの限度量及び対応能力
- 仕事量
- スケジュール
- 職場の立地
- 取扱い貴重品の保安状況
- 単独所在労働者の地理的近接と連絡の可否
- サービスにおける特定のニーズと一般公衆の期待

4.5 作業環境の改善
4.5.1 物理的環境
職場の物理的環境は、職場暴力を緩和する要因になり得る場合もある。騒音、照明、温度等についても配慮しなければならない。

4.5.2 職場の保安
サービス業における職場暴力の危険性を最小限にするため、次のことを考慮に入れなければならない。
- 場所に基づく特定の危険性及び危険性のレベルの特定
- 駐車場及び移動手段を含めた職場への往復
- セキュリティーサービスの利用
- 職場を見渡せるように遮蔽物の除去
- 立入り禁止区域の特定
- 労働者及びそれらの代表との協議後、危険区域におけるセキュリティーシステムの設置

- 業務上やむを得ない職務以外での武器の所持の禁止
- 職場でのアルコールと薬物の禁止[1]
  1)注)ILO実施基準、職場におけるアルコール及び薬物関連事項のマネージメント（1996年、ILO、ジュネーブ）の第5章を参照のこと。
- 可能な場合には労働者及び来訪者に対する入場チェックシステム（身分証明書の提示、受付、守衛等）
- 可能な場合には労働者の身分証明書
- 可能な場合には来訪者の身元確認
- 集団セキュリティーについての企業間の協力

4.6 事例発生に対する準備と対応

暴力の防止、準備及び対応措置は、すべての組織で確立され維持されなければならない。これらの措置は、暴力行為と職場の状況における潜在的危険性を特定し、それらを防止するものでなければならない（4.1-4.5参照）。

暴力事例に対する組織の対応は、合理的に実行可能な範囲で、肉体的影響及び精神的影響に関して、事例発生のあとに組織の様々な方針表明に対応した計画を含まなければならない。

4.6.1 対応計画

職場暴力の状況と関連した問題を取り扱うため、暴力行為による心身両面にわたる影響に対処するため、また、職場暴力の影響を受けた者を支援するために、対応計画を策定することは有用である。これらは、将来、有用であることを検証されなければならない。これらの計画は、合理的に実行可能な範囲で、心的外傷後ストレス障害（PTSD）のレベルでの心身の深刻な問題を防止する対策を含まなければならない。

4.6.2 管理面からの支援

マネージメントは、職場暴力の影響を受けたすべての労働者に対する支援を提供すべきである。特に、マネージメントには次のことを含まなければならない。

- 暴力と関連した問題の直接的影響を取り扱うこと。
- 可能な場合には、休暇を取らせることにより職場暴力の影響を最小限に留めること。
- 被害を受けた労働者の直接の家族に直ちに連絡すること。
- 必要な場合には迅速に内部調査を開始すること。

4.7 個人に着目した治療及びその他の対応

訓練と意思疎通の強化に加えて、職場暴力の防止を図り、個人の回復を図

るため次のような対応を行わなければならない。
4.7.1 医学的治療
　必要な場合には、職場暴力の影響を受けた労働者が適切な医学的治療を受けられるようにしなければならない。

　医療サービスを有する企業の場合で、そのような診察が可能で、適切な場合には、使用者は、職場暴力に関連する問題があると思われる者を受診させなければならない。

　社内にそのような医療サービスを有さないか、取扱い件数が社内での対応能力を超えている場合には、使用者は、労働者を社外の適当な医療機関を受診させなければならない。

4.7.2 支援
　可能な場合には、労働者代表との協議の上で、不安を話しあう機会あるいはその他の支援、例えばカウンセリングや心理学的治療による支援は、直接的又は間接的に職場暴力の影響を受けたすべての者に有益である。

4.7.3 面談
　可能な場合には、使用者は、労働者代表との協議の上で、職場暴力を受けた労働者に面談を行わなければならない。その内容には以下のことを含む。
- 暴力の影響を軽減するために個人の体験を話させること。
- 何が起こったのか理解し整理し、職場暴力を受けた者を支援すること。
- 落ち着かせることと支援の申し出。
- 事実の解明と情報提供。
- 利用可能な支援の説明。

4.7.4 緩和対策
　政府は、公衆医療プログラム、適当な場合には治療機会、社会保障制度、労働安全衛生システムその他政府の主導により、職場暴力の被害者を助成し支援しなければならない。リハビリテーションを利用できるようにしなければならず、また、職場暴力を受けたすべての者に対してその存在を周知しなければならない。

　使用者は、労働者とそれらの代表と協力して、合理的な範囲で、職場暴力の影響を受けた労働者をすべての期間で支援し、回復するために必要な時間を与えなければならない。

　可能な場合には、最初は過度な重圧を避け、職場復帰に必要であるならば特別の労働条件を設け労働者が職場に復帰できるようにしなければならない。

資料編　サービス業における職場暴力及びこの現象を克服する対策についての実施基準案

(ILO)

4.8　苦情及び懲戒手続き

政府、使用者、労働者及びそれらの代表は、職場暴力についての苦情を処理するため苦情処理及び懲戒手続きを策定するために協力して行動しなければならない。これらの手続きは、苦情の調査及び解決のため公正で公平なものとしなければならない。このプロセスは、苦情の内容について暴行の詳細と誰が暴行を行ったか知っている労働者が証言する機会を持つようにしなければならず、また、その事案に対して先入観を持たない審判者により公平で片寄らない公正な聴取が行われるようにしなければならない。迫害を防ぎ、守秘と期限が配慮されること。被害者及び証言者に対する報復は許されてはならない。

4.9　プライバシー及び守秘

政府及び使用者は、国内法令に従い、苦情及び懲戒手続き、医学的治療、面談、カウンセリング及びリハビリテーションに関するいかなる情報も守秘しなければならない。

5　現状把握及び見直し

職場暴力の管理と防止に関する職場暴力マネージメントシステムの有効性が確認できるよう定期的な見直しが行わなければならない。この見直しは、当局関係者と関係する労使との連携による見直し結果に基づいて行わなければならない。

5.1　職場暴力防止の方針の現状把握及び評価

使用者は、労働者及びそれらの代表と協力して、職場暴力防止の方針の有効性を評価しなければならない。これは次のことを含まなければならない。

- 導入された対策の結果の定期的把握
- 評価分類を策定することとともに方針と対策が十分に機能しているかどうかのチェック及び必要な場合には対策の強化について定期的なフィードバックを行うこと。
- 導入された対策について管理側と労働者とで協議する定期的合同会議を組織すること。
- 方針実施の評価を含んだ所定のルールに基づいてマネージメント方針を見直すこと。

5.2　職場暴力に関する事項についての職場における教訓

使用者は、労働者及びそれらの代表と協力して、次の事項を含む職場暴力に関する事項についての戦略的学習プロセスを策定しなければならない。

- ・職場での計画、実施及び評価から得られた教訓を学ぶこと。
- ・職場暴力に効果的に対応するための職場文化、職場組織及び職場環境の質を見直すこと。
- ・職場暴力を撲滅でき、作業環境を改善できる職場で実施されているリスクマネージメントサイクルを活性化すること。

このような活動は、サービスの質、生産性及びディーセントワークを向上させることにも寄与できるものである。

セクシュアル・ハラスメントの防止等
人事院規則10-10（平成10年11月13日）

（趣旨）
第1条　この規則は、人事行政の公正の確保、職員の利益の保護及び職員の能率の発揮を目的として、セクシュアル・ハラスメントの防止及び排除のための措置並びにセクシュアル・ハラスメントに起因する問題が生じた場合に適切に対応するための措置に関し、必要な事項を定めるものとする。

（定義）
第2条　この規則において、次の各号に掲げる用語の意義は、当該各号に定めるところによる。
一　セクシュアル・ハラスメント　他の者を不快にさせる職場における性的な言動及び職員が他の職員を不快にさせる職場外における性的な言動
二　セクシュアル・ハラスメントに起因する問題　セクシュアル・ハラスメントのため職員の勤務環境が害されること及びセクシュアル・ハラスメントへの対応に起因して職員がその勤務条件につき不利益を受けること

（人事院の責務）
第3条　人事院は、セクシュアル・ハラスメントの防止等に関する施策についての企画立案を行うとともに、各省各庁の長がセクシュアル・ハラスメント防止等のために実施する措置に関する調整、指導及び助言に当たらなければならない。

（各省各庁の長の責務）
第4条　各省各庁の長は、職員がその能率を充分に発揮できるような勤務環境を確保するため、セクシュアル・ハラスメントの防止及び排除に努めるととも

に、セクシュアル・ハラスメントに起因する問題が生じた場合においては、必要な措置を迅速かつ適切に講じなければならない。この場合において、セクシュアル・ハラスメントに対する苦情の申出、当該苦情等に係る調査への協力その他セクシュアル・ハラスメントに対する職員の対応に起因して当該職員が職場において不利益を受けることがないよう配慮しなければならない。

(職員の責務)
第5条　職員は、次条第1項の指針の定めるところに従い、セクシュアル・ハラスメントをしないように注意しなければならない。
2　職員を監督する地位にある者(以下「監督者」という。)は、良好な勤務環境を確保するため、日常の執務を通じた指導等によりセクシュアル・ハラスメントの防止及び排除に努めるとともに、セクシュアル・ハラスメントに起因する問題が生じた場合には、迅速かつ適切に対処しなければならない。

(職員に対する指針)
第6条　人事院は、セクシュアル・ハラスメントをしないようにするために職員が認識すべき事項及びセクシュアル・ハラスメントに起因する問題が生じた場合において職員に望まれる対応等について、指針を定めるものとする。
2　各省各庁の長は、職員に対し、前項の指針の周知徹底を図らなければならない。

(研修等)
第7条　各省各庁の長は、セクシュアル・ハラスメントの防止等を図るため、職員に対し、必要な研修等を実施するよう努めなければならない。
2　各省各庁の長は、新たに職員となった者に対し、セクシュアル・ハラスメントに関する基本的な事項について理解させるため、及び新たに監督者となった職員に対し、セクシュアル・ハラスメントの防止等に関しその求められる役割について理解させるために、研修を実施するものとする。
3　人事院は、各省各庁の長が前2項の規定により実施する研修等の調整及び指導に当たるとともに、自ら実施することが適当と認められるセクシュアル・ハラスメントの防止等のための研修について計画を立て、その実施に努めるものとする。

(苦情相談への対応)
第8条　各省各庁の長は、人事院の定めるところにより、セクシュアル・ハラスメントに関する苦情の申出及び相談(以下「苦情相談」という。)が職員からなされた場合に対応するため、苦情相談を受ける職員(以下「相談員」とい

う。)を配置し、相談員が苦情相談を受ける日時及び場所を指定する等必要な体制を整備しなければならない。この場合において、各省各庁の長は、苦情相談を受ける体制を職員に対して明示するものとする。
2　相談員は、苦情相談に係る問題の事実関係の確認及び当該苦情相談に係る当事者に対する助言等により、当該問題を迅速かつ適切に解決するよう努めるものとする。この場合において、相談員は、人事院が苦情相談への対応について定める指針に十分留意しなければならない。
3　職員は、相談員に対して苦情相談を行うほか、人事院に対しても苦情相談を行うことができる。この場合において、人事院は、苦情相談を行った職員等から事情の聴取を行う等の必要な調査を行い、当該職員等に対して指導、助言及び必要なあっせん等を行うものとする。

附　則
この規則は、平成11年4月1日から施行する。

人事院規則10－10（セクシュアル・ハラスメントの防止等）の運用について（通知）標記について下記のとおり定めたので、平成11年4月1日以降はこれによってください。

記

第1条関係
　「セクシュアル・ハラスメントの防止及び排除」とは、セクシュアル・ハラスメントが行なわれることを未然に防ぐとともに、セクシュアル・ハラスメントが現に行なわれている場合にその行為を制止し、及びその状態を解消することをいう。

第2条関係
1　この条の第1号の「他の者を不快にさせる」とは、職員が他の職員を不快にさせること、職員がその職務に従事する際に接する職員以外の者を不快にさせること及び職員以外の者が職員を不快にさせることをいう。
2　この条の第1号の「職場」とは、職員が職務に従事する場所をいい、当該職員が通常勤務している場所以外の場所も含まれる。
3　この条の第1号の「性的な言動」とは、性的な関心や欲求に基づく言動をいい、性別により役割を分担すべきとする意識に基づく言動も含まれる。
4　この条の第2号の「セクシュアル・ハラスメントのため職員の職務環境が害されること」とは、職員が、直接又は間接的にセクシュアル・ハラスメントを受けることにより、職務に専念することができなくなる等その能率の発揮が損な

われる程度に当該職員の職務環境が不快なものとなることをいう。
5 この条の第2号の「セクシュアル・ハラスメントへの対応」とは、職務上の地位を利用した交際又は性的な関係の強要等に対する拒否、抗議、苦情の申出等の行為をいう。
6 この条の第2号の「勤務条件につき不利益を受けること」とは、昇任、配置換等の任用上の取扱いや昇格、昇給、勤勉手当等の給与上の取扱い等に関し不利益を受けることをいう。

第4条関係
1 各省各庁の長の責務には、次に揚げるものが含まれる。
　一 セクシュアル・ハラスメントの防止等に関する方針、具体的な対策等を各省庁において部内規程等の文書の形でとりまとめ、職員に対して明示すること。
　二 職員に対する研修の計画を立て、実施するに当たり、セクシュアル・ハラスメントの防止等のための研修を含めるよう努めること。
　三 セクシュアル・ハラスメントに起因する問題が職場に生じていないか、又はそのおそれがないか、勤務環境に十分な注意を払うこと。
2 職場における「不利益」には、勤務条件に関する不利益のほか、同僚等から受ける誹謗や中傷など職員が受けるその他の不利益が含まれる。

第5条関係
　この条の第2項の「職員を監督する地位にある者」には、他の職員を事実上監督していると認められる地位にある者を含むものとする。

第6条関係
　この条の第1項の人事院が定める指針は、別紙1のとおりとする。

第7条関係
　この条の第1項の「研修等」には、研修のほか、パンフレットの配付、ポスターの掲示、職員の意識調査の実施等が含まれる。

第8条関係
1 苦情相談は、セクシュアル・ハラスメントによる被害を受けた本人からのものに限らず、次のようなものも含まれる。
　一 他の職員がセクシュアル・ハラスメントをされているのを見て不快に感じる職員からの苦情の申出
　二 他の職員からセクシュアル・ハラスメントをしている旨の指摘を受けた職員からの相談

三　部下等からセクシュアル・ハラスメントに関する相談を受けた監督者
　　　からの相談
2　この条の第1項の苦情相談を受ける体制の整備については、次に定めるところによる。
　　一　本省庁及び管区機関においては、それぞれ複数の相談員を置くことを基準とし、その他の機関においても、セクシュアル・ハラスメントに関する職員からの苦情相談に対応するために必要な体制をその組織構成、各官署の規模等を勘案して整備するものとする。
　　二　相談員のうち少なくとも1名は、苦情相談を行う職員の属する課の長に対する指導及び人事当局との連携をとることのできる地位にある者をもって充てるものとする。
　　三　苦情相談には、苦情相談を行う職員と同性の相談員が同席できるような体制を整備するよう努めるものとする。
3　この条の第2項の人事院が定める指針は、別紙2のとおりとする。
4　この条の第3項の「苦情相談を行った職員等」には、他の職員からセクシュアル・ハラスメントを受けたとする職員、他の職員に対しセクシュアル・ハラスメントをしたとされる職員その他の関係者が含まれる。

以上

別紙1　セクシュアル・ハラスメントをしないようにするために職員が認識すべき事項についての指針

第1　セクシュアル・ハラスメントをしないようにするために職員が認識すべき事項
1　意識の重要性
　　セクシュアル・ハラスメントをしないようにするためには、職員一人一人が、次の事項の重要性について十分認識しなければならない。
　　一　お互いの人格を尊重しあうこと。
　　二　お互いが大切なパートナーであるという意識を持つこと。
　　三　相手を性的な関心の対象としてのみ見る意識をなくすこと。
　　四　女性を劣った性として見る意識をなくすこと。
2　基本的な心構え
　　職員は、セクシュアル・ハラスメントに関する次の事項について十分認識しな

ければならない。
　一　性に関する言動に対する受け止め方には個人間や男女間で差があり、セクシュアル・ハラスメントに当たるか否かについては、相手の判断が重要であること。具体的には、次の点について注意する必要がある。
　　（1）親しさを表すつもりの言動であったとしても、本人の意図とは関係なく相手を不快にさせてしまう場合があること。
　　（2）不快に感じるか否かには個人差があること。
　　（3）この程度のことは相手も許容するだろうという勝手な憶測をしないこと。
　　（4）相手との良好な人間関係ができていると勝手な思い込みをしないこと。
　二　相手が拒否し、又は嫌がっていることが分かった場合には、同じ言動を決して繰り返さないこと。
　三　セクシュアル・ハラスメントであるか否かについて、相手からいつも意思表示があるとは限らないこと。セクシュアル・ハラスメントを受けた者が、職場の人間関係等を考え、拒否することができないなど、相手からいつも明確な意思表示があるとは限らないことを十分認識する必要がある。
　四　職場におけるセクシュアル・ハラスメントにだけ注意するのでは不十分であること。例えば、職場の人間関係がそのまま持続する歓迎会の酒席のような場において、職員が他の職員にセクシュアル・ハラスメントを行うことは、職場の人間関係を損ない勤務環境を害するおそれがあることから、勤務時間外におけるセクシュアル・ハラスメントについても十分注意する必要がある。
　五　職員間のセクシュアル・ハラスメントにだけ注意するのでは不十分であること。行政サービスの相手方など職員がその職務に従事する際に接することとなる職員以外の者及び委託契約又は派遣契約により同じ職場で勤務する者との関係にも注意しなければならない。
3　セクシュアル・ハラスメントになり得る言動
　セクシュアル・ハラスメントになり得る言動として、例えば、次のようなものがある。
　一　職場内外で起きやすいもの
　　（1）性的な内容の発言関係
　　　ア　性的な関心、欲求に基づくもの

- スリーサイズを聞くなど身体的特徴を話題にすること。
- 聞くに耐えない卑猥な冗談を交わすこと。
- 体調が悪そうな女性に「今日は生理日か」、「もう更年期か」などと言うこと。
- 性的な経験や性生活について質問すること。
- 性的な噂を立てたり、性的なからかいの対象とすること。

イ 性別により差別しようとする意識等に基づくもの
- 「男のくせに根性がない」、「女には仕事を任せられない」、「女性は職場の花でありさえすればいい」などと発言すること。
- 「男の子、女の子」、「僕、坊や、お嬢さん」、「おじさん、おばさん」などと人格を認めないような呼び方をすること。

(2) 性的な行動関係

ア 性的な関心、欲求に基づくもの
- ヌードポスター等を職場に貼ること。
- 雑誌等の卑猥な写真・記事等をわざと見せたり、読んだりすること。
- 身体を執拗に眺め回すこと。
- 食事やデートにしつこく誘うこと。
- 性的な内容の電話をかけたり、性的な内容の手紙・Eメールを送ること。
- 身体に不必要に接触すること。
- 浴室や更衣室等をのぞき見すること。

イ 性別により差別しようとする意識等に基づくもの
女性であるというだけで職場でお茶くみ、掃除、私用等を強要すること。

二 主に職場外において起こるもの
ア 性的な関心、欲求に基づくもの
性的な関係を強要すること
イ 性別により差別しようとする意識等に基づくもの
- カラオケでのデュエットを強要すること。
- 酒席で、上司の側に座席を指定したり、お酌やチークダンス等を強要すること。

4 懲戒処分

セクシュアル・ハラスメントの態様等によっては信用失墜行為、国民全体の奉仕者たるにふさわしくない非行などに該当して、懲戒処分に付されることがある。

第2 職場の構成員として良好な勤務環境を確保するために認識すべき事項

勤務環境はその構成員である職員の協力の下に形成される部分が大きいことから、セクシュアル・ハラスメントにより勤務環境が害されることを防ぐため、職員は、次の事項について、積極的に意を用いるように努めなければならない。

1 職場内のセクシュアル・ハラスメントについて問題提起する職員をいわゆるトラブルメーカーと見たり、セクシュアル・ハラスメントに関する問題を当事者間の個人的な問題として片づけないこと。職場におけるミーティングを活用することなどにより解決することができる問題については、問題提起を契機として、良好な勤務環境の確保のために皆で取り組むことを日頃から心がけることが必要である。

2 職場からセクシュアル・ハラスメントに関する問題の加害者や被害者を出さないようにするために、周囲に対する気配りをし、必要な行動をとること。具体的には、次の事項について十分留意して必要な行動をとる必要がある。

一 セクシュアル・ハラスメントが見受けられる場合は、職場の同僚として注意を促すこと。セクシュアル・ハラスメントを契機として、勤務員間に重大な悪影響が生じたりしないうちに、機会をとらえて職場の同僚として注意を促すなどの対応をとることが必要である。

二 被害を受けていることを見聞きした場合には、声をかけて相談に乗ること。被害者は「恥ずかしい」、「トラブルメーカーとのレッテルを貼られたくない」などとの考えから、他の人に対する相談をためらうことがある。被害を深刻にしないように、気が付いたことがあれば、声をかけて気軽に相談に乗ることも大切である。

3 職場においてセクシュアル・ハラスメントがある場合には、第三者として気持ちよく勤務できる環境づくりをする上で、上司等に相談するなどの方法をとることをためらわないこと。

第3 セクシュアル・ハラスメントに起因する問題が生じた場合において職員に望まれる事項

1 基本的な心構え

職員は、セクシュアル・ハラスメントを受けた場合にその被害を深刻にしないために、次の事項について認識しておくことが望まれる。

一 一人で我慢しているだけでは、問題は解決しないこと。セクシュアル・ハ

ラスメントを無視したり、受け流したりしているだけでは、必ずしも状況は改善されないということをまず認識することが大切である。
二 セクシュアル・ハラスメントに対する行動をためらわないこと。「トラブルメーカーというレッテルを貼られたくない」、「恥ずかしい」などと考えがちだが、被害を深刻なものにしない、他に被害者をつくらない、さらにはセクシュアル・ハラスメントをなくすことは自分だけの問題ではなく良い勤務環境の形成に重要であるとの考えに立って、勇気を出して行動することが求められる。

2 セクシュアル・ハラスメントによる被害を受けたと思うときに望まれる対応

職員はセクシュアル・ハラスメントを受けた場合、次のような行動をとるよう努めることが望まれる。

一 嫌なことは相手に対して明確に意思表示をすること。セクシュアル・ハラスメントに対しては毅然とした態度をとること、すなわち、はっきりと自分の意志を相手に伝えることが重要である。直接相手に言いにくい場合には、手紙等の手段をとるという方法もある。
二 信頼できる人に相談すること。
まず、職場の同僚や知人等身近な信頼できる人に相談することが大切である。各職場内において解決することが困難な場合には、内部又は外部の相談機関に相談する方法を考える。なお、相談するに当たっては、セクシュアル・ハラスメントが発生した日時、内容等について記録しておくことが望ましい。

| 別紙 2 | セクシュアル・ハラスメントに関する苦情相談に対応するに当たり留意すべき事項についての指針 |

第1 基本的な心構え

職員からの苦情相談に対応するに当たっては、相談員は次の事項に留意する必要がある。
1 被害者を含む当事者にとって適切かつ効果的な対応は何かという視点を常に持つこと。
2 事態を悪化させないために、迅速な対応を心がけること
3 関係者のプライバシーや名誉その他の人権を尊重するとともに、知り得た秘密を厳守すること。

第2　苦情相談の事務の進め方
1　苦情相談を受ける際の相談員の体制等
　一　苦情相談を受ける際には、原則として2人の相談員で対応すること。
　二　苦情相談を受けるに当たっては、同性の相談員が同席するよう努めること。
　三　相談員は、苦情相談に適切に対応するために、相互に連携し、協力すること。
　四　実際に苦情相談を受けるに当たっては、その内容を相談員以外の者に見聞されないよう周りから遮断した場所で行うこと。
2　相談者から事実関係等を聴取するに当たり留意すべき事項
　苦情相談を行う職員（以下「相談者」という。）から事実関係等を聴取するに当たっては、次の事項に留意する必要がある。
　一　相談者の求めるものを把握すること。将来の言動の抑止等、今後も発生が見込まれる言動への対応を求めるものであるのか、又は喪失した利益の回復、謝罪要求等過去にあった言動に対する対応を求めるものであるのかについて把握する。
　二　どの程度の時間的な余裕があるのかについて把握すること。相談者の心身の状態等に鑑み、苦情相談への対応に当たりどの程度の時間的な余裕があるのかを把握する。
　三　相談者の主張に真摯に耳を傾け丁寧に話を聴くこと。特に相談者が被害者の場合、セクシュアル・ハラスメントを受けた心理的影響から必ずしも理路整然と話すとは限らない。むしろ脱線することも十分想定されるが、事実関係を把握することは極めて重要であるので、忍耐強く聴くよう努める。
　四　事実関係については、次の事項を把握すること。
　　（1）当事者（被害者及び加害者とされる職員）間の関係。
　　（2）問題とされる言動が、いつ、どこで、どのように行われたか。
　　（3）相談者は、加害者とされる職員に対してどのような対応をとったか。
　　（4）監督者等に対する相談を行っているか。
　　　なお、これらの事実を確認する場合、相談者が主張する内容については、当事者のみが知り得るものか、又は他に目撃者はいるのかを把握する。
　五　聴取した事実関係等を相談者に確認すること。聞き間違えの修正並び

に聞き漏らした事項及び言い忘れた事項の補充ができるので、聴取事項を書面で示したり、復唱するなどして相談者に確認する。
　　六　聴取した事実関係等については、必ず記録にしてとっておくこと。
　3　加害者とされる職員からの事実関係等の聴取
　　一　原則として加害者とされる職員から事実関係等を聴取する必要がある。ただし、セクシュアル・ハラスメントが職場内で行われ比較的軽微なものであり、対応に時間的な余裕がある場合などは、監督者の観察、指導による対応が適当な場合も考えられるので、その都度適切な方法を選択して対応する。
　　二　加害者とされる者から事実関係等を聴取する場合には、加害者とされる者に対して十分な弁明の機会を与える。
　　三　加害者とされる者から事実関係等を聴取するに当たっては、その主張に真摯に耳を傾け丁寧に話を聴くなど、相談者から事実関係等を聴取する際の留意事項を参考にし、適切に対応する。
　4　第三者からの事実関係等の聴取
　職場内で行われたとされるセクシュアル・ハラスメントについて当事者間で事実関係に関する主張に不一致があり、事実の確認が十分にできないと認められる場合などは、第三者から事実関係等を聴取することも必要である。この場合、相談者から事実関係等を聴取する際の留意事項を参考にし、適切に対応する。
　5　相談者に対する説明苦情相談に関し、具体的にとられた対応については、相談者に説明する。
第3　問題処理のための具体的な対応例
　相談員が、苦情相談に対応するに当たっては、セクシュアル・ハラスメントに関して相当程度の知識を持ち、個々の事例に即して柔軟に対応することが基本となることは言うまでもないが、具体的には、事例に応じて次のような対処が方策として考えられる。
　1　セクシュアル・ハラスメントを受けたとする職員からの苦情相談
　　一　職員の監督者等に対し、加害者とされる職員に指導するよう要請する。
　　　（例）職場内で行われるセクシュアル・ハラスメントのうち、その対応に時間的な余裕があると判断されるものについては、職場の監督者等に状況を観察するよう要請し、加害者とされる職員の言動のうち問題があると認められるものを適宜注意させる。

二　加害者に対して直接注意する。
（例）性的なからかいの対象にするなどの行為を頻繁に行うことが問題にされている場合において、加害者とされる職員は親しみの表現として発言等を行っており、それがセクシュアル・ハラスメントであるとの意識がない場合には、相談員が加害者とされる職員に対し、その行動がセクシュアル・ハラスメントに該当することを直接注意する。
三　被害者に対して指導、助言をする。
（例）職場の同僚から好意を抱かれ食事やデートにしつこく誘われるが、相談者がそれを苦痛に感じている場合については、相談者自身が相手の職員に対して明確に意思表示をするよう助言する。
四　当事者間のあっせんを行う。
（例）被害者がセクシュアル・ハラスメントを行った加害者に謝罪を求めている場合において、加害者も自らの言動について反省しているときには、被害者の要求を加害者に伝え、加害者に対して謝罪を促すようあっせんする。
五　人事上必要な措置を講じるため、人事当局との連携をとる。
（例）セクシュアル・ハラスメントの内容がかなり深刻な場合で被害者と加害者とを同じ職場で勤務させることが適当でないと判断される場合などには、人事当局との十分な連携の下に当事者の人事異動等の措置をとることも必要となる。

2　セクシュアル・ハラスメントであるとの指摘を受けたが納得いかない旨の相談
（例）昼休みに自席で週刊誌のグラビアのヌード写真を周囲の目に触れるように眺めていたところ、隣に座っている同僚の女性職員から、他の職員の目にふれるのはセクシュアル・ハラスメントであるとの指摘を受けたが、納得いかない旨の相談があった場合には、相談者に対し、周囲の職員が不快に感じる以上はセクシュアル・ハラスメントに当たる旨注意喚起をする。

3　第三者からの苦情相談
（例）同僚の女性職員がその上司から性的なからかいを日常的に繰り返し受けているのを見て不快に思う職員から相談があった場合には、同僚の女性職員及びその上司から事情を聴き、その事実がセクシュアル・ハラスメントであると認められる場合には、その上司に対して監督者を通

じ、又は相談員が直接に注意を促す。
(例)非常勤職員に執拗につきまとったり、その身体に不必要に触る職員がいるが、非常勤職員である本人は、立場が弱いため苦情を申し出ることをしないような場合について第三者から相談があったときには、本人から事情を聴き、事実が認められる場合には、本人の意向を踏まえた上で、監督者を通じ、又は相談員が直接に加害者とされる職員から事情を聴き、注意する。

「パワー・ハラスメント」を起こさないために 注意すべき言動例について

人事院通知　平成22年1月8日

いわゆる「パワー・ハラスメント」問題については、最近、社会的に関心が高まっていますが、公務においても、人事院に寄せられている「パワー・ハラスメント」に関する苦情相談の件数が増加している状況にあることから、裁判例や苦情相談事例を参考に別添のとおり、「パワー・ハラスメント」を起こさないために注意すべき言動例」を作成しましたので、職員に周知するとともに、その防止に努めて下さい。

以上

(別添)
「パワー・ハラスメント」を起こさないために注意すべき言動例

〔はじめに〕
① 「パワー・ハラスメント」については、法令上の定義はありませんが、一般に「職権などのパワーを背景にして、本来の業務の範疇を超えて、継続的に人格と尊厳を侵害する言動を行い、それを受けた就業者の働く環境を悪化させ、あるいは雇用について不安を与えること」を指すといわれています。
なお、業務上の指導等ではあるが、その手段や態様等が適切でないのも、本来の業務の範疇を超えてある場合に含まれると考えられます
② 「パワー・ハラスメント」を起こさないために注意すべき言動例」においては、上記のような事実上の定義や裁判例等を参考に、その言動について6つの

資料編　パワー・ハラスメントを起こさないために注意すべき言動例について（人事院通知）

パターンに分類し、それぞれのパターンごとに、「パワー・ハラスメント」に該当し得るケース及び「パワー・ハラスメント」を起こさないために上司として心得るべきポイントを記載しています。

<u>ただし、上司の言動が実際に「パワー・ハラスメント」に該当するかどうかは、当該言動が継続して行われているものかどうか、当該言動が行われることとなった原因、当該言動が行われた状況等も踏まえて判断する必要があり、ここにある言動がすべてが直ちに「パワー・ハラスメント」に該当するとは限らない点は注意が必要です。</u>

なお、6つに分類したパターンは便宜的に設けたものであり、実際の「パワー・ハラスメント」は、各パターンが重複している場合等もあり得るものと考えられます。

③　「パワー・ハラスメント」は、職場内秩序を乱し、各組織の正常な業務運営の障害となり得るとともに、殊に、上司から部下への不用意な言動によって、職員の勤労意欲を減退させ、ひいては精神的な障害に陥る職員を発生させる要因にもなり得るものです。

管理監督者は、この言動例等を参考にしながら、「パワー・ハラスメント」について十分問題意識を持つとともに、自ら「「パワー・ハラスメント」を起こさないのはもちろんのこと、職場において「パワー・ハラスメント」が起きていないかどうかを日常的に注意することが重要です。

また、人事担当部局においても、必要に応じてその防止について注意喚起するとともに、「パワー・ハラスメント」に関する職員からの苦情相談について適切に処理するなどの対応が必要です。

パターン①
暴言
〜人格の否定にならないような叱り方をしていますか？〜

【事例1】
　上司Aは、部下に対して、間違いをすると、「こんな間違いをするやつは死んでしまえ」、「おまえは給料泥棒だ」などと暴言を吐く。部下が謝っても許してくれず、むしろ「存在が目障りだ。おまえがいるだけで皆が迷惑している」など、暴言を吐き続けることもある。

【事例2】
　上司Bは、普段からおとなしいある部下の性格を何かにつけて面白おかしく

345

取り上げ、「君はネクラだ」、「もっと明るい顔をしろ」などと言っている。この間もその部下が会場でプレゼンをしたとき、何度か資料の読み間違いなどをしたことについて、<u>発表の方法等を指導せずに</u>、「<u>君のプレゼンが下手なのは、暗い性格のせいだ。何とかしろ</u>」などと言った。

～「パワー・ハラスメント」を起こさないためのポイント～

・ 部下に暴言を吐くことは、職場の内外を問わず、懇親会の席などざっくばらんな雰囲気の場でも、許されるものではありません。
・ 厳しく叱ることも部下を指導する上で時には必要ですが、その場合も言葉を選んで、適切に対応することが必要です。

パターン②
執拗な避難
～部下にうまく助言・指導していますか？～

【事例3】
　上司Cは、ある部下の作った資料に誤字があることを見つけたが、その部下は過去にも誤字等のミスをしたことがあったため、「なぜこのようなミスをしたのか。反省文を書くように」と言った。そこで、その部下がミスをした理由や今後十分に注意すること等を記載した反省文を作って提出したところ、Cは、「内容が物足りない。もっと丁寧な反省文を書いて署名・捺印しろ」などと言って<u>三日間にわたって何度も書き直しを命じ</u>、指示どおりの反省文を提出させた。

【事例4】
　上司Dは<u>些細なミスに対して執拗に非難する</u>。この前も、班内会議で使う資料にページがついていなかったことについて、資料を作成した部下に対し、「お前は小学生か」、「仕事のやり方が本当に下手だ」などと<u>皆の前で起立させたまま、大声で長時間叱責し続けた</u>。

～「パワー・ハラスメント」を起こさないためのポイント～

・ 部下は上司に対して、正面きって反論しづらい立場にあることを理解し、ミスには、必要な範囲で、具体的かつ的確に指導することに心がけることが必要です。
・ 部下の立場も考えて、できる限り人前で叱らないようにするなどの配慮も必要です。

パターン③
威圧的な行為

資料編　パワー・ハラスメントを起こさないために注意すべき言動例について（人事院通知）

～セルフコントロールができていますか？～

【事例5】
　上司Eは部下の意見が気に入らなかったりすると、しょっちゅう、椅子を蹴飛ばしたり、書類を投げつけたりする。この間も、部下の目の前で、分厚いファイルを何度も激しく机に叩き付けていた。職員は皆萎縮して、仕事の相談ができる雰囲気ではなく、仕事が全然進まない。

【事例6】
　上司Fは、職員の業務上の意見に対し、自分の意見と違う時は意に沿った発言をするまで怒鳴り続け、また、自分自身にミスがあると有無を言わさず部下に責任を転嫁する。そうした言動が原因で体調を崩した部下が入院することとなったため、その部下がそれを報告したところ、「おまえの日ごろの健康管理が悪いからだ。そんなことで休むな」と怒鳴られてしまった。

～「パワー・ハラスメント」を起こさないためのポイント～
・　業務に関する言動であっても、その内容や態様等が威圧的にならないよう注意してください。
・　仕事に対する姿勢や日常の振る舞いが「パワー・ハラスメント」の土壌となることがあります。

パターン④
実現不可能・無駄な業務の強要
～明らかに無理・無駄な業務を指示していませんか？～

【事例7】
　上司Gは、職場に異動してきたばかりの係員の部下に対し、正当な理由もなく、これまで3名で行ってきた大量の申請書の処理業務を未経験のその部下に全部押しつけ、期限内にすべて処理するよう厳命した。このような状況が続き、申請書の処理が滞留したため、その部下が「私にはもう無理だ」と訴えると、「おまえに能力がないからだ。期限内に一人で処理しろ」と激しく責め、聞き入れなかった。

【事例8】
　上司Hは部下に対し、毎週のように土曜日や日曜日に出勤することを命じ、自らも出勤し、部下の作った書類のチェックや打ち合わせなどをする。そのような勤務はHの係だけであり、仕事の内容も翌週の平日にできるようなものなのだが、意見を言うと、「出勤の必要があるかどうかは自分が判断する」と言うだけ

347

である。

～「パワー・ハラスメント」を起こさないためのポイント～
・ 明らかに実現不可能な業務や自分の趣味による無駄な仕事の強要は、言うまでもなく許されません。
・ 部下に対し、非常に大きな負担をかける業務などを命じる場合には、必要に応じ、部下にその理由を説明するなどフォローが必要です。

パターン⑤
仕事を与えない
～部下の好き嫌いなく仕事を与えていますか？～

【事例9】
　上司Iは、ある部下について仕事ができない人間だと決めつけ、何の説明もなく役職に見合った業務を全く与えず、班内の回覧物も回さない。この間も、その部下が何か仕事を与えてくれるよう相談したら、自分の机にたまたま置いてあった書類を手に取って「これでもコピーしておけ」と命じただけであった。

【事例10】
　上司Jの職場は残業が多いことから、先月、ある部下が業務改善に関する提案を自主的に作成して提出したところ、「要らないことをするな」と突き返された。それ以降、Jは、「あいつとは相性が合わない」と言って、その部下に仕事を与えなくなり、本来の仕事すら他の同僚にさせるようになった。

～「パワー・ハラスメント」を起こさないためのポイント～
・ 部下には差別なくその能力や役職等に見合った仕事を与える必要があり、合理的な理由なく仕事を与えないことは許されません。
・ 業務上の意見を言ったことなどを理由に、仕事を与えないなどのペナルティを科すのは権限の濫用に該当します。

パターン⑥
仕事以外の事柄の強要
～私生活に権限を持ち込んでいませんか？～

【事例11】
　上司Kは部下に対して、毎日のように昼休みに弁当を買いに行かせたり、週末には家の掃除をさせたりする。皆嫌がっているのだが、断ると、怒鳴ったり、仕事上のペナルティをちらつかせるので言いなりになっている。

【事例12】
　上司Lは、ある部下が自分の住んでいるマンションよりも良い物件を貸借していることをねたみ、その部下に対し、「上司より立派なマンションに住むとは何事だ」とか「もっと安いところに住まないと地方に異動させるぞ」などと言い続けたので、その部下はやむを得ず、別の安い物件に転居した。

　　　　　〜「パワー・ハラスメント」を起こさないためのポイント〜
・　部下に私事を命じるのは明らかに不適当な命令です。
・　部下に対して合理的な理由がないのに、仕事以外のことに執拗に干渉しない態度が必要です。

「パワー・ハラスメント」の被害者であると思っている方は、以下の点に心がけて下さい。
・　「パワー・ハラスメント」を受けたときは一人で我慢しないで、まずは、身近な同僚や信頼する先輩に相談して下さい。
・　各府省又は人事院の苦情相談窓口にも遠慮なく申し出て下さい。
　　　本通知に関する問合せ先：人事院職員福祉局職員福祉課勤務時間第一班
　　　　　　　　　　　　　　電話03（3581）5311（内線2565）

事業主が職場における性的な言動に起因する問題に関して雇用管理上講ずべき措置についての指針

厚生労働省告示第615号　平成18年10月11日

1　はじめに

　この指針は、雇用の分野における男女の均等な機会及び待遇の確保等に関する法律（以下「法」という。）第十一条第一項に規定する事業主が職場において行われる性的な言動に対するその雇用する労働者の対応により当該労働者がその労働条件につき不利益を受け、又は当該性的な言動により当該労働者の就業環境が害されること（以下「職場におけるセクシュアルハラスメント」という。）のないよう雇用管理上講ずべき措置について、同条第二項の規定に基づき事業主が適切かつ有効な実施を図るために必要な事項について定めたものである。

2 職場におけるセクシュアルハラスメントの内容

（1） 職場におけるセクシュアルハラスメントには、職場において行われる性的な言動に対する労働者の対応により当該労働者がその労働条件につき不利益を受けるもの（以下「対価型セクシュアルハラスメント」という。）と、当該性的な言動により労働者の就業環境が害されるもの（以下「環境型セクシュアルハラスメント」という。）がある。

（2） 「職場」とは、事業主が雇用する労働者が業務を遂行する場所を指し、当該労働者が通常就業している場所以外の場所であっても、当該労働者が業務を遂行する場所については、「職場」に含まれる。例えば、取引先の事務所、取引先と打合せをするための飲食店、顧客の自宅等であっても、当該労働者が業務を遂行する場所であればこれに該当する。

（3） 「労働者」とは、いわゆる正規労働者のみならず、パートタイム労働者、契約社員等いわゆる非正規労働者を含む事業主が雇用する労働者のすべてをいう。

また、派遣労働者については、派遣元事業主のみならず、労働者派遣の役務の提供を受ける者についても、労働者派遣事業の適正な運営の確保及び派遣労働者の就業条件の整備等に関する法律（昭和六十年法律第八十八号）第四十七条の二の規定により、その指揮命令の下に労働させる派遣労働者を雇用する事業主とみなされ、法第十一条第一項の規定が適用されることから、労働者派遣の役務の提供を受ける者は、派遣労働者についてもその雇用する労働者と同様に、3以下の措置を講ずることが必要である。

（4） 「性的な言動」とは、性的な内容の発言及び性的な行動を指し、この「性的な内容の発言」には、性的な事実関係を尋ねること、性的な内容の情報を意図的に流布すること等が、「性的な行動」には、性的な関係を強要すること、必要なく身体に触ること、わいせつな図画を配布すること等が、それぞれ含まれる。

（5） 「対価型セクシュアルハラスメント」とは、職場において行われる労働者の意に反する性的な言動に対する労働者の対応により、当該労働者が解雇、降格、減給等の不利益を受けることであって、その状況は多様であるが、典型的な例として、次のようなものがある。

　イ　事務所内において事業主が労働者に対して性的な関係を要求したが、拒否されたため、当該労働者を解雇すること。

資料編　事業主が職場における性的な言動に起因する問題に関して雇用管理上講ずべき措置についての指針（厚生労働省告示）

　　ロ　出張中の車中において上司が労働者の腰、胸等に触ったが、抵抗されたため、当該労働者について不利益な配置転換をすること。
　　ハ　営業所内において事業主が日頃から労働者に係る性的な事柄について公然と発言していたが、抗議されたため、当該労働者を降格すること。
(6)　「環境型セクシュアルハラスメント」とは、職場において行われる労働者の意に反する性的な言動により労働者の就業環境が不快なものとなったため、能力の発揮に重大な悪影響が生じる等当該労働者が就業する上で看過できない程度の支障が生じることであって、その状況は多様であるが、典型的な例として、次のようなものがある。
　　イ　事務所内において上司が労働者の腰、胸等に度々触ったため、当該労働者が苦痛に感じてその就業意欲が低下していること。
　　ロ　同僚が取引先において労働者に係る性的な内容の情報を意図的かつ継続的に流布したため、当該労働者が苦痛に感じて仕事が手につかないこと。
　　ハ　労働者が抗議をしているにもかかわらず、事務所内にヌードポスターを掲示しているため、当該労働者が苦痛に感じて業務に専念できないこと。

3　事業主が職場における性的な言動に起因する問題に関し雇用管理上講ずべき措置の内容

　事業主は、職場におけるセクシュアルハラスメントを防止するため、雇用管理上次の措置を講じなければならない。
(1)　事業主の方針の明確化及びその周知・啓発
　事業主は、職場におけるセクシュアルハラスメントに関する方針の明確化、労働者に対するその方針の周知・啓発として、次の措置を講じなければならない。
　なお、周知・啓発をするに当たっては、職場におけるセクシュアルハラスメントの防止の効果を高めるため、その発生の原因や背景について労働者の理解を深めることが重要である。
　　イ　職場におけるセクシュアルハラスメントの内容及び職場におけるセクシュアルハラスメントがあってはならない旨の方針を明確化し、管理・監督者を含む労働者に周知・啓発すること。
　　（方針を明確化し、労働者に周知・啓発していると認められる例）
　　　①　就業規則その他の職場における服務規律等を定めた文書において、職場におけるセクシュアルハラスメントがあってはならない旨の方針

を規定し、職場におけるセクシュアルハラスメントの内容と併せ、労働者に周知・啓発すること。
　② 社内報、パンフレット、社内ホームページ等広報又は啓発のための資料等に職場におけるセクシュアルハラスメントの内容及び職場におけるセクシュアルハラスメントがあってはならない旨の方針を記載し、配布等すること。
　③ 職場におけるセクシュアルハラスメントの内容及び職場におけるセクシュアルハラスメントがあってはならない旨の方針を労働者に対して周知・啓発するための研修、講習等を実施すること。
ロ　職場におけるセクシュアルハラスメントに係る性的な言動を行った者については、厳正に対処する旨の方針及び対処の内容を就業規則その他の職場における服務規律等を定めた文書に規定し、管理・監督者を含む労働者に周知・啓発すること。
（方針を定め、労働者に周知・啓発していると認められる例）
　① 就業規則その他の職場における服務規律等を定めた文書において、職場におけるセクシュアルハラスメントに係る性的な言動を行った者に対する懲戒規定を定め、その内容を労働者に周知・啓発すること。
　② 職場におけるセクシュアルハラスメントに係る性的な言動を行った者は、現行の就業規則その他の職場における服務規律等を定めた文書において定められている懲戒規定の適用の対象となる旨を明確化し、これを労働者に周知・啓発すること。

(2)　相談（苦情を含む。以下同じ。）に応じ、適切に対応するために必要な体制の整備

事業主は、労働者からの相談に対し、その内容や状況に応じ適切かつ柔軟に対応するために必要な体制の整備として、次の措置を講じなければならない。
イ　相談への対応のための窓口（以下「相談窓口」という。）をあらかじめ定めること。
（相談窓口をあらかじめ定めていると認められる例）
　① 相談に対応する担当者をあらかじめ定めること。
　② 相談に対応するための制度を設けること。
　③ 外部の機関に相談への対応を委託すること。
ロ　イの相談窓口の担当者が、相談に対し、その内容や状況に応じ適切に

資料編　事業主が職場における性的な言動に起因する問題に関して雇用管理上講ずべき措置についての指針（厚生労働省告示）

対応できるようにすること。また、相談窓口においては、職場におけるセクシュアルハラスメントが現実に生じている場合だけでなく、その発生のおそれがある場合や、職場におけるセクシュアルハラスメントに該当するか否か微妙な場合であっても、広く相談に対応し、適切な対応を行うようにすること。
（相談窓口の担当者が適切に対応することができるようにしていると認められる例）
① 相談窓口の担当者が相談を受けた場合、その内容や状況に応じて、相談窓口の担当者と人事部門とが連携を図ることができる仕組みとすること。
② 相談窓口の担当者が相談を受けた場合、あらかじめ作成した留意点などを記載したマニュアルに基づき対応すること。

(3) 職場におけるセクシュアルハラスメントに係る事後の迅速かつ適切な対応

事業主は、職場におけるセクシュアルハラスメントに係る相談の申出があった場合において、その事案に係る事実関係の迅速かつ正確な確認及び適正な対処として、次の措置を講じなければならない。

イ　事案に係る事実関係を迅速かつ正確に確認すること。
（事案に係る事実関係を迅速かつ正確に確認していると認められる例）
① 相談窓口の担当者、人事部門又は専門の委員会等が、相談を行った労働者（以下「相談者」という。）及び職場におけるセクシュアルハラスメントに係る性的な言動の行為者とされる者（以下「行為者」という。）の双方から事実関係を確認すること。
また、相談者と行為者との間で事実関係に関する主張に不一致があり、事実の確認が十分にできないと認められる場合には、第三者からも事実関係を聴取する等の措置を講ずること。
② 事実関係を迅速かつ正確に確認しようとしたが、確認が困難な場合などにおいて、法第十八条に基づく調停の申請を行うことその他中立な第三者機関に紛争処理を委ねること。

ロ　イにより、職場におけるセクシュアルハラスメントが生じた事実が確認できた場合においては、行為者に対する措置及び被害を受けた労働者（以下「被害者」という。）に対する措置をそれぞれ適正に行うこと。
（措置を適正に行っていると認められる例）
① 就業規則その他の職場における服務規律等を定めた文書における

　　　　職場におけるセクシュアルハラスメントに関する規定等に基づき、行為者
　　　に対して必要な懲戒その他の措置を講ずること。併せて事案の内容や
　　　状況に応じ、被害者と行為者の間の関係改善に向けての援助、被害者
　　　と行為者を引き離すための配置転換、行為者の謝罪、被害者の労働条
　　　件上の不利益の回復等の措置を講ずること。
　　②　法第十八条に基づく調停その他中立な第三者機関の紛争解決案
　　　に従った措置を講ずること。
　ハ　改めて職場におけるセクシュアルハラスメントに関する方針を周知・啓発
　　する等の再発防止に向けた措置を講ずること。
　　　なお、職場におけるセクシュアルハラスメントが生じた事実が確認できな
　　かった場合においても、同様の措置を講ずること。
　（再発防止に向けた措置を講じていると認められる例）
　　①　職場におけるセクシュアルハラスメントがあってはならない旨の方針及
　　　び職場におけるセクシュアルハラスメントに係る性的な言動を行った者
　　　について厳正に対処する旨の方針を、社内報、パンフレット、社内ホーム
　　　ページ等広報又は啓発のための資料等に改めて掲載し、配布等するこ
　　　と。
　　②　労働者に対して職場におけるセクシュアルハラスメントに関する意識
　　　を啓発するための研修、講習等を改めて実施すること。
（4）　(1)から(3)までの措置と併せて講ずべき措置
　(1)から(3)までの措置を講ずるに際しては、併せて次の措置を講じなけれ
ばならない。
　イ　職場におけるセクシュアルハラスメントに係る相談者・行為者等の情報
　　は当該相談者・行為者等のプライバシーに属するものであることから、相談
　　への対応又は当該セクシュアルハラスメントに係る事後の対応に当たって
　　は、相談者・行為者等のプライバシーを保護するために必要な措置を講ず
　　るとともに、その旨を労働者に対して周知すること。
　（相談者・行為者等のプライバシーを保護するために必要な措置を講じて
　いると認められる例）
　　①　相談者・行為者等のプライバシーの保護のために必要な事項をあら
　　　かじめマニュアルに定め、相談窓口の担当者が相談を受けた際には、
　　　当該マニュアルに基づき対応するものとすること。
　　②　相談者・行為者等のプライバシーの保護のために、相談窓口の担当

者に必要な研修を行うこと。
　③　相談窓口においては相談者・行為者等のプライバシーを保護するために必要な措置を講じていることを、社内報、パンフレット、社内ホームページ等広報又は啓発のための資料等に掲載し、配布等すること。
ロ　労働者が職場におけるセクシュアルハラスメントに関し相談をしたこと又は事実関係の確認に協力したこと等を理由として、不利益な取扱いを行ってはならない旨を定め、労働者に周知・啓発すること。
（不利益な取扱いを行ってはならない旨を定め、労働者にその周知・啓発することについて措置を講じていると認められる例）
　①　就業規則その他の職場における職務規律等を定めた文書において、労働者が職場におけるセクシュアルハラスメントに関し相談をしたこと、又は事実関係の確認に協力したこと等を理由として、当該労働者が解雇等の不利益な取扱いをされない旨を規定し、労働者に周知・啓発をすること。
　②　社内報、パンフレット、社内ホームページ等広報又は啓発のための資料等に、労働者が職場におけるセクシュアルハラスメントに関し相談をしたこと、又は事実関係の確認に協力したこと等を理由として、当該労働者が解雇等の不利益な取扱いをされない旨を記載し、労働者に配布等すること。

心の健康問題により休業した労働者の職場復帰支援の手引き

厚生労働省通知基安労発第0323001号　平成21年3月23日

1　趣旨

（1）趣旨

　職場復帰のための対策については、平成16年10月に「心の健康問題により休業した労働者の職場復帰支援の手引き」（以下「手引き」という。）が公表され、心の健康問題により休業した労働者の職場復帰支援のための事業場向けマニュアルとして活用されてきた。その後、平成18年の改正労働安全衛生法令に基づき、衛生委員会等の調査審議事項に「労働者の精神的健康の保持増進を図るための対策の樹立に関すること」が追加され、また、「労働者の心の健康の保持増進のための指針」（以下「メンタルヘルス指針」という。）

が策定されるなど、職場におけるメンタルヘルス対策の推進が図られてきたところである。一方、心の健康問題により休業している労働者が増加しているとする調査結果や休業後の職場復帰支援がスムーズに進まないという調査結果等もあり、職場復帰支援に関する社会的関心が高まっている。このようなことから、厚生労働省からの委託により中央労働災害防止協会に設置された「心の健康問題により休業した労働者の職場復帰支援のための方法等に関する検討委員会」において、労働者の職場復帰支援に関する新たな経験や知見等を踏まえ、より円滑な職場復帰を支援するために事業者によって行われることが望ましい事項等について検討がなされ、「手引き」の改訂が行われた。

(2) 職場復帰支援の基本的考え方
　ア　職場復帰支援プログラム
　　心の健康問題で休業している労働者が円滑に職場に復帰し、業務が継続できるようにするためには、休業の開始から通常業務への復帰までの流れをあらかじめ明確にしておく必要がある。
　　事業者は本手引きを参考にしながら衛生委員会等において調査審議し、産業医等の助言を受け、個々の事業場の実態に即した形で、事業場職場復帰支援プログラム(以下「職場復帰支援プログラム」という。)を以下の要領で策定し、それが組織的かつ計画的に行われるよう積極的に取り組むことが必要である。
　・　職場復帰支援プログラムには、職場復帰支援の標準的な流れを明らかにするとともに、それに対応する手順、内容及び関係者の役割等について定める。
　・　職場復帰支援プログラムを円滑に実施するために必要な関連規程等や体制の整備を行う。
　・　職場復帰支援プログラム、関連規程等及び体制については、労働者、管理監督者及び事業場内産業保健スタッフ等に対し、教育研修の実施等により十分周知する。
　イ　職場復帰支援プラン
　　実際の職場復帰支援では、職場復帰支援プログラムに基づき、支援対象となる個々の労働者ごとに具体的な職場復帰支援プランを作成する。その上で、労働者のプライバシーに十分配慮しながら、事業場内産業保健スタッフ等を中心に、労働者、管理監督者が互いに十分理解と協力を行うとともに、主治医との連携を図りつつ取り組む。

ウ　主治医との連携等

　心の健康問題がどのような状態であるかの判断は多くの事業場にとって困難であること、心の健康問題を抱えている労働者への対応はケースごとに柔軟に行う必要があることから、主治医との連携が重要となる。
　また、職場復帰支援においては、職場配置、処遇、労働条件、社内勤務制度、雇用契約等の適切な運用を行う必要があることから人事労務管理スタッフが重要な役割を担うことに留意する必要がある（なお、本手引きにおいて、事業場内産業保健スタッフ等には、人事労務管理スタッフが含まれている。）。

(3) 職場復帰支援に当たって留意すべき事項

　職場復帰支援に当たっては、特に以下の点について留意する必要がある。
- 心の健康問題の特性として、健康問題以外の観点から評価が行われる傾向が強いという問題や、心の健康問題自体についての誤解や偏見等解決すべき問題が存在していることに留意の上、心の健康問題を抱える労働者への対応を行う必要があること。
- 事業場においては、計画的にストレス及びメンタルヘルスケアに関する基礎知識や心の健康問題に対する正しい態度など、メンタルヘルスケアを推進するための教育研修・情報提供を行うことが重要であること。
- 職場復帰支援をスムーズに進めるためには、休業していた労働者とともに、その同僚や管理監督者に対し過度の負担がかからないように配慮する必要があること。
- 家族の理解や協力も重要であることから、家族に対して必要な情報を提供する等の支援が望まれること。

(4) 本手引きの適用に当たっての留意点

　本手引きには、実際の職場復帰に当たり、事業者が行う職場復帰支援の内容が総合的に示されている。
　本手引きが対象とする労働者は、心の健康問題で休業した全ての労働者であるが、第3ステップ以降の職場復帰に関しては、医学的に業務に復帰するのに問題がない程度に回復した労働者（すなわち軽減又は配慮された一定レベルの職務を遂行でき、かつ、想定される仕事をすることが治療上支障にならないと医学的に判断されるもの。）を対象としている。
　なお、本手引きの基本的な記述においては、心の健康問題として、治療によって比較的短期に寛解するものが想定されている。その他の心の健康問題については、異なる対応をとる必要がある場合もあることに留意するとともに、主治

医との連携が重要となる。手引きの趣旨をその事業場の状況に活かすためには、これらのことを念頭に置いた上で、事業者の判断と責任の下で、どのように対応すべきかが十分に検討されて行われるべきである。

　また、職場復帰支援の具体的な手法については、本手引きによるほか、公開されている様々な文献、事例集、報告書、研修会等を活用・参考にすることが望まれる。

2　職場復帰支援の流れ

　本手引きによる職場復帰支援の流れは、病気休業開始から職場復帰後のフォローアップまでの次の5つのステップからなっている（図参照）。事業者は本手引きを参考にしながら、個々の事業場の実態に即した職場復帰支援プログラムを策定することが重要である。

＜第1ステップ＞
　　　病気休業開始及び休業中のケアの段階であり、「労働者からの診断書（病気休業診断書）の提出」、「管理監督者によるケア及び事業場内産業保健スタッフ等によるケア」、「病気休業期間中の労働者の安心感の醸成のための対応」及び「その他」で構成される。

＜第2ステップ＞
　　　主治医による職場復帰可能の判断の段階であり、「労働者からの職場復帰の意思表示と職場復帰可能の判断が記された診断書の提出」、「産業医による精査」及び「主治医への情報提供」で構成される。

＜第3ステップ＞
　　　職場復帰の可否の判断及び職場復帰支援プランの作成の段階であり、「情報の収集と評価」、「職場復帰の可否についての判断」及び「職場復帰支援プランの作成」で構成される。

＜第4ステップ＞
　　　最終的な職場復帰の決定の段階であり、「労働者の状態の最終確認」、「就業上の配慮等に関する意見書の作成」、「事業者による最終的な職場復帰の決定」及び「その他」で構成される。

＜第5ステップ＞
　　　職場復帰後のフォローアップの段階であり、「疾患の再燃・再発、新しい問題の発生等の有無の確認」、「勤務状況及び業務遂行能力の評価」、「職場復帰支援プランの実施状況の確認」、「治療状況の確認」、「職場

資料編　心の健康問題により休業した労働者の職場復帰支援の手引き（厚生労働省通知）

復帰支援プランの評価と見直し」、「職場環境等の改善等」及び「管理監督者、同僚等への配慮等」で構成される。

図　職場復帰支援の流れ

＜第1ステップ＞病気休業開始及び休業中のケア
　ア　病気休業開始時の労働者からの診断書（病気休業診断書）の提出
　イ　管理監督者によるケア及び事業場内産業保健スタッフ等によるケア
　ウ　病気休業期間中の労働者の安心感の醸成のための対応
　エ　その他

↓

＜第2ステップ＞主治医による職場復帰可能の判断
　ア　労働者からの職場復帰の意思表示及び職場復帰可能の判断が記された診断書の提出
　イ　産業医等による精査
　ウ　主治医への情報提供

↓

＜第3ステップ＞職場復帰の可否の判断及び職場復帰支援プランの作成
　ア　情報の収集と評価
　　（ア）労働者の職場復帰に対する意思の確認
　　（イ）産業医等による主治医からの意見収集
　　（ウ）労働者の状態等の評価
　　（エ）職場環境等の評価
　　（オ）その他
　イ　職場復帰の可否についての判断
　ウ　職場復帰支援プランの作成
　　（ア）職場復帰日
　　（イ）管理監督者による就業上の配慮
　　（ウ）人事労務管理上の対応
　　（エ）産業医等による医学的見地からみた意見
　　（オ）フォローアップ
　　（カ）その他

↓

＜第4ステップ＞最終的な職場復帰の決定
　ア　労働者の状態の最終確認
　イ　就業上の措置等に関する意見書の作成
　ウ　事業者による最終的な職場復帰の決定
　エ　その他

↓

職場復帰

＜第5ステップ＞職場復帰後のフォローアップ
　ア　疾患の再燃・再発、新しい問題の発生等の有無の確認
　イ　勤務状況及び業務遂行能力の評価
　ウ　職場復帰支援プランの実施状況の確認

エ　治療状況の確認
　　オ　職場復帰支援プランの評価と見直し
　　カ　職場環境等の改善
　　キ　管理監督者、同僚等への配慮等

3　職場復帰支援の各ステップ
(1)病気休業開始及び休業中のケア＜第1ステップ＞
　ア　病気休業開始時の労働者からの診断書(病気休業診断書)の提出

　　　　病気休業の開始においては、主治医によって作成された診断書を労働者より管理監督者に提出してもらう。診断書には病気休業を必要とする旨の他、職場復帰の準備を計画的に行えるよう、必要な療養期間の見込みについて明記してもらうことが望ましい。

　イ　管理監督者によるケア及び事業場内産業保健スタッフ等によるケア

　　　　管理監督者等は、病気休業診断書が提出されたことを、人事労務管理スタッフ及び事業場内産業保健スタッフに連絡する。休業を開始する労働者に対しては、療養に専念できるよう安心させると同時に、休業中の事務手続きや職場復帰支援の手順についての説明を行う。

　　　　管理監督者及び事業場内産業保健スタッフ等は、必要な連絡事項及び職場復帰支援のためにあらかじめ検討が必要な事項について労働者に連絡を取る。場合によっては労働者の同意を得た上で主治医と連絡を取ることも必要となる。

　ウ　病気休業期間中の労働者の安心感の醸成のための対応

　　　　病気休業期間中においても、休業者に接触することが望ましい結果をもたらすこともある。その場合は、精神的な孤独、復職できるかという不安、今後のキャリア等で本人が不安に感じていることに関して、十分な情報を提供することが重要である。

　　　　また、不安や悩みなどを相談できる場を設けることも重要である。この場合、事業場内の相談体制や事業場外の相談機関、地域の相談制度等で利用できるものについて、情報提供をすることも考えられる。

　　　　特に、本人が安心して療養できるようにするためには、休業中の経済的・将来的な不安を軽減するための配慮を行うことが重要である。事業場で設けている仕組みの活用や、また、例えば、傷病手当金制度その他の公的支援制度、公的又は民間の職場復帰支援サービスなどの利用について、関係機関等が作成しているパンフレットを渡すなどにより、事

業者が本人に対して手続きに関する情報を提供することや、場合によっては利用への支援を行うことなどが望まれる。精神保健福祉センター等を活用(連携・紹介)するなどの方法も考えられる。
　休業者との接触のタイミングは職場復帰支援プログラムの策定の際に検討しておくことが望ましい。例えば、診断書や傷病手当金申請書の提出のタイミングに行うと、本人への負担が軽減されることがある。ただし、実際の接触に当たっては、必要な連絡事項(個人情報の取得のために本人の了解をとる場合を含む。)などを除き、主治医と連絡をとった上で実施する。また、状況によっては主治医を通して情報提供をすることも考えられる。

　エ　その他
　　　以下の場合については、労働基準法や労働契約法等の関係法令上の制約に留意の上、労使の十分な協議によって決定するとともに、あらかじめ就業規則等に定め周知しておくことが望ましい。
・　私傷病による休業の最長(保障)期間、クーリング期間(休業の最長(保障)期間を定めている場合で、一旦職場復帰してから再び同一理由で休業するときに、休業期間に前回の休業期間を算入しないために必要な、職場復帰から新たな休業までの期間)等を定める場合。
・　休業期間の最長(保障)期間満了後に雇用契約の解除を行う場合

(2) 主治医による職場復帰可能の判断＜第2ステップ＞
　休業中の労働者から職場復帰の意思が伝えられると、事業者は労働者に対して主治医による職場復帰可能の判断が記された診断書(復職診断書)を提出するよう伝える。診断書には就業上の配慮に関する主治医の具体的な意見を含めてもらうことが望ましい。
　ただし、現状では、主治医による診断書の内容は、病状の回復程度によって職場復帰の可能性を判断していることが多く、それはただちにその職場で求められる業務遂行能力まで回復しているか否かの判断とは限らないことにも留意すべきである。また、労働者や家族の希望が含まれている場合もある。そのため、主治医の判断と職場で必要とされる業務遂行能力の内容等について、産業医等が精査した上で採るべき対応について判断し、意見を述べることが重要となる。(3 (3) ア (イ) 参照)

また、より円滑な職場復帰支援を行う上で、職場復帰の時点で求められる業務遂行能力はケースごとに多様なものであることから、あらかじめ主治医に対して職場で必要とされる業務遂行能力の内容や社内勤務制度等に関する情報を提供した上で、就業が可能であるという回復レベルで復職に関する意見書を記入するよう依頼することが望ましい。(6-(1)参照)

(3) 職場復帰の可否の判断及び職場復帰支援プランの作成＜第3ステップ＞

　安全でスムーズな職場復帰を支援するためには、最終的な職場復帰決定の手続きの前に、必要な情報の収集と評価を行った上で職場復帰の可否を適切に判断し、さらに職場復帰支援プランを準備しておくことが必要である。このプロセスは、本手引きで示す職場復帰支援の手続きにおいて中心的な役割を果たすものであり、事業場内産業保健スタッフ等を中心に、管理監督者、当該労働者の間で十分に話し合い、よく連携しながら進めていく必要がある。

　また、心の健康づくり専門スタッフが配置された事業場においては、これらの専門スタッフが、より専門的な立場から、他の事業場内産業保健スタッフ等をサポートすることが望まれる。

　産業医が選任されていない50人未満の小規模事業場においては、人事労務管理スタッフ及び管理監督者等、又は衛生推進者もしくは安全衛生推進者が、主治医との連携を図りながら、また地域産業保健センター、労災病院勤労者メンタルヘルスセンター等の事業場外資源を活用しながら検討を進めていくことが必要である。

　ケースによっては、最終的な職場復帰の決定までのプロセスを同時にまとめて検討することも可能であるが、通常、職場復帰の準備にはある程度の時間を要することが多いため、職場復帰前の面談等は、実際の職場復帰までに十分な準備期間を設定した上で計画・実施することが望ましい。

　職場復帰の可否及び職場復帰支援プランに関する話し合いの結果については、「職場復帰支援に関する面談記録票」（様式例2）等を利用して記録にまとめ、事業場内産業保健スタッフ等や管理監督者等の関係者がその内容を互いに確認しながらその後の職場復帰支援を進めていくことが望ましい。

　ア　情報の収集と評価

　職場復帰の可否については、労働者及び関係者から必要な情報を適切に収集し、様々な視点から評価を行いながら総合的に判断することが大切である。家族を含めた第三者からの個人情報の収集については、労働者のプライバシーに十分配慮することが重要なポイントとなる。情報の収集と評価の具体

的内容を以下に示す。
　なお、事業場外の職場復帰支援サービスや医療リハビリテーション等を利用している場合には、その状況等も有効な情報である。
　(ア)労働者の職場復帰に対する意思の確認
　　a　労働者の職場復帰の意思及び就業意欲の確認
　　b　職場復帰支援プログラムについての説明と同意
　(イ)産業医等による主治医からの意見収集
　　　　診断書に記載されている内容だけでは十分な職場復帰支援を行うのが困難な場合、産業医等は労働者の同意を得た上で、下記(ウ)のa及びbの判断を行うに当たって必要な内容について主治医からの情報や意見を積極的に収集する。この際には、「職場復帰支援に関する情報提供依頼書」(様式例1)等を用いるなどして、労働者のプライバシーに十分配慮しながら情報交換を行うことが重要である。
　(ウ)労働者の状態等の評価
　　a　治療状況及び病状の回復状況の確認
　　　(a)今後の通院治療の必要性及び治療状況についての概要の確認
　　　(b)業務遂行(自ら自動車等を運転しての通勤を含む。)に影響を及ぼす症状や薬の副作用の有無
　　　(c)休業中の生活状況
　　　(d)その他職場復帰に関して考慮すべき問題点など
　　b　業務遂行能力についての評価
　　　(a)適切な睡眠覚醒リズムの有無
　　　(b)昼間の眠気の有無(投薬によるものを含む。)
　　　(c)注意力・集中力の程度
　　　(d)安全な通勤の可否
　　　(e)日常生活における業務と類似した行為の遂行状況と、それによる疲労の回復具合(読書やコンピュータ操作が一定の時間集中してできること、軽度の運動ができること等)
　　　(f)その他家事・育児、趣味活動等の実施状況など
　　c　今後の就業に関する労働者の考え
　　　(a)希望する復帰先
　　　(b)希望する就業上の配慮の内容や期間
　　　(c)その他

管理監督者、人事労務管理スタッフ、事業場内産業保健スタッフに対する意見や希望（職場の問題点の改善や勤務体制の変更、健康管理上の支援方法など）
　　　d　家族からの情報
　　　　　可能であれば、必要に応じて家庭での状態（病状の改善の程度、食事・睡眠・飲酒等の生活習慣など）についての情報
　（エ）職場環境の評価
　　　a　業務及び職場との適合性
　　　（a）業務と労働者の能力及び意欲・関心との適合性
　　　（b）職場の同僚や管理監督者との人間関係など
　　　b　作業管理や作業環境管理に関する評価
　　　（a）業務量（作業時間、作業密度など）や質（要求度、困難度など）等の作業管理の状況
　　　（b）作業環境の維持・管理の状況
　　　（c）業務量の時期的な変動や不測の事態に対する対応の状況
　　　（d）職場復帰時に求められる業務遂行能力の程度（自動車の運転等危険を伴う業務の場合は投薬等による影響にも留意する。）
　　　c　職場側による支援準備状況
　　　（a）復帰者を支える職場の雰囲気やメンタルヘルスに関する理解の程度
　　　（b）実施可能な業務上の配慮（業務内容や業務量の変更、就業制限等）
　　　（c）実施可能な人事労務管理上の配慮（配置転換・異動、勤務制度の変更等）
　（オ）その他
　　　その他職場復帰支援に当たって必要と思われる事項について検討する。また、治療に関する問題点や、本人の行動特性、家族の支援状況など職場復帰の阻害要因となりうる問題点についても整理し、その支援策について検討する。
　イ　職場復帰の可否についての判断
　　アの「情報の収集と評価」の結果をもとに、復帰後に求められる業務が可能かどうかについて、主治医の判断やこれに対する産業医等の医学的な考え方も考慮して判断を行う。この判断は、事業場内産業保健スタッフ等を中心に行

われるが、職場環境等に関する事項については、管理監督者等の意見を十分に考慮しながら総合的に行われなければならない。

産業医が選任されていない50人未満の小規模事業場においては、人事労務管理スタッフ及び管理監督者等、又は衛生推進者若しくは安全衛生推進者が、主治医及び地域産業保健センター、労災病院勤労者メンタルヘルスセンター等の事業場外資源を活用しながら判断を行う。

ウ 職場復帰支援プランの作成

職場復帰が可能と判断された場合には、職場復帰支援プランを作成する。通常、元の就業状態に戻すまでにはいくつかの段階を設定しながら経過をみる。職場復帰支援プランの作成に当たってはそれぞれの段階に応じた内容及び期間の設定を行う必要がある。また、各段階ごとに求められる水準(例えば、定時勤務が可能、職場内での仕事に関する意思疎通が可能、顧客との折衝が可能など)も明記する。労働者には、きちんとした計画に基づき着実に職場復帰を進めることが職場復帰後に長期に安定して働けるようになることにつながることの十分な理解を促す。

また、本人の希望のみによって職場復帰支援プランを決定することが円滑な職場復帰につながるとは限らないことに留意し、主治医の判断等に対する産業医等の医学的な意見を踏まえた上で、総合的に判断して決定するよう気をつける必要がある。

なお、職場においてどの程度までの就業上の配慮をすべきかの判断材料として、産業医等はその職場で求められる業務遂行能力を見極めた上で、主治医からの情報等に基づき、労働者がどこまで業務遂行能力を回復しているか判断することも求められる。

職場復帰支援プラン作成の際に検討すべき内容について下記に示す。

(ア) 職場復帰日

復帰のタイミングについては、労働者の状態や職場の受入れ準備状況の両方を考慮した上で総合的に判断する必要がある。

(イ) 管理監督者による業務上の配慮

   a 業務でのサポートの内容や方法
   b 業務内容や業務量の変更
   c 段階的な就業上の配慮(残業・交替勤務・深夜業務等の制限又は禁止、就業時間短縮など)
   d 治療上必要なその他の配慮(診療のための外出許可)など

(ウ) 人事労務管理上の対応等
　　a　配置転換や異動の必要性
　　b　本人の病状及び業務の状況に応じて、フレックスタイム制度や裁量労働制度等の勤務制度変更の可否及び必要性
　　c　その他、段階的な就業上の配慮（出張制限、業務制限（危険作業、運転業務、高所作業、窓口業務、苦情処理業務等の禁止又は免除）、転勤についての配慮）の可否及び必要性
(エ) 産業医等による医学的見地からみた意見
　　a　安全配慮義務に関する助言
　　b　その他、職場復帰支援に関する意見
(オ) フォローアップ
　　a　管理監督者によるフォローアップの方法
　　b　事業場内産業保健スタッフ等によるフォローアップの方法（職場復帰後のフォローアップ面談の実施方法等）
　　c　就業制限等の見直しを行うタイミング
　　d　全ての就業上の配慮や医学的観察が不要となる時期についての見通し
(カ) その他
　　a　職場復帰に際して労働者が自ら責任を持って行うべき事項
　　b　試し出勤制度等がある場合はその利用についての検討
　　c　事業場外資源が提供する職場復帰支援サービス等の利用についての検討

(4) 最終的な職場復帰の決定＜第4ステップ＞

　職場復帰の可否についての判断及び職場復帰支援プランの作成を経て、事業者としての最終的な職場復帰の決定を行う。また、職場復帰の可否の決定に当たっては、労働者にとってもきわめて重要なものであり、また、私法（契約法）上の制約を受けることにも留意の上、社内手続きに従い、適正に行われるべきである。

　この際、産業医等が選任されている事業場においては、産業医等が職場復帰に関する意見及び就業上の配慮等についてとりまとめた「職場復帰に関する意見書」（様式例3）等をもとに関係者間で内容を確認しながら手続きを進めていくことが望ましい。

　ア　労働者の状態の最終確認

疾患の再燃・再発の有無、回復過程における症状の動揺の様子等について最終的な確認を行う。
　イ　就業上の配慮等に関する意見書の作成
　産業医等は、就業に関する最終的な措置等をとりまとめて、「職場復帰に関する意見書」(様式例3)等を作成する。
　ウ　事業者による最終的な職場復帰の決定
　上記イの「職場復帰に関する意見書」等で示された内容について管理監督者、人事労務管理スタッフの確認を経た上で、事業者による最終的な職場復帰の決定を行い、労働者に対して通知するとともに、就業上の配慮の内容についても併せて通知する。管理監督者、事業場内産業保健スタッフ等は、「職場復帰に関する意見書」等の写しを保管し、その内容を確認しながら、それぞれの実施事項を、責任を持って遂行するようにする。
　なお、職場復帰支援として実施する就業上の配慮は、当該労働者の健康を保持し、円滑な職場復帰を目的とするものであるので、この目的に必要な内容を超えた措置を講ずるべきではない。
　エ　その他
　職場復帰についての事業場の対応や就業上の配慮の内容等については、労働者を通じて主治医に的確に伝わるようにすることが重要である。書面による場合は「職場復帰及び就業上の配慮に関する情報提供書」(様式例4)等の書面を利用するとよい。こういった情報交換は、産業医等が主治医と連携を図りながら職場復帰後のフォローアップをスムーズに行うために大切なポイントである。
　なお、職場復帰に当たり人事労務管理上の配慮を行う上で処遇の変更を行う場合は、処遇の変更及び変更後の処遇の内容について、あらかじめ就業規則に定める等ルール化しておくとともに、実際の変更は、合理的な範囲とすること、また、本人にその必要性について十分な説明を行うことがトラブルの防止につながる。

(5) **職場復帰後のフォローアップ＜第5ステップ＞**
　心の健康問題には様々な要因が複雑に重なり合っていることが多いため、職場復帰の可否の判断や職場復帰支援プランの作成には多くの不確定要素が含まれることが少なくない。また、たとえ周到に職場復帰の準備を行ったとしても、実際には様々な事情から当初の計画通りに職場復帰が進まないこともある。そのため職場復帰支援においては、職場復帰後の経過観

察とプランの見直しも重要となってくる。

　職場復帰後は、管理監督者による観察と支援の他、事業場内産業保健スタッフ等による定期的又は就業上の配慮の更新時期等に合わせたフォローアップを実施する必要がある。フォローアップのための面談においては、下記のアからキまでに示す事項を中心に労働者及び職場の状況につき労働者本人及び管理監督者から話を聞き、適宜職場復帰支援プランの評価や見直しを行っていく。

　さらに、本人の就労意識の確保のためにも、あらかじめ、フォローアップには期間の目安を定め、その期間内に通常のペースに戻すように目標を立てること、また、その期間は、主治医と連携を図ることにより、病態や病状に応じて、柔軟に定めることが望ましい。

　なお、心の健康問題は再燃・再発することも少なくないため、フォローアップ期間を終えた後も、再発の予防のため、就業上の配慮についての慎重な対応（職場や仕事の変更等）や、メンタルヘルス対策の重要性が高いことに留意すべきである。

ア　疾患の再燃・再発、新しい問題の発生等の有無の確認

　フォローアップにおいては、疾患の再燃・再発についての早期の気づきと迅速な対応が不可欠である。事業場内産業保健スタッフ等と管理監督者は、労働者の状態の変化について適切なタイミングで対応できるよう日頃から連携を図っておく必要がある。

イ　勤務状況及び業務遂行能力の評価

　職場復帰の様子を評価するのに重要な視点であり、労働者の意見だけでなく管理監督者からの意見も合わせて客観的な評価を行う必要がある。

　職場復帰後に、突発的な休業等が職場復帰決定時に想定していた程度を超えるような場合は、事業場内産業保健スタッフ等が面接を行い、主治医と連携をとりながら、適切な対応を検討すべきである。

ウ　職場復帰支援プランの実施状況の確認

　職場復帰支援プランが計画通りに実施されているかについての確認を行う。予定通り実施されていない場合には、関係者間で再調整を図る必要がある。

エ　治療状況の確認

　通院状況や治療の自己中断等をしていないか、また現在の病状や、今後の見通しについての主治医の意見を労働者から聞き、必要に応じて労働者

の同意を得た上で主治医との情報交換を行う。その場合には、主治医から就業上の配慮についての見直しのための意見を、治癒又は就業上の配慮が解除されるまで、提出してもらうことが望ましい。

オ　職場復帰支援プランの評価と見直し

様々な視点から現行の職場復帰支援プランについての評価を行う。何らかの問題が生じた場合には、関係者間で連携しながら職場復帰支援プランの変更を行う必要がある。

カ　職場環境等の改善等

職場復帰する労働者が、よりストレスを感じることの少ない職場づくりをめざして作業環境、作業方法などの物理的な環境のみならず、労働時間管理（長時間労働や突発的な時間外労働の発生等）、人事労務管理（人材の能力・適性・人間関係等を考えた人材配置等）、仕事の方法（サポート体制・裁量権の程度等）等、労働者のメンタルヘルスに影響を与え得る職場環境等の評価と改善を検討することも望まれる。また、これら職場環境等の評価と改善は、管理監督者や同僚等の心の健康の保持増進にとっても重要である。

職場環境等の改善等のために、「職業性ストレス簡易調査表」、「快適職場調査（ソフト面）」、「メンタルヘルスアクションチェックリスト」等の活用も考えられる。

キ　管理監督者、同僚等への配慮等

職場復帰する労働者への配慮や支援を行う管理監督者や同僚等に、過度の負担がかかることがないように配慮することが望ましい。また、管理監督者、同僚等に対し、心の健康問題や、自殺の予防と対応に関する知識を含め、ラインケア、セルフケアを促進するための教育研修・情報提供を行うことが望ましい。（6－(6)参照）

円滑な職場復帰には、家族によるサポートも重要となる。しかし、本人の心の健康問題が家族に強い心理的負担を与えていることもあり、一方で、職場復帰に強い不安と期待を持っていることも多い。このため、心の健康問題や職場復帰に関する情報提供や家族からの相談対応など、事業場として可能な支援を行うことも望ましい。なお、職場復帰の最終的な決定に当たっては、本人の同意を得た上で家族から情報を得ることも効果的な場合がある。

4 管理監督者及び事業場内産業保健スタッフ等の役割
(1) 管理監督者
　管理監督者は、事業場内産業保健スタッフ等と協力しながら職場環境等の問題点を把握し、それらの改善を図ることで職場復帰支援における就業上の配慮を履行する。また、復帰後の労働者の状態についても事業場内産業保健スタッフ等と協力しながら注意深い観察を行っていく。人事労務管理上の問題については人事労務管理スタッフと連携して適切な対応を図っていく。(6－(6)参照)

(2) 事業場内産業保健スタッフ等
　ア　人事労務管理スタッフ
　　　人事労務管理スタッフは、人事労務管理上の問題点を把握し、職場復帰支援に必要な労働条件の改善や、配置転換、異動等についての配慮を行う。職場復帰支援においては、産業医等や他の事業場内産業保健スタッフ等と連携しながらその手続きが円滑に進むよう調整を行う。

　イ　産業医等
　　　産業医等は、職場復帰支援における全ての過程で、管理監督者及び人事労務担当者の果たす機能を専門的な立場から支援し、必要な助言及び指導を行う。特に、労働者の診療を担当している主治医との連携を密にし、情報交換や医療的な判断においては、専門的立場から中心的な役割を担う。労働者や主治医から知り得た情報についてはプライバシーに配慮しながら、関係者間で取り扱うべき情報について調整を行い、就業上の配慮が必要な場合には事業者に必要な意見を述べる立場にある。

　ウ　衛生管理者等
　　　衛生管理者等は、産業医等の助言、指導等を踏まえて、職場復帰支援が円滑に行われるよう労働者に対するケア及び管理監督者のサポートを行う。また、必要に応じて人事労務管理スタッフや事業場外資源との連絡調整にあたる。なお、これらを実施する衛生管理者等については、メンタルヘルス対策全体に関係することが望ましい。メンタルヘルス指針に基づき「事業場内メンタルヘルス推進担当者」を選任している場合は、当該者にこれらの職務を行わせることが望ましい。また、50人未満の小

規模事業場においては、衛生推進者又は安全衛生推進者は、労働者、管理監督者及び主治医と連携し、地域産業保健センター、労災病院勤労者メンタルヘルスセンター等の事業場外資源を活用しながら、職場復帰支援に関する業務を担当する。

エ　保健師等

保健師等は、産業医等及び衛生管理者等と協力しながら労働者に対するケア及び管理監督者に対する支援を行う。

オ　心の健康づくり専門スタッフ

事業場内に心の健康づくり専門スタッフがいる場合には、これらの専門スタッフは他の事業場内産業保健スタッフ等をより専門的な立場から支援する。

5　プライバシーの保護

職場復帰支援において扱われる労働者の健康情報等のほとんどが、労働者のプライバシーに関わるものである。労働者の健康情報等は個人情報の中でも特に機微な情報であり、厳格に保護されるべきものである。とりわけメンタルヘルスに関する健康情報等は慎重な取り扱いが必要である。また、周囲の「気づき情報」は、当該提供者にとっても個人情報であり慎重な取り扱いが必要となる。事業者は労働者の健康情報等を適正に取り扱い、労働者のプライバシーの保護を図らなければならない。

(1)情報の収集と労働者の同意等

職場復帰支援において取り扱う労働者の健康情報等の内容は必要最小限とし、職場復帰支援と事業者の安全配慮義務の履行を目的とした内容に限定すべきである。

労働者の健康情報等を主治医や家族から収集するに際しては、あらかじめ、利用目的とその必要性を明らかにして本人の承諾を得るとともに、これらの情報は労働者本人から提出を受けることが望ましい。そうすることによって、プライバシーを保護するとともに、労働者が事業者に不信感を持ったり、トラブルが発生したり、またその結果として職場復帰が円滑に進まなくなること等を防止することにつながる。また、労働者の健康情報等を第三者へ提供する場合も原則として本人の同意が必要である。これらの同意は、包括的、黙示ではなく、個別に明示の同意を得ることが望ましい。このような場合に備えて、あらかじめ衛生委員会等の審議を踏まえて、労働者の同意の取り方やその基本的な項目

や手続き等を定めておくとともに、労働者に周知しておくことが望ましい。

なお、心の健康問題の症状によっては日常の細かな選択や決定に大きなストレスを伴うこと等もあり、同意の諾否の選択を求めるに当たっては一定の配慮が必要である。

(2) 情報の集約・整理

労働者の健康情報等についてはそれを取り扱う者とその権限を明確にし、職場復帰支援に関わる者がそれぞれの責務を遂行する上で必要な範囲の情報に限定して取り扱うことを原則とすべきである。特に、メンタルヘルスに関する健康情報等のうち、心の健康問題を示す疾患名は誤解や偏見を招きやすいことから、特に慎重な取扱いが必要である。

このことからも、労働者の健康情報が産業医等その他あらかじめ定められた特定の部署において一元的に管理され、業務上必要であると判断される限りで、事業場の中で、これらの情報を必要とする者に提供される体制が望ましい。この場合、当該部署は専門的な立場からこれらの情報を集約・整理・解釈するなど適切に加工し、労働者のプライバシーが守られた状態で関係者間の情報交換が可能になるよう、調整役として上手く機能する必要がある。

(3) 情報の漏洩等の防止

健康情報等については、労働者等の安全や健康への配慮等、相当な目的がある場合に活用されるべきである。この点については、個々のケースに照らし、その利用の必要性と情報漏洩等の防止の要請を比較して、適切な判断がなされる必要がある。特に産業医に対して、非専属である場合を含め、情報提供が行われないために、必要な職務が行われなくなるようなことがないよう留意する必要がある。

ただし、事業者は、労働者の健康情報等の漏洩等の防止措置を厳重に講ずる必要がある。また、健康情報等を取り扱う者に対して、その責務と必要性を認識させ、具体的な健康情報等の保護措置に習熟させるため、必要な教育及び研修を行う必要がある。さらに、事業場外資源である外部機関を活用する場合には、当該機関に対して、労働者のプライバシーの保護が図られるよう、必要かつ適切な方策を講じる必要がある。

(4) 情報の取り扱いルールの策定

事業者は、職場復帰支援プログラムに関する規程及び体制の整備を図るに当たって、健康情報等の取扱いに関して、衛生委員会等の審議を踏まえて一定のルールを策定するとともに、関連する文書の書式、取扱い、保管方法等に

ついて定めるとともに関係者に周知しておく必要がある。
(5) 個人情報の保護に関する法令・指針等の遵守
　個人情報の保護、個人情報の適正な取扱い、健康情報を取り扱うに当たっての留意事項等に関しては、個人情報の保護に関する法律や、「雇用管理に関する個人情報の適正な取扱いを確保するために事業者が講ずべき措置に関する指針」など同法に基づく告示く等が制定されている。また、労働者の健康情報の保護に関して、「雇用管理に関する個人情報のうち健康情報を取り扱うに当たっての留意事項について」などが示されている。事業者はこれらの趣旨及び内容を十分に理解し、これらを遵守し、労働者の健康情報等の適正な取り扱いを図らなければならない。
　雇用管理に関する個人情報のうち健康情報を取扱うに当たっての留意事項をみる。

6　その他職場復帰支援に関して検討・留意すべき事項
(1) 主治医との連携の仕方
　主治医との連携に当たっては、事前に当該労働者への説明と同意を得ておく必要がある。また、主治医に対して事業場内産業保健スタッフ等や管理監督者それぞれの立場や役割、病気休業・試し出勤制度等・就業上の配慮などの職場復帰支援に関する事業場の規則、プライバシーに関する事項、事業場で本人に求められる業務の状況について十分な説明を行うことが必要である。また、事業者が把握している休業者・復職者の不安や悩み等について説明を行うことも望ましい。その際、労働者本人の職場復帰を支援する立場を基本として必要な情報交換が行われるように努める。ここで必要な情報とは、職場復帰支援に関して職場で配慮すべき内容を中心とし、それに関係する者の理解を得るために必要とされる病態や機能に関する最小限の情報である。具体的な疾患名は、必ずしもこれに含まれない。状況によっては、主治医及び本人を含めた3者面談を行うことも考えられる。特に産業医等は専門的な立場からより詳細な情報を収集できる立場にあるが、主治医とスムーズなコミュニケーションが図れるよう精神医学や心身医学に関する基礎的な知識を習得していることが必要となる。
　また、「職場復帰支援に関する情報提供依頼書」（様式例1）等を用いて主治医に情報提供を依頼する場合や、直接主治医との連絡や面会を行う場合、その費用負担についても、事前に主治医との間で取り決めておく必要がある。

(2) 職場復帰可否の判断基準

　職場復帰可否について定型的な判断基準を示すことは困難であり、個々のケースに応じて総合的な判断を行わなければならない。労働者の業務遂行能力が職場復帰時には未だ病前のレベルまでは完全に改善していないことも考慮した上で、職場の受け入れ制度や態勢と組み合わせながら判断する。

　職場復帰判定基準の例として、労働者が職場復帰に対して十分な意欲を示し、通勤時間帯に一人で安全に通勤ができること、会社が設定している勤務日に勤務時間の就労が継続して可能であること、業務に必要な作業（読書、コンピュータ作業、軽度の運動等）をこなすことができること、作業等による疲労が翌日までに十分回復していること等の他、適切な睡眠覚醒リズムが整っていること、昼間の眠気がないこと、業務遂行に必要な注意力・集中力が回復していること等が挙げられよう。

　次項に掲げる試し出勤制度等が整備されている場合や、事業場外の職場復帰支援サービス等が利用可能な場合には、これらを利用することにより、より実際的な判断が可能となることが多い。

　ただし、疾病のり患を理由に休職した労働者の職場復帰の可否に関しては、さまざまな判例が出されている。このため、トラブルを防止するためにも、法律の専門家等と相談し、適切な対応を図ることが求められる。なお、これらの判例の中には、労働者と職種を限定した雇用契約を結んでいる場合と、職種を限定しない契約を結んでいる場合とで、異なった判断をしているものがある。

(3) 試し出勤制度等

　社内制度として、正式な職場復帰の決定の前に、以下の①から③までの例に示すような試し出勤制度等を設けている場合、より早い段階で職場復帰の試みを開始することができ、早期の復帰に結びつけることが期待できる。また、長期に休業している労働者にとっては、就業に関する不安の緩和に寄与するとともに、労働者自身が実際の職場において自分自身及び職場の状況を確認しながら復帰の準備を行うことができるため、より高い職場復帰率をもたらすことが期待される。

　　① 　模擬出勤：職場復帰前に、通常の勤務時間と同様な時間帯において、短時間又は通常の勤務時間で、デイケア等で模擬的な軽作業やグループミーティング等を行ったり、図書館などで時間を過ごす。

　　② 　通勤訓練：職場復帰前に、労働者の自宅から職場の近くまで通常の出勤経路で移動を行い、そのまま又は職場付近で一定時間を過ごした後に

帰宅する。
③ 試し出勤：職場復帰前に、職場復帰の判断等を目的として、本来の職場などに試験的に一定期間継続して出勤する。ただし、この制度の導入に当たっては、この間の処遇や災害が発生した場合の対応、人事労務管理上の位置づけ等について、あらかじめ労使間で十分に検討しておくとともに、一定のルールを定めておく必要がある。なお、作業について使用者が指示を与えたり、作業内容が業務（職務）に当たる場合などには、労働基準法等が適用される場合があることや賃金等について合理的な処遇を行うべきことに留意する必要がある。

　　また、この制度の運用に当たっては、産業医等も含めてその必要性を検討するとともに、主治医からも試し出勤等を行うことが本人の療養を進める上での支障とならないとの判断を受けることが必要である。さらに、これらの制度が事業場の側の都合でなく労働者の職場復帰をスムーズに行うことを目的として運用されるよう留意すべきである。

　　特に、③の試し出勤については、具体的な職場復帰決定の手続きの前に、その判断等を目的として行うものであることを踏まえ、その目的を達成するために必要な時間帯・態様、時期・期間等に限るべきであり、いたずらに長期にわたることは避けること。

(4) **職場復帰後における就業上の配慮等**
　ア 「まずは元の職場への復帰」の原則
　　　　職場復帰に関しては元の職場（休職が始まったときの職場）へ復帰させることが多い。これは、たとえより好ましい職場への配置転換や異動であったとしても、新しい環境への適応にはやはりある程度の時間と心理的負担を要するためであり、そこで生じた負担が疾患の再燃・再発に結びつく可能性が指摘されているからである。これらのことから、職場復帰に関しては「まずは元の職場への復帰」を原則とし、今後配置転換や異動が必要と思われる事例においても、まずは元の慣れた職場で、ある程度のペースがつかめるまで業務負担を軽減しながら経過を観察し、その上で配置転換や異動を考慮した方がよい場合が多いと考えられる。

　　　　ただし、これはあくまでも原則であり、異動等を誘因として発症したケースにおいては、現在の新しい職場にうまく適応できなかった結果である可能性が高いため、適応できていた以前の職場に戻すか、又は他の適応可能と思われる職場への異動を積極的に考慮した方がよい場合

がある。

　その他、職場要因と個人要因の不適合が生じている可能性がある場合、運転業務・高所作業等従事する業務に一定の危険を有する場合、元の職場環境等や同僚が大きく変わっている場合などにおいても、本人や職場、主治医等からも十分に情報を集め、総合的に判断しながら配置転換や異動の必要性を検討する必要がある。

イ　職場復帰後における就業上の配慮

　数か月にわたって休業していた労働者に、いきなり発病前と同じ質、量の仕事を期待することには無理がある。また、うつ病などでは、回復過程においても状態に波があることも事実である。このため、休業期間を短縮したり、円滑な職場復帰のためにも、職場復帰後の労働負荷を軽減し、段階的に元へ戻す等の配慮は重要な対策となる。これらの制度の採用に当たっては、あらかじめ衛生委員会等で審議する等により、ルールを定めておくことが望ましい。

　なお、短時間勤務を採用する場合には、適切な生活リズムが整っていることが望ましいという観点からは、始業時間を遅らせるのではなく終業時間を早めるほうが望ましい。また、同僚に比べて過度に業務を軽減されることは逆にストレスを高めること等もあるので、負荷業務量等についての調整が必要である。ケースによっては、職場復帰の当初から、フレックスタイム制度など特段の措置はとらず、本来の勤務時間で就労するようにさせたりする方が、よい結果をもたらすこともある。

　このように、就業上の配慮の個々のケースへの適用に当たっては、どのような順序でどの項目を適用するかについて、主治医に相談するなどにより、慎重に検討するようにすることが望ましい。具体的な就業上の配慮の例として以下のようなものが考えられる。

・短時間勤務
・軽作業や定型業務への従事
・残業・深夜業務の禁止
・出張制限（顧客との交渉・トラブル処理などの出張、宿泊を伴う出張などの制限）
・交替勤務制限
・業務制限（危険作業、運転業務、高所作業、窓口業務、苦情処理業務等の禁止又は免除）

・フレックスタイム制度の制限又は適用（ケースにより使い分ける。）
・転勤についての配慮

(5) 職場復帰に関する判定委員会（いわゆる復職判定委員会等）の設置

　職場復帰に関する判定委員会（いわゆる復職判定委員会等）が設置されている場合、職場復帰支援の手続きを組織的に行える等の利点があるが、委員会決議についての責任の所在の明確化、迅速な委員会開催のための工夫、身体疾患における判定手続きと異なることについての問題点等について十分に検討しておく必要がある。

(6) 職場復帰する労働者への心理的支援

　疾病による休業は、多くの労働者にとって働くことについての自信を失わせる出来事である。必要以上に自信を失った状態での職場復帰は、当該労働者の健康及び就業能力の回復に好ましくない影響を与える可能性が高いため、休業開始から復職後に至るまで、適宜、周囲からの適切な心理的支援が大切となる。特に管理監督者は、労働者の焦りや不安に対して耳を傾け、健康の回復を優先するよう努め、何らかの問題が生じた場合には早めに相談するよう労働者に伝え、事業場内産業保健スタッフ等と相談しながら適切な支援を行っていく必要がある。

　管理監督者や労働者に対して、教育研修・情報提供を通じ、職場復帰支援への理解を高め、職場復帰を支援する体制をつくることが重要である。

(7) 事業場外資源の活用

　職場復帰支援における専門的な助言や指導を必要とする場合には、それぞれの役割に応じた事業場外資源を活用することが望ましい。専門的な人材の確保が困難な場合等には、地域産業保健センター、都道府県産業保健推進センター、中央労働災害防止協会、労災病院勤労者メンタルヘルスセンター、精神保健福祉センター、保健所等の事業場外資源の支援を受ける等、その活用を図ることが有効である。

　また、公的な事業場外資源による職場復帰支援サービスの例として、地域障害者職業センターが行う「職場復帰支援（リワーク支援）事業」があり、職場復帰後の事業場等への公的な支援の例として、リワーク支援終了後のフォローアップや「職場適応援助者（ジョブコーチ）による支援事業」（障害者が職場に適応できるよう、障害者職業カウンセラーが策定した支援計画に基づきジョブコーチが職場に出向いて直接支援を行う事業）などがある。

　その他、民間の医療機関やいわゆるEAP（Employee Assistance

Program）等が、有料で復職支援プログラム、リワークプログラム、デイケア等の名称で復職への支援を行うケースがある。ただし、これらの機関が提供するサービスの内容や目標は多様であり、それらが事業場で必要としている要件を十分に満たしているかについて、あらかじめ検討を行うことが望ましい。

また、状況によっては、事業者側から本人に、主治医の治療に関して他の医師の意見を聴くこと（セカンド・オピニオン）を勧めることも考えられる。この場合は、セカンド・オピニオンは本人への治療方針の問題であることから、最終的には本人の意思に委ねるとともに、慎重に行うことが望ましい。

特に50人未満の小規模事業場では、事業場内に十分な人材が確保できない場合が多いことから、必要に応じ、地域産業保健センター、労災病院勤労者メンタルヘルスセンター等の事業場外資源を活用することが有効であり、衛生推進者又は安全衛生推進者は、事業場内の窓口としての役割を果たすよう努めることが必要となる。

付記

1 用語の定義

本手引きにおいて、以下に掲げる用語の定義は、それぞれ以下に定めるところによる。

(1)産業医等
　産業医その他労働者の健康管理等を行うのに必要な知識を有する医師をいう。

(2)衛生管理者等
　衛生管理者、衛生推進者又は安全衛生推進者をいう。

(3)事業場内産業保健スタッフ
　産業医等、衛生管理者等及び事業場内の保健師等をいう。

(4)心の健康づくり専門スタッフ
　精神科、心療内科等の医師、心理職等をいう。

(5)事業場内産業保健スタッフ等
　事業場内産業保健スタッフ及び事業場内の心の健康づくり専門スタッフ、人事労務管理スタッフ等をいう。

(6)管理監督者
　上司その他労働者を指揮命令する者をいう。

(7)職場復帰支援プログラム

個々の事業場における職場復帰支援の手順、内容及び関係者の役割等について、事業場の実態に即した形であらかじめ当該事業場において定めたもの。
(8)職場復帰支援プラン
職場復帰をする労働者について、労働者ごとに具体的な職場復帰日、管理監督者の業務上の配慮及び人事労務管理上の対応等の支援の内容を、当該労働者の状況を踏まえて定めたもの。

2　様式例について

下記の様式例は、本手引きに基づいて職場復帰支援を行うために、各ステップで必要となる文書のうち要となる文書について、その基本的な項目や内容を例として示したものである。この様式例の活用に当たっては、各事業場が衛生委員会等の審議を踏まえて職場復帰支援プログラムを策定し、必要な諸規程を整備し、職場復帰支援プログラムを運用する過程において、これらの様式例を参考に、より事業場の実態に即したものを整備することが望ましい。

3　その他

本手引きの第3ステップ以降は、心の健康問題による休業者で、医学的に業務に復帰するのに問題がない程度に回復した労働者を対象としたものである。この適用が困難な場合には、主治医との連携の上で、地域障害者職業センター等の外部の専門機関が行う職業リハビリテーションサービス等の支援制度の活用について検討することが考えられる。なお、職業リハビリテーションや、地域保健における医療リハビリテーション（デイケアなど）を利用する場合には、それらが何を目的としているか見極めた上で、それらが事業場の目的に適していることを確認することが重要である。

様式例1（本文3の（3）のアの（イ）関係）

年　月　日

職場復帰支援に関する情報提供依頼書

　　　　　　病院
　　　　　　クリニック　　　先生　御机下

〒
〇〇株式会社　　〇〇事業場
産業医　　　　　　　　　印
電話　〇－〇－〇

　下記1の弊社従業員の職場復帰支援に際し、下記2の情報提供依頼事項について任意書式の文書により情報提供及びご意見をいただければと存じます。
　なお、いただいた情報は、本人の職場復帰を支援する目的のみに使用され、プライバシーには十分配慮しながら産業医が責任を持って管理いたします。
　今後とも弊社の健康管理活動へのご協力をよろしくお願い申し上げます。

記

1　従業員
　　氏　名　〇〇〇〇　（男・女）
　　生年月日　　年　　月　　日

2　情報提供依頼事項
（1）発症から初診までの経過
（2）治療経過
（3）現在の状態（業務に影響を与える症状及び薬の副作用の可能性なども含めて）
（4）就業上の配慮に関するご意見（疾患の再燃・再発防止のために必要な注意事項など）
（5）
（6）
（7）

（本人記入）
私は本情報提供依頼書に関する説明を受け、情報提供文書の作成並びに産業医への提出について同意します。
　　　　　年　　月　　日　　　　　氏名　　　　　　　　　　　　　印

資料編 心の健康問題により休業した労働者の職場復帰支援の手引き(厚生労働省通知)

様式例2(本文3の(3)関係)

職場復帰支援に関する面談記録票

記録作成日　年　月　日　記載者(　　　　　　　)

事業場		所属		従業員番号		氏名		男・女	年齢　歳

面談日時　：　　年　月　日　時
　出席者：管理監督者(　　　)　人事労務担当者(　　　)　産業医等(　　　)
　　　　　衛生管理者等(　　　)　保健師等(　　　)　他(　　　)

これまでの経過のまとめ	
主治医による意見	医療機関名：　　　　主治医：　　　　連絡先： 治療状況等 就業上の配慮についての意見
現状の評価問題点	・本人の状況 ・職場環境等 ・その他
職場復帰支援プラン作成のための検討事項 (復職時及びそれ以降の予定も含めて)	・職場復帰開始予定日：　　　年　月　日 ・管理監督者による就業上の配慮 ・人事労務管理上の対応事項 ・産業医意見 ・フォローアップ ・その他
職場復帰の可否	可・不可(理由：　　　　　　　　　　　　　　)
次回面談予定	年　月　日　時　面談予定者：

様式例3（本文3の（4）関係）

年　月　日

人事労務責任者　殿

職場復帰に関する意見書

○○事業場
産業医　　　　印

事業場	所属	従業員番号	氏名	男・女	年齢　歳

目　的	（新規・変更・解除）

復職に関する意見	復職の可否	可　　　条件付き可　　　不可
	意見	

就業上の配慮の内容（復職可又は条件付き可の場合）	・ 時間外勤務（禁止・制限　　H）　・ 交替勤務（禁止・制限） ・ 休日勤務（禁止・制限）　　　　・ 就業時間短縮（遅刻・早退　　H） ・ 出張　　（禁止・制限）　　　　・ 作業転換 ・ 配置転換・異動 ・ その他： ・ 今後の見通し

面談実施日	年　　月　　日
上記の措置期間	年　　月　　日 ～ 　　年　　月　　日

資料編　心の健康問題により休業した労働者の職場復帰支援の手引き（厚生労働省通知）

様式例4（本文3の（4）のエ関係）

　　　　　　　　　　　　　　　　　　　　　　　　　　年　月　日

職場復帰及び就業上の配慮に関する情報提供書

　　　　　病院
　　　　　クリニック　　先生　御机下

　　　　　　　　　　　　　　　〒
　　　　　　　　　　　　　　　○○株式会社　　○○事業場
　　　　　　　　　　　　　　　産業医　　　　　　　　　印
　　　　　　　　　　　　　　　電話　○-○-○

　日頃より弊社の健康管理活動にご理解ご協力をいただき感謝申し上げます。
　弊社の下記従業員の今回の職場復帰においては、下記の内容の就業上の配慮を図りながら支援をしていきたいと考えております。
　今後ともご指導の程どうぞよろしくお願い申し上げます。

　　　　　　　　　　　　　　　記

氏名	（生年月日　　年　月　日　年齢　　歳）	性別 男・女
復職（予定）日		
就業上の配慮の内容	・時間外勤務（禁止・制限　　H）　・交替勤務（禁止・制限） ・休日勤務（禁止・制限）　　　　・就業時間短縮（遅刻・早退　　H） ・出張（禁止・制限）　　　　　　・作業転換 ・配置転換・異動 ・その他： ・今後の見通し	
連絡事項		
上記の措置期間	年　月　日　～　　年　月　日	

＜注：この情報提供書は労働者本人を通じて直接主治医へ提出すること＞

広島大学におけるハラスメントの防止等に関するガイドライン

広島大学ハラスメント相談室

1.このガイドラインの目的

　広島大学(以下「本学」という。)は、本学におけるハラスメントが本学の構成員の人権を侵害し、就学・就労及び教育・研究の権利等を侵害するものであるという認識にたって、学内外での発生を防止するとともに、事後、適切に対応することに努めます。

　このガイドラインは、「広島大学におけるハラスメントの防止等に関する規則(以下「防止規則」という。)」に基づき、ハラスメントに対する本学の基本姿勢や手続き等をわかりやすく解説したもので、これを広く周知することにより、ハラスメント防止・啓発の促進等を図ることを目的とします。

2.ハラスメントに対する本学の基本姿勢

(1) 本学の構成員が個人として尊重され、差別やハラスメント、あらゆる人権侵害を受けることなく就学・就労及び教育・研究ができるよう、十分な配慮と必要な措置を講じます。

(2) ハラスメントの被害を防止するための環境改善や、広報、教育、研修などの啓発活動を行います。

(3) ハラスメントに関する疑問や悩みを安心して相談できるよう、体制を整備し、問題の早期の発見と迅速な解決のため、必要に応じて適切な調査を行い、その結果に基づいて厳正に対処します。

3.ガイドラインの適用範囲

　このガイドラインは、本学の構成員を対象にしています。

(1) 「本学の構成員」とは、本学の職員(職員とは、大学に勤務するすべての者をいう。)、学生、附属学校園の生徒、児童及び園児(以下「職員・学生等」という。)並びに「その関係者」をさします。

　また、「その関係者」とは、学生等の保護者、本学の病院や図書館などの施設・機関を利用する者並びに関係業者などをさします。

(2) 離職後の職員、卒業・修了・退学後の学生等が、本学における籍を失った場合でも、在籍中に受けたハラスメントについて相談できます。

(3) 本学の「職員・学生等」の間でハラスメントが生じた場合、その発生が授業時間外や勤務時間外はもちろん、学外であっても相談できます。
(4) 本学の「職員・学生等」と「その関係者」との間で発生したハラスメントについても、相談に応じるとともに、必要に応じて他の機関と連携をとります。
(※「その関係者」が本学の「職員・学生等」に対してハラスメントを行った場合には、ガイドラインがそのまま適用されない場合があります。)
(5) 本学の「職員・学生等」が、インターンシップや学外での実習、学会活動など教育・研究活動などの中でハラスメントを受けた場合にも相談できます。

4.本学の責任と構成員の義務
(1) 学長は、本学におけるハラスメントの防止等に関する施策を統括する全般的な責任を負います。
(2) 各部局等の長は、当該部局等におけるハラスメントの防止等に関してその施策を具体的に実施する責任を負います。
(3) すべての職員は、ハラスメントのない良好な就学・就労環境を確保するよう普段から努め、身近にハラスメントが生じた際には、問題解決のため迅速かつ適切に対処する責任を負います。
(4) 本学のすべての「職員・学生等」は、個人としての人格を相互に尊重することに努めるとともに、自他のハラスメントを防止することに努める義務を負います。

5.ハラスメントの定義と形態
　本学の防止規則では、「ハラスメント」を、「セクシュアル・ハラスメント」と「そのほかのハラスメント」の二つに分けて定めています。
　以下に、ハラスメントの定義と、形態及びそれにあてはまる可能性のある行為を例示します。なお、これらが防止規則に定めるハラスメント行為かどうかは、それが行われたいきさつや、被害を受けた者がどのように感じたか、どのような意味をもつ行為であったかなど、総合的客観的に判断されます。特に、被害を受けた者にとって意に反する行為で、就学就労に一定の不利益、損害、支障をもたらす場合、ハラスメントとされる可能性が大きくなります。
　また、言動が当事者間では許容されることであっても、当事者以外に対して、

不利益や不快感を与えたりする言動もあります。
　そうした行為が、明らかに社会的相当性を欠くと認められるときは、ハラスメント行為と認められることがあります。
(1) **セクシュアル・ハラスメントの定義と形態**
　防止規則では、セクシュアル・ハラスメントは、「一定の就学・就労上の関係にある大学の構成員が、相手の意に反する性的な性質の不適切な言動を行い、これによって相手が、精神的な面を含めて、学業や職務遂行に関連して一定の不利益・損害を被るか、もしくは学業や職務に関連して一定の支障が生じること、又は就学・就労のための環境を悪化させることをいう。」と定められています。(第2条第2項)
　「セクシュアル・ハラスメント」には、さまざまな形態があります。
1)【相手が望まない性的な誘いかけ、性的行為の強制】
　これらにあてはまる可能性のある行為には、次のようなものがあります。
　　① 執拗に、又は強制的に性的行為に誘ったり、交際を求めたりすること。
　　② 強引な接触及び性的な行為を行うこと。
　　③ 常軌を逸したストーカー行為などを行うこと。

> ＜具体的な行為の例＞
> ＊夜遅くまで大学に残っていると、いつも必ず先輩が帰りを待っていて、頼んでいないのに自宅まで送ると誘うこと。
> ＊指導教員が学生とふたりきりになると髪や首筋に触ってきたり、体を近づけてきたりすること。不快感でいっぱいだが断れず、研究室に行けなくなること。
> ＊性的な意味合いの、気持ちの悪いメールを何通も送信すること。
> ＊いつの間にか自分と交際しているかのように思い込んだメールが自分や同じ学部の人宛に執拗に送信されて、断っても中止しないこと。

2)【対価型セクシュアル・ハラスメント】
　相手に対して優越的な地位を利用して性的な要求や誘いなどを行い、その服従又は拒否と引き替えに何らかの利益もしくは不利益(即ち対価)を与える行為です。また、特に対価を示したりすることはなくても、教員－学生、先輩－後輩などの上下関係を利用して、意に反する性的言動を行うことも、セクシュアル・ハラスメントになることがあります。
　これらにあてはまる可能性のある行為には、次のようなものがあります。
　　① 個人的な性的欲求への服従又は拒否を、教育上もしくは研究上の

指導及び評価並びに学業成績等に反映させること。
② 個人的な性的欲求への服従又は拒否を、人事又は労働条件の決定並びに業務指揮等に反映させること。
③ 教育上もしくは研究上の指導及び評価又は利益、不利益の与奪等を条件とした性的働きかけを行うこと。
④ 人事権もしくは業務指揮権の行使又は利益、不利益の与奪等を条件とした性的働きかけを行うこと
⑤ 相手への性的な関心の表現を職務遂行に混交させること。
⑥ 性的魅力を誇示するような服装や振る舞いを要求すること。

＜具体的な行為の例＞
＊教員が指導関係にある学生に、逆らったら指導上の不利益を受けるのではないかと困惑するような状況下で、性的な誘いかけをすること。
＊上司や教員が、部下や指導学生との学会旅行や出張中に、ホテルの一室に呼び出すこと。
＊教員が、「○○さんは自分の好みだから、特別にレポートの〆切を延長してあげる」などと発言すること。
＊教員が学生に交際を断られたことの腹いせに、成績を認定しなかったり、評価を下げたりすること。
＊教員が、「話すことがある」、「指導することがある」などといって学生を個室に呼び、性的関係を強要すること。
＊指導教員が「学位を取るまでは結婚しないように」と指導すること。
＊上司や教員が、女子職員や女子学生に、スカートで来ることや、化粧することなどを命じること。

3)【環境型セクシュアル・ハラスメント】
教育・研究・就業の場での性的言動によって、他の人の就学・就労環境を悪化させる行為を環境型セクシュアル・ハラスメントと言います。
これらにあてはまる可能性のある行為には、次のようなものがあります。
① 学業や職務の途中に、相手の性的魅力や自分の抱く性的関心にかかわる話題を持ち出すなど、正常な学業や業務の遂行を性にかかわる話題、行動等で妨害すること。
② 性的な意図をもって、身体への一方的な接近又は接触をすること。
③ 性的な面で、不快感をもよおすような話題、行動及び状況をつくること。

> ＜具体的な行為の例＞
> ＊相手の身体を上から下までじろじろ眺めたり、目で追ったりすること。
> ＊相手の身体の一部（肩、背中、腰、頬、髪等）に日常的に触れること。
> ＊職場や教室で、不快感をもよおすような性的な話題を頻繁に持ち出すこと。
> ＊相手が返答に窮するような性的又は下品な冗談を言うこと。
> ＊研究室や職場にポルノ写真、わいせつ図画を貼るなど煽情的な雰囲気をつくること。
> ＊卑わいな絵画や映像、文章等を強引に見せること。
> ＊懇親会、課外や終業後の付き合い等で、下品な行動をとること。
> ＊性に関する悪質な冗談やからかいを行うこと。
> ＊相手が不快感を表明しているにもかかわらず、その場からの離脱を妨害すること。
> ＊意図的に性的な噂を流すこと。
> ＊個人的な性体験等を尋ねたり、自分の経験談を話したりすること。
> ＊個人が特定できる形で、インターネットのサイトなどに、性的な内容の中傷やプライベートな情報の密告を書きこむこと。

このような行為が極端な場合や繰り返し行われている場合には、防止規則に定めるセクシュアル・ハラスメント行為と認められる場合があります。

4)【性別役割意識に基づく差別的言動】

　本学の構成員を性別によって差別しようとする意識等に基づく行為をいいます。

　これらにあてはまる可能性のある行為には、次のようなものがあります。
① 異性一般に対して侮蔑的な発言をすること。
② 個人の性的指向や性別自認に関して侮蔑的な発言をすること。
③ 異性であるという理由のみによって、性格、能力、行動、傾向等において劣っているとか、あるいは望ましくないものと決めつけること。
④ 同性愛や性同一性障害など性的マイノリティであるという理由のみによって、性格、能力、行動、傾向等において劣っているとか、あるいは望ましくないものと決めつけること。
⑤ 異性の主張や意見を、異性としての魅力や欠点に結びつけること。

＜具体的な行為の例＞
* 職員や学生が「男のくせに根性がない」、「女には仕事を任せられない」、「女性は職場の花でありさえすればいい」、「女性は研究に向かない」、「男性は妻子を養う義務がある」、「女性は子どもを産むべき」など、特定の性別役割観を押しつける発言をすること。
* 「男の子」、「女の子」、「僕」、「坊や」、「お嬢さん」、「おじさん」、「おばさん」などと人格を認めないような呼び方をしたり、特定の学生だけを「ちゃん」づけで呼んだりすること。
* 研究室や職場で、女性であるというだけで飲食の世話、掃除、私用等を強要すること。
* 研究室や職場で、女性には特定の服装で来ることを指示すること。
* 同性愛や性同一性障害などの性的マイノリティに対して、差別的な表現を使うこと。
* 性的指向をあげつらったり、からかったりすること。

(2) そのほかのハラスメント

　防止規則には、「そのほかのハラスメント」を、「セクシュアル・ハラスメントにはあたらないが、一定の就学・就労上の関係にある大学の構成員が、相手の意に反する不適切な言動を行い、これによって相手が、精神的な面を含めて、学業や職務遂行に関連して一定の不利益・損害を被るか、もしくは学業や職務に関連して一定の支障が生じること、又はそのようなおそれがあることをいう。」と定めています。(第2条第3項)

　これらの「そのほかのハラスメント」には、指導教員と学生、教授と研究員など教育・研究上の地位関係を利用して行われるハラスメントや、職員間の業務上の地位関係を利用して行われるハラスメント等があります。これらはアカデミック・ハラスメント(研究の場でのハラスメント)やパワー・ハラスメントと呼ばれています。

　これらにあてはまる可能性のある行為には、次のようなものがあります。
① 性別、年齢、出身、国籍、民族、人種、心身の障害及び傷病、容姿、性格等の個人的な属性を理由に、就学・就労上の機会、条件、評価等で相手を差別したり、排除したりすること。
② 私的な、もしくは一方的な要求への服従又は拒否を、教育上もしくは研究上の指導及び評価並びに学業成績等に反映させること。
③ 私的な、もしくは一方的な要求への服従又は拒否を、人事又は労働

条件の決定並びに業務指揮等に反映させること。
④　教育上もしくは研究上の指導及び評価又は利益、不利益の与奪等を条件として、相手に私的な、もしくは一方的な働きかけを行うこと。
⑤　人事権もしくは業務指揮権の行使又は利益・不利益の与奪等を条件として、相手に私的な、もしくは一方的な働きかけを行うこと。
⑥　個人的な好悪の感情を、相手に対する教育又は職務の遂行に混交させること。
⑦　指導に従わない相手に暴言を吐いたり、意図的に無視したり、暴力的な行為に及ぶ等、相手の人格又は身体を傷つける行為を行うこと。
⑧　相手の意に反する行為に執拗に誘ったり、一定の行為を繰り返し強要したりすること。
⑨　相手が不快感を表明しているにもかかわらず、その場からの離脱を妨害すること。
⑩　相手を困らせるために、意図的に事実無根の噂を流すこと。

＜具体的な行為の例＞
【主に研究・教育の場で起こりやすい「そのほかのハラスメント」】
＊教員が他の教員や学生に対し、文献や機器類の使用を理由なく制限したり、機器や試薬を勝手に廃棄して研究遂行を妨害したりすること。
＊教員が他の教員や学生に対し、正当な理由がないのに研究室の立入を禁止すること。
＊教員が学生に理由を示さずに単位を与えなかったり、卒業・修了の判定基準を恣意的に変更して留年させたりすること。
＊教員が指導教員の変更を申し出た学生に「私の指導が気に入らないなら退学せよ」と言うこと。
＊「忙しい」、「君も大人なんだから」などと言って、教員がセミナーを開かなかったり、学生への研究指導やアドバイスを怠ったりすること。
＊主任指導教員が、学生の論文原稿を受け取ってから何ヶ月経っても添削指導をしないこと。
＊教員自身の研究成果が出ない責任を、一方的に部下や学生に押しつけ、非難すること。
＊学生の投稿論文に加筆修正しただけなのに、指導教員が第一著者となること。

＊学生が出したアイデアを使って、教員が無断で論文を書いたり、研究費を申請したりすること。
＊教員が、自分の気に入らない論文などを「読むな」と言ったり、研究会に「行くな」などと言ったりして、学生の研究の自由を制限すること。
＊教員が、就職希望の学生に冷たく接し、大学院進学志望の学生を優遇すること。
＊教員が、ＴＡ(ティーチング・アシスタント)やアルバイト、非常勤などの紹介を、多くの学生に紹介できる性質のものであるにも関わらず、気に入った学生にだけ不平等に行うこと。

【どこでも起こりうる「そのほかのハラスメント」】
＊上司が部下に、必要な物品の購入に際して、理由なく購入を認めなかったり、必要書類に押印せず、研究や職務遂行を妨害したりすること。
＊教員や上司が、食事やコンパなど、研究や職務以外の付き合いの良さなどによって、学生や部下を評価すること。
＊飲み会などに参加することや、お酒を飲むことを強要すること。
＊教員や上司が、他の学生や同僚の前で、特定の人をこきおろしたり、嘲笑したり、罵声を浴びせたりすること。
＊教員や上司が、学生や部下に対して、挨拶を返さない、机を叩く、物を投げるなど横柄で尊大な態度で接したり、威嚇したりすること。
＊教員や上司が、「体調が悪いので休ませてほしい」と願い出た学生や部下に対し、研究や仕事を強要すること。
＊教員や上司が私的な用事を学生や部下に命じたり、車で送迎させたりすること。
＊教員や上司が、ジョギングや山歩き、演奏会など私的な趣味、気晴らしの活動に有無を言わせず学生や部下を同行させること。
＊職員や学生が、国籍、民族、人種、性別、年齢等を理由に特定の職員や学生に対して侮蔑的な発言をすること。
＊個人に対する極端な批判・中傷・脅しのような内容を含むＥメールを、執拗に送りつけたり、同時に複数の人に送信すること。
＊インターネットの公開ウェブサイトやＳＮＳなどのウェブ上のコミュニティにおいて、特定の個人の人格を傷つける誹謗中傷を書きこむこと。

なお、教育研究上何らかの不利益を与える場合には、本人が納得できるよう

適切な説明を行う必要があります。それらを果たしていなかったり、些細なことでも繰り返し行うことにより相手に障害を与えたりするときは、ハラスメントとみなされることがあります。

> どのタイプのハラスメントも、「行為者とされた者がハラスメント行為を行うとの意図を有していたと認められるとき」、又は「そうした行為が明らかに社会的相当性を欠くと認められるとき」は、ハラスメント行為を行ったと認められます（第2条第4項）。

6.相談

本学では学内共同利用施設としてハラスメント相談室を東広島キャンパスと霞地区キャンパスの2カ所に設置し、ハラスメント相談の対応にあたっています。相談を希望する人は、ハラスメント相談室の受付へ申し込んでください。

なお、相談に当たっては、ハラスメント相談室の相談員（「ハラスメント相談員名簿」）の中から相談員を選ぶことができます。

> 【相談の例】
> ＊「自分の問題がハラスメントかどうか、わからないので教えてほしい。」
> ＊「ハラスメントで困っている状況をなんとか改善したい。」
> ＊「自分ではなく友人や同僚がハラスメントで悩んでいるので、相談したい。」

ハラスメント相談室は、さまざまな理由での相談を広く受け付けています。

【ハラスメント相談室の対応】
① ハラスメント相談室では、ハラスメント問題の解決、被害の防止、回避の方法を相談に来た人（以下「相談者」という。）と共に考え、決定し、それをサポートします。
② 相談員は、相談者の受けたというハラスメントについて一緒に考え、今後取りうる解決方法を提案し、相談者自身が意思決定をする援助をします。
③ 相談員は、必要に応じて、大学内外の関係機関を紹介したり、関係機関と連携を取ったりします。
④ 相談員は、相談者との協議のうえ、必要に応じて、関係の部局への「調整依頼」や、学長への「ハラスメント調査会設置上申」を行います。
⑤ 相談員は、調整依頼後あるいはハラスメント調査会設置後も事態の推移を見守り、相談者のサポートを継続して行います。
⑥ 相談は、面談を基本としますが、メールや電話での問い合わせ、場合によ

っては匿名での相談や第三者からの相談も受け付けます。
⑦　相談員は、相談を受けている案件・相談を受けたケースの「ハラスメントの行為者とされた者」と、事実確認や調整のための接触は原則としてしないことになっています。
⑧　相談員は相談者のプライバシーを守ります。相談したことを、相談者の許可なく相談員がほかの人に伝えることはありません。
⑨　相談員の対応に満足できなかった場合は、申し出により、他の相談員に相談することもできます。

7.問題解決のためのプロセスと手続き

　ハラスメントの被害を受けた場合の問題解決の方法には、被害を受けた人自身が相談員のアドバイスを受けながら自力でそれ以上の被害を受けないための行動を取るだけでなく、ハラスメント相談室を通じて部局長などへの調整を依頼すること(調整依頼)、学長のもとにハラスメント調査会の設置を申し立てること(調査会設置上申)などがあります。

> ※　問題解決へのプロセスのうち、どの方法をとるかは、被害を受けたとする者の意向が尊重されます。また、相談や問題の解決にあたっては、関係者のプライバシーについて最大限の配慮をします。

(1)調整
　調整とは、相談者が訴える被害に着目し、それ以上被害を受けないようにするため、ハラスメントの行為者とされた者への注意・警告や、被害を受けたとする者への被害の救済措置などを行うことで、次の二つがあります。
①　ハラスメント相談室が関係する部局や職場の長、学科長や専攻長、講座主任など管理監督する立場の者に依頼して職場環境や教育環境、人間関係の改善を行うこと。(その際に、相談された行為が防止規則に定めるハラスメントにあたるかどうかの厳密な調査や判断は必ずしも必要としません。)
②　学長の下に設置されたハラスメント調査会が、調査の過程で、被害を受けたとする者と行為者とされた者との間の事態の改善を行うこと。
　ハラスメント相談室が部局等に調整を依頼した結果、部局等で実施された措置として、例えば次のようなものがあります。
①　被害を受けたとする者と行為者とされた者との分離。
②　行為者とされた者への注意・警告・指導。
③　被害救済及び権利回復のための措置。

④　就学・就労環境全体を改善するための啓発。

【調整による対応例】
（以下の事例は、すべて個人が特定されることのないよう、複数の事例をミックスするなど内容を加工して示しています。）

＊学生が、指導教員の度重なる暴言や長時間の拘束によって、研究室に行こうとすると吐き気やめまいがするなどの症状が出て、卒業研究を継続できないとの相談があった。ハラスメント相談室は、指導教員との関係の修復は困難と判断し、年度の途中であったが、学部長に対して、指導教員の変更と行為者の教員への教育指導の方法に関する注意喚起を依頼した。結果、指導教員が変更され、学生は卒業することができた。

＊ある女性職員に対して男性職員が、業務を装って執拗なメールを送ったり、待ち伏せしたりするなどのつきまとい行為があった。相談室はその女性職員の希望を受けて、男性職員の上司に調整依頼を行った。その結果、女性職員は行為者と業務上の接触がないよう担当を変え、行為者に対しては上司が女性職員へのメール送信やつきまといをしないよう注意喚起をし、以後女性職員には被害がなくなった。

＊ベテランの職員が、新入りの職員に対して、些細なミスを取り上げて多くの人の前で必要以上に強く叱責をしたり、業務指導を故意に行わなかったりすることを繰り返し、これまでも被害者が複数出たという相談があった。ハラスメント相談室が上司に調整依頼を行ったところ、上司が関係者に事情聴取を行い、行為者への注意をしたほか、席替えや配置換えを行って加害行為が起こりにくい環境を作った。また、相談者に対して報復的行為が行われていないかチェックするため、ハラスメント相談室が定期的な面接を行った。

＊主任指導教員である教授のハラスメントのせいで研究室に行けなくなった博士課程後期の学生が相談に来た。ハラスメント相談室が研究科長に調整を依頼した結果、研究科長は主任指導教員を他の教授に変更したうえで、前の主任指導教員と接触しなくてよい別の場所を確保した。学生は新たな主任指導教員のもとで研究を継続し、学位を取得した。

＊不特定の学生に対して、人前で大声で怒鳴りつけたり、成績を不用意に漏らしたりする教員がいるという苦情があったため、ハラスメント相

> 談室が学部長に調整を依頼した。学部長が、教員対象のハラスメント研修を複数回実施した結果、その教員のハラスメント行為はなくなった。

(2) ハラスメント調査会設置の申し立て

　被害を受けたとする者がハラスメント相談室を通じて学長にハラスメント調査会の設置を上申することです。

　被害を受けたとする者本人の努力や部局長等による調整によっても問題が解決せず、被害を受けたとする者がハラスメント調査会の設置を希望する場合、ハラスメント相談室は学長に対してハラスメント調査会の設置を上申することができます。

(3) ハラスメント調査会の構成等

　ハラスメント調査会は、設置の申し立てに応じて事案ごとに設置され、調査が終了した時解散します。

　ハラスメント調査会は、理事、副学長又は部局等の長のうち学長が指名する者若干人、その他、本学の職員及び学外の専門家のうち学長が指名する者若干人によって構成されます。必要に応じ、被害を受けたとする者が所属する部局等の長及び行為者とされた者が所属する部局等の長を加える場合があります。また、必要と認めるときは、専門家の出席を求めることや調査を迅速に行うため、小委員会を置くことができるようになっています。

　ハラスメント調査会の構成員を決める際は、公正な調査の妨げとならないような配慮をします。被害を受けたとする者が希望する場合は、相談員が被害を受けたとする者のハラスメント調査会での事情聴取に同席したり、ハラスメント調査会に相談員がオブザーバーとして出席し、被害を受けたとする者への経過報告を行うことができます。

　行為者とされた者が希望する場合には、担当の相談員を配置することもできます。

　上申書及びハラスメント調査会における報告においては、必要に応じ、被害を受けたとする者、行為者とされた者及び証言を行った者等を匿名とするなどプライバシー保護の措置を講じます。

(4) ハラスメント調査会の任務

　ハラスメント調査会は、ハラスメントの被害を受けたとする者とハラスメントの行為者とされた者及びそのほかの関係者から事情聴取を行い、ハラスメントの事実関係を公正に調査するとともに、その結果を学長に報告します。また、調査

の過程で、被害を受けたとする者の緊急避難措置、調整、部局内での調査や調整などの勧告とともに再発防止のための措置を行うこともあります。

(5)調査結果の学長への報告

　ハラスメント調査会は、調査を可能な限り迅速に行い、調査結果を学長に文書で報告します。また、ハラスメントの内容が重大で、行為者とされた者に処分を含め、さらに審議が必要と思われる場合はその旨を併せて報告します。

(6)学長による措置と当事者への告知

　学長はハラスメント調査会の報告に基づき、大学としてとるべき措置（被害を受けたとされる者の不利益の回復、環境の改善、再発防止、行為者とされた者に対する指導など）を講じます。

　調査結果については、被害を受けたとする者及び行為者とされた者に対して告知されます。

　なお、懲戒処分を行う際には、別途手続きを行うこととなります。

※懲戒処分の標準例（「広島大学における職員の懲戒処分の指針」より抜粋）

(8)セクシュアル・ハラスメント（他の者を不快にさせる職場における性的な言動及び他の職員を不快にさせる職場外における性的な言動）

　　イ　暴行若しくは脅迫を用いてわいせつな行為をし、又は職場における上司・部下若しくは教員と学生等の関係に基づく影響力を用いることにより、強いて性的関係を結び若しくはわいせつな行為をした職員は、解雇又は停職とする。この場合において、その行為により相手が精神疾患に罹患したとき、又は辞職若しくは退学したときは、当該職員は解雇とする。

　　ロ　相手の意に反するわいせつな言辞、性的な内容の電話、性的な内容の手紙・電子メールの送付、身体的接触、つきまとい等の性的な言動（以下「わいせつな言辞等の性的な言動」という。）を繰り返した職員は、停職、出勤停止又は減給とする。この場合において、その行為により相手が強度の心的ストレスの重積による精神疾患に罹患したとき、又は辞職若しくは退学したときは、当該職員は解雇又は停職とする。

　　ハ　相手の意に反するわいせつな言辞等の性的な言動を行った職員は、減給又は戒告とする。

(9)セクシュアル・ハラスメント以外のハラスメント

　　イ　就学、就労、教育及び研究（以下「就学・就労」という。）上の関係に基づく影響力を持って相手の意に反する不適切な言動（或いは意図的な無視）又は不当な拘束等を繰り返し行い、学業や職務遂行に関連し

> て一定の不利益・損害を与えた職員は、停職又は出勤停止とする。この場合において、その行為により相手が強度の心的ストレスの重積による精神疾患に罹患したとき、又は辞職若しくは退学したときは、当該職員は解雇又は停職とする。
> ロ　相手の意に反する不適切な言動（或いは意図的な無視）等により、精神的な面を含めて、就学・就労上に一定の支障を生じさせ、又はそのようなおそれがあると認められる行為を繰り返し行った職員は、減給又は戒告とする。この場合において、その行為により相手が強度の心的ストレスの重積による精神疾患に罹患したとき、又は辞職若しくは退学したときは、当該職員は解雇、停職又は出勤停止とする。
> ※　学生に関しては、広島大学学生懲戒指針に基づき行うこととなります。

(7)懲戒処分の公表
　ハラスメント行為者（学生等を除く）の懲戒処分が行われた場合には、「広島大学における職員の懲戒処分公表の指針」に従い公表します。ただし、プライバシー保護の観点から、公表内容を制限することもあります。
　また、ハラスメント行為者が学生の場合、「広島大学学生懲戒指針」により対応することになります。

(8)調査結果の告知に対する不服申し立て
　学長が行った告知に対して不服があるときには、被害を受けたとする者はハラスメント相談室を通じて、行為者とされた者は直接、学長に不服申立てを行うことができます。

8.その他の取り決め
(1)不利益取扱いの禁止
　ハラスメントの相談をしたり、ハラスメント調査会の設置を申し立てたり、相談やハラスメント調査会に係る調査への協力をしたことで、相談者及び被害を受けたとする者や調査協力者が、行為者とされた者から、脅迫、威圧等を受けたり、報復その他の不利益な取扱いを受けることがあってはなりません。
　そのような行為があった場合、その行為自体が二次加害行為として懲戒の対象になる場合もあります。

(2)プライバシーの保護
　ハラスメントの相談や被害救済のプロセスに関与した担当者、相談員、職員は、関係者のプライバシーを守ります。本人の同意や承諾がない限り、職務上

知りえた個人情報や相談内容について、みだりに他人に知らせ、又は不当な目的に利用してはなりません。また、取得した際の目的以外でそれらの情報を提供・利用する場合は、本人の同意を得て行います。

(3)虚偽の申し立ての禁止

　ハラスメントに関する虚偽の申立てや証言をしてはなりません。そのような行為が確認された場合は、懲戒等の対象になる場合があります。

(4)ガイドラインの見直しについて

　必要に応じてガイドラインの見直しを行います。

9.ハラスメント対策委員会

　ハラスメント相談室は、相談への対応のほかにも、本学のハラスメントの実態を把握する活動をはじめ、教育研修や広報など啓発活動を行います。このハラスメント相談室の活動と運営は、ハラスメント対策委員会によって審議されます。また、ハラスメント対策委員会は、相談室が行うハラスメント防止・啓発のための活動の支援等を行います。

> ※ハラスメント対策委員会の役割（「広島大学ハラスメント相談室規則」より抜粋）
> 　対策委員会は、相談室に関し次に掲げる事項を審議し、その業務を処理する。
> 　＊管理運営の基本方針に関すること。
> 　＊相談室が行う防止・啓発活動の支援に関すること。
> 　＊ハラスメントに関する自主研修に関すること。
> 　＊その他相談室の運営及びハラスメントの防止等に関し必要な事項

　ハラスメント対策委員会は、ハラスメント相談室長、副理事のうち学長が指名する者、各研究科、原爆放射線医科学研究所及び病院の副部局長又は教授のうちから、当該部局長が推薦する者1人、ハラスメント相談室の専任教員、相談員、ハラスメント対策委員会が必要と認めた者若干人によって構成されています。

　ハラスメント相談室が扱った相談の件数等の情報（個別の相談内容を除く。）はハラスメント対策委員会で報告され、防止・啓発活動に活かされます。

10.ハラスメント相談窓口

　　　ハラスメント相談室　Tel:082-424-5689・7204・4352

　　　　　　　　Fax:082-424-7204・4352
　　　　　　　　E-mail:harassos@hiroshima-u.ac.jp
開室時間は、東広島地区　月曜日から金曜日まで10時～17時
(夏季における一斉休暇期間、年末年始及び祝日を除く)
　　　　　　霞地区　月・水曜日午後
(夏季における一斉休暇期間、年末年始及び祝日を除く)
※　霞地区の相談申し込みもハラスメント相談室(東広島キャンパス)
　　で受け付けます。
※　ハラスメント相談員名簿は以下をご覧ください(学内限定)。
【URL】http://home.hiroshima-u.ac.jp/harass/gakunai/
　　　meibo.html

ハラスメント相談の案件の手続きの流れ（全体図）

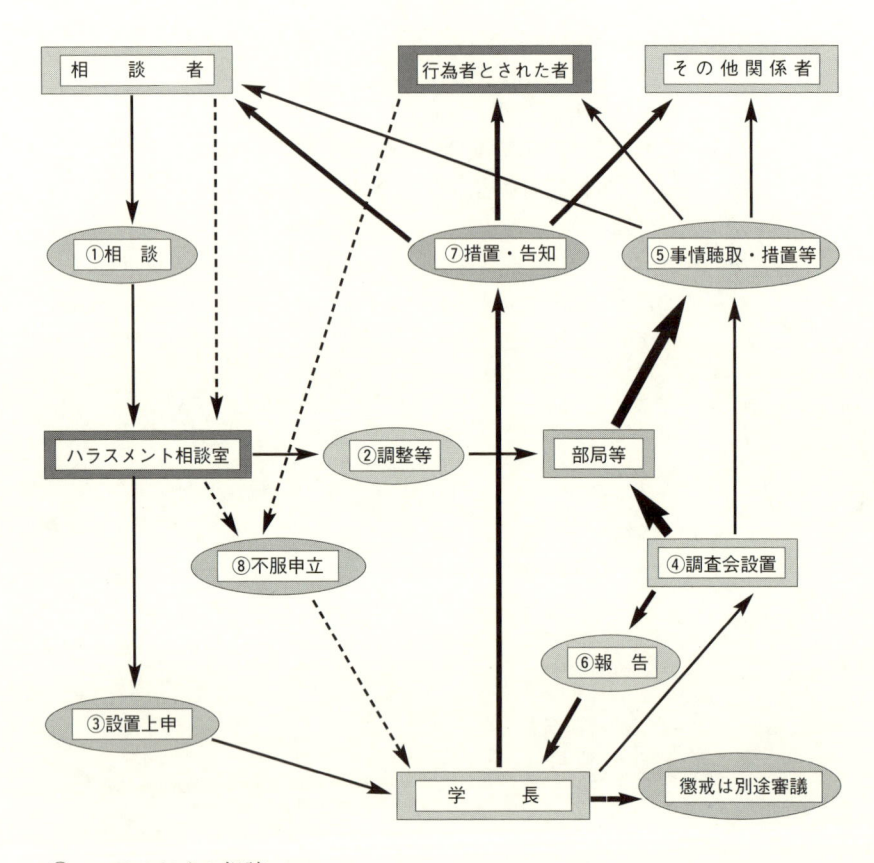

① ハラスメントの相談
② 関係者による調整等の依頼
③ 調査会の設置上申
④ 調査会の設置
⑤ 調査（緊急避難措置等の保護救済が必要と調査会が認めるときは、当該部局等の協力を得てこれを行う。）
⑥ 調査結果の報告
⑦ 相談者（被害を受けたとする者）の不利益の回復、環境の改善及び行為者とされた者への指導の措置等、さらにそれらについての告知
⑧ 調査結果に対する不服申立

ハラスメント相談対応の流れ

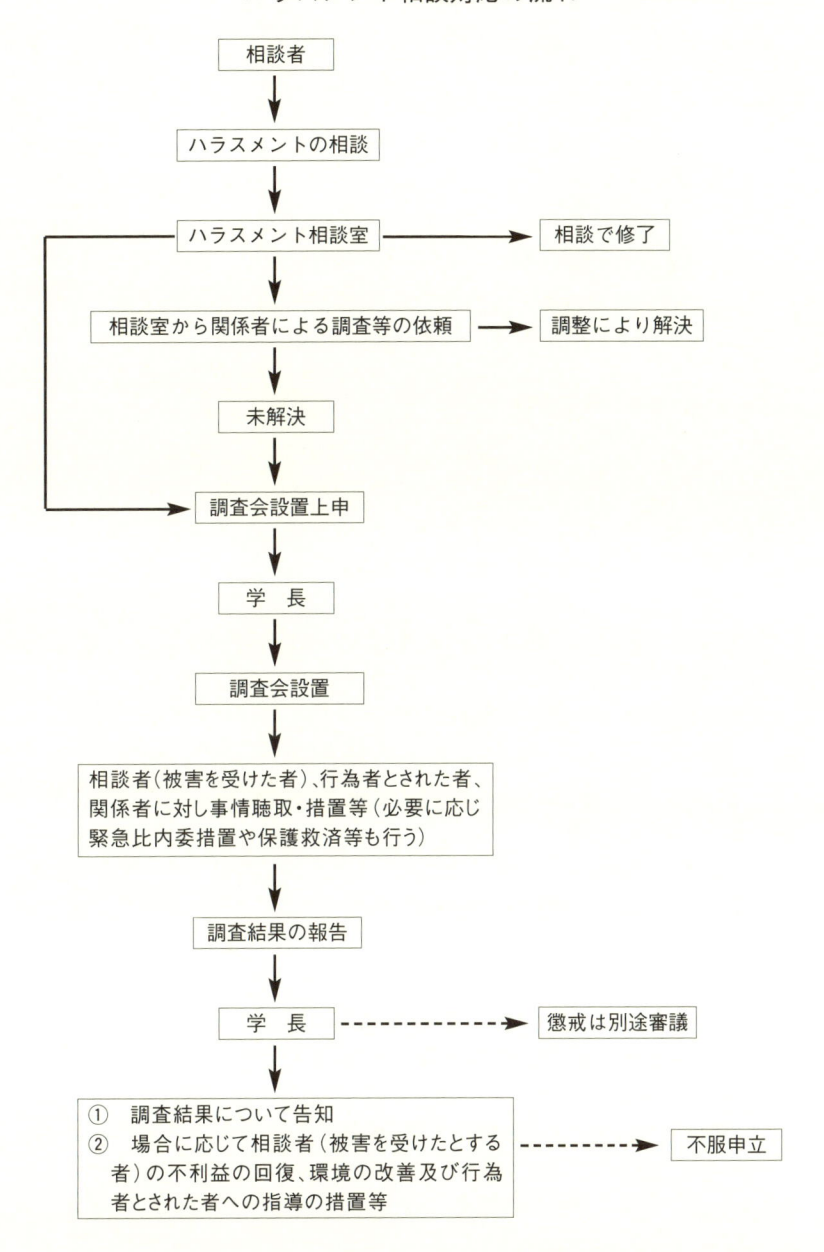

```
相談者
　↓
ハラスメントの相談
　↓
ハラスメント相談室 ──→ 相談で修了
　↓
相談室から関係者による調査等の依頼 ──→ 調整により解決
　↓
未解決
　↓
調査会設置上申
　↓
学　長
　↓
調査会設置
　↓
相談者（被害を受けた者）、行為者とされた者、
関係者に対し事情聴取・措置等（必要に応じ
緊急比内委措置や保護救済等も行う）
　↓
調査結果の報告
　↓
学　長 ----→ 懲戒は別途審議
　↓
① 調査結果について告知
② 場合に応じて相談者（被害を受けたとする
　 者）の不利益の回復、環境の改善及び行為
　 者とされた者への指導の措置等
　　　　　　----→ 不服申立
```

早稲田大学におけるハラスメントのガイドライン

早稲田大学ハラスメント防止委員会

1. ハラスメント防止に関する基本ポリシー

　早稲田大学(以下「本学」という)は、すべての学生・生徒および教職員等が個人として尊重され、ハラスメントを受けることなく、就学または就労することができるよう十分な配慮と必要な措置を取ることを宣言します。上記目的を達成するため、本学は、人権に関する法令に従って学内における多様なハラスメントの防止に努め、万一かかる事態が発生した場合には、これに対し迅速かつ適正な措置を取ることに最善の努力を傾けます。

　本学は、被害を受けた学生・生徒および教職員等が、安心してハラスメントの苦情を申し立て、相談を受け付けられる窓口を設置します。さらにまた、本学は、ハラスメントの苦情に対しては、学内での適切な調査と慎重な手続を経たうえで、厳正な処分を含む効果的な対応をしますが、その際、関係者(事案の当事者の他、監督・指導の責任を負う者等、当該事案に利害関係を有する者を含む)のプライバシーの尊重と秘密厳守には特に留意します。

　本学は、本ガイドラインにより、ハラスメントの定義、ハラスメント防止の理由と目的を明らかにし、苦情・相談窓口の設置、苦情処理手続等を定め、苦情申立に対する不利益扱いの禁止、その他の報復措置の禁止、関係者のプライバシー保護、懲戒処分の勧告、研修や教育を通じた予防・啓発の促進に努めます。

2. ハラスメントの定義

　本ガイドラインでいうハラスメントとは、性別、社会的身分、人種、国籍、信条、年齢、職業、身体的特徴等の属性あるいは広く人格に関わる事項等に関する言動によって、相手方に不利益や不快感を与え、あるいはその尊厳を損なうことをいいます。

　本ガイドラインは、大学における優越的地位や指導上の地位、職務上の地位、継続的関係を利用して、相手方の意に反して行われ、就学就労や教育研究環境を悪化させるハラスメント一般を取扱います。大学におけるハラスメントとしては、性的な言動によるセクシュアル・ハラスメント、勉学・教育・研究に関連する言動によるアカデミック・ハラスメント、優越的地位や職務上の地位に基づく言動によるパワー・ハラスメントなどがあります。ここで、大学に特有なこれら三

つのハラスメントをより詳しく説明しておきます。なお、これらの定義を著しく厳格に解するよりは、できるかぎり広く異議申立てを認めることが肝要です。

(1) セクシュアル・ハラスメント

　　1) 教育、研究、指導、助言、雇用、管理その他の大学内での活動への参加や就学就労の条件として、性的な要求をしたり、性的な言動を甘受させる場合、2) 性的な要求や言動を拒否することや甘受することが、当該個人の成績評価や卒業判定または昇進昇給等の人事考課の基礎として利用される場合、3) 性的要求や言動が、個人の職務遂行を不当に阻害し、不快感を与え、就学就労や教育研究環境を著しく害する場合を指します。

　　ただし、セクシュアル・ハラスメントは、身体的な接触や性暴力、視線や性的ジョーク等多様な形態を含んでおり、個々人の感じ方や微妙なニュアンスの違いもあって判断がむずかしいケースもあります。そこで、大学内で何が具体的に相手方の意に反する性的言動となり、就学就労環境を著しく害し、能力発揮の支障となり得るかをグレーゾーンも含めて、類型化しておかなければなりません。

　　セクシュアル・ハラスメントには、性的な言動に対する相手方の対応により、教育研究条件、労働条件に不利益を受けるもの（対価型セクシュアル・ハラスメント）と、当該性的な言動により就学就労、教育研究環境が害されるもの（環境型セクシュアル・ハラスメント）があります。

ここでいう性的な言動とは、性的な内容の発言および性的な行動を指しています。具体的には、性的な内容の発言には、性的ジョークやからかいを含め「性経験はあるか」、「初体験はいつか」等の性的な事実関係を尋ねたり、「派手に遊んでいるらしい」とか、性的な内容の噂を流したり、「胸やお尻が大きい」と言うことが含まれます。また、性的な行動には、「今晩付き合って」、「ホテルに行こう」等と性的な関係を強要したり、猥褻な写真や絵を見せたり、身体に触ること等が該当します。

　　なお、同性間におけるセクシュアル・ハラスメント、ストーキング行為および相手方の意に反するその他の性差別的言動も含まれます。

(2) アカデミック・ハラスメント

　　教員等の権威的または優越的地位にある者が、意識的であるか無意識的であるかを問わず、その優位な立場や権限を利用し、または逸脱して、その指導等を受ける者の研究意欲および研究環境を著しく阻害

する結果となる、教育上不適切な言動、指導または待遇を指します。

例えば、教員間であれば、権限ある同僚等による研究妨害や昇任差別、退職勧奨など、教員と大学院生および学生の間であれば、指導教員からの退学・留年勧奨、指導拒否、指導上の差別行為、学位の取得妨害、就職上の指導差別、公平性を欠く成績評価などが考えられます。より具体的には、昇任審査、学位審査および研究指導において、特定の者を他の者と差別して、必要以上に厳しい条件を課すこと、指導を超えて人格を否定するような言動を繰り返すことなどが考えられます。

ただし、教育上の指導においては、指導のあり方が多様であり、また指導を受ける側の個々人の感じ方や微妙なニュアンスの違いもあって判断がむずかしいケースもあることは事実であり、また指導する側が無意識的に行っていることが少なくありません。しかし、教育においては、指導する者と指導を受ける者との適切なコミュニケーションが成立していることが必要であることを考えますと、指導を受ける者が指導する者に対して異議申立てをする機会を設けることが必要かつ不可欠です。

(3) パワー・ハラスメント

職務上優越的地位にある者が、意識的であるか無意識的であるかを問わず、その地位および職務上の権限を利用し、または逸脱して、その部下や同僚の就労意欲および就労環境を著しく阻害する結果をもたらす、ハラスメントとなるような不適切な言動、指導または待遇を指します。

例えば、「何もできないのだな」、「文句があるならさっさと辞めろ。お前の代わりはいくらでもいる」などの言葉によるハラスメントのみならず、多数の者がいるところで罵倒する、仲間はずれにする、悪意から意図的に昇進・昇給を妨害する、本人の嫌がる部署に意図的に配転する、談合など違法行為を強制する、職務上必要な情報を意図的に伝えないなどの職務権限等にもとづく行為を挙げることができます。

ただし、教育訓練の意味で職務上厳しい指導が行われることがありますが、これは、このパワー・ハラスメントとは区別されねばなりません。また、個々人の感じ方や微妙なニュアンスの違いもあって判断がむずかしいケースもあることは事実です。しかし、教育訓練の名のもとに、感情的な言動や憂さ晴らしとしての言動は許されてはなりませんし、主観的には教育訓練としての言動であったとしても、それが行き過ぎて本人の人格やライフスタイルなどを否定する結果となる可能性もあります。

3.本ガイドラインの適用範囲および対象

　本ガイドラインは、本学の専任教員、助手、非常勤講師等の教員、専任職員、派遣社員、アルバイト等、大学院学生、学部学生、生徒、科目等履修生および留学生等に適用されます。また、ティーチング・アシスタント(教務補助)、研究補助員等名称のいかんを問わず、本学の教育や研究について継続的関係を持ち、本学のコミュニティーの構成員と認められる者についても、本ガイドラインは適用ないし準用されます。さらには、キャンパスの内外を問わず、実質的に本学の就学就労環境に重大な支障を与えると認められるハラスメントについては、被害者または加害者が本学の教員、職員、学生・生徒等であれば、本ガイドラインが広く適用ないし準用されることになります。

　ただし、キャンパス内の出入り業者や本学関連会社社員、他大学学生等本学の構成員でない者については、本ガイドラインの趣旨、目的、概念を説明し、その者が所属する機関に対して、予防、再発防止、行為者の処分等を行うよう強く求めるものとします。

4.ハラスメントに関する相談窓口

　本学は、ハラスメントが行われた場合に、被害の救済と問題解決のために相談窓口を設置し迅速かつ適切に対応します。

　苦情や相談の申立については、5.で述べるハラスメント防止委員会に設置される相談窓口において受付けます。苦情や相談のある方は、電話やメール、ファックス、手紙などの方法で相談窓口に申し立ててください。詳しい方法は、ホームページに公開します。

　学内の各箇所、例えば学生生活課、キャリアセンター、人事課、各学部および各研究科事務所、図書館、留学センター、総合健康教育センター等が学生・生徒や教職員などからハラスメントに係る相談を受けたときは、原則としてハラスメント防止委員会に報告し、両者で連携し適切な処置をとります。

　教職員等が個人的にハラスメントに関する相談を受けたときも、できる限りハラスメント防止委員会において問題解決をするよう相談者に勧めることが適当です。

5.ハラスメント防止委員会

　ハラスメント防止委員会は、具体的にどのようなケアと調整が必要か否かを公正中立な立場で判断しなければならないものとします。特に、同委員会では、

緊急性の高いもの、重大な人権侵害や暴行等を伴うものから、軽微で誤解や認識不足にもとづく人間関係の調整を要するもの等、受理面接（インテーク）を通してケースの選別を行い、その処理方針を決定し、問題の解決にあたります。

　また、ハラスメント防止委員会は、他の機関との連携や協力を得つつ、ハラスメントに関する情報の収集、苦情処理、教育・研修、調査・広報活動などを通じて、ハラスメント防止に関する学内の中心的役割を果たす機関として位置づけられます。したがって、ハラスメント防止委員会は、関連する学内機関や部署と連携のもとに、ハラスメント防止のためのパンフレットの作成、学生・生徒・教職員等への情報提供や実態調査、研修等に努めることになります。

　さらに、ハラスメント防止委員会は、必要な事実の確認のための調査手続、人間関係の調整のためのカウンセリング、自主的解決を斡旋するための調停手続および各種懲戒処分発動に関する勧告手続を行いますが、各手続での当事者の反論権、弁明権、プライバシーの保護等手続保障が特に重要です。ハラスメント防止委員会の具体的機構、構成員、権限、手続の基本原則、カウンセリングおよび調整手続等については、別途定めるものとします。

6.事案の解決手続

　ハラスメントに関する紛争は、大学における継続的人間関係および信頼関係の維持を考慮し、当事者の合意を得て、カウンセリング、調停等、人間関係の調整によって解決することが望ましいといえます。したがって、紛争解決にあたっては、調整手続を原則とします。

　他方、調整手続にもかかわらず当事者の同意が得られず、調整が不調に終った場合、またはハラスメントが重大な場合で、かつハラスメント防止委員会が懲戒処分等の必要性を認めた場合には、教員、職員、学生・生徒等の処分等を勧告するために、関係機関に調査報告書を提出することができます。

7.苦情の申立や相談に対する不利益扱いの禁止

　ハラスメントで悩み、被害を受けたと苦情を申し立てたり、相談をしたことで、被害者が、苦情の相手方から、脅迫、威圧等を受けたり、報復その他の不利益な取り扱いを受けることがあってはなりません。そうでなければ、力の強い者がつねに弱い者を支配し服従させる風潮はなくなりません。また、被害者は報復や反撃を恐れて、いつまでも救済を求められないからです。苦情の申立や相談をしたことで不利益な扱いを受けたり、脅迫、強要等の言動があった場合、懲

戒手続を発動することも可能になります。また、被害を受けた者は、法的に民事または刑事責任を追求することもできます。

8.秘密厳守

　ハラスメントの相談や苦情処理のプロセスにおいては、この手続に関与した担当者、カウンセラー等の相談員、教員、職員は、関係者のプライバシーと秘密を守らなければなりません。本人の同意や承諾がない限り、カウンセラー等の相談員や調整委員は、その職務上知り得たクライアントの氏名、住所、電話番号等の個人情報のみならず、相談内容や相談事項について、正当な理由なく漏洩してはなりません。

　このような、クライアントとカウンセラー等の相談員との間の厳格な守秘義務は、信頼関係を築き維持するための基本であり、安心して何でも話せるための保障です。また、ハラスメントについての苦情を申し立てられた者にとっても、秘密が守られることで、率直かつ誠実な話し合いの場が持てることになります。

　以上の点からみても、大変デリケートな問題であるハラスメントの問題処理にあたっては、関係者のプライバシーに最大限の配慮がなされなければなりません。

9.ハラスメント防止のための教育・研修・啓発活動

　本学は、快適な学園生活や職場環境、教育研究環境を阻害するハラスメントの予防・根絶のため、その発生原因、背景、実情や問題点の解明を深め、十分な理解を得るように、教育・研修、調査・広報活動を通じ周知徹底、啓発に努力します。

　たとえば、学内報、パンフレット、ポスター等の資料にハラスメントに関する明確な方針・対応等について記載して配布します。「学生の手帖」、マニュアル、就業規程等にも載せて、教職員、学生・生徒等に配布し、ハラスメントの予防や根絶のための学内意識改革およびその啓発のための研修や講習会を積極的に開催します。また、ハラスメント防止委員会では、年1回、活動内容、調査結果や相談事例等を適切な範囲で公表する報告書を作成して配布します。

2004年12月3日

ハラスメント防止対策ガイドライン（2010年改訂暫定版）
特定非営利活動法人アカデミック・ハラスメントをなくすネットワーク

ガイドラインの目的

　このガイドラインの目的は、アカデミックな分野、すなわち大学院・大学・短期大学・高等専門学校・研究所などの研究教育活動の場に在学・在籍・在勤する人、およびそれらに関連する組織である学会等の構成員に対する、あらゆる形の嫌がらせや人権侵害をなくし、これら全ての人々が快適な環境で研究・教育・学習・労働を行う権利を擁護するために必要な措置・対策をとるよう、各機関および組織に促すことです。

　取るべき措置・対策としては、ハラスメントを防止するための研修や啓発、被害が起こってしまった場合の被害者救援および加害者対策、全ての構成員にとって快適な環境をつくるための継続的な環境改善などがあります。

ガイドラインの精神

　高等教育研究機関（学会・研究会も含む）の構成員とその関係者は、感情・意志・期待・希望を持った個人として十分に尊重され、またその能力を十分に発揮できる環境を与えられなくてはならず、これらを阻害する要因となっている様々なハラスメント行為は、高等教育研究機関から排除されなくてはなりません。従ってハラスメントの被害の防止とハラスメントによる不利益の回復、学習・教育・研究・就業環境の改善のための対策を十分に行なうことは、高等教育研究機関の責務です。

ハラスメントとは何か

　ハラスメントは、「個人あるいは集団の言動や態度が、他の個人・集団に何らかの不当な不利益をもたらすこと」と広くとらえることができます。高等教育研究機関におけるハラスメントは、アカデミック・ハラスメント、セクシュアル・ハラスメント、およびパワー・ハラスメントに分類されますが、これらは常に互いに関係しており、厳密に分類することは適当ではありません。ここでは、アカデミック・ハラスメントを中心に、3つのハラスメントを考えてみます。

　アカデミック・ハラスメントとは、『高等教育研究機関における、権力・権限・その他の何らかの有利な状況を利用して、他人に不当な不利益をもたらす、他人に不当に不快感を与える、あるいは他人の学習・教育・研究・就業環境を悪化

させる言動・態度・不作為』であり、これが生じる場面によって、研究活動に関するもの、教育指導に関するもの、それ以外の職場いびりに類するもの、暴力的発言や行為など相手に身体的・精神的な傷害を与える行為に分類することができます。「解説[注1]」に詳述しますが、たとえば研究活動に関する嫌がらせには、
* 研究テーマを与えないあるいは研究テーマを強制する行為
* 研究機器を使わせない・研究費を取り上げる・研究出張を認めないなどの研究を妨害する行為
* 研究成果を奪ったり発表や論文作成を妨害したりする行為

があります。教育指導に関する嫌がらせには、
* 指導を行わないこと
* 研究テーマの押しつけなど本人の自主性を認めない行為
* 学位や単位認定に関して不公平・不公正な対応をとること
* 進路に関する妨害や干渉

などがあります。また、日常的な場面で見られることとしては、
* 暴力的あるいは人格を傷つける言動
* 悪口や中傷
* プライバシーに関することを言いふらすこと
* 退学や退職を促したり示唆したりすること

などがあります。以上のような行為は、嫌がらせの意図の有無にかかわらず、教育を受ける権利、研究教育を行う権利、働く権利あるいは人格権・自己決定権への侵害に他ならず、アカデミック・ハラスメントとみなされます。

アカデミック・ハラスメントは、教育上の評価・評定の一環として行なわれることがあります。特に最近、博士論文の審査に関して、これが問題となる場合が少なくありません。このような場合、「形式的に問題がない」ということだけでこれを放置するとすれば、ハラスメントを助長することになります。評価・評定が問題となった場合、正当な評価であったことを客観的に示す資料が必要ですし、これがない場合には、関係者と個人的な関係や利害関係のない第三者の判断を求めることが必要な場合もあります。

セクシュアル・ハラスメントは『相手を不快にさせる、不必要あるいは不当な性的言動』です。学習・教育・研究・労働の場としての高等教育機関では、真摯な研究や議論の対象である場合を除いて性的言動は不必要であり、このような場面を除けば、性的言動がハラスメントとなり得るのは当然のことでしょう。また性別や性的嗜好に基づいた、あるいは性的要求を拒否したことによる差

別的取扱いや差別的言動なども、セクシュアル・ハラスメントと見なされます。高等教育研究機関におけるセクシュアル・ハラスメントの典型として、単位・卒業認定や研究指導を背景とした、あるいは宿泊を必要とする学会参加や調査研究旅行の場で行なわれる性的誘いなどがあります。これらはアカデミック・ハラスメントとセクシュアル・ハラスメントが複合したものと言えるでしょう。また今後議論を進めるべき問題ではありますが、教職員と学生間の恋愛も、立場上の非対称性が背景に存在することから「自由な恋愛である」と主張することは難しく、セクシュアル・ハラスメントと見なされる可能性があります。

　パワー・ハラスメントは、『主に職場での権力や地位を利用した嫌がらせ』です。一見職務命令のようであっても、本人の能力に見合わない課題達成の要求や、著しい精神的圧迫を与える言動、差別的な取扱いなどは、パワー・ハラスメントと見なされます。高等教育研究機関では、職員間のハラスメントが典型的ですが、講座内での教授から准教授・助教などへのアカデミック・ハラスメントにもパワー・ハラスメントの要素が含まれています。さて、上にも述べたとおり、3つのハラスメントは互いに関連して生じる場合が少なくありません。現状では、これらを異なるものとして取り扱う大学も見られますが、このような扱いは必ずしも適切とは言えません。たとえば、アカデミック・ハラスメントを背景としたセクシュアル・ハラスメントの場合、アカデミック・ハラスメントとセクシュアル・ハラスメントを個別に取り扱えばハラスメントとしての本質が隠されてしまう場合があります。従って、複合型のハラスメントでは、これを統一して取り扱う必要があります。

　また、ハラスメントを判断する指標として、「受け手の感じ方」は重要です。正当な職務行為として行なわれる、公平公正な評価・評定・判断は別として、感じ方を無視してハラスメントを論ずることはできません。相手が嫌がっていることが見て取れる場合や、相手が要求した場合には、その行為を中止する必要がありますし、中止しなければハラスメントと見なされることになります。

　直接的なハラスメント行為だけでなく、ハラスメントに協力する行為、ハラスメントを黙認する行為、ハラスメントによる被害の回復や環境改善を怠る行為は、やはりハラスメントと見なされます。また虚偽の申し立てや報復的申立てもハラスメントとして取り扱います。ハラスメントの被害者に対する暴言・陰口などの2次加害行為がハラスメントであること当然です。

ハラスメントのもたらすもの
　上述のように、ハラスメントとみなされる行為は様々なので、被害も多種多様

ですが、共通しているのは受け手に精神的苦痛を与えることです。このために心身の不調が生じ、学業・研究や職務の継続が困難になる人も少なくありません。

　研究者の研究活動が妨害された場合には、十分な能力を発揮する機会が奪われて研究成果が得られず、そのために研究能力に対する評価が低下する、という研究者としては重大な不利益をこうむります。妨害に立ち向かって研究や職務を遂行している人の場合でも自己実現・達成感の喪失は否めず、自己評価は低下します。また多くの人の場合、嫌がらせによる精神的圧迫から集中力の低下等の能力低下が引き起こされ、業績の低下が顕著となるため、結果として研究者生命が絶たれる事態に追い込まれます。特に任期のある職に就いている、あるいは外部からの研究費が無ければ研究ができないなどの不安定な立場にある人の場合には、わずかな研究の滞りによってその後の研究継続が困難になる場合があります。このような場合には、ハラスメントが短期間であっても、研究者生命を完全に奪うことになってしまいます。また被害者が学生の場合にも、正当な理由無く単位を与えない、卒業を認めないなどの行為が行われれば、被害者のその後の人生を大きく左右することにもなります。

　ハラスメントによる損失は被害者の個人的なものに止まりません。組織の業績は組織に属する個々人の業績の集積であり、個人の業績の低下はそのまま組織の業績低下となります。またハラスメントが組織内の修学・就業環境の悪化を招き、その結果として組織の活動の総量が落ち込んでしまう場合もあります。さらに、このような状態が継続したために有能な研究者が組織から離れることになれば、その影響は長期的なものとなることは明らかです。また、ハラスメントが発生したにもかかわらず、組織として適切に対処しなかったことが明らかになれば、組織に対するのイメージや評価の低下も避けられません。

ハラスメントの背景

　ハラスメントの特徴として、常に権力の行使があること、権力に迎合する人間が存在するために行為者は複数であること、受け手の人は孤立化させられる傾向のあることがあげられます。これら特徴がハラスメントの行為を助長し、被害を大きくしているのです。

　研究教育機関の教職員・研究者は、卒業認定や学位の授与、研究教育計画の決定や執行、人事の決定に関する権限を実質的に有しています。特に大学における講座の長である教授や研究所の研究部室長は、これらの全ての権

限を組織から任されているので、これらの地位にある人々がおこなった行為は、組織によって是非を問わずに容認される傾向にあります。そのため被害を受けた部下・学生・院生等は、組織に理解されないことや、さらなる不利益を被ること恐れて、被害を訴え出ることを躊躇せざるを得ないのが現状です。教室や研究室が外部からの目の届きにくい閉鎖的な空間であることも、問題が表面化せず、その解決を困難にし、深刻化させる要因になっています。

　また他人のことには巻き込まれたくないという事なかれ主義や、権力のある側に迎合して嫌がらせに協力したり、黙認したり、ひいては自らが被害者への新たなハラスメントを始めたりする周囲の人々の存在が、この種の人権侵害を容認し深刻化させる方向に働いていると考えられます。

　なお、こういう権力構造と閉鎖性の中では、大多数の構成員は力を持つ側の判断や説明に引きずられ、ハラスメントの受け手に非があるように誤解してしまうことがよくありますし、その誤解が受け手への批判や陰口などの、新たなハラスメントに発展することも少なくありません。このような批判や陰口は、一見すれば弱い立場の者からの評価や批判のように感じられ、嫌がらせやハラスメントにはあたらないように思えることもありますが、実際には権力を持つ者の力を背景とした「間接的な力の行使」なのです。このようなことを考えると、ハラスメントを考える際には事件の全体像を広く把握し、背景を見落とさないように注意しなければならないことがわかります。

ハラスメントに関する研究教育機関の責任

　ハラスメントに関する直接的な責任は、もちろん加害者にあります。しかし当該機関が適切に対処すれば防止、あるいは迅速な解決ができることが多く、組織としての責任は免れませんし、組織には適切な修学・就業環境を整える義務があります。被雇用者である教職員の人権を守ること、被教育者である学生・院生・研究生等の学習する権利と人権を守ること、ハラスメントが生じないような環境を確保することなどが、いずれも組織の義務であることは言うまでもありません。ハラスメントによる人権侵害や不適切な環境を組織として放置することは、組織の管理運営者の義務の放棄であり、その責任と良識が問われることになり、またハラスメントの放置自体がハラスメントと見なされる行為です。このような事態にならないよう、ハラスメントの発生を防止し、またハラスメントが発生した場合には事態を早期に把握し、それに適切に対処することが求められています。そのためには、ハラスメントをなくすための人権啓発・研修活動や相

談体制および事件対応のための体制を策定し、それらを誠実に実行することが必要です。

ハラスメント対策の目的

　組織としてハラスメント対策を行なう目的は、ハラスメントの被害者を作らないことと、ハラスメントの被害者を適切に救済し、ハラスメントによって被った不利益を回復することです。このことを誠実に行なうことで、組織内からハラスメントを追放し、組織の活力を高めることができます。
　しかし、理事長や学長などの運営責任者が、ハラスメント対策の目的を「訴訟対策」や「組織防衛」であると誤解している組織では、ハラスメントに法的に落ち度なく対処したという、勝訴のためのアリバイ作りだけが行なわれ、ハラスメント自体をなくすことや、被害者の救済は行なわれません。このようなことを行なっていれば、ハラスメントは組織として容認されていることとなり、ハラスメントは減少することなく、かえって増加することになるでしょう。誤ったハラスメント対策は、組織を破壊するものと考えて良いでしょう。

ハラスメント対策の対象

　ハラスメント対策の対象には、学生・教職員などが、常勤・非常勤にかかわらず含まれるのはもちろん、組織を媒介として関係するあらゆる人物が含まれなくてはなりません。またそのような人物間のものであれば、時間・場所を問わずにハラスメント対策の対象とされなくてはなりません。
　たとえば、実習のために訪れた組織外の学生や、出入りの業者なども含まれますし、クラブ活動や課外活動、私的行事などの場合であっても、組織を媒介としたものであれば、誠実に対応する必要があります。また、学生が実習先でハラスメントに遭うことも稀ではありませんが、このような場合にも、相手方に対して毅然とした対処をとらなくてはなりません。

ハラスメントに関する構成員の権利と義務

　組織に関係する個人には、加害行為を行なう者に行為を中止させ、組織に対してハラスメントを申し立て、また被害の回復と適切な環境改善を求める権利が保障されなくてはなりません。また、ハラスメントの正当な申立を行なったことで、差別的取扱いを受けないことも保証されなくてはなりません。さらに、組織が適切な対応を行なわないと思われる場合には、組織外に相談・支援を求める

権利も認められなくてはなりません。

　しかし、個々人に与えられるのは権利だけではありません。ハラスメントのない環境を作り上げるためには、個々人の努力も必要です。このため構成員は、ハラスメントのない環境作りや、ハラスメントに関する調査に誠実に協力する義務を有します。また、ハラスメント対策を効果的に行なうためには、全ての構成員がハラスメントについて理解することが必要です。従って、ハラスメント一般に関する研修を、理事長・学長以下全ての教職員は定期的に、また学生は入学時に受講する義務を負います。またハラスメント防止委員会委員・相談員・調査委員候補、その他職務としてハラスメント対策に携わる者は、それぞれの職務に適した、より深い知識と理解を持たなければ、その職務を適切にこなすことができません。このためハラスメントの専門研修を定期的に受講する義務を負います。

ハラスメントを防止するために

　アカデミック・ハラスメントによる人権侵害、研究教育活動の阻害や組織の活力低下を防ぐためには、ハラスメントを未然に防止することが大切かつ有効です。そのために必要なことは、正しい理解・許さない姿勢・確固たる措置・人権擁護の4つです。

1. **第一歩はハラスメントを正しく理解することです。**

    研究教育組織の運営に携わる方々がハラスメントの問題を正しく理解することが、防止の第一歩です。その上で、ハラスメントが決して特殊なことではなく、誰にでも起こり得る深刻な人権侵害であることを全ての構成員に認識してもらい、また自分がハラスメントの加害者にならないためにはどうすべきか、被害にあったら、被害を見聞きしたらどうするかなどについて知っておいてもらうことが必要です。そのためには、講師を招いて講演会やセミナーを開く、パンフレットを配布する、ポスターを掲示するなどの啓発活動を積極的に行うことが重要です。

2. **ハラスメントを決して許さない姿勢を示しましょう。**

    ハラスメント防止のための規則の制定、ハラスメント防止委員会の設置などを行うことにより、ハラスメントは許されない人権侵害であることを周知させ、どのような人権侵害も許さない姿勢を強くアピールするとともに、常に

組織としての対応・対策の自己点検を行いましょう。またハラスメント相談窓口を設置しそれを周知させること、相談窓口において親身な相談を行うことは、ハラスメントを許さない姿勢を具体的に示すことになり、ハラスメントの防止につながります。(注2)

　相談等があった場合、明らかにハラスメントである場合はもちろん、ハラスメントに至っていないと思われるケースや、被害が軽微な場合であっても、ハラスメントへの発展や被害の拡大を未然に防止することを目的として、環境改善などの適切な対応をとることが肝要です。

3.　確固たる措置は重要です。
　不幸にして重大なハラスメントが起こった場合には、人権に係わる法律や組織が定めるハラスメント防止のための規則に基づいて被害者を保護する、加害者に行為の中止を勧告するなどの、迅速で的確な対処が必要です。このような措置は、ハラスメント行為認定の有無にかかわらず速やかに行なう必要があります。また被害の発生をくりかえさないために、悪質な場合はもちろん軽微なハラスメントであってもこれが繰り返される場合には、加害者に対する処分を含めた措置をとることを考えておかなければなりません。
　また、加害行為が認定された場合、加害者には定期的な「加害者研修」の受講を義務づける必要があります。

4.　人権擁護の姿勢を示しましょう。
　組織で弱い立場にある人たちや、被害をこうむる立場にある人たちの人権擁護と環境改善を主眼においた組織運営を行うことはとても重要です。権限を持っている上位の人の人権を護るため、あるいは組織を護るためなどと称して、アカデミック・ハラスメントを放置したり、是認したりしてはなりません。このような対処は、長期的には確実に組織を劣化させることになります。

ハラスメントが起こったら

　ハラスメントが起こった場合、その被害や影響の程度によって必要な措置は変わります。
　被害や影響が軽微な状況では、被害者の環境改善を行なうことで解決が図

れる場合がほとんどです。また環境改善を積極的に行なうことは、重大なハラスメントの発生を抑止することにもつながります。

不幸にして深刻なハラスメントが起こってしまった場合に必要なことは、第一に被害者の保護、そして公正な調査・加害者の処分・事実の公表です。

1. **被害者の保護**が最も大切です。

    最も大切なことは被害者を擁護し、取り得る措置や環境改善によって、その早期救済を図ることです。相談あった場合には、被害者と断定されていなくても、まず保護や措置を考えるべきです。たとえば加害者と被害者が接触しないようにする、加害者から被害者に接近することを禁じる、被害学生の所属を変更する、加害者に行為の中止を勧告するなど、その状況に応じた様々な措置や環境改善を、被害者の同意を得た上で柔軟かつ速やかに講じます。このような措置は、単に行なえばよいと言うことではありません。その「結果」に組織が責任を負うことは当然であり、たとえば相談があったことを加害者に通知するのみ結果には関心を示さず、加害行為が引続き行なわれることや被害が拡大することを放置してはいけません。また措置の結果として、社会通念上許されないような不利益を、被害者にもたらすことがあってはなりません。

    事実関係の調査は、緊急の措置の後で行ないますが、相談や対処に際しては、被害者の人権が重ねて侵害されることがないように、細心の注意を払う必要があります。相談を受ける担当者には、ハラスメントを正しく理解し、被害者の立場に立って親身に相談にあたることのできる人材を配置することが必要です。善意による親身な相談や調査であっても、担当者の独善に陥ってしまえば被害者にとっては二次被害に他ならないことになってしまうので、その点には十分な注意が必要です。

    また、ハラスメントによって、被害者が精神的なダメージを負っていることは、決して少なくありません。このような場合には専門家による継続的なケアが必要であり、それを時間的・経済的に保障することも組織の義務の一つです。

2. **公正な調査を行うためのルール作り**が必要です。

    申し立ての事例が処分を検討すべき重大なハラスメントにあたる可能性がある場合や、加害行為が繰り返されている場合には、被害者やその

周辺の目撃者の証言だけでなく、加害行為を行ったとされる者への事情聴取などの事実調査も必要です。この場合にも、被害者と加害者、また調査に協力する人物の人権が侵害されることがないよう注意が必要です。

加害者が重大な加害行為を認めることは稀で、巧妙な自己弁護をすることや、時には権力を利用して部下や学生など周囲の者に虚偽の証言を行わせることもあるので、聴取にあたっては細心の注意が必要となります。

当然のことですが、聴取にあたる人は公正な第三者でなければなりません。

3. 確固たる措置は不可欠です。

重大な加害行為があったと判断された場合、加害者およびその協力者には行為相応の処分とともに、「加害者研修」の定期的受講の義務を課します出勤停止や授業停止、その他の措置を一定期間、あるいはハラスメントが繰り返されないことが明らかになるまで講じる場合にも、これらの処分の一環として行ないます。処分は甘くても、厳しすぎてもハラスメントの防止に役立ちません。行為"相当の"処分を行うべきで、そのためには規定を設けておく必要があります。また、処分を受ける者に処分理由を納得させることは、処分自体に関する新たな紛争の発生を防止するというだけでなく、加害者本人が以後の行動を改めるためにも有効です。さらに、被害者と加害者の双方が関係する学会・研究会等には処分を通知し、学会等の会合や競争的研究資金・論文・受賞等の審査において、被害者に対する加害行為が行なわれないよう協力を要請することも必要です。

加害者本人がハラスメント行為であると認めない場合の処分は、往々にして法的争いに発展します。しかしそれを恐れて処分を下せないのでは、加害者を保護していることになります。必要な場合には、規定に基づいて断固とした処分を行うことが組織に求められます。そして処分を行ったことを公表してください。

ハラスメントの処分対象には、加害者の協力者も含まれますし、嫌がらせの意図なく加害行為を行った無自覚的な加害行為者であっても、反省せずに繰り返す場合にはやはり処分が必要です。また今回は処分がなされなかったり、軽い処分で済んだ場合、繰り返されれば重い処分がなされる可能性があることをを警告しておきます。

悪質な加害行為に対して確固たる処分を行うことは、どのような理由が

あっても人権侵害行為は許されないこと、組織としてハラスメントを許さないことを、はっきりと表明する重要な行為なのです。

4. 積極的な情報公開で組織の活性化を

　積極的な情報公開を行うことも大切です。制定した規定・ガイドラインなどを文書やwebで公開することはもちろん、ハラスメントの発生とそれに対処した経過を、被害者の同意を得た上で、プライバシーの保護に留意しながら積極的に公表することがたいへん重要です。どのようなことが起こって、どういう対処がなされたのかを構成員に周知させることによって、類似のハラスメントの発生を防止することができるからです。

　また、組織外の人に向けて情報を公開することにより、社会からハラスメントをなくしてゆくための知識と対処方法を知らせることができます。これは説明責任を果たす行動であると同時に、社会への貢献の一つです。

　最近、「被害者のプライバシーを保護する」という名目で、事件の概要すら公表しない事例が見られます。しかしながら、これはプライバシーに対する過剰反応であり、適切な措置とは言えません。被害者が公表を望まないのでなければ、被害者が特定されないような配慮を十分に行ないつつ、出来る限り情報を公開することが必要です。

　ハラスメントに正しく対処したことは誇るべきことであって、隠す必要はありません。公表によって組織自らがハラスメントを許さないことを内外に強く印象づけ、将来のあるいは潜在的なハラスメントの発生を予防するとともに、組織の社会的な評価を著しく高め、組織を活性化することができるのです。

裁判と学内措置

　ハラスメントの解決が組織内で適切になされない場合、訴訟に持ち込まれる場合があります。このような場合、問題を組織外に持ち出した被害者を敵視する狭量な組織もあるようです。また敵視はしなくても、係争中であることを理由に学内での解決プロセスが進まなくなることがほとんどで、また学内の措置が裁判の結果に影響されることもよくあることです。しかしこのような対処は責任の放棄であり、適切とは言えません。組織内の視点や判断は、法に触れたか否かだけを問う裁判とは異なって当然ですし、組織内の調査のほうが事件の全容を的確につかめる場合も少なくありません。また法に触れるとまでは言えない加害行為が、組織としてはたいへん問題であり、被害者の保護はもちろん、加害者

への処分を検討すべきものであることもあります。判決に先んじて判断を下したり、判決にかかわらず独自の判断をして組織内の人権を守る気概が必要です。

不利益取扱いの禁止

ハラスメントを申立てた者や、ハラスメントなどに関する相談や調査に協力し、また正当と信じる対応を行なった者に、組織が不利益的取扱いをすること、あるいはこれらの者に対する報復的申立を受理することがあっては、ハラスメント対策は有効に機能しません。従ってこれらのことが行なわれないことを周知し、じっさいにそのような対処を行なうことは大変重要です。

最近しばしば問題となるのは、ハラスメントの加害者が、これに誠実に対応しようとして緊急避難的措置を行なった教職員を、ハラスメントの加害者として申立てることです。行なわれた緊急避難的措置が著しく過剰なものでない限り、これは報復的申立てと考えられ、誠実に対応した教職員を、組織が被申立人や加害者として扱うことは著しく不適切です。

守秘義務

当然のことですが、ハラスメントの相談、調査、措置などに職務として関わった者は、これらに関する守秘義務を負い、被害者のプライバシーを保護します。また聞き取りなどの調査に応じた者も、その場で得た情報については守秘義務を負います。

これに対して被害を相談・申告した被害申立人については、組織が適切な対処を行なわないと感じた場合に、外部に相談する権利が保障されなくてはなりません。所属大学にハラスメントの申立をしたにもかかわらず、適切な対処が行なわれないため外部機関に相談した被害者に対し、「プライバシーの侵害であり処分の可能性もある」と、全く驚くべき通知をした大学がありますが、このような認識では適切なハラスメント対策は行えません。

外部意見の聴取と尊重

高等教育機関にとって、ハラスメントは比較的新しい問題であり、その対処についての経験が蓄積されていません。このため、不適切な対処によって被害者をさらに苦しめ、また問題を大きくしてしまう例が少なくありません。このようなことを防ぐためには、ハラスメント対策に詳しい組織外の専門機関の意見を聴取することは大切です。

また、被害者が相談した外部機関から、組織の対処に対して意見が付されることもあります。この場合、これを十分に尊重して取り得る対処を行なうことで、より良い対処が可能となることもあります。

最後に

　教育を受けること、教育や研究を行うこと、個人の人格が尊重されている良好な環境で学習・教育・研究・労働に従事し、自己の能力を最大限に発揮できることは、全ての人々に保障されなければならない当然の権利です。これが侵されるような状態がハラスメントであり、このような状態が研究教育機関で放置されることは決してあってはならないことです。研究教育機関の組織運営に関わる方々がハラスメントの防止に積極的に取り組み、全構成員の人権が保証される良好な環境を実現し、組織をさらに発展させて行かれるよう願っております。

注1　NPOアカデミック・ハラスメントをなくすネットワーク発行「ハラスメント防止対策ガイドライン解説」。
注2　「ハラスメント相談窓口設置基準」および「ハラスメント防止委員会設置基準」（いずれもNPOアカデミック・ハラスメントをなくすネットワーク発行）をご参照ください。

ハラスメント防止対策ガイドライン解説（2010年改訂暫定版）
特定非営利活動法人アカデミック・ハラスメントをなくすネットワーク

　この解説は、特定非営利活動法人（NPO）「アカデミック・ハラスメントをなくすネットワーク（NAAH）」が作成・改訂した「ハラスメント防止対策ガイドライン」を補足するものです。本解説によってハラスメントに関する皆さまのご理解が深まり、ハラスメントの問題に取り組む必要性を感じていただければ幸いです。

ハラスメント防止対策ガイドラインの目的

　誰もが個人として尊重され、学習・教育・研究・労働に個々人の能力を十分に発揮し、またその能力を最大限に伸ばすことができる環境であること。このことが、アカデミックな場、すなわち大学院・大学・短期大学・高等専門学校・研究所あるいは学会・研究会など、すべての研究教育活動機関に必要であること

は論ずるまでもないことです。

　「ハラスメント防止対策ガイドライン」は、研究教育活動の場において快適な環境下で学習・研究・教育・その他の活動が行われるよう、これを著しく阻害する要因である様々なハラスメントをなくすための指針として、特定非営利活動法人(NPO)「アカデミック・ハラスメントをなくすネットワーク(NAAH)」が提案するものです。その目的で最も重要なことは、研究・教育機関を運営する立場にある方々にハラスメントを正しく認識していただき、それを防止・排除するための諸対策、すなわちガイドラインの策定、相談窓口および防止委員会の設置を行なうとともに、これらを適切に運用していただき、ハラスメントが生じた場合には迅速かつ適切な措置をとっていただくことです。

ハラスメント対策の現状

　NAAHがガイドラインの初版を策定してから5年が経過し、高等教育研究機関におけるアカデミック・ハラスメントも含めたハラスメント対策は、規則などの制度の面から見る限り進歩したように思えます。しかしながらその運用面から見ると、ハラスメント防止のための協議会に参加し提言をまとめるなど、ハラスメント対策に積極的であるように見受けられる大学においてさえも、当然行なうべき被害者救済や容易に実行可能な環境改善が行なわれない事例が見られ、残念ながらまだ問題が多いと言わざるを得ません。このような事態は、組織の運営責任者やハラスメント対策責任者が、ハラスメントに対する正しい認識を持っていないことから生じるものと思われます。特に、ハラスメントの放置という不作為自体がハラスメントであることを、責任者は十分に認識すべきでしょう。

　また担当者が変わったことによって、適切な対応がなされなくなった組織も、残念ながら見受けられます。これはハラスメント対策が一部の関係者の努力によって維持され、組織全体として行なわれていなかったことによると思われます。適切なハラスメント対策を継続的に行なうためには、その権限を一部に集中させず、質の高い人材養成を広く行なうことが不可欠と思われます。

　またハラスメント対策の目的が、被害発生の防止と被害者の救済であることを、十分に認識していない組織もあるようです。このような組織では、訴訟を起こされない、あるいは訴訟に勝つための「アリバイ作り・責任逃れ」を目的とした形だけの措置が重視され、被害者の救済が適切に行なわれません。しかしこれは被害者を犠牲にした誤った組織防衛であり、このようなことを行なっている組織は強く非難されることになります。また、個々の訴訟には負けないとしても

組織自体の活力は奪われてゆき、長い目で見れば組織のためにもなりません。加害行為の防止と被害者の救済という、ハラスメント対策の王道を歩むことが、結局は誰にとっても良い結果をもたらすのです。

ハラスメントとは何か

　一般に「ハラスメント」は、「個人あるいは集団の言動・態度・不作為が、他の個人・集団に精神的・肉体的・経済的・社会的、あるいはその他の不利益を不当にもたらすこと」と考えることができるでしょう。高等教育研究機関においてこのような状態が生じることは、構成員個々人が適切な環境でその能力を十分に発揮する機会を奪うことなり、高等教育研究機関の本来の役割・目的と正面から対立するものであることは明らかです。

　ハラスメントの形態は様々ですが、高等教育研究機関におけるハラスメントを、ここではアカデミック・ハラスメント、セクシュアル・ハラスメント、パワー・ハラスメントに分類することにします。ただし、これらは厳密に分けられるものではありませんし、実際のハラスメントではこれらが複合していることが普通です。
　以下では、アカデミック・ハラスメントに重点をおいて説明します。

＊　アカデミック・ハラスメント

　当NPOでは、アカデミック・ハラスメントとは『高等教育研究機関における、権力・権限・その他の何らかの有利な状況を利用して、他人に不当な不利益をもたらす、他人に不当に不快感を与える、あるいは他人の学習・教育・研究・就業環境を悪化させる言動・態度・不作為』であると定義しています。嫌がらせを意図した権力の行使の場合はもちろんですが、上位にあるものが嫌がらせの意図なしに行った行為も含まれます。たとえば、学生に対する指導のつもりで言った言葉であっても、単位認定権のある教員や指導監督する立場にある職員が言った場合には、アカデミック・ハラスメントとなる場合があります。一例をあげれば、「就職が内定していても、よい研究成果が出なければ、いくらまじめに研究してレポートを書いても卒業させませんよ。」といった言辞は、受け手学生にとっては不条理な留年宣告に他なりません。また、ひとつひとつはささいなことでも、繰り返されることで受け手にとっては大きなダメージが生じることがあり、このようなこともハラスメントと捉える必要があります。さらに、ジェンダー・民族・人種・障害などに関する差別に対しての理解に欠ける言動が度重なる場合も、受け手にと

ってはたいへん深刻な人権侵害となります。以下にいくつかの実例を分類して示します。(より多くの実例を巻末にまとめましたのでご参照ください。)

- ハラスメントを被害者と加害者の関係によって分類し、加害者が①組織である場合、②直接の上司・指導教員である場合、③責任ある立場にいる人(単位認定権を持つ教員、出欠等の届けの受け付け窓口、クラブの顧問など)である場合、④同僚など周囲の人である場合、の加害行為の例を次にあげます。
    ① 組織的な加害行為の代表的な例は、昇進や任期延長に関するものです。たとえば、優れた研究を行っており、人柄も申し分ない研究者が内部にいるにもかかわらず、その人を昇任させずに業績の劣る研究者を外部から連れてきて教授・研究部室長に据える。延長の可能な任期つきのポストで、十分な業績をあげたにもかかわらず延長を認めず、その理由の説明もない、などといった事例があります。学生が被害を訴え出たにもかかわらず何の対策もとらない場合も、組織的な加害行為にあたります。
    ② 講座や研究室に所属する学生・院生・教職員が被害者となる場合に最も多いのがこのケースです。たとえば、研究試料や物品を勝手に廃棄する、研究に不可欠な物品の購入を特定の部下に限って認めない、などの研究妨害。ささいなミスに対する大声での叱責や、暴言を執拗に繰り返して精神的に追い詰める、などの行為も見られます。
    ③ 学生が教職員からハラスメントを受けるケースです。成績が他の学生よりも良いにもかかわらず、態度が気に入らないと言って単位を与えない。履修届けなどのささいなミスを必要以上に厳しく叱責する。「鍛えてやる。」と言って非合理的、非科学的で過酷なトレーニングを強制する、などのケースです。
    ④ 同僚などもアカデミック・ハラスメントの加害者になる場合があります。たとえば、相手を陥れる目的で悪い評判を周囲にばらまいたり、根拠のない告げ口を上司にしたりする。執拗に暴言を浴びせる、などの行為があります。

- 加害行為をその意図によって、①意図的に行われる場合、もしくは意図的で悪意があるとみなさざるを得ない行為、②消極的に加担する行為、③意図しなかったアカデミック・ハラスメント行為、に分類して例示します。

①　嫌がらせの意図を持って行われる行為は、どのようなことでも、もっともらしい理由がつけられていても嫌がらせです。たとえば、他の大学や研究機関へ応募を勧めたり公募情報を提供したりする行為は、単なる情報提供行為ではなく、出て行くようにとの意思表示として用いられる場合があります。また、育児期間中の女性に時間内にこなしきれない量の仕事を押しつけたりすることも、よく見られる嫌がらせです。

②　大抵の場合、消極的協力者がいなければアカデミック・ハラスメントは成立しません。たとえば大きな権限を持っている講座の主任教授が、指導している院生に対して嫌がらせを企てた場合でも、講座内の他教員や事務方がこれに加担せず、適切な対応をとることによって、嫌がらせが中止される場合が少なからずあります。周囲の人の権力者への媚びへつらい、協力や黙認が、アカデミック・ハラスメントを助長・温存していることを認識し、消極的協力者にならない・協力させないことによってアカデミック・ハラスメントは防止できます。このように消極的加担者は、アカデミック・ハラスメント成立の構成要件の一つといっても過言ではありません。多くの場合は部下が消極的加担者になりますが、場合によっては同僚や上司がその役割を演じることもあります。消極的加担者をつくらないためには、アカデミック・ハラスメントに関する研修や人権教育を通して、教職員にアカデミック・ハラスメントを許さない意識を強く持ってもらうことが有効です。

　　同僚の机や書籍・ノートなどを不在中に放り出すことを手伝ったり、口をきかないようにという上司の言葉を守って無視を続ける同僚。これら消極的加担者の存在ほど受け手にとってつらいものはないのです。

③　指導教員が発奮を促すつもりで「これができなかったら留年してもらうことになる。」、「幼稚園児の文章よりはましな文を書くように。」、「徹夜で死ぬまで研究しなければいけない。」等の発言をすることは、受け手側にとって励ましとは感じられない場合もあるものです。また、「留年してゆっくり研究すればいい。」、「就職せずに研究職を目指すのがいいから、内定は辞退したほうがいい。」等の指導教員の言葉は、意図はどうであれ本人の意向に反する行為を強制する場合には、アカデミック・ハラスメントとみなされても仕方ありません。

・　次に加害行為が行われる場面によって分類し、①研究活動に関連したアカデミック・ハラスメント、②教育・学習に関連したアカデミック・ハラスメント、③

労働権に関連したアカデミック・ハラスメント、について例示します。
① 研究者の能力は研究成果で評価されます。従って研究妨害によって研究成果が得られなくなれば、その影響は妨害があった期間だけでなく、将来にわたる長期的なものとなります。代表的な事例としては、実験機器や試薬を勝手に廃棄する、実験機器の使用を禁止するなどして、実験の遂行を妨害することがあげられます。また、研究に関与していない人を論文の著者とするように強要する、あるいは第一著者をとるといった研究成果の搾取もあります。
② 教育指導に関連した学生・院生に対するアカデミック・ハラスメントは頻繁に起こっています。たとえば、正当な理由がないにもかかわらず単位を与えないなどの権力の濫用、「放任主義だ。」と言ってセミナーを開かず指導やアドバイスもしないといった指導義務の放棄などです。暴言や揶揄嘲笑によって精神的にダメージを与えるといった行為も頻発しています。
③ 労働権に関連したアカデミック・ハラスメントは、企業での「パワー・ハラスメント」と共通するものです。慣れない仕事への頻繁な配置転換、意味のない仕事の強制、退職の強要などがあります。また非常勤講師の契約を、正当な理由がないのに打ち切ることも、アカデミック・ハラスメントにあたります。

* セクシュアル・ハラスメント[1]

セクシュアル・ハラスメントは『相手を不快にさせる、不必要で不当な性的言動』であり、『基本的には受け手がその言動を不快に感じた場合にはセクシュアル・ハラスメントとなる』(人事院)とされています。また性的要求の拒否や性的嗜好を背景とした差別的取扱いも、セクシュアル・ハラスメントと見なされます。

ただし、高等教育機関では性に関する事柄を研究対象とする場合もありますし、また性的な事柄が真摯な議論の対象となることも有り得ます。従って、議論にかこつけた性的差別発言や性的な誘い、相手が差恥心を抱いていることを無視した議論の継続などを除けば、性に関する研究上の議論をセクシュアル・ハラスメントとすることは不適当でしょう。

・ 教職員と学生の恋愛について

教職員と学生(研究生・研修員なども含む)の関係は、教職員の持つ評価・評定、その他の権限のために対等であるとは言えません。このため、学生に好

意を抱いた教職員にはその権限を利用する意図がなかったとしても、相手はなんらかの圧力を感じてしまう場合があります。このような立場上の非対称な関係を背景とした恋愛は、学生の立場からすればセクシュアル・ハラスメントと捉えられる可能性が否定できません。また教職員の立場からは、恋愛関係にある学生に対しての評価・評定が公正を欠くものとなる可能性もやはり否定できず、これはそれ以外の学生に対してはハラスメントとなります。このため海外の高等教育研究機関では、教職員と学生間はもちろん、指導者と被指導者の関係にある学生間の恋愛も禁じている例が多く見られます。我が国の大学もこのような例を参考にすべきでしょう。このような規制への反対意見として、「個人の自由」が主張される場合があります。しかし、大学の環境を教育・研究機関にふさわしいものにするという、大学本来の役割に沿った目的を達成するためには、そこに所属する個人の自由がある程度制限されることは仕方のないことです。教職員と学生間の恋愛は、学生が卒業するまで待つことが適切ではないかと考えられます。

いずれにしろ、この問題に関しては今後議論を深めてゆく必要があると思われます。

* パワー・ハラスメント[2]

パワー・ハラスメントは、典型的には企業における上司から部下へのハラスメントであり、「職務に関連した権力・権限を利用した嫌がらせ」です。教育研究機関においては、職員間のハラスメントが典型的ですが、教授から准教授・助教などへのアカデミック・ハラスメントやセクシュアル・ハラスメントには、パワー・ハラスメントの要素が含まれています。典型的なパワー・ハラスメントとしては、過度の叱責、過度な目標・ノルマの押しつけ、書類の決済をわざと遅らせる、などがあります。

* 感じ方の問題

セクシュアル・ハラスメントにおいては、「受け手の感じ方」がハラスメントの重要な指標になることは一般によく認識されています。この「受け手の感じ方」をアカデミック・ハラスメントやパワー・ハラスメントにおいて全く無視し、客観的事実関係だけで判断することは、やはり適切ではありません。

たとえば、教員が二人の学生に対して、精神的に傷ついても当然の同じ言葉を発したとしましょう。一人の学生は全く気に留めませんでしたが、もう一人の学生は深く傷つきました。これを事実関係だけ、すなわち発せられた言葉によっ

て判断すれば、「どちらの学生に対してもハラスメントである」か、「どちらに対してもハラスメントではない」という判定のいずれかになるはずです。しかし「感じ方」を判断基準とすれば、「一方の学生に対してはハラスメントではなく、もう一方の学生にはハラスメントである」という判断になります。適切な判断は後者であり、後者の学生に向かって同様の言葉を発することは避けるべきですし、嫌がっていることを感じていながらこれを続けることはハラスメントと見なすべきです。

このように個々人で反応に差が生じるケースでは、傷つく側に問題があるのであって、傷つけた側には問題がないということがしばしば言われます。しかし一般社会では、もし相手が傷つくらしいと認識した場合にそのような言動を差し控えることは、当たり前に行なわれているはずです。教育研究の場でも、職務として行なうべき公正な評価・評定などは別として、そのような配慮が必要なことは当然です。これを必要ないと強弁できるとしたら、それは加害者が被害者に対して持っている何らかの優位性を背景としたものであり、ハラスメントとして典型的なものだと言えます。

受け手の感じ方が重要であるという考えに反対する発言が、大学教員など、主としてハラスメントの加害者となり得る立場の人物からなされていることを考えると、これは自身がハラスメントの加害者とされることを恐れての発言かと想像されます。しかし、相手を傷つける意図がなく、被害や影響が軽微であり、また繰り返されることがないのであれば処分は必要なく、指摘によって行為を中止すれば良いのであって、いたずらに恐れる必要はありません。

* ハラスメントと上下関係

ハラスメントは、一般に地位の上位のものから下位の者に対して行なわれると考えられ勝ちです。しかしながら、たとえば学生も一人では弱い立場かもしれませんが、集団になれば立場が有利になり、教授に対してハラスメントを行なうことも不可能ではありません。現実には下位の者から上位の者へのハラスメントが行なわれている例もあることを、十分に認識しておく必要があります。

* 組織が行なうハラスメント

「ハラスメントの被害を放置する」という不作為による二次加害行為は、組織が行なうハラスメントとして典型的なものです。しばしば見られるものは、学位取得妨害が行なわれた場合に「手続きに不備はない」として大学側が被害を放

置する行為です。たとえば教授会で3分の2の賛成が得られず、学位が認められなかったというケースでは、背景として指導教員と別の教員の対立があることが少なくありません。このような場合、手続き上の表面的な事柄だけを捉えて「不備はない」としてしまうのは全くの誤りであり、反対・あるいは白票が投じられることとなった経緯を精査する必要があり、これを怠ることはハラスメントを組織として是認してしまうことになります。

　また、ハラスメントの理解が不十分な対策責任者が不適切な対処を行なっているにもかかわらず、これを指摘されても組織としてこれを正さないという例もありますが、これも二次加害行為と言えます。ハラスメント対策に最終的な責任を負う立場である組織の長には、対処・対策を任せきりにするのではなく、重要な場面では高い見識に基づく適切な指導力を発揮していただきたいものです。

　また甚だしい例として、学長や理事長などの組織の長自身が、構成員に対してハラスメントを行なうことも決して稀ではありません。このような場合、特に組織の長の周囲にいる者がイエス・マンばかりであれば、ハラスメントが組織的に行なわれることになります。ハラスメントの加害者になる人物が長となっている組織には、明るい未来はありません。周囲の人々には、組織の長を諫めるくらいの気概をもってほしいものです。

* ハラスメントの加害者

　ハラスメントの加害者を分析すると、次の3通りに分類できます。すなわち、
　①「積極的加害行為者」：意図的に嫌がらせ行為を行う。
　②「消極的加害者」：嫌がらせを見て見ぬふりをしたり、加害者の指示に従って嫌がらせに加担してしまう周囲の人たち。
　③「無自覚的加害行為者」：意図せずに、あるいは悪意なく行った言動が相手の気持ちを著しく傷つけてしまった者
です。

　加害者のなかで、「消極的加害者」と「無自覚的加害行為者」は、組織として適切な防止策をとることにより、有効に減少させることができます。「積極的加害者」が行なう意図的加害行為の防止のためには、組織としてハラスメントを許容しない姿勢を堅持することが大切ですが、加害者本人に反省が見られない場合には厳しい処分を行うことも考慮しなければなりません。

資料編　ハラスメント防止対策ガイドライン解説（NPO法人NAAH）

ハラスメントのもたらすもの

　ハラスメントは、被害者本人に被害をもたらすだけでなく、周囲の人々や組織自体にも大きな影響を与えます。

　被害者本人が受ける影響には、ハラスメントによる直接的な被害と間接的なものがあります。直接的な被害は、研究妨害により物理的に研究が遂行できない、研究指導の放棄により研究が進まない、正当な理由無く単位を与えられないため卒業・進級ができない、非常勤の契約が一方的に打ち切られて失業するなど、様々です。しかしハラスメントによって多かれ少なかれ受ける精神的なダメージという間接的な被害は、どの事例にも共通しています。

　この精神的なダメージは、心身の不調や学習・研究・就業意欲の低下をもたらします。このために学習成績や研究業績の低下、就業困難などの事態が生じ、結果として不本意な退職や退学に至るという、深刻な、被害者の人生に取り返しのつかない悪影響を与える結果となることも少なくありません。また場合によっては、被害者をこのような事態に追い込むことが加害者の目的であることもあります。さらに精神的被害が深刻な場合には、ハラスメント行為がなくなった後でも心身の不調や意欲の低下が長期にわたって続くこともあります。

　一方、心身への影響が明らかでない人の場合でも、苦痛やストレスを感じていない訳ではありません。被害を受けても被害や精神的苦痛を訴えず、耐え切れる限界まで耐えて、就労・研究・学習に携わって成果をあげようと努力する人が多くいます。こういう場合には成果がある程度出ていますから、傍目には・ハラスメントは存在しないかのように思われることがありますが、それは誤りです。ハラスメントへの抵抗の一形態なのです。

　また、被害者の家族、友人、同僚、組織内の関係者にも影響があります。被害者の苦痛やストレスに付き合う家族や友人、同僚は本人と同様の苦痛を共有することになりますが、それ自体非常に苦しいことです。また有効な支援ができない場合には、無力感におそわれてその場から逃避したくなり、結果として被害者本人を見捨てることになる場合もあります。このようにして被害者の周囲の人も精神的に傷つき、被害者本人は孤立してしまいます。ハラスメントは被害者の人間関係さえ壊してしまうのです。

　組織に与える影響も決して小さくはありません。被害者やその周囲の人の業績が低下すれば、個人の業績の集積である組織としての業績も低下します。また、人間関係がこじれたり、学習・研究・就業環境が悪化したりすれば、有能な人材が離れて行くことになります。さらに、そのような評判が伝われば、組織に

対する評価を低下させることにもなります。

　このような場合に、ハラスメントを隠したり、封じ込めたりすることを行ってきた組織は少なくありませんし、現在でもそのような組織は存在します。多くの場合、「被害者側に問題があったのであって、ハラスメントではない。」という見解がとられ、加害行為の責任が曖昧にされます。しかしながら、こういう隠蔽体質がハラスメントを温存・助長する土壌であり、組織の活力を長期的に低下させる一因となっているのです。従って、組織の活力を高めようとするならば、ハラスメントの問題に対して正面から取り組み、事件が起こってしまった場合には、その概要と組織のとった措置を公表することが不可欠です。事実を公表する目的は、他の組織への情報提供だけではありません。公表によって同様の事件の再発を予防するとともに、組織運営の透明性を確保することで組織の社会的信用を高めることができるのです。

ハラスメントの背景

　ハラスメントが発生する背景には、実に様々な問題があります。これらを研究教育機関の組織形態の問題、ハラスメントの起こった場合の組織の対応などの問題、研究者の多くが所属する学会の問題に分けて考えてみましょう。

＊　組織形態の問題

　ハラスメントを行おうとする人間はどこの組織にも存在しますが、そのような人間がいたとしても、ハラスメントを抑制する仕組みが組織にあれば、発生を防止することができるはずです。しかし「講座制」に象徴される研究教育機関での権力・権限の集中、閉鎖性・密室性とチェック機能の欠如が、残念ながらハラスメントの温床となっているのです。最近では講座制を廃止して、名目上は大講座制・研究室制に移行している研究教育組織もありますが、実際の運営を見ると、講座制が廃止されているとは言い難いケースも残念ながら少なくないようです。

　研究教育機関においては、権力・権限が他の一般の組織では考えられないほど個人に集中しています。たとえば大学の講座では、教授は人事権・予算執行権などのあらゆる実質的な権限を掌握しています。このことは公的研究所の研究室でもほぼ同様で、やはり研究部室長の権限はたいへん大きなものです。また教授だけでなく、その他の地位にある大学教員は、学生に対して「単位認定」という権限を持っています。特に「必修科目」の単位が無ければ卒業が不

可能な場合には、正にその権限は絶大です。

　大学や研究室・研究所で行われているこれらの権限の行使を、外部からチェックする機能は全くと言って良いほどありません。教員や研究室は独立性が強く、授業中の教室の様子を他の教員が見に来ることや、ある研究室を他の研究室の関係者や外部の人間が気軽に覗きに来ることはあまりないでしょう。また教室や研究室でどんなことが行われていても、他の教室や研究室の人間が口を挟むことはまずありません。その意味で教室・研究室はたいへん閉鎖的で、ある意味で密室です。たとえば、卒業論文や修士論文・博士論文の提出には指導教官の許可が必要であり、他の教官がこれを許可することはできません。このためどんなに素晴らしい成果をあげて論文を書いたとしても、指導教官の機嫌を損なってしまえば卒業・修了ができないことになりかねないのです。

　また最近では、教員の授業や研究に対する評価が行われるようになっていますが、ハラスメントに関する認識なく行われているためか、恣意的な評価を鵜呑みにした処置などによって、新たなる問題・紛争の発生材料となっているケースもあります。。

　さて、このような絶大な権限を何のチェックも受けずに行使できるとしたら、どのようなことになるでしょう。その気になりさえすれば、特定の人物を実力があるにもかかわらず不当に低い地位に留める、本人の適正に合わない職場への異動を強制する、必要な物品の購入・学会への出張や研究費の申請を認めないことで研究活動を妨害するなどの、職員に対する嫌がらせや、正当な理由無く単位を与えない・卒業を認めないなどの学生に対する嫌がらせも容易にできてしまうのです。

* 　学会におけるハラスメント

　ハラスメントを助長する要因は、個々の研究教育組織に止まらず、学会や研究会などの研究者集団にもあります。日本の学会や研究会は、往々にして少数の「ボス」に支配されています。学会に影響力のあるこのような人物が、特定の研究者の研究費獲得、就職・昇進、共同研究、競争的研究資金獲得の妨害を直接行ったり、妨害するように他の研究者に圧力をかけたりした場合、研究を続けることは著しく困難になってしまいます。そのため、ボスににらまれることを恐れてハラスメント行為に荷担してしまう者が現れることもあります。また、高等教育機関でハラスメントを解決したとしても、加害者が学会の有力者である場合には、その後被害者の学会活動が阻害されてしまう場合もあります。

特定の人物に研究費配分などの強い権限が集中しないよう学会の体制を変えることや、学会におけるハラスメントに関して学会自身が積極的な対処・対策をおこなうことも必要です。この一環として、所属組織がハラスメントの加害行為を認定した者に対しては、学会として可能な措置を講じる必要があるでしょう。これに関しては、日本社会学会が積極的な取り組みを行なっています。

*　組織的な対応の問題
　以上のことを背景としてハラスメントが発生した場合、被害者がそのことを、ハラスメント相談室への相談や、その他の何らかの形で組織に申し出る場合があります。このとき組織が適切に対応し、場合によっては加害者が処分されるということになれば、ハラスメントも減少するはずです。しかし残念ながら、環境改善などの取り得る措置を取らず、事件を組織的に矮小化あるいは隠蔽し、加害者への処分は全くないか、あってもごく軽いものにとどめている例が、未だに少なくありません。これは教授あるいは研究部室長同士の「かばい合い体質」、研究教育組織の「事なかれ主義」に基づいた行動なのかもしれません。しかし、このような対応はハラスメントが組織として容認あるいは黙認されていると受け取られるもので、ハラスメントの真の解決を妨げるだけでなく、将来の発生を助長したり、加害行為が特定の人物によって何度も繰り返されたりする要因となっているのです。
　現状では、ハラスメント対策が取られているように見えてもそれが表面的であり、実質的な被害者救済を行なわないばかりか、中には組織が被害者に圧力をかける例も存在します。このような二次加害行為は決して許されないことですが、これをハラスメント対策を職務とする人物が主導することは悪質であり、厳重に処分する必要があるでしょう。またこのようなこと行なっている組織ではハラスメントが組織的に奨励されていることとなり、今後ハラスメントによる大きな問題が表面化する可能性があります。

*　非常勤講師・任期制の問題
　非常勤講師という制度の運営の現状もアカデミック・ハラスメントの発生に手を貸すもので、改善が必要な点です。多くの大学は教育の一定の（場合によっては多くの）部分を、非常勤講師に担当させています。しかしその契約は1年契約が普通で、非常勤講師は契約がいつ打ち切られるかわからない不安定な状況下にあります。このため大学側の担当教員や紹介教員の機嫌を損なって翌年の契約が打ち切られるおそれから、非常勤講師は不当な要求をされたり

しても断るのが困難な状況に置かれています。この状況は、文部科学省が国立大学法人への予算を削減したことで、さらに悪化しています。

また、「任期制」という新たなハラスメントの温床となりかねないことは、以前から指摘してきましたが、これが現実のものとなっています。任期付きで採用されたポスト・ドク（PD）などの研究者は、任期が切れるまでに他の研究者よりも多くの研究成果を得て、次の職を探す必要があります。このため教授や研究部室長が研究や指導を怠っている場合でも、任期付きの研究者は必死で研究し、研究成果を得なくてはなりません。この場合、教授・研究部室長等は共著者として論文に名前を入れるだけで業績が得られることになります。つまり、任期制は研究成果搾取を助長する制度という面をもっており、実際にそのような事例も見受けられます。また、任期の延長が可能である場合に、研究能力や業績があるにもかかわらず延長を認めないという、恣意的な運用がされるケースも出てきているようです。このような状況が放置されるとすれば、非常勤講師の場合と同様に、任期を延長してもらうために、不当な要求をされても断るのが困難な状況となります。また、任期つきの職に就いている被害者が被害を申告した場合、任期の延長が拒否されたり、任期切れまで被害を放置されて被害救済がなされないなどの事例が多発しています。任期制が導入されている組織では、任期つきポストにある人物の権利保護に十分に配慮する必要があるでしょう。

これらの問題は、最近の不況やPDの高年齢化などに伴って、さらに深刻化する危険性があります。

* 社会的な問題

一般に、社会的地位が高いほど人格的にも優れているという思い込みが深く浸透しています。このことを単純に当てはめると、教授や研究部室長の主張が常に正しく、部下・学生の言い分は信頼できないことになってしまい、被害者の言い分がなかなか信じてもらえない心理的な背景になっていると考えられます。これをすぐに変えていくことは難しいかもしれませんが、社会的地位にとらわれずに、物事を判断するようにしたいものです。

また、日本では「喧嘩両成敗」という言葉に象徴されるように、しばしば被害者にも問題があるかのように言われることがありますが、ハラスメントに関してはこのような判断は的はずれであると言わざるを得ません。それは、ハラスメントは権力を背景にした一方的なもので、対等な喧嘩ではあり得ないからです。また、積極的加害者はしばしば自分の行為を正当化しようとしますが、加害者が主

張する「理由」によってハラスメントが正当化されることはありません。従ってハラスメントに関する責任は被害者にあるのでも、被害者と加害者の両方にあるのでもなく、加害者にあるのです。

　「消極的加害者」の存在は、「長いものには巻かれろ」という「ことわざ」に象徴されているのかもしれません。消極的加害者は、自分が嫌がらせの新たな標的になるのを防ぐ目的で見て見ぬふりをしたり、嫌がらせに荷担したりすることで権力者の機嫌を取って自分の立場を良くしようとする権力迎合者です。ハラスメントの被害者は少数であることが多く、周囲の大多数の人間が消極的加害者となってしまう場合もあります。もちろん最も責められるべきは積極的加害行為者ですが、このような消極的加害者の行為も利己的で人権侵害行為を助長するものであり、許されるものではありません。

　＊　分野による偏り
　研究・教育の分野によるハラスメント発生頻度の違いは、本来あまり論じたいことではありません。しかしながら、厳密な統計をとったわけではありませんが、相談件数から見て突出していると思われる分野があることは、関係者に重く受け止めていただかなくてはなりません。最も突出していると思われるのは看護系の分野です。病気に苦しんでいる人々を救おうという高い志をもっている方々が、これを学ぶ場でハラスメントに苦しめられることは、社会的にも大きな損失であると思います。次に目立つのは、芸術系の分野です。「美」という崇高なものを追求すべき人々の間で、一部とは言えハラスメントという醜い行為が行なわれていることは、大変残念です。両分野の関係者には、ハラスメントを根絶するために最大限の努力をしていただきたいと思います。

ハラスメント対策と対処

　ハラスメント対策として第一に重要なことは、加害者をつくらないことです。そのためには組織に所属する全ての人々がハラスメントにあたる行為を理解し、またそれが人権侵害に他ならないことを知り、嫌がらせ行為をしない・させない意志を持つようになることを目的とした対策が必須です。

　次に、ハラスメントが実際に生じた場合に即座に問題解決ができるよう、日頃から対策を立てておくことが必要です。これは、早急な被害者救済のためにたいへん重要なことです。

　そして第三に、日常的に全ての構成員の人権が尊重される、快適な環境づ

くりを忘れてはなりません。
　蛇足であることを願いますが、特定の個人あるいは組織の中の特定の集団に対して、組織として嫌がらせを行う、あるいは逆に無実の人物を組織的に加害行為者に仕立て上げるということは決してしてはならないことです。そのような組織の行為は決して許されるものではなく、社会的に厳しく糾弾されることとなるでしょう。
　ハラスメントの問題に適切に対処するメリットは、学生・教職員等の組織構成員個々人の人権が尊重され、快適な環境が提供されるという、個人的なことだけではありません。組織にとっても、研究・教育活動の充実とさらなる発展という、活力と社会的評価の向上をもたらすもので、たいへん有益な、実行する価値のあるものなのです。

ハラスメントに関する研究教育組織の責任

　ハラスメントの直接的な責任は、当然のことながら加害者にあります。しかしこのような人権侵害行為を防止する対策をとることにより良好な研究教育環境を保つこと、またその一環として重大な加害行為を行なった加害者を処分することは、組織や組織の長として当然の行為であり、これを怠るとすればその責任を厳しく問われることになります。ハラスメント防止委員会や相談窓口などの機関（後述）を設置し、それらの活動を支援してハラスメント発生の防止に努めることや、加害行為があった場合には被害者の困難な状況を改善し加害者を処分すること、これらは組織やその長の義務であると言えるでしょう。また、人として当然持つべき優しさがあれば、困難な状況にある学生やその他の構成員を放置することは出来ないはずです。
　良好な学習環境と優れた教育サービスを学生に対して提供することは、教育機関の当然の義務であり、その教職員が自ら学生に対してハラスメントを行うなどということは決して許されることではありません。しかし現状では、教職員を学生の上に位置づけ、教職員を守るために問題を隠蔽し、学生の被害を放置する教育機関も今もって少なくないようです。このような対応では、組織としての社会的責任を追求されるだけでなく、被害者への賠償責任が生じることにもなります。従って、ハラスメントを行った教職員を厳しく処分することはもちろん、そのようなことが起こらないように普段から教職員に対する研修を行うことを怠ってはなりません。
　また大学も含めた研究機関には、より良い研究成果をより多く社会に提供す

る義務があり、そのためには有能な研究者がその能力を十分に発揮できる環境を整備する必要があります。したがって、良好な研究環境を破壊するハラスメント行為を個人的なものと考えるのは全くの誤りであり、研究機関の本来の任務を危うくする行為であることを認識する必要があります。

このように、ハラスメントは研究教育機関本来の活動を妨害するという意味で、厳しく排除されなくてはいけないものであることは明らかです。しかし組織の責任は組織の中での行為に対するものだけに限定されるものではありません。雇用者としての責任を考えれば、組織の構成員が他の教育研究機関で行った行為や、外部の人間に対して行う教育研究に関連した全ての行為に関しても責任を負い、被害の申し立てがあった場合の相談への対応や処分など、組織内での行為と同様の処置をとらなければならないことは明らかです。

ハラスメント相談窓口の役割[注1]

ハラスメント相談窓口はハラスメント対策の最前線であり、その果たす役割は大変重要です。アカデミック・ハラスメントが発生した場合、あるいは悪化すればハラスメントに発展する可能性がある状況が発生した場合に、相談者が最初に助けを求める場所であり、相談者にとっては最も身近で頼りになる存在でなくてはなりません。その役割は、アカデミック・ハラスメントの兆候や発生をいち早く把握すること、相談者の側に立って問題を解決する適切なアドバイスを行うとともに、被害者の環境改善や被害からの救済を図ること、必要な場合には防止委員会に調査を勧告することです。

なお、ハラスメント相談の対象には、ハラスメントにあたるとされる行為の行為者と相談者の双方が組織の構成員である場合はもちろん、どちらか一方だけが関係者である場合も含まれます。

さて、ハラスメントの兆候・発生をいち早く把握することは、事態が深刻化する前に問題解決が図れるようにするだけでなく、相談者を少しでも早く救済するという意味からもたいへん重要です。このためには相談者が躊躇なく来談できることが大切で、相談窓口は来談者が気軽に立ち寄れる場所にあり、入りやすい雰囲気であることが必要です。プライバシーにも十分配慮した上で、適切な場所に適切な設備を備えた相談窓口を設置してください。

相談員は、来談者が気持ちを害すような言動を決してせず、時間をかけてゆっくりと受容的に話を聞くことができる暖かな人格の持ち主であることが求められます。また個々の問題に対して的確・具体的かつ効果的なアドバイスをする

ためには、それなりの知識と判断力が必要となります。このためハラスメント相談に関する専門的研修を定期的に受けることはもちろん、自らも知識と相談スキルを得る努力を惜しまない人物を選定する必要があります。相談員の選定を誤れば相談窓口を設置する効果がなくなるばかりか、逆効果にすらなりかねません。相談員の選定には細心の注意を払うことが必要です。

相談員はあくまでも相談者の味方となり、相談者の訴えを否定したり疑ったりすることなく受容的に聞く必要があります。そうでないと相談者は相談員を信用することができず、問題の解決に力を貸してくれるとは思えなくなり、相談する気力も無くしてしまいます。

相談に際しては、一つの事例にできれば二人の相談員が協力してあたるようにしてください。これは相談の内容を多面的に受け止めること、相談員相互の意見交換を可能にすること、相談にあたってのトラブルを防止することなどを目的としています。また相談員の交代などの相談者の希望は、可能な限り尊重するようにしてください。問題解決にあたっては相談員が一方的に解決策を押しつけることなく、相談者の充分な納得を得た上で行うことが必要です。また解決策を実行する場合にも、相談者その他のプライバシーには十分配慮する必要があることは言うまでもありません。

相談窓口の相談員に、組織と無関係の第三者を加えることも必要です。これは組織内の人間に相談することが不利であると相談者が考える場合に必要となる制度です。この場合にもその選任には細心の注意を払ってください。

また、相談員が専門的なアドバイスを求める対象として、やはり組織と利害関係のないの第三者を相談顧問として選任しておくことも必要です。ハラスメントの解決には様々な専門知識が必要で、研修を受けたり、いくつかの事例を扱ったりしただけでは対応しきれない場合があります。このような場合に相談員が気軽に専門家の援助を受けられるようにしておく必要があります。

（なお当NPOでは相談員の派遣は原則として行いませんが、外部相談機関あるいは顧問のお引き受け、その他のご相談には応じることができます。）

被害申立者の環境改善について、何らかの措置が必要と相談員が判断した場合には、関係者と相談し、相談者も納得のできる措置をとってください。措置を行なう場合、相談者の自発的な同意を得ておくことは必須です。相談があった事実を相談者の同意を得ることなく加害者に伝えてしまい、相談者の状況がさらに悪化する例がしばしば見受けられますが、このようなことは決して行なってはいけません。またたいへん重要なことですが、相談の内容が深刻で早急

な対応が必要と判断される場合には、「緊急保護措置」を組織の長に要請することにより、少しでも早く被害の苦痛を軽減することが大切です。この場合にも、相談者の同意を得るとともに、相談者のプライバシーが侵害されることのないよう十分な配慮が必要です。

措置として重要なことは、相談者が苦痛を感じる言動を中止させること、不当に被った不利益を早急に回復すること、そして必要ならば相談者と行為者が直接・間接に接触する機会をなくすことです。たとえば指導教員による学生へのハラスメントの場合には、指導教員の変更が有効である場合が少なくありません。この場合には、当該教員が卒業・修了判定に関わらないようにすることも必要です。また措置を行なう場合、その理由がハラスメントであることを、加害者側に伝える必要は必ずしもありません。

相談窓口が、組織の構成員が重大なハラスメント行為を行った疑いがあり、措置や処分のために調査が必要と判断した場合には、相談者の同意を得た上で、ハラスメント防止委員会に調査を勧告します。勧告が遅れて相談者の救済に時間がかかることのないよう、迅速な判断が必要です。この場合、相談者の望む解決方法や組織としてとるべき措置なども文書に包含するようにします。実際に相談を受け、内容や相談者の心情を一番よく把握している相談員の意見は重要で組織に積極的に提言していってください。

ハラスメントとまでは言えない場合でも、何らかの組織的な対応が必要と相談員が判断した場合には、ハラスメント防止委員会や組織の長に環境改善などの対応策を具申するようにしてください。それほど深刻でないように見える事例の場合でも、本人は苦しいものです。快適な環境を整える好機ととらえ、解決・改善のための方策を相談者と共に考え、実行に移すことが出来るよう、関係者に協力を求めてください。

ハラスメント防止委員会の役割と責務[注2]

ハラスメント防止委員会は、ハラスメントの発生の防止策や、発生した場合の対応を講じることなど、ハラスメント防止活動の中心的役割を担う、常置の委員会です。

防止委員には、ハラスメントの防止に関心のある、人格的に優れた人物を選んでください。有効な対策を策定するためにはハラスメントの知識が必要なので、定期的に専門的研修を受けることも必要ですし、短期での交代も好ましくはありません。

ハラスメントに対する対策としては、組織に係わる全ての人々に啓発活動を行うことで事件を未然に防いだり、事態の悪化を食い止めたりすることがたいへん重要です。組織内の全ての人々がハラスメントとその被害の深刻さを理解し、自分の所属する組織でそのようなことが発生するのは許せないとの考えを持つようにすることが、防止委員会の努めであると言えるでしょう。

　相談窓口からの勧告があった場合には、防止委員会はすみやかに調査委員会を設置して事実関係の調査を行うと同時に、相談窓口が行っている相談者への緊急保護措置が十分であるかどうかを検討しなくてはなりません。これらの緊急保護措置は二次被害の防止も視野に入れたものでなければなりません。

　先ほどから述べているように、ハラスメントは直接の被害者だけでなく、周囲の人間への影響や社会的な評価を通して、組織自体にも大きなダメージを与えます。したがって、防止委員会の活動を通してその発生を抑制することは、組織運営上たいへん重要です。それゆえ、ハラスメント防止委員会の活動を積極的に行うことが、組織の発展のために不可欠なのです。

　ハラスメント対策の要である防止委員や防止委員長の人選は、ハラスメント対策上最も重要と言っても過言ではありません。自らハラスメントを行なうような人物を名目上・実質上の対策責任者としている例も散見されますが、これではハラスメント対策の失敗は目に見えています。特にこれらを職名で指定することは、望ましいことではありません。人選は組織の長が責任を持って行なうべきです。

ハラスメント調査委員会の役割[注2]

　ハラスメント調査委員会の役割は、設置の対象となった事案に関する事実関係を、相談窓口の意見を尊重しながら調査し、その結果を防止委員会に報告することです。この委員会は、ハラスメント相談窓口がハラスメント防止委員会に行う勧告に基づいて設置される非常置の委員会です。これを防止委員会の内部に設置する理由は、外部からの様々な圧力を遮断し、中立性・公平性を保つためです。

　調査委員は、物事を公正に判断できる資質を有し、ハラスメントに関する専門的研修を定期的に受講している「調査委員候補」の中から選任します。公正な調査や判断を行うために、調査委員は当該事案の相談に関わった相談顧問や相談員であってはならず、防止委員や相談室長などとの兼任も好ましく

ありません。調査対象となっている事案の関係者との利害関係や、友人など個人的関係にある者を除外することも当然のことです。職階や身分、性別などに偏りのないように選任できれば理想的です。また調査の透明性を確保し、偏った判断がなされることを防ぐために、組織外の有識者を委員に加えることが望ましいでしょう。なお、顧問弁護士など組織のために働く人は、外部者とはみなしません。さらに、調査委員の選定前であれば、被害を申し立てた者が、調査委員として好ましくないと考える人物を防止委員会に申し立てることができるようにし、防止委員会はそれを尊重して調査委員を選任するようにしてください。

　調査委員会が組織されたら、すみやかに調査を開始してください。被害を申し立てた者、加害行為を行ったとされる者に対して聞き取り調査を行う場合、プライバシーには十分配慮しなければなりません。また、当事者以外から聞き取り調査を行う場合には、発言内容が外部に漏れることを防ぐのはもちろん、発言したことで後に不利益が生じることがないようにしなければなりません。またそのことを、聞き取り調査を受ける前に対象者に保証してください。そのような保証がなければ事実を話すことが困難になり、調査結果が歪められることになります。

　ハラスメントに関する物的証拠があることは希であるため、実際の事実認定は難しく、認定には細心の注意が必要です。また実際に被害に遭っていても、被害者の証言に曖昧な部分があったり、覚えていない部分があったりもするものですし、加害者側が、虚偽であるにもかかわらず、矛盾点のない完璧な証言をすることもあります。従って矛盾点の有無という観点から判断を下すことは誤りの元となります。また、日常の行動とハラスメントとは無関係であると考えたほうが良いでしょう。特定の人物を標的としたハラスメントでは、周囲での加害者の評判がたいへん良いということも希ではなく、このような加害者の二面性によって誤った結論が導かれてしまうこともあります。

　当初の相談窓口の意見と調査委員会の結論が大きく食い違った場合には、防止委員会は調査委員会を設置し直し、再調査を命じなくてはいけません。この場合、調査委員の半数以上を入れ替えます。

　組織によっては、調査の申立があったことだけで調査委員会が設置される例や、相談委員長の裁定に不服というだけで、被害者が環境改善だけを希望していたとしても調査委員会を設置する例もあるようですが、これらはいずれも不適切です。調査委員会の設置は、関係者に多大な負担を強いるため、通常の措置では被害を回復できない重大な加害行為の場合や、処分が必要な場

資料編　ハラスメント防止対策ガイドライン解説（NPO法人NAAH）

合にやむを得ず設置すべきもので、安易に設置するものではありません。被害の申立に対しては、調査を行なわずに可能な措置を講じることが重要で、これを行なうことが組織の第一の義務ですが、上記の二例はこれを果たしているとは考えにくいものです。(付録に相談窓口、防止委員会、調査委員会などの相互関係とそれらの役割を示す組織関係図を掲載しました。)

まとめ

　高等教育機関におけるハラスメントについて少し詳しく解説してみました。これを機会にハラスメントについて関心を持っていただき、その解決にご努力いただければと願っております。当NPOでは、そのような活動のお手伝いを喜んでさせていただきますので、ご遠慮なくご相談ください。
　本解説に関するご意見・ご質問も歓迎いたします。

[1]　沼崎一郎、「キャンパス・セクシュアル・ハラスメント対応ガイド(改訂増補版)」(嵯峨野書院、2005)
[2]　岡田康子
注1　「ハラスメント相談窓口設置基準」(NPOアカデミック・ハラスメントをなくすネットワーク発行)をご参照ください。
注2　「ハラスメント防止委員会設置基準」(NPOアカデミック・ハラスメントをなくすネットワーク発行)をご参照ください。

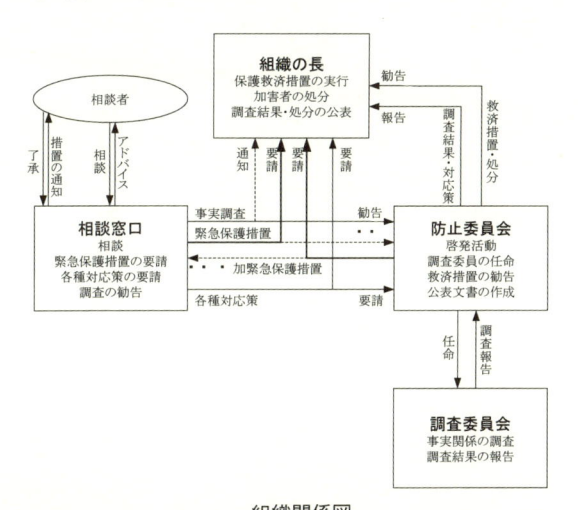

組織関係図
(アカデミック・ハラスメント防止ガイドライン解説)
作成：NPO法人　アカデミック・ハラスメントをなくすネットワーク（NAAH）

ハラスメントの事例（2010年改訂暫定版）
特定非営利活動法人アカデミック・ハラスメントをなくすネットワーク

　ここに掲載する事例は、ハラスメントの概容を把握していただく便宜のために、寄せられた相談内容などをまとめて作成したものです。従って、ハラスメントの判定基準ではなく、一つでも該当すればハラスメントであるとか、該当しなければハラスメントではないなどの判定に用いることのできるものではありません。なお、「…」は実際の発言を再現したものです。

1.　学習・研究活動妨害（研究教育機関における正当な活動を直接的・間接的に妨害すること。）
   * 文献・図書や機器類を使わせないという手段で、研究遂行を妨害する。
   * 実験機器や試薬などを勝手に廃棄し、実験の遂行を妨害する。
   * 研究に必要な物品購入を、必要な書類に押印しないという手段で妨害する。
   * 机を与えない。また机を廊下に出したり、条件の悪い部屋や他の研究室員とは別の部屋に隔離したりする。
   * 正当な理由がないのに研究室への立ち入りを禁止する。
   * 研究費の申請を妨害する。
   * 学会への出張を正当な理由無く許可しない。
   * 研究出張を認めないなどの手段で共同研究を妨害する。

2.　卒業・進級妨害（学生の進級・卒業・修了を正当な理由無く認めないこと。また正当な理由無く単位を与えないこと。）
   * 卒業研究を開始して間もないのに、早々に留年を言い渡す。
   * 理由を示さずに単位を与えない。
   * 卒業・修了の判定基準を恣意的に変更して留年させる。
   * 「不真面目だ。」、「就職活動をした奴は留年だ。」という口実で留年させる。
   * 卒業研究は完了しているのに"お礼奉公"としての実験を強要し、それを行わなければ卒業させない。
   * ささいな理由を挙げて、必修科目である病院実習への参加を許さない。

3. 学位取得妨害
    * 審査委員会で合格と判定された博士論文を、十分な理由なく教授会が否決。(背景に教授間の対立)
    * 論文執筆に必要な通常の指導を拒否し、博士論文を書かせない。
    * 謝礼金の強要。

4. 選択権の侵害(就職・進学の妨害、望まない異動の強要など。)
    * 教授が替わったら、講座の全員がテーマを新任教授に合わせて変えなくてはならない。変えなければ研究費が配分されない。嫌なら退職。
    * 嫌がっていることを承知で、他大学への異動を勧める。
    * (指導教員を変更したいと申し出た学生に)「俺の指導が気に入らないなら退学しろ。」
    * 指導教員を途中で変更したら自動的に留年。
    * 本人の希望に反する学習・研究計画や研究テーマを押しつける。
    * 就職や他大学進学に必要な形式的推薦書を書かない。
    * 就職活動を禁止する。
    * 会社に圧力をかけて内定を取り消させる。
    * 他の研究教育組織への異動を強要する。
    * 「結婚したら研究者としてやってはいけない。」などと言って、結婚と学問の二者択一を迫る。

5. 指導義務の放棄、指導上の差別(教員の職務上の義務である研究指導や教育を怠ること。また指導下にある学生・部下を差別的に扱うこと。)
    * 「放任主義だ。」と言ってセミナーを開かず、研究指導やアドバイスもしない。
    * 研究成果が出ない責任を一方的に学生に押しつける。
    * 論文原稿を渡されてから何週間経っても添削指導をしない。
    * 測定を言いつけるが、その試料がどんな物で何が目的なのか尋ねられても説明しない。
    * 嫌いなタイプの学生に対して指導を拒否したり侮蔑的言辞を言ったりする。

6. 不当な経済的負担の強制(本来研究費から支出すべきものを、学生・部

下に負担させる。)
  * 実験に失敗した場合、それまでにかかった費用を弁償させる。
  * 研究費に余裕があるにもかかわらず試薬を買い与えない。学生は卒業論文を書かなければならないので、仕方なく自費で試薬を購入することになる。

7. 研究成果の搾取（研究論文の著者を決める国際的なルールを破ること、アイデアの盗用など。)
  * 加筆訂正したというだけなのに、指導教員が第一著者となる。
  * 実験を行う・アイデアを出すなど研究を主体的に行って、その研究に最も大きな貢献をした者を第一著者にしない。
  * 第一著者となるべき研究者に、「第一著者を要求しません。」という念書を書かせる。
  * 著者の順番を教授が勝手に決め、ほとんど貢献していない者を第一著者にする。
  * その研究に全くあるいは少ししか関わっていない者を共著者に入れることを強要する。
  * 「俺の名前を共著者に入れろ。場所代だ。」
  * 学生が出したアイデアを使って、こっそり論文を書く。

8. 精神的虐待（本人がその場に居るか否かにかかわらず、学生や部下を傷つけるネガティブな言動を行うこと。発奮させる手段としても不適切。)
  * 「お前は馬鹿だ。」
  * 「（論文を指して）幼稚園児の作文だ。」
  * 「（研究を指して）子供の遊びだ。」
  * 「こんなものを見るのは時間の無駄だ。」
  * 「セミナーに出る資格がない。出て行け。」「死んでしまえ。」「お前は実験はやらなくていい。掃除だけやっておけばいい。」と言って、大学院生に研究テーマを与えない。
  * 「君は（出来が悪いから）皆の笑い者だ。」
  * 学生や部下が持ってきた論文原稿をゴミ箱につっこむ、破り捨てる、受け取らない、きちんと読まない。
  * 学生や部下が出したアイデアに全く検討を加えず、それを頭から否定す

る。
* ささいなミスを大声で叱責する。

9. 暴力
* 殴ったり蹴ったりする。
* ゴミ箱を思い切り蹴飛ばす。
* 酒席で暴力をふるう。

10. 誹謗、中傷
* 「彼みたいなやつが就職できるわけがない。」
* 「○○と一緒に仕事をすれば、あなたの評判が落ちますよ。」と周囲に言いふらす。
* 「あの人は頭がおかしい。」
* 「××学を専攻する人にたいした人はいない。」
* 職務上知りえた学生の個人情報を他の教員や学生に告げてまわり、結果として大学での当人の居心地を悪くさせる。
* 虚偽のうわさを流す。怪文書を配る。

11. 不適切な環境下での指導の強制
* 午後11時からなど深夜に指導を行う。
* 必要のない徹夜実験や休日の実験を強要する。
* 指導するからと言ってホテルの一室に呼びつける。
* 他人の目が行き届かない状況で個人指導を行う。
* 演習・セミナーの時間が他研究室と比べて異様に長く、くどくどと叱責を行う。

12. 権力の濫用
(1) 不当な規則の強制
* 教員の決めた標語を、毎朝言わなくてはいけない。
* 他の人や先輩に実験手法を教えてもらってはいけない。
* 研究に関して人と相談することを一切禁止する。
* 先輩のデータ作りは手伝わなくてはいけない。しかし、自分の実験はどんなに時間がかかっても一人でやるべきである。

- * 日曜日に研究室に来ないと留年。
- * 夏休みは指定された3日だけ。それ以外に休んだら留年。
- * スキー禁止。テニス禁止。アルバイト禁止。
- * 「〇〇とは一切口をきくな。」
(2) 不正・不法行為の強要
- * 空バイト・空謝金(アルバイトをしたという架空の書類を学生に作成させ、不正に研究費を引き出すこと)などの金銭的不正行為の強要。
- * 研究データの捏造・改ざんの強要。
(3) 差別的待遇
- * 特定の人物に、他の構成員とは異なる規則を正当な理由なく適用。
(4) 権力の濫用(その他)
- * プライベートな行動に付き合うことの強制。
- * 送り迎えの強要。
- * 教授が行う学会発表のデータ作りを、共著者でない学生に徹夜で仕上げることを強要。
- * 会議や行事など、必要な情報を故意に教えない。
- * 物品等の管理を過剰なまでに厳格に行う。試験管1本まで厳密に管理して、不足する度にいちいち取りに来させる。

13. プライバシー侵害(プライベートを必要以上に知ろうとしたり、プライベートなことに介入しようとしたりすること)
    - * 家族関係・友人・恋人のことなど、プライベートについて根掘り葉掘り聞く。
    - * 交際相手のことをしつこく聞き、「そういう人はやめたほうがいい。」などと勝手なアドバイスをする。

14. 他大学の学生、留学生、聴講生、ゲストなどへの排斥行為
    - * (担当者の了解をとり、ゼミに参加した他大学の学生に向かって)
      「外部の人間は出て行け。」
      「ここはあなたのようなレベルの低い人がくるところではない。」
      「自分のゼミに帰れ。」
    - * 属性や身分(留学生、社会人学生、聴講生、科目等履修生、研究生、研修生など)によって差別的な待遇をしたり、それを正当化しようとしたりする。(例:「聴講生は発言を控えてほしい。」)

15. アルコール・ハラスメント
   * 酒宴への出席の強要。
   * 一気の飲みの強要。
   * お酌の強要。

16. セクシュアル・ハラスメント
（1） 対価型
   * 「食事に付き合わないと指導しないよ。」
   * 「ドライブに付き合ったら出張を認めよう。」
   * 「手作りケーキを持ってきたらいい点をあげよう。」
   * 「デートしてくれたら単位をあげてもいいかな。」
   * 「採用してやったんだから、少し付き合ってくれてもいいじゃないか。」
   * 「デートはしてくれないの。じゃ、契約更新は必要ないんだね。」
（2） 環境型
   * 学生の前で性的な言動を行なう。
   * 女子学生だけ「ちゃんづけ」で呼ぶ。
   * 女子学生にだけお茶くみや掃除をさせる。
   * 講義で女子ばかり当てる。
（3） 差別型
   * セクシュアル・マイノリティに対する差別。
   * 戸籍上の性別が変更されるまで職務をさせない。

17. パワー・ハラスメント
   * 特定の職員にだけ能力以上の仕事を割り当てる。過大なノルマを課す。
   * 仕事を与えない。
   * 本来の職務ではない仕事をさせる。
   * 些細な失敗に対して、過度の叱責や長時間の叱責をおこなう。
   * 失敗の責任を部下に押しつける。
   * 退社後の付き合いの強制。
   * 書類の決裁をしない。
   * 書類の決裁をわざと遅くする。
   * 職務に必要のない不愉快な行為の中止をお願いしても、聞き入れてくれない。

18. 二次被害
    * 調査委員会で、証言の細かい矛盾点を執拗に追及された。
    * 外部機関に相談したことを大学に告げたら、「プライバシー侵害であり、処分の対象となり得る」と言われた。
    * 被害を訴えたら、加害者の周辺にいる人間が被害者を中傷する噂を流すようになった。
    * 被害を申告する文書を提出したら、対策責任者が「こんなのはハラスメントではない」と何か所も赤字で書き込まれたものが返送されてきた。
    * 調査委員会の構成が偏っていて、調査の公平性が確保されていない。
    * 加害者と親しい人物が調査委員だった。
    * 聞き取り調査も行なわれていないのに、「ハラスメントではない」という裁定が下された。

19. その他
    * 教員同士の個人的な確執による鬱憤を、相手が指導する学生へ不利益を被らせることで晴らそうとする。
    * 学生一般の軽視、学生に対する侮蔑
    「学生の目的は就職なんだから、修了さえさせれば教育の内容はどうでもいい。」
    「説明を与えなければ、学生はこんなものだと思って勝手に納得するんです。」
    「うちの学生はアホばかりだ。」

ハラスメント相談窓口設置基準 (2010年改訂暫定版)

特定非営利活動法人アカデミック・ハラスメントをなくすネットワーク

(組織)
1. 相談窓口は、組織の長の直属の独立した機関とします。
    (ハラスメント防止委員会と上下関係を持たないようにするためです。組織の長でなくとも、理事会等の管理運営の最高責任を持つ者や機関の下に設置するようにします。)

（業務）
2. 相談窓口は以下の業務を行います。
  （1） 構成員からの相談を受けること。
  （2） 構成員が行った行為に関する相談を受けること。
  （3） 調査が必要と思われる場合には、その旨ハラスメント防止委員会に勧告を行うこと。
  （4） 何らかの対処が必要と思われる場合には、それがすみやかに実行されるよう組織の長に要請し、協力すること。
  （5） 必要な場合には、相談者に対する緊急保護措置を組織に要請すること。

（設置場所）
3. 相談窓口は、相談者のプライバシーが守られ、かつ来談が容易な場所に設けてください。（相談に行ったことが周囲の人たちにわからないことや他の相談者と出会わないこと、気軽に利用できる場所にあり、入りやすい雰囲気であることが重要です。）
4. 相談窓口の存在を、ガイダンス・パンフレット・ポスターなどで周知させてください。

（相談員）
5. 相談員には、ハラスメントについて十分な知識を有し、人格的に優れた人を選任してください。（専門分野だけで選定することは、好ましくありません。）
6. 相談員は、できれば性別や職階に偏りのないように選任しましょう。（職階や性別が異なると理解しにくい問題もあります。教員、研究員以外の職員や、可能ならば非常勤職員なども入れることが望ましいでしょう。）
7. 相談員はハラスメントに関する知識や窓口応対に関するスキルを得るために、定期的にハラスメントの相談に関する専門研修を受けるようにしてください。[注1]（ハラスメントに関する理解を深めることは、適切な相談業務に不可欠です。）
8. 相談員の任期は数年程度が望ましいでしょう。（知識・経験が必要なため、あまり短くないほうが良いと考えられます。）
9. 一般の教職員が相談員を兼任する場合、その評価・評定には十分な配慮をすることとします。

（相談）
10. 一つの案件については二人以上の相談員が協力して相談にあたるこ

とが望ましいでしょう。一般にはそのうちの少なくとも一名は、相談者と同性であることが望ましいと思われます。(注2)
11. 相談員は相談者のプライバシーを保護し、人権を侵害しないよう十分配慮しなければなりません。
12. 相談員が、相談室を通さずに相談を受けた場合、これを相談室に報告するものとします。
13. 相談者が相談員の変更を要望した場合、1回に限りこれを認めるものとします。

（相談顧問）
14. 組織外の複数の専門家を相談顧問に選び、相談員が適宜助言を得られるようにしてください。（相談員が対処法に迷うこともあります。その場合にハラスメント、その他の専門家（カウンセラー、医師、弁護士など）のアドバイスは不可欠です。）

（外部相談窓口）
15. 組織と利害関係のない複数の有識者を外部相談員に委嘱し、相談者が相談や助言を求めに行くことができるようにしておくことも必要です。（相談者が外部の人に相談したいと思うことはよくあることです。遠慮や気兼ねなく外部の人に相談ができるように、外部相談員を設け、その情報を提供しておくことが必要です。外部の有識者を相談員に招聘する方法も考えられますが、できれば外部機関に相談業務を全面的に委託するほうが責任の所在が明確で、より良い方法と考えられます。
　委託先には組織の事情を理解し、ハラスメントの問題解決に十分な経験のある機関を選ぶことが重要です。一般のカウンセリングを行なう機関は、ハラスメントの問題に精通していません。）

（緊急保護措置の要請）
16. 相談窓口は、ハラスメント被害の相談があり、緊急に被害申し立て者に対する保護を講ずべき事項があると判断した場合には、組織の長に文書をもって措置を要請します。また、要請を行ったことをハラスメント防止委員会に通知します。（この緊急要請を受けた場合、組織の長ならびに関係部局は、直ちに措置を実行に移す義務があることを、別に定める規則に明記してください。）
17. 緊急保護措置の要請は、相談があってから2週間以内に行なうよう努力しなければなりません。

18. 相談者がこの判断に不服を申立てた場合、担当相談員以外を入れ替えて再度判断するものとします。

(勧告)
19. 相談窓口が、重大なハラスメントの疑いがあり調査が必要と判断した場合には、ハラスメント防止委員会に調査を勧告します。(ハラスメントと思われる相談を受けた場合、相談員は被害申し立て者の同意を得て、防止委員会に調査要求の勧告を文書で行うようにします。この場合、被害申し立て者の望む解決や組織としてとるべき措置なども文書に包含するようにします。申し立て者の相談を受け、内容や心情を一番よく把握している相談員の意見は貴重です。)
20. 相談者がこの判断に不服を申立てた場合、担当相談員以外を入れ替えて再度判断するものとします。
21. ハラスメントとまでは言えない場合でも、何らかの組織的な対応が必要と相談員が判断した場合には、ハラスメント防止委員会あるいは組織の長に環境改善などの対応策を要請するようにしてください。(それほど深刻でない事例の場合でも相談者は苦しいものです。快適な環境を実現する好機ととらえ、解決・改善のための方策を相談者と共に考え、それを実行に移すよう防止委員会や組織の長に協力を求めてください。)
22. 勧告や対処を行う際には、原則として相談者本人の同意を必要とします。(相談者の同意なしに、勝手に行動してはいけません。)

(守秘義務、その他)
23. 相談員ほか相談に係わった者は、任期中・退任後・退職後にかかわらず、当該事項に関して守秘義務を負わなくてはいけません。
24. 被害を申し立てた側から証人として証言を求められた場合には、24の規定は適用されません。

注1　相談にあたっては、相談者の申し立て内容や主張を受容的に受け止め、理解するよう努めてください。相談者の主張を否定したり、疑うような言動を行ったりしてはなりません。相談員が相談内容について否定的な言動を行うと、理解してもらえないのだと感じ、相談する気持ちを失ってしまうからです。また、相談者が相談によって不利益を受けることが決してないよう、十分に配慮しなくてはなりません。相談することでさらに不利益を被るなら、相談する意味がなくなってしまいます。また、問題解決後に適切な方法(例えば無記名のアンケートなど)で相談体制の問題点を把握し、改善するよう努めてください。

注2　相談員が一人だと、相談者との間に認識のずれが生じたときトラブルが発生したり、相談員の物の言い方などで相談者が精神的に傷つけられたりしても、相談員がそれに気づかないことがあります。また、一人で相談内容を聞き取り、状況を把握し、問題点を整理し、対応を考えるというのは、相談員にとって過重な負担です。相談員が冷静かつ親身に相談を行い、それに対する対応を誤らないためには、二人で相談にあたることが望ましいのです。この際一人がチーフ、もう一人がサブとなって役割を明確に分けて分担し、その体制を相談者に前もって説明しておくことが必要です。しかし、二人の相談員がそれぞれ独自に質問を投げかけたり、意見を言ったりすることはしてはならず、二人が十分に意思疎通を行いながら相談にあたることが必要です。

　なお、相談員は一人のほうが良いと相談者が希望した場合には、希望通りに一人で相談にあたってください。また相談員の交代を希望した場合にも、それを尊重する必要があります。相性の問題もありますので、理由のいかんに係わらず行ってください。

以上

ハラスメント防止委員会設置基準 (2010年改訂暫定版)

特定非営利活動法人アカデミック・ハラスメントをなくすネットワーク

(防止委員会)
1. 組織の長あるいは理事会など運営責任者の下に、ハラスメント防止委員会を常置してください。(科・部門ごとに設置することは、利害関係のある人員で構成されることになるので好ましくありません。またハラスメントへの対応には知識と経験が、防止には継続的な努力が必要なため、常置としてください。)

(業務)
2. ハラスメント防止委員会の業務は以下の通りとします。
   (1) ハラスメント相談員の勧告に基づいて、事実関係を調査するための調査委員会を設置し、調査委員会からの報告を受けること。
   (2) 相談窓口から出された緊急保護措置に追加事項があると判断した場合、組織に追加要求を行うこと。
   (3) 調査委員会の報告を受け、被害者救済と加害者・関係者の処分も含めた必要な措置を組織の長に具申すること。
   (4) ハラスメントが起こった場合の経過対応を説明する公表文書を作成

すること。
（5）　ハラスメント防止のための啓発活動。
（委員）
3.　防止委員会委員には、ハラスメントの問題に理解のある、優れた人を選任してください。（防止委員が人権侵害行為を行った場合、あるいは強く疑われる行為があった場合には、即座に解任されるだけでなく、その事件に関する処分も加重されることとします。）
4.　防止委員会には、組織と利害関係のない有識者（相談顧問を含む）を委員として加えることが望ましいでしょう。（組織外委員とは責務・違反の場合の処分・任期・報酬等について契約書を交わしておくようにします。）
5.　防止委員会の組織内委員の選出にあたっては、性別・職階に偏りなく選任することが望ましいでしょう。
6.　防止委員会の委員名・所属は公表してください。（組織構成員の誰でも、また一般の誰でもが委員名を知ることが出来るように、ホームページ上などで積極的に公開するようにしましょう。）
7.　防止委員会委員はハラスメントに関する理解を深めるため、定期的にハラスメントの防止に関する専門的研修を受けることとします。
8.　防止委員会の議事・運営には、委員が等しく義務を負います。また個々の事例に関する措置が不適切であり、これがハラスメント行為と認定される場合、委員が等しく責任を負います。
（調査委員会の設置）
9.　相談員から勧告があった場合、すみやかに防止委員会の内部に調査委員会を設置し、調査にあたらせることとします。（調査委員会の設置は、関係者に多大な負担を強いるため、重大な加害行為があった場合などに限るべきです。単に「調査の申立があった」、あるいは「相談員の措置に満足できない」などということだけで設置するのは不適切です。）
10.　調査委員は、ハラスメント調査に関する専門研修を定期的に受講している調査委員候補の中から選任することとします。
11.　調査委員は、関係部局からだけでなく、組織全体から偏りなく選任します。
12.　調査委員会には、利害関係のない組織外の有識者を委員として加えることができます。
13.　調査委員には、相談員および当該事件の相談を受けたことのある相談

顧問・外部相談窓口の担当者は除外します。また、当該事件に関係ある立場にいる防止委員も除外します。（相談員と調査委員との兼任はできません。防止委員との兼担も原則できません。）
14．調査委員の選定前であれば、当該事件の相談者は、委員として望まない調査委員候補の氏名を防止委員会委員長に申告することができるものとします。
15．調査委員会は相談員からの勧告内容を重視し、必要があれば被害申し立て者・行為者・その他の関係者からすみやかに事情調査を行ってください。

（緊急保護措置の追加）
16．防止委員会は、調査委員会を設置すると同時に、被害申し立て者の緊急保護措置に追加すべき事項がないかを検討し、すみやかに組織の長に追加項目の実施を要請し、相談窓口に通知してください。この措置は、ハラスメント行為認定の有無に関わらず行ないます。(注1)

（調査方法）
17．調査委員会における事情調査においては、予断や偏見を排して、事実関係の把握に努めることとします。
18．調査委員会は、その調査結果に基づいてハラスメントに該当するか否かを判断してください。
19．調査においては、対象者の人権やプライバシーの保護に留意し、被害を申し立てた側やその他の関係者が不利益やさらなる嫌がらせを被ることがないよう十分に配慮しなくてはなりません。
20．調査委員会は原則として設置から3ヶ月以内に調査報告書を作成し、防止委員会委員長に文書で報告を行うこととします。（調査終了後、できる限りすみやかに報告を完了するようにしてください。被害者の救済が遅くならないためです。ただし、報告を急ぐあまり、調査が粗雑になってはいけません。）
21．防止委員会は、調査報告書受領後すみやかに調査概要を作成し、これを申立人および被申立人に提示します。（調査概要の作成に際しては、申立人・被申立人および調査に協力した人物のプライバシーに十分配慮して下さい。）

（再調査）
22．調査委員会報告書の結論が相談窓口から出された勧告と大きく食い違う場合には、防止委員会は再度調査委員会を設置し、再調査を命じなけ

ればなりません。
23．この再調査委員会委員の半数以上は、前調査委員会の委員と重ならない新任者としてください。

（被害者救済と加害者の処分の検討）
24．防止委員会は、調査委員会の調査報告を受けて、事件の概要・問題点・組織として講じるべき措置や対応についてまとめ、組織の長に報告してください。
25．ハラスメントに該当するとの判断が調査委員会でなされた事件については、被害者への救済を含めた対処方法および加害者のハラスメント研修受講、またこれが必要と判断される場合には加害者の処分について具体的に検討し、これらを組織の長に文書で報告することとします。(注2)
26．ハラスメント相談員、防止委員、調査委員、調査委員候補、およびその他ハラスメント対策に携わる者によるハラスメント行為に対する処分は、通常より重いものとします。

（公表文書の作成）
27．防止委員会は、事件の概要と組織のとった措置をまとめた文書を作成し、組織の長に提出します。(注3)

（啓発活動）
28．防止委員会は、ポスターの掲示・講演会の開催・パンフレットの配布などによる、ハラスメントに関する啓発活動を積極的に行うこととします。（ハラスメントを未然に防ぐための、たいへん重要な活動です。）

（委員の任期）
29．防止委員の任期は数年程度が望ましいでしょう。（知識・経験が必要なため、短期での交代は好ましくありません。）

（守秘義務）
30．ハラスメント事件の調査・解決に係わった者は、任期中・退任後・退職後にかかわらず、当該事項に関して守秘義務を負わなくてはなりません。
31．守秘義務に違反した関係者は、相当の処分を受けるものとします。

注1　これを受けた組織の長ならびに関係部局は直ちに措置を実行に移す義務があることを、別に定める規則に明記してください。（例：組織の長は、相談窓口から緊急保護措置の要請がなされた場合およびハラスメント防止委員会から緊急保護措置の追加要請が出された場合、それをすみやかに実施するよう関係部局に命じ、その結果の報告を受けなければならない。また、要請事項の実施状況を相談窓口およびハラスメント防

注2　防止委員会の報告・勧告を受けた組織の長は、すみやかに責任機関（理事会・評議会など）に被害者の救済措置および加害者の処分について決定・承認を求めなければならないことを、規則に明記してください。また加害者の処分に関しては、別に規定を定めておく必要があります。加害者の処分に際しては、処分理由を加害者に納得させることも重要です。

注3　組織の長は、プライバシーに十分配慮した上で、事件の概要と組織のとった措置を公表します。プライバシーへの配慮の仕方、公表の方法等について細則を定めておく必要があります。

以上

ハラスメント防止ガイドライン例　（2010年改訂暫定版）
特定非営利活動法人アカデミック・ハラスメントをなくすネットワーク

ガイドラインの目的

　このガイドラインの目的は、本学からあらゆる形態のハラスメント、すなわちセクシュアル・ハラスメント、アカデミック・ハラスメント、パワー・ハラスメント、その他様々なハラスメントをなくすこと、またハラスメントに対して適切な対処を行なうことを通して、本学で学習・研究・教育・労働を行なう全ての個人がその能力を最大限に発揮し、また向上させるために必要な環境を整えることにあります。

ガイドラインの精神

　本学の構成員とその関係者は、感情・意志・期待・希望を持った個人として十分に尊重され、またその能力を十分に発揮できる環境を与えられなくてはなりません。従って、これらを阻害する要因となっているあらゆる形態のハラスメント行為を、本学は許しません。

　ハラスメントの被害の防止とハラスメントによる不利益の回復、学習・教育・研究・就業環境の改善のための対策を十分に行なうことは、本学の責務です。

ハラスメントとは何か

　ハラスメントは、「個人あるいは集団の言動が、他の個人・集団に何らかの不当な不利益をもたらすこと」と広くとらえることができます。高等教育機関である本学におけるハラスメントは、セクシュアル・ハラスメント、アカデミック・ハラスメン

ト、およびパワー・ハラスメントに分類されます。ただしこれらは常に互いに関係しており、厳密に分けることは適当ではありません。

セクシュアル・ハラスメントは『相手を不快にさせる、不必要あるいは不当な性的言動』です。学習・教育・研究・労働の場としての本学では、真摯な研究や議論の対象である場合を除いては性的な言動は不必要であり、無用な性的言動がハラスメントとなり得るのは当然のことですまた性別や性的嗜好に基づいた、あるいは性的要求を拒否したことによる差別的取扱いや差別的言動なども、セクシュアル・ハラスメントと見なされます。アカデミック・ハラスメント（後述）と複合したセクシュアル・ハラスメントは大学に特有のものですが、その典型としては、単位・卒業認定や研究指導を背景とした性的誘い、宿泊を必要とする学会参加や調査研究旅行の場で行なわれるものなどがあります。また教員・職員と学生との間の恋愛も、立場上の非対称性が背景に存在するため、セクシュアル・ハラスメントと見なされる可能性があります。

アカデミック・ハラスメントは教育機関に特有のハラスメントで、『高等教育研究機関における、権力・権限・その他の何らかの有利な状況を利用して、他人に不当な不利益をもたらす、他人に不当に不快感を与える、あるいは他人の学習・教育・研究・就業環境を悪化させる言動・態度・不作為』です。研究活動に関するもの、教育指導に関するもの、パワー・ハラスメントと関連したもの、暴力的発言や行為など相手に身体的・精神的な傷害を与える行為などに分類することができます。たとえば研究活動に関する嫌がらせには、研究テーマを与えないあるいは研究テーマを強制する行為、研究機器を使わせない・研究費を取り上げる・研究出張を認めないなどの研究を妨害する行為、研究成果を奪ったり発表や論文作成を妨害したりする行為が該当します。教育指導に関する嫌がらせには、指導を行わないこと、研究テーマの押しつけなど本人の自主性を認めない行為、学位や単位認定に関して不公平・不公正な対応をとること、進路に関する妨害や干渉などが該当します。また、日常的な場面で見られることとしては、暴力的あるいは人格を傷つける言動、悪口や中傷、プライバシーに関することを言いふらすこと、退学や退職を促したり示唆したりすることなどがあります。以上のような行為は、嫌がらせの意図の有無にかかわらず、教育を受ける権利、研究教育を行う権利、働く権利あるいは人格権・自己決定権への侵害に他ならず、アカデミック・ハラスメントとみなされます。

パワー・ハラスメントは、『主に職場での権力や地位を利用した嫌がらせ』です。一見職務命令のようであっても、本人の能力に見合わない課題達成の要

求や、著しい精神的圧迫を与える言動、差別的な取扱いなどは、パワー・ハラスメントと見なされます。高等教育研究機関では、職員間のハラスメントが典型的ですが、講座内での教授から准教授・助教などへのアカデミック・ハラスメントにもパワー・ハラスメントの要素が含まれています。

　ハラスメントを判断する指標として、「受け手の感じ方」は重要です。正当な職務行為として行なわれる公正な評価・評定・判断は別として、感じ方を無視してハラスメントを論ずることはできません。

　直接的なハラスメント行為だけでなく、ハラスメントに協力する行為、ハラスメントを黙認する行為、ハラスメントによる被害の回復や環境改善を怠る行為は、やはりハラスメントと見なされます。また虚偽の申立てや報復的申立ても、ハラスメントとして取り扱います。ハラスメントの被害者に対する暴言・陰口などの2次加害行為がハラスメントであること当然です。

ハラスメント対策の対象

　本学のハラスメント対策の対象には、学生・教職員などの正規構成員は常勤・非常勤にかかわらず含まれるのはもちろん、組織を媒介として関係するあらゆる構成員が含まれます。またそのような人物間のものであれば、時間・場所を問わずに対応します。

　たとえば、実習のために訪れた組織外の学生や、出入りの業者なども含まれますし、クラブ活動や課外活動、私的行事などの場合であっても、組織を媒介としたものであれば、誠実に対応します。学生が実習先などで受けたハラスメントについても、本学が責任をもって対処します。

ハラスメントのもたらすもの

　ハラスメントとみなされる行為は様々なので、被害も多種多様ですが、受け手に精神的苦痛を与えることは共通しています。このため心身の不調が生じ、学業・研究や職務の継続が困難になる人も少なくありません。

　研究者の研究活動が妨害された場合には、十分な能力を発揮する機会が奪われて成果が得られず、そのために研究能力に対する評価が低下する、という不利益をこうむり、場合によっては研究者生命が絶たれる事態に追い込まれます。特に任期のある職に就いている、あるいは外部からの研究費が無ければ研究ができないなどの不安定な立場にある人の場合には、わずかな研究の滞りによってその後の研究継続が困難になる場合があります。このような場

合には、短期間のハラスメントが研究者生命を完全に奪うことになります
　また、被害者が学生の場合に、正当な理由無く単位を与えない、卒業を認めないなどの行為が行われれば、被害者のその後の人生を大きく左右することにもなります。
　ハラスメントによる損失は被害者の個人的なものに止まりません。大学の業績は構成員個々人の業績の集積であり、本学構成員の業績の低下はそのまま本学の業績低下となります。また、ハラスメントが組織内の人間関係の悪化を招き、その結果として本学の活動の総量が落ち込んでしまうことも考えられます。
　ハラスメント行為は本学構成員だけでなく、本学自体の活動に大きな悪影響をもたらすものであり、これを本学から排除することは本学にとって重要な課題です。

ハラスメントに関する本学の責任
　学生・院生・研究生等の学習する権利と人権を守ること、教職員ならびに本学に関係する人々の人権を守ること、ハラスメントが生じないような環境を確保することは、本学の責務です。ハラスメントに関する直接的な責任は、もちろん加害者にありますが、本学が適切に対処すれば防止、あるいは迅速な解決ができることも多く、その防止と対処に本学は責任を負います。
　また本学の運営責任者である学長は、その責任と権限をもってハラスメント対策全般に責任をもって取り組みます。

ハラスメントに関する構成員の権利と義務
　本学に関係する個人には、加害行為を行なう者に行為を中止させ、組織に対してハラスメントを申し立て、また被害の回復と適切な環境改善を求める権利があります。また、ハラスメントの正当な申立を行なったことで、差別的取扱いを受けないことも保証します。さらに、本学が適切な対応を行なわないと考える場合には、組織外に相談・支援を求める権利も有します。
　本学の構成員は、ハラスメントのない環境作りや、ハラスメントに関する調査に誠実に協力する義務を有します。またこの目的のために、ハラスメント一般に関する研修を受講する義務を、全ての構成員が負います。
　ハラスメント防止委員会委員・相談員・調査委員候補、その他職務としてハラスメント対策に携わる者は、それぞれの職務に適した、ハラスメントの専門研

修を定期的に受講する義務を負います。

ハラスメントの防止

　アカデミック・ハラスメントによる人権侵害と本学の活動に対する妨害行為を防ぐためには、ハラスメントを未然に防止することが最も大切です。そのために必要なこととして、
- ＊　本学の全ての構成員がハラスメントを正しく理解すること
- ＊　ハラスメント防止のための体制をつくること
- ＊　本学ではハラスメントが許さないことを明確に示すこと

があります。
　ハラスメントを防止するためには第一に必要なことは、本学の運営に携わる理事長・学長が、この問題を正しく理解することです。その上で、ハラスメントが決して特殊な問題ではなく、誰にでも起こり得る深刻な人権侵害であることを全ての構成員に認識してもらい、また自分がハラスメントの加害者にならないためにはどうすべきか、被害にあったら、被害を見聞きしたらどうするかなどについて知っておいてもらうことが必要です。このために、講師を招いて講演会やセミナーを開く、パンフレットを配布する、ポスターを掲示するなどの啓発活動を積極的に行うことが必要です。
　本学が組織的にハラスメントに対処するためには、しっかりとした体制を整えることが重要です。このために、ハラスメント防止規則の制定、ハラスメント防止委員会とハラスメント相談窓口の設置を行ない、制定した規定・ガイドラインなどは、文書やwebで公開し、ポスターやパンフレットによって構成員、その他の関係者に周知します。防止委員・調査委員や相談員には、ハラスメントを正しく理解している者を任命し、とくに相談員には被害者の立場に立って親身に相談にあたることのできる人材を配置します。
　その上で、ハラスメントは人権侵害であることを全ての構成員に周知し、あらゆる形のハラスメントを含めた、どのような人権侵害も許さない姿勢を強くアピールしなくてはなりません。これと同時に、ハラスメント相談窓口の存在を周知し、窓口において親身な相談を行うことは、ハラスメントを許さない姿勢を具体的に示すことになり、ハラスメントの防止につながります。
　相談等があった場合、ハラスメントである場合はもちろん、ハラスメントに至っていないと思われるケースや、被害が軽微な場合であっても、ハラスメントへの発展や被害の拡大を未然に防止することを目的として環境改善などの適切な

対応をとることが肝要です。

ハラスメント相談への対処

　ハラスメントの相談があった場合、相談員は相談者の話を誠実に聞きとります。また必要と判断される場合には、相談者の同意を得た上で、緊急の被害者保護措置のほか、指導教員や所属の変更、加害行為中止の勧告や環境改善など、取るべき措置を行なうよう関係部局に働きかけ、関係部局はこれを誠実に実行します。相談者の状況改善に関係する措置は、ハラスメント被害認定の有無にかかわらず行ないます。これらの措置の結果に本学は責任を持ち、相談者の状況が十分に改善されない場合には、さらなる措置を講じます。また相談によって本学全体、あるいは当該部局の環境改善の必要性が明らかとなった場合には、これを広く実行します。

　重大な加害行為が明らかとなった場合や加害行為が繰り返される場合には、加害者の処分を検討するために調査委員会を設置し、被害者、加害者および目撃者などを対象とした事実調査を行ないます。調査委員は、ハラスメントの専門的研修を受けた調査委員候補の中から、被害者および加害者と個人的関係や利害関係のない者を選出します。聞き取り調査に当たっては、二次被害や人権侵害が生じることのないよう、十分に注意をします。

　ハラスメントの相談があった場合、最も大切なことは被害者を擁護し、取り得る措置や環境改善によって、その早期救済を図ることです。被害者と断定されていなくても、まず保護や措置を考えるべきです。たとえば加害者と被害者が接触しないようにする、加害者から被害者に接近することを禁じる、被害学生の所属を変更する、加害者に行為の中止を勧告するなど、その状況に応じた様々な措置や環境改善を、被害者の同意を得た上で、柔軟かつ速やかに講じます。被害や影響が軽微な状況では、このような環境改善によって解決が図れる場合がほとんどです。また環境改善を積極的に行なうことは、重大なハラスメントの発生を抑止することにもつながります。しかしこのような措置は、単に行なえばよいと言うことではなく、その「結果」に本学が責任を負うことは当然です。たとえば、相談があったことを加害者に通知するのみで、加害行為が引続き行なわれることや、被害が拡大することを放置するような事があってはいけません。また措置の結果として、被害者に社会通念上許されない程の不利益をもたらすことがあってはなりません。

　加害行為が重大である場合や、加害行為が繰り返されている場合など、処

分を検討すべき場合には、被害者やその周辺の目撃者の証言だけでなく、加害行為を行ったとされる者への聴取などにより、事実関係を調査することになります。このような場合、相談や調査活動によって被害者の人権が重ねて侵害される二次被害を防止することはもちろん、目撃者や加害者の人権にも注意を払う必要があります。加害者が加害行為を自ら認めることは稀で、巧妙な自己弁護をすることや、時には権力を利用して部下や学生など周囲の者に虚偽の証言を行わせることもあるので聴取にあたっては細心の注意が必要となります。また当然のことですが、聴取にあたる人には公正な第三者を選ばなくてはなりません。

重大な加害行為があったと断定された場合、加害者およびその協力者には行為相応の処分とともに、「加害者研修」の定期的受講の義務を課さなくてはなりません。出勤停止や学生指導の停止、その他の措置を一定期間、あるいはハラスメントが繰り返されないことが明らかになるまで講じる場合にも、これらの処分の一環として行ないます。嫌がらせの意図なく加害行為を行った無自覚的な加害行為者であっても、反省せずに繰り返す場合にはやはり処分が必要です。加害行為が繰り返されることが懸念される場合には、繰り返された場合の処分の可能性を警告しておきます。

処分は甘くても、厳しすぎてもハラスメントの防止に役立ちません。行為"相当の"処分を行うべきで、そのためには規定を設けておく必要があります。また、処分を受ける者に処分理由を納得させることは、処分自体に関する新たな紛争の発生を防止するというだけでなく、加害者本人が以後の行動を改めるためにも有効です。さらに、加害者が関係する学会等に処分を通知し、学会等の会合や競争的研究資金・論文・受賞等の審査において、加害行為が行なわれないよう協力を要請することも必要です。

処分が行なわれた場合には被害者が特定されることのないよう配慮しつつ、被害者の同意を得た上で、事件の概要と処分の内容を積極的に公表します。

ハラスメントによって、被害者が精神的なダメージを負っていることは、決して少なくありません。このような場合には専門家による継続的なケアが必要であり、それを時間的・経済的に保障することも本学の義務の一つです。

裁判と学内措置

もしもハラスメントの解決が学内で適切になされないことがあれば、訴訟に持ち込まれることも考えられます。このような場合、他大学のケースでは、係争中で

あることを理由に学内での解決プロセスが進まなくなることがほとんどで、また学内の措置が裁判の結果に影響されることもよくあるようです。しかしこのような対応は大学としての責任を放棄するものであり、適切とは言えません。学内の視点や判断は、法に触れたか否かだけを問う裁判とは異なって当然ですし、学内の調査のほうが事件の全容を的確につかめる場合も少なくありません。また法に触れるとまでは言えない加害行為が、大学としてはたいへん問題であり、被害者の保護はもちろん加害者への処分を検討すべきものであることもあります。係争中か否かにかかわらず本学としての対応を誠実に行なうことが重要です。

情報公開

　積極的な情報公開を行うことは大切です。制定した規定・ガイドラインなどを文書やwebで公開することはもちろん、ハラスメントの発生とそれに対処した経過を、被害者の同意を得た上で、プライバシーの保護に留意しながら積極的に公表することがたいへん重要です。どのようなことが起こって、どういう対処がなされたのかを構成員に周知させることによって、類似のハラスメントの発生を防止することができるからです。

　また、学外の人に向けて情報を公開することにより、社会からハラスメントをなくしてゆくための知識と対処方法を知らせることができます。これは説明責任を果たす行動であると同時に、社会への貢献の一つです。

不利益取扱いと報復的申立の禁止

　正当と信じるハラスメントの申立を行なった者や、ハラスメントなどに関する相談や調査に誠実に協力し、また正当と信じる対応を行なった者に、本学が不利益的取扱いをすることがあってはなりません。また、ハラスメントに対して正当と信じる対応を行なったことに対して、これをハラスメントとして申立てることは禁じられるべきです。

守秘義務

　ハラスメントの相談、調査、措置などに職務として関わった者は、これらに関する守秘義務を負い、被害者のプライバシーを保護します。また聞き取りなどの調査に応じた者も、その場で得た情報については守秘義務を負います。

　これに対して被害を相談・申告した被害申立人については、組織が適切な対処を行なわないと感じた場合に、外部に相談する権利が保障されなくてはな

りません。

外部意見の聴取と尊重

　本学をはじめとする高等教育機関にとって、ハラスメントは比較的新しい問題であり、その対処についての経験が蓄積されていいません。このため、不適切な対処によって被害者をさらに苦しめ、また問題を大きくしてしまう例が少なくありません。このようなことを防ぐためには、ハラスメント対策に詳しい組織外の専門機関の意見を聴取することは大切です。

　また、被害者が相談した外部機関から、組織の対処に対して意見が付されることもあります。この場合、これを十分に尊重して取り得る対処を行なうことで、より良い対処が可能となることもあります。

最後に

　教育を受けること、教育や研究を行うこと、個人の人格が尊重されている良好な環境で学習・教育・研究・労働に従事し、自己の能力を最大限に発揮できることは、本学に関係する全ての人々に保障されなければならない当然の権利です。これが侵されるような状態がハラスメントであり、このような状態が教育機関である本学で放置されることは決してあってはなりません。本学がハラスメントの防止に積極的に取り組むことにより、全構成員の人権を保証し、また良好な学習・研究・就業環境を実現し、これによって本学をさらに発展することを願うものです。

ハラスメント防止宣言例（2010年改訂暫定版）
　　　　特定非営利活動法人アカデミック・ハラスメントをなくすネットワーク

○○大学は、学内からあらゆるハラスメントをなくすことを目指し、このハラスメント防止宣言を制定します。
1. 基本的な考え方
    1.1　○○大学の全ての構成員とその関係者は、意志・感情・期待・希望を持った個人として十分に尊重されます。
    1.2　○○大学からあらゆるハラスメントが排除され、個々の構成員が十分にその能力を発揮できる環境を獲得することを目指します。

1.3　ハラスメントの被害の防止とこれによる不利益の回復、および学習・教育・研究・就業環境の改善を積極的に行ないます。
2. 個人の権利
2.1　○○大学に関係する個人は、自分の感情・感じ方・考えに基づいて被害を申し立てる権利を有します。
2.2　○○大学に関係する個人は、自分の感情・感じ方・考えに基づいてハラスメント行為の中止を求める権利を有します。
2.3　○○大学に関係する個人は、ハラスメントの被害の回復を求める権利を有します。
2.4　○○大学に関係する個人は、不適切な環境の改善を求める権利を有します。
2.5　○○大学に関係する個人は、ハラスメントに関する相談を組織外に行なう権利を有します。
2.6　○○大学に関係する個人は、被害の申立、調査などに協力したこと、並びにハラスメントに関して正当と信じる対応を行なったことによって差別的取扱いや不利益を受けることはありません。
3. ○○大学の義務
3.1　○○大学は、ハラスメントをなくし、個々の構成員に良好な学習・教育・研究・就業環境を整えます。。
3.2　○○大学は、ハラスメントの申立てに誠実に対応し、被害の回復や環境の改善などの適切な措置を取ります。
4. ハラスメント対策に携わる者の義務
4.1　理事長・学長は、ハラスメント対策全般を適切に指導します。
4.2　理事長・学長、役員、学部長・研究科長、学科長・専攻長など、○○大学の運営に携わる者は、ハラスメントのない環境を構築し、ハラスメントの被害申立に誠実に対応します。
4.3　ハラスメント対策に職務として携わる者は、これを誠実に履行するとともに、自らが加害者とならないよう十分な注意をもって行動します。
4.4　ハラスメント被害の申立があった場合、対策に携わる者は、被害申立人の主張に誠実に耳を傾けます。
4.5　ハラスメント被害の申立があった場合、対策に携わる者は、ハラスメントの認定の有無にかかわらず、被害申立者の救済あるいは環境改善の観点から取り得る措置を迅速に講じます。

5. 構成員の義務
    5.1 ○○大学に関係する各個人は、ハラスメントのない環境を作り上げるために積極的に行動する義務を有します。
    5.2 ○○大学に関係する各個人は、ハラスメントを行なうこと、ハラスメントに協力すること、またハラスメントを黙認することのないよう十分に注意する義務を有します。

以上

ハラスメント防止対策規程例（2010年改訂暫定版）
特定非営利活動法人アカデミック・ハラスメントをなくすネットワーク

（目的）
1. この規程は、○○大学（以下「本学」という。）におけるあらゆる形態のハラスメントの防止を図り、ハラスメントが生じた場合に適切な対処を行なうために必要な事項を定めることにより、学生・教職員等、本学の全ての構成員ならびに関係者の人権を保護し、教育機関である本学にふさわしい就学・就業環境を整えることを目的とする。

（定義）
2. この規程において、ハラスメントとは次の各号に定める行為を言う。
    (1) ハラスメント
    個人あるいは集団の有する権力・権限、あるいは何らかの有利な状況を利用して、相手に不当な不快感、苦痛、不利益を与える行為
    (2) セクシュアル・ハラスメント
    性的あるいは性差別的言動により、相手に精神的・肉体的苦痛や困惑を与える行為
    (3) アカデミック・ハラスメント
    教育・研究の場における立場・権力・権限・その他の何らかの有利な状況を利用して、その指導を受ける者に対する不適切な言動・態度あるいは不作為により、精神的苦痛、学習・研究環境の悪化、学習・研究意欲の阻害をもたらす行為
    (4) パワー・ハラスメント
    職務上の地位または職務権限・その他の何らかの有利な状況を利用し

て、不適切な言動や差別的な取扱いを行なうことにより、精神的苦痛、就業環境の悪化、就業意欲の阻害をもたらす行為
3. この規程の対象となる本学の構成員とは、次の各号に定める者を言う。
 （1） 学生　本学に在学する学部学生、大学院生、聴講生、その他の本学に就学している者、および研究生、研究員として本学で研究を行なう者
 （2） 教職員　本学に就業している者。役員を含む。常勤、非常勤を問わない。
 （3） 関係者　学生等の保護者。関係業者。本学の教職員・学生と職務上・修学上・研究上の関係を有する者

（ハラスメント行為の禁止）
4. 本学の構成員は、ハラスメント行為を行なってはならない。
5. 本学の構成員は、ハラスメント行為の正当な中止要請があった場合、当該行為を中止しなくてはならない。
6. 相談員ならびに相談窓口に関する業務に携わった者、防止委員、調査委員など（以下「ハラスメント対策関係者」という。）は、ハラスメントの被害者に対して、被害の放置も含めた二次加害行為を行なってはならない。

（権利）
7. 本学の構成員は、自らが受けたハラスメントについて、本学に適切な対処を求めることができる。
8. 本学の構成員は、自らが受けたハラスメントについて、行為者にその行為を中止を要求することができる。
9. 本学の構成員は、自らが受けたハラスメントについて本学が適切な措置を取らないと判断した場合、学外にこれを相談することができる。
　本学の構成員は、自らの周囲で起こったハラスメントについて、本学に相談することができる。

（責務）
10. 本学は、ハラスメントのない環境を構築するため、ハラスメントの防止に努めるとともに、ハラスメントが生じた場合にはこれを迅速かつ適切に解決し、被害者の人権を擁護する責務を有する。
11. 学長は、本学におけるハラスメント対策について最終的な責任を負う。
12. 本学の役員、部局長、専攻長、学科長、部課長などの管理職は、自らが管理する部門のハラスメントの防止に努め、ハラスメントが生じた場合には、その迅速かつ適切な解決に協力する責務を有する。

13. 本学の構成員は、ハラスメントを自らがハラスメントを行なうことのないよう注意を払い、またハラスメント行為の正当な指摘があった場合には、その行為を中止する責務を有する。

(防止委員会)
14. ハラスメントの防止、およびハラスメントへの対処を行なうための組織として、学内にハラスメント防止委員会を置く。
 2 ハラスメント防止委員会の組織および運営等に関する事項は別に定める。

(調査委員会)
15. ハラスメント防止委員会は、相談窓口からの報告により調査が必要と判断した場合には、当該案件を対象とする調査委員会を設置する。
 2 調査委員会の組織および運営等に関する事項は別に定める。

(相談窓口)
16 ハラスメントに関する相談に対応するため、ハラスメント相談窓口を設置し、相談員を置く。
 2 相談窓口の業務および組織等に関する事項は別に定める。

(二次加害行為の禁止)
17. 相談員ならびに相談窓口に関する業務に携わった者、防止委員、調査委員など(以下「ハラスメント対策関係者」という。)は、ハラスメントの被害者に対して、被害の放置も含めた二次加害行為を行なうことのないよう、十分に注意する義務を有する。

(措置)
18. ハラスメントの申立てに対し、相談窓口および防止委員会は次の適切な措置を関係部局に要請することができる。関係部局は誠実にこれを誠実に履行する。
 18.1 環境改善措置。被害者がさらなるハラスメントを受けることのないよう、所属の変更、指導教員の変更、その他の措置を行なう。
 18.2 不利益回復措置。ハラスメントによって受けた不当な不利益を回復させる。
 18.3 中止勧告。ハラスメント行為の中止を勧告する。
 18.4 接触禁止。加害者の被害者に対するあらゆる手段による接触を禁じる。

(処分)

19. 加害者が17の各措置に従わない場合、および調査委員会による調査の結果、加害行為および二次加害行為が重大であると認められる場合、学長は加害者の処分を行なわなければならない。

（公表）
20. 処分を行なった場合、被害者の同意を得た上で、事件の概要を含めて公表する。
21. 処分については加害者が所属する学協会にもこれを通知し、適切な措置を要請する。
22. 公表に当たっては、被害者が特定されることのないよう十分に配慮する。

（守秘義務）
23. 相談員ならびに相談窓口に関する業務に携わった者、防止委員、調査委員などは、ハラスメント案件の当事者ならびにその関係者のプライバシー保護に努めるとともに、職務上知り得た秘密事項についてこれを他に漏らしてはならない。職務を退いた後も同様とする。

（不利益取扱いの禁止）
24. 本学構成員がハラスメント案件に関して正当な対応を行なったことをもって、不利益な取扱いを受けることがあってはならない。

（虚偽および報復的申立ての禁止）
25. ハラスメントに関する虚偽の申立てはこれを禁ずる。
26. 本学構成員が、ハラスメント案件についてその職務上正当と信じる対応を行なったことに対して、これをハラスメントとして訴えることを禁じる。

（欠格事項）
27. 相談員などの相談窓口業務に携わる者、ハラスメント防止委員ならびに調査委員、およびハラスメントに関する事務手続き等に携わる者がハラスメント案件の被申立人となった場合当該案件の問題解決が修了するまでの間、当該業務に従事することはできない。
　2　上述の者が加害者と認定された場合には、ハラスメント研修を受講するものとし、以後ハラスメント行為は行なわないことが確認されるまでの期間、ハラスメントに関する一切の業務を行なうことはできない。

以上

セクシャルハラスメントに関する協定（例）

『職場のハラスメント対策ハンドブック』（UIゼンセン同盟）より

　〇〇労働組合と〇〇株式会社は、セクシャルハラスメントに関する事項に関し、下記のとおり協定する。
　本協定は男女雇用機会均等法第11条に定める、セクシャルハラスメント防止および事後の迅速かつ適正な対応のための事業主の雇用管理上の措置義務の規定に基づき、職場における性的いやがらせの問題を根絶するためのものである。

1.目的
　　会社は職場における性的いやがらせの問題を認識し、これを根絶するために努力する。

2.セクシャルハラスメントの防止
　　会社は以下の行為をセクシャルハラスメントと規定し、その発生を防止する。
　(1)利益、不利益を条件にした性的要求をすること
　(2)性的な行為または、態度の要求、誘いかけに応じ、応じなかったことを理由に雇用上の利益、不利益に影響を与えること
　(3)従業員の望まない性的接触または性的要求を行うこと
　(4)性的言動により労働者に不快な念を抱かせるような職場環境を醸成すること
　(5)取引先関係者や顧客が業務上の関係を利用してなされる性的接触または性的言動、性的要求行為

3.使用者責任
　　会社は、すべての従業員にあらゆる性差別、性的な性質の言動によるいやがらせ等を行わせないようにする為に雇用管理上必要な措置を講じなければならない。また、従業員以外の者からのあらゆる性差別、性的な性質の言動によるいやがらせ等に対しても適正に対処しなければならない。

4.方針の明確化及びその周知・啓発
　　会社は、職場におけるセクシャルハラスメントに関する方針を明確化し、従業員に対してその方針の周知・啓発をする。

5.相談・苦情への対応

会社は、相談・苦情への対応のための窓口を明確にする。また、会社は、相談・苦情に対し、その内容や状況に応じ適切かつ柔軟に対応する。

6.職場における対応

会社は、職場におけるセクシャルハラスメントが生じた場合は、その事案に係る事実関係を迅速かつ正確に確認する。また、会社は、その事案に適正に対処する。

7.苦情処理委員会の設置

苦情申し立てを受けたときは、苦情処理委員会（特別委員会）で苦情の処理ができる。委員会の構成は労使双方、必ず男女で構成する。

8.苦情申し立て

セクシャルハラスメントを受けていると思う者、またはその発生の恐れがあると思う者は苦情処理委員会に所定の文書に記入し申し出ることができる。ただし、口頭の申し立てによってもこれを行うことができる。また、申し出は直接被害を受けている従業員だけでなく、他の従業員が被害を受けている従業員に代わって申し出ることもできる。

9.苦情の処理

苦情の申し立てを受けたときは、関係者による事情聴取を行うなど適切な調査活動によって、迅速に案件を処理しなければならない。苦情処理については、双方のプライバシーを保護するため、原則として非公開とする。

10.不利益取扱いの禁止

会社は、職場におけるセクシャルハラスメントに関して相談をし、または苦情を申し出たこと等を理由として、その者を不利益に取り扱ってはならない。また、事実確認等の調査に協力したことを理由として不利益に取り扱ってはならない。

11.この協定は、平成21年○月○日より施行する。

以上

平成21年○月○日
　　　　　○○株式会社
　　　　　代表取締役社長　○○○○　印
　　　　　○○労働組合
　　　　　中央執行委員長　○○○○　印

パワーハラスメントに関する協定（例）

『職場のハラスメント対策ハンドブック』（UIゼンセン同盟）より

〇〇労働組合と〇〇株式会社は、パワーハラスメントに関する事項に関し、下記のとおり協定する。

記

1. 目的

　会社はパワーハラスメント行為の問題を認識し、その防止について定めパワーハラスメントのない快適な職場環境の実現に努力することとする。

2. パワーハラスメントの防止

　会社は、この規定において以下の行為をパワーハラスメントと規定し、その発生を防止する。「職場における地位や職権など相手に対しての何らかの優位性を発揮できる力を背景にして、本来業務の範疇を超えて、継続的に、人格と尊厳を傷つける行為を行い、就労者の働く環境を悪化させる、あるいは雇用不安を与えること」。

3. パワーハラスメントの禁止

　従業員は、いかなる場合においても、次の各号に該当するパワーハラスメント行為を行ってはならない。

(1) 身体的暴力行為を行うこと
(2) 違法行為を強要すること
(3) 人格を著しく傷つける発言を繰り返し行うこと
(4) 人格を著しく傷つける噂を社内・外に流布すること
(5) 明らかに達成することが不可能な職務を一方的に与えること
(6) 合理的な理由なしに一定の期間仕事を与えないこと
(7) 故意に必要な情報を与えない、連絡事項を伝えない等の行為を繰り返し、職務の遂行を妨害すること
(8) 発言を無視する等、職場内で孤立させる行為を繰り返し、精神的苦痛を与えること
(9) 業務上の必要性がないことを強制的に行わせること
(10) その他前号に準ずる言動を行うこと

4. 方針の明確化及びその周知・啓発

　会社は、職場におけるパワーハラスメントに関する方針を明確化し、全従業員に対してその方針の周知・啓発をする。

5. 相談・苦情への対応
　会社は、パワーハラスメントを受けた従業員からの相談・苦情対応の「相談窓口」を社内(外)に設置し、相談担当者の研修、啓発活動を行う。また、会社は、苦情・相談に対し、その内容や状況に応じ適切かつ柔軟に対応する。

6. 相談
　職場においてパワーハラスメントを受けた従業員は「相談窓口」に書面または口頭で相談を申し出ることが出来る。
(1)相談を受けた相談担当者は、相談者の相談内容や個人情報についてみだりに第三者漏洩してはならない。
(2)相談担当者は、相談の内容に応じて迅速かつ適切に問題に対処しなければならない。

7. 苦情申し立て
　パワーハラスメントを受けていると思う者、またはその発生の恐れがあると思う者は、苦情処理委員会に所定の文書に記入し申し出ることができる。ただし、口頭の申し立てによってもこれを行うことができる。
　また、申し出は直接被害を受けている従業員だけでなく、他の従業員が被害を受けている従業員に代わって申し出ることもできる。

8. 苦情の処理
　苦情の申し立てを受けたときは、関係者による事情聴取を行うなど適切な調査活動によって、迅速に案件を処理しなければならない。
　苦情処理については、双方のプライバシーを保護するため、原則として非公開とする。

9. 不利益取扱いの禁止
　会社は、職場におけるパワーハラスメントに関して相談をし、または苦情を申し出たこと等を理由として、その者を不利益に取り扱ってはならない。

10. この協定は、平成21年○月○日より施行する。

　　　　　　　　　　　　　　　　　　　　　　　　　　　　以上

　　　　　　　　　　平成21年○月○日
　　　　　　　　　　　○○株式会社
　　　　　　　　　　　代表取締役社長　　○○○○　印
　　　　　　　　　　　○○労働組合
　　　　　　　　　　　中央執行委員長　　○○○○　印

あとがき

　90年代に入って、右肩上がりの経済が当然の時代は終わりを告げ、競争のグローバル化が企業の経営や職場に大きな変化をもたらすようになった。それと同時に、「アメリカモデル」をグローバルスタンダードとする規制改革・構造改革が、労働法をはじめとする競争抑制的規制を緩和し、社会と個人との関係を「自己責任」と「個人の人格的価値」によって、グローバル競争時代の矢面に立たせることになった。労働契約関係に、「強い個人」の「自己決定」を縦軸に、そして、「当事者の対等性」を横軸において、発生する諸問題の解決を図ろうとした労働契約法も、そうした時代を反映していた。

　この法律の立法過程においては、商品取引の主体相互間における「情報の対称性」といった消費者保護レベルで契約関係を整備しようとする論議はあっても、自らの労働を売ってしか生きる術をもたない人間の脆弱性というものには関心が薄かった。それは、「従属労働関係」論を否定しようとするあまりに、労働力需給関係において供給側が圧倒的に劣位にあり、とりわけ差別された労働者や非正規雇用など買い叩きを容易にする契約関係にある労働者は劣位に立たされることについて、あまりに配慮を欠いているようにも思われた。人間は、商品供給量を調整することによって取引対象としての商品の買い叩きを防ぐことはできても、自らの労働（それはその日その日を生きるために不可欠であるが故に）を売り惜しみすることによって競争による買い叩きから防衛策を講じることはできない。

　労働市場における供給側の弱さを度外視した新自由主義的「自己決定論」が、労使間はもちろんのこと、労働者相互間の経済格差を大きくすることに一役かったことは間違いない。労働契約法には、日本型雇用慣行のなかで形成されてきた判例法理がそのまま盛り込まれたが、判例法理自体が、「就職」ではなく「就社」に象徴されるような包括的な従属関係を肯定的を前提とするものであっても、それを個人の生活や人格上のプライバシーを確保し、差別なく働きに公正に報われるフラットな契約関係へと誘導するようなものではなかった。

　長期の安定雇用を保障する人事システムは、配転や労働時間のような労務提供面での企業側の包括的裁量＝包括的支配関係を構造化し、企業の要

あとがき

請に応えることが可能な「生活能力」「生活態度」によって待遇を決定するものだった。またそれが男女の性役割を基盤として成り立つものであったから、女性を排除するという性差別を構造化してもいた。こうした日本型雇用慣行の否定的な側面を、「人権法理」によって修正することを、司法の役割として期待するほうが間違っているのかもしれない。

　しかし、労働の現実は、新しい時代の波に押されるようにして、日本型雇用慣行やこれを土台に形成されてきたセイフティーネットから排除された大量の労働者（非正規雇用）を生み出していった。そして、正規労働者も、能力主義・成果主義処遇の導入によって競争にさらされるようになって、定年までの雇用と右肩上がりの賃金を保障してきた日本型雇用システムは変容を余儀なくされた。労働組合が集団的規制を働かせてみんなを守るという実感は労働者から遠いものとなり、自らの雇用や労働条件を維持するには自分しか頼りにならなくなった。こうして多様化・個別化がすすみ、職場は、これまで以上にストレスにさらされるようになった。

　もともと、日本型雇用システムは「人間関係」重視の労務管理とともにあった。それは、個々人の自由な領域を尊重する適度な距離を保った相互関係を確保するというより、思想・信条から私生活も含めてプライバシーの垣根を降ろした集団主義的人間関係を重視するというものであったから、異質なものを排除する差別と暴力を生み出す装置ともなった。そのうえに、「雇用多様化」という名の待遇の差別化と、誇りや自尊をそぎ取るような「使い捨てパーツ化」された労働が蔓延し、差別を利用した労働の買い叩きが職場を支配するようにもなった。

　職場におけるハラスメントは、そうした絶望的な閉塞感と敵対的関係の渦中にマネージメントと働き手を巻き込みながら生み出されている。いじめや暴力は差別の一形態であり、世代を超えて連鎖する。そこでは、「自己決定できる自律した強い個人」とは裏腹に、差別や暴力に打ちのめされやすく、被害を受けながら加害の連鎖のなかに容易に取り込まれやすい人間労働の脆弱性が前面に現れる。職場における精神疾患の広がりは、労働が質量ともにハードになっていることによるものだが、このハード化は、人間相互の関係が多方面から変化に晒され、仕事をすすめるうえでの困難がこれまで以上に山積するようになった

ことにもよっている。

　すでにみたように、差別や暴力・ハラスメントによる影響は深刻である。一人の労働者が傷つき倒れることは、個人の人権を損なうのみならず、社会や国家にとっても大きな損失につながる。損失は社会的に連鎖し、傷ついた個人を取り巻く職場の同僚や家族にも深刻な影響を与えてしまう。職場におけるハラスメントとの闘いは、活力ある産業社会の形成に不可欠な課題である。差別と暴力、貧困の撲滅は国際社会における普遍的な課題であり、労使共通の目標に据えられるべきテーマである。

　仕事を支える働き手相互の関係は、権限による上下関係の有無にかかわらず、賃金や労働時間などの労働条件と並んで重要な労働条件である。職場において自分には価値があるという感覚、その役割を果たそうとする自分の意思は実行するに値するものであるという確信は、潜在的な可能性を力に変える条件でもある。それは経済社会において最も重要な価値というべきで、職場から差別とハラスメントを排することは、産業社会の持続的発展の不可欠な基盤である。そして、ILOは、暴力との闘いが職場において最も効果的な取り組みとなる必然性を指摘し、職場暴力との闘いが産業社会における民主主義の基盤を形成することを指摘して、その重要性を強調している。職場とはそうした可能性をもった場でもあるのであって、労使の役割の重要性が再認識される。

　日本の労働法は、こうした要請に応えることができるのであろうか。実際、労働契約法をはじめとするこの間の労働立法において、職場における集団的な規律の根拠や労働契約上の権利義務関係、職場における差別と暴力の禁止、労働安全衛生対策など、「いじめ」対策には避けては通れない諸課題の解決に、新しい視座が与えられることはわずかしかなかった。これに対してEUでは、いじめ概念を「差別」概念に統合させてルールの縦軸とし、安全衛生対策を横軸として、職場におけるハラスメント対策を展開する新しいステージを築いている。人間関係重視の日本型労務管理が、日本企業の世界進出とともに職場におけるいじめの土壌をも広げたという指摘もなされてきたが、その日本が、差別と暴力の撤廃に向けてどう挑戦するか関心を集めるのも当然である。

　問われているのは職場における人権保障である。ハラスメントの防止と対策は、仕事における働き手の自由と平等を、労働関係における人間の脆弱性を

考慮していかに確保するかという課題を抜きにしては考えられない。自分の役割や実行しようとすることには価値があり、潜在的な可能性を力に変えて働いたことに公正に報われていると実感できることは、職場における力の源泉である。差別やストレスは、そうした感覚を奪い、フラストレーションを高めて生産性を低下させる。

そして、自分を大切にできないストレスフルな労働環境は、部下や同僚への思いやりを奪い、逆にストレスを発散させる（自分の力を実感する）手段として理不尽な力が行使されていく。人間は自分を大事にできなければ隣人を大事にはできない。痛みを自分のものとして受け止められるからこそ他人の痛みを共感することができるが、ストレスはそうした感覚を鈍麻させて「強い」自分になることを要求する。しかし、共感能力は、自分と同じように他人を尊重しなければならないという実感を我がものとする大事な力となるものである。社会とは、そうした人間が相互に尊重し合うという契約を結び合って成り立っているといえる。

その契約の基礎にあるものは、お互いを大事にするという「信頼」であり、ハラスメントはその信頼を根底から破壊する。職場とは、経験も思考行動様式も異なる人間が仕事というミッションに向かって複数人が組織された場であって、意見の対立や感情面での葛藤、抑圧や反目が生じるのは当然のことである。それが差別やストレスを触媒として激しく反応し、信頼関係を破壊した形態の一つがハラスメントといえるであろう。

ハラスメント問題を解決する基本は、触媒となる差別やストレスを解消して一人一人が人格とプライバシーの自由の前に平等に尊重された状態をつくることにある。そして、人間同士をつなぐコミュニケーションを、自他の違いを認め合い、一致点を探り広げるという民主主義的な技術を駆使して、できる限り人間的でフラットなものに変えていくことである。上司と部下とは人格的な上下関係ではなく、仕事に関連した指示伝達・指導・援助の関係として見直すこと、職位を問わず、相互の人格や私生活など不可侵の領域には踏み込まないというけじめをつけたプロフェッショナルな関係を形成することである。

こうした関係を形成することは容易でないが、ハラスメントに見舞われたとき、苦痛に満ちた経験を乗り越えて人権を保障する職場に向かってチャレンジでき

ることも大事なことである。

　使用者は、もっと働き手のプライバシーの自由や平等について理解を深め、職場を活性化するうえでこれらの人権の価値を再認識しなければならない。「じんじ」は「人の事」と書くが、それは「人を活かすか」ことを示すものではあっても、「人を潰す」ために振るわれる権限の源泉であってはならない。人権研修のなかに、差別とハラスメントの根絶をきちんと位置づけて人を活かす人事に邁進してもらいたいものである。

　労働組合は、待遇が個別化してそれぞれの働き手が「自分しか頼りにならない」状態に置かれるようになって、その分人権侵害に巻き込まれる（被害者としても加害者としても）頻度が高くなっているのであるから、基準的労働条件以外に、個別の取り扱いや現実の社員相互の関係についても関心を払うべきである。職場の権力関係や強者におもねる集団主義を見直すことによって、労働組合自身の組織のあり方が問われることもあるし、自らの中のハラスメントを直視させられることもあるだろう。しかし、労働組合が、一人ひとりの人権と多様性を尊重し、一人の人権のために皆が自分の問題として取り組む信頼の絆を手にしたとき、職場や社会における存在感と役割発揮を大きくできる。そうしたチャレンジこそ、人々が求めるものであることを忘れないで欲しい。

　そして、労使は、職場における人間関係上の諸問題を賃金や労働時間と並んで重要な労働条件として位置づけ、差別とハラスメントをなくすことに向けた戦略を持つべきである。厳しい経済環境にあって、雇用や労働条件は危機に瀕している職場も少なくないが、そうした時代だからこそ、仕事を分かち合い、支え合う信頼の獲得を最優先課題としなければならないはずである。

　本書では、ハラスメントの構造や対策を講じるうえで必要となる基本的考え方や法理論を検討しながら、求められる対策の骨子を示している。チェックリストや労働協約案は、これまでの労働契約に関する考え方では充分解決できない問題を補って定着させてもらいたいルールの姿を示したものであるが、実践を通じてさらに検討を重ね練り上げる必要がある。ルールとは、職場の実情や運用の経験によって育てられていくものである。専門家に依頼して体系的にも整えられた規則や労働協約を作成したとき、すべてが終わってしまったように勘違いし、ルールがお蔵入りしてしまうことがある。現実から出発すること、欲張ら

あとがき

ないで、当面解決しなければならない問題から、基本を踏み外さないで労使協議して確認し、その都度協約化するほうが活かせるルールに育てられていくものである。この全書を批判を加える素材とし、より良いルールを作ってもらいたいと願うばかりである。

　ハラスメントに巻き込まれた人は、被害者として巻き込まれた場合であろうと加害者としてであろうと、第三者としてであろうと、尊厳と信頼の回復のために行動できるのであれば、勇気を持って一歩を踏み出してもらいたいと思う。差別や暴力との向き合い方は各人各様であって、人間は、それを受け入れたり、無かったことにしてやり過ごしたり、真正面から挑もうとしたりする。そのうちのどの選択であってもそれを尊重するし、そうすることによって自分を大事にできるよう願ってやまないが、私たちが人権侵害は繰り返したくないと強く願っていること、ハラスメントが起きた場所がたとえ密室であって客観的な証拠がなくても何がおきたのか偏見やステレオタイプをとりはらって認識できるよう、また改善を求めたことが不利益につながらないように行動することを忘れないでいてもらいたい。また、自分の認識に反して事実を無化しようとしたり作り上げたり、自分を守るために相手を攻撃することはしないよう、名誉にかかわるうわさ話を聞かされたら、話して聞かせた人に止めるように言って欲しい。

　そしてすべての人に、差別や暴力トラウマは心に突き刺さって消えないかもしれないが、過去の出来事にすることは可能であること、しかしそのためにはどれほどたくさんのエネルギーを使うものであるかを知ってもらいたい。私たちは、ハラスメント問題を解決するについて、どうすれば誰もが自尊を源泉として人間を活かすことにつながるか、被害と加害の負の連鎖を引き起こさないですむかという方程式と解をしっかりとつかみ取っているとはいえない。ハラスメントは構造的に発生して深刻な被害の社会的連鎖を引き起こしているのであるが、だからこそ、ハラスメント対策のために国、自治体、企業が一定の人材と費用を投入することについて心からの理解を求める次第である。そのためにこの本を役立ててもらうことができれば幸甚である。

【編著者紹介】

中野 麻美（なかの まみ）
　1975年、北海道大学法学部卒業。
　1979年、弁護士登録（東京弁護士会）。
　現在は、NPO派遣労働ネットワーク理事長、日本日本労働弁護団常任理事。
【主な著書】
『最新労働者派遣法Q&A』（編著 旬報社）、『20歳の法律ガイド（第4版）』（有斐閣）、『全図鑑 セクハラ・DV・ストーカー・ちかん』（共著 自由国民社）、『労働者派遣法の法律相談』（編著 ぎょうせい）、『労働者派遣法の法律相談』（一橋出版）、『ワタシの「困った！」を解決する本』（共著 旬報社）、『派遣社員トラブルなんでもQ&A』（日本法令）、『働く女性の法律Q&A』（共著 有斐閣選書）、『あなたをパワーアップ―改正均等法活用のポイント』（編著 労働教育センター）、『働く女たちの裁判』（共著 学陽書房）、『21世紀の男女平等法（新版）』（共著 有斐閣選書）、『労働者派遣法改正で雇用を守る』（共著 旬報社）、『労働ダンピング』（岩波新書）などがある。

金子 雅臣（かねこ まさおみ）
　元東京都職員、産業労働局などの勤務を経て、現在は、職場のハラスメント研究所所長。
【主な著書】
『セクハラ防止―完全マニュアル』（築地書館）、『パワーハラスメントなんでも相談』（日本評論社）、『パワーハラスメント―なぜ起きる、どう対処する』（岩波ブックレット）、『部下を壊す上司たち』（PHP出版）、『職場のモンスター』（マイコミ新書）、その他多数。

荒井 千暁（あらい ちあき）
　1955年生まれ。新潟大学医学部卒業。東京大学大学院医学系研究科修了。
　産業医。専門は労働衛生、産業医学、内科呼吸器病学。日清紡ホールディング統括産業医。
【主な著書】
『職場はなぜ壊れるのか』（ちくま新書）、『社員が"うつ"になったとき』（NHK出版生活人新書）などがある。現在『日経ビジネス』に「上司と部下のココロ学」を連載中。

ハラスメント対策全書―職場における人権保障と活性化のために―

2010年7月31日　初刷発行

編　著　者	中野麻美
発　行　者	大塚智孝
印刷・製本	シナノ印刷株式会社

発　行　所　エイデル研究所
102-0073　東京都千代田区九段北4-1-9
TEL 03（3234）4641　FAX 03（3234）4644

Ⓒ Nakano Mami
Kaneko Masaomi
Arai Chiaki
Printed in Japan
ISBN978-4-87168-475-0 C3032